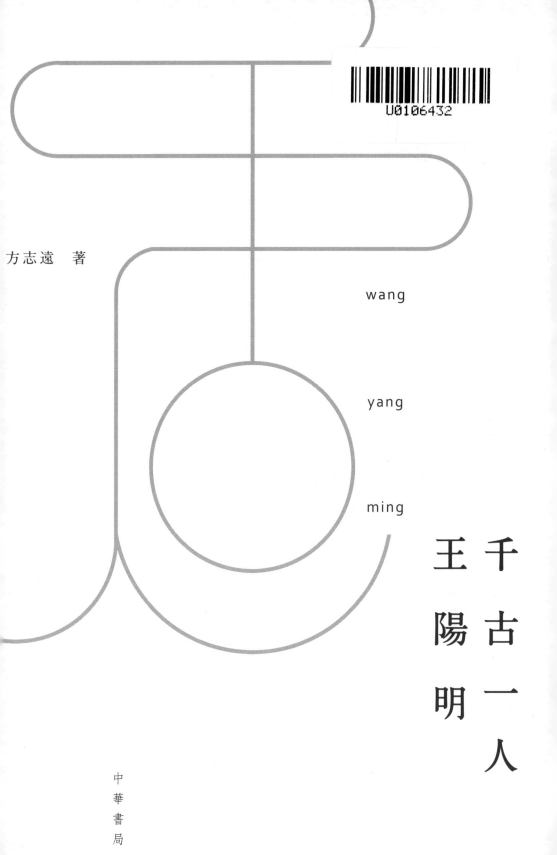

方志遠　著

wang

yang

ming

千古一人

王陽明

中華書局

目　錄

第三章

第四章

第五章

南贛汀漳巡撫 173

第六章

處危應變 245

第七章

遠離政治中心的日子　319

第八章

最後的行程　363

題 記

王陽明（1472 年 10 月 31 日 ─ 1529 年 1 月 9 日），姓王名守仁，字伯安，自號「陽明子」，人稱「陽明先生」，明代浙江餘姚人。本書以「王陽明」為名，是因為在「陽明」的盛名之下，不少朋友不知「王守仁」為何人。但王守仁以「陽明」為號，卻是在三十一歲以後。為了敍述上的方便和合理，取號「陽明」之前仍稱「王守仁」，取號之後則按習慣稱「王陽明」。

和中外歷史上許多偉大人物一樣，王陽明從聞名於世開始，就一直毀譽參半。時人斥其「事不師古，言不稱師，專以立異為高」，卻不能不承認其事功卓著；後人言其承朱學之微而鼓吹心學，為統治者另謀思想統治出路，卻不能不承認王學的積極因素。

王陽明是中國歷史上唯一一位從小立志要為「聖人」而真正成為「聖人」的人，也是唯一一位混跡於「三教九流」而最終從祀孔廟的人，其間，有一個由「異端」入為「主流」、「輿論」倒逼「廟堂」的過程。

不是什麼時候都可能出現王陽明，也不是什麼人都可以成為王陽明。王陽明及其學說的出現，是明朝建立一百年後社會多元化的表現，同時又推動了明代社會多元化的進程。

斯人已去。唯以我心鑒日月，不與時俗較短長；心中有良知，行為有擔當；時時有困惑，初心終不改。這是王陽明留給我們的永恆的精神財富。但是，王陽明自己和他的弟子們，是比較善於製造「神話」的。我們今天討論王陽明，卻不能陷入這種神話的陷阱。

王陽明及其學說確實在日本產生過一定的影響，所謂的日本「戰神」東鄉平八郎也確實欽佩王陽明，但說他的腰間常懸一塊銅牌或木牌，牌上鐫刻着「此生俯首拜陽明」幾個字，則完全是以訛傳訛的無根之說，屬魯迅所批評的國人劣根性中的「阿 Q」精神。

楔　子

洞庭湖煙波浩渺，三湘水幽怨歎息。

紀元前三世紀，是中國的「戰國」時代。在一個風雨交加的夏日，從郢都流放到洞庭湖畔的楚國大夫屈原，帶着悲憤與絕望，縱身投入日夜不息奔向洞庭湖的汨羅江中。在那「舉世混濁而我獨清，眾人皆醉而我獨醒」的時代，實現了自己寧可葬身魚腹、也不和世俗小人同流合污的誓言。

一百多年後，在「文景之治」的太平盛世，洛陽才子賈誼以其冠絕一世的才華和通曉百家的見識，為漢文帝所器重，卻因權臣忌恨，由都城長安外放為長沙王太傅。北望浩瀚無邊、連接天際的洞庭湖，賈誼既悲自己的懷才不遇，又感屈原的潔身自好，不勝傷悼，乃作《弔屈原賦》，既弔人，也弔己：

> ……
>
> 側聞屈原兮，自沉汨羅。
>
> 造託湘流兮，敬弔先生。
>
> 遭世罔極兮，乃殞厥身。
>
> 嗚呼哀哉兮！逢時不祥。
>
> 鸞鳳伏竄兮，鴟梟翱翔。
>
> 闒茸尊顯兮，讒諛得志。
>
> 賢聖逆曳兮，方正倒植。
>
> ……

幾年之後，賈誼因憂鬱而死，時年三十三歲。

屈原投江一千八百年後，時值明武宗正德年間。年號雖是「正德」，但武宗正德皇帝朱厚照卻盡做荒唐不經之事。曾經以博大的胸懷接納過屈

原、迎送過賈誼的洞庭湖，這時又慨然卻不無憂慮地迎來了另一位胸懷大志而遭受貶謫的偉人，他便是本書傳主王陽明。

王陽明也來自京師，但此時的京師既非郢都，也非長安，而是比郢都和長安更為遙遠的北京。

一千多年過去了，三湘之水卻一刻不停地向所有他鄉遊子敍述着屈原的故事，重複着屈原呼號：

> 人生稟命兮，各有所錯兮。
> 定心廣志，餘何畏懼兮。
> ……
> 知死不可讓兮，願勿愛兮。
> 明以告君子兮，吾將以為類兮。

一踏上這塊土地，王陽明便似乎聽到了屈原的召喚，似乎見到了正向楚懷王進獻讒言的上官大夫和令尹子蘭，不禁為自己的命運而悲哀：

> 山黯慘兮江夜波，
> 風颼颼兮木落森柯，
> 泛中流兮焉泊？
> ……
> 日西夕兮沅湘流，
> 楚山嵯峨兮無冬秋。
> 累不見兮涕泗，
> 世愈隘兮孰知我憂！

　　但是，歷經千山萬水來到洞庭湖的王陽明，比屈原晚了一千八百年，千年的歲月足以磨洗去前人的愚昧。舉世混濁，汨羅江的水就那麼清？眾人皆醉，難道不可以喚醒？這時的王陽明，也比當年貶謫長沙時的賈誼整整大了十歲，十年的光陰足以使人成熟、使人剛毅。讒諛得志，哪朝哪代沒有讒諛？方正倒植，難道不可以將其扶正？

　　王陽明既不是屈原，也不是賈誼：天生我材必有用，不是為着帝王的一家一姓，而是為着普天下的百姓；天之將降大任於斯人，豈能不苦其心志、勞其筋骨、餓其體膚？區區磨難，能奈我何？

　　沅江流水可曾感到身上的沉重？在這逆水而行的扁舟之上，正載着一位肩負千年囑託、八方呼喚的偉人，他將要開創震今鑠古的學問、建立名揚天下的功業！

第一章

豪邁

不羈

出自天性

一、兒從天上雲中來

兩晉之際，天下大亂，中原「衣冠之族」紛紛舉家南遷。山東大族瑯瑯王氏也在此時來到江南，為東晉王、謝、桓、庚四大僑姓家族之首。王氏家族的代表人物王導，更是東晉王朝建立的決策人物。晉元帝司馬睿在登極大典時，竟懇請他一道接受群臣的朝賀，留下「王與馬、共天下」的千古笑柄。直到南朝，梁武帝蕭衍仍然對前來求婚的東魏大將侯景說：王、謝二姓門第太高，不可攀親，只能在朱、張二姓以下選擇配偶。

這個由山東瑯瑯遷來的王氏家族中的一支，來到了昔日越國都城的所在地紹興（戰國時稱會稽，東晉時稱山陰），開始在浙東定居，「書聖」王羲之正出自這個家族。兩宋之際，王羲之的一位第二十三代孫王壽，又東遷到了杭州灣南岸的餘姚。餘姚雖然沒有紹興的名氣大，卻是中國源遠流長歷史的又一個見證地，舉世聞名的「河姆渡」新石器文化遺址，就在這裏被發現。

從王壽開始，王氏在餘姚繁衍生息了十代，雖然並未出過十分顯赫的人物，卻也以詩書治家，亦耕亦讀，保持着中原大族的傳統風範。相傳在元代，有位精通星命卜筮的術士曾經預言，王氏家族自從東晉以來曾經盛極一時，雖然中間消沉了幾百年，但日後必然還會出名揚四海的名臣大儒[1]。

轉眼已是明朝的成化年間（1465 — 1487 年），這個家族的戶主名叫王倫。王倫字天敘，生性愛竹，居室之外遍種翠竹。只要見到有人伐竹造屋，王倫總是心痛不已，並且加以勸阻：「此吾直諒多聞之友，何可一日相

1　此據《王陽明全集·世德記·槐里先生傳》。另據同書《世德記·海日先生行狀》，王華曾祖即王陽明的高祖王與準，號遯石翁，偉貌修髯，精究禮易，著《易微》數千言，居祕湖陰，嘗筮得「大有之震」，謂其子曰：「吾先世盛極而衰，今衰極當復矣。然必吾後再世而始興乎。興必盛，且久爾，雖不及顯身，沒亦與有焉。」則所謂王氏當興之語，或為其家自傳，相士云云，乃為託言。

捨耶？」

　　由於愛竹成癖，所以得了一個雅號，叫「竹軒先生」。[1]

　　王倫生得修長魁偉，細目美髯，是一位具兩晉名士風骨的豁達之士，見書必讀，讀到高興處，獨自走出居室，在竹林中放聲詠誦。也時時在風清月朗之夜，焚香操琴，撫弦而歌，並命子弟們按節而和。一家人在他的熏陶和帶領下，以讀書為樂，其趣盎然。

　　王倫襟懷坦蕩，為人灑脫，人世間的勢利紛華，都視如過眼雲煙，所以當地人又將他比作棄官而歸、採菊東籬的陶淵明。王倫還有一副好心腸，就是極富同情心，親戚鄰里中，如有貧寒者，常常解衣推食，唯恐不及。做鄉間教師，教人子弟，總是盡心盡責，唯恐有失。

　　因此，王家雖然無權無勢，卻在當地有着很高的聲譽。

　　成化八年（1472 年）立秋之後，一向豁達灑脫的王倫卻一天比一天感到煩躁和緊張，兒子王華在外教書，兒媳鄭氏懷孕已過產期，但腹內胎兒卻就是不肯出來。眼看秋去冬來，兒媳的孕期已至十四個月了。王倫熟讀經史，古書上寫，當年秦始皇就是在母腹中過了十二個月才降生的，秦始皇雖是暴君，畢竟是真命天子，凡人哪裏可比？人們又傳說，當年托塔天王李靖的夫人懷胎三年才生下哪吒，哪吒出生後不久便大鬧龍宮，可那是說書人的胡謅，不能當真。王倫急，妻子岑氏更急。她天天求神靈保佑，盼着兒媳母子平安，但願不要出事才好。

　　有道是日有所思，夜有所夢。這年九月的最後一天夜裏，岑氏睡得模模糊糊，卻見天門大開，彩雲繚繞。仙樂聲中，一位緋衣女子從彩雲深處飄然而下，將一個白白胖胖的嬰兒送到自己手中。岑氏猛然驚醒，卻聽得兒媳房內傳來一陣嬰兒的啼哭聲，是在做夢？側身一看，丈夫王倫睡得正

---

1 王陽明日後愛竹，並説竹有君子之風，當與此有關，祖父對他的影響甚至比父親更大。

香，不是做夢。接着又是一陣啼哭。[1]

王倫這時也被啼聲驚醒，凝神一聽，不禁喜出望外，是孫子！這一夜再也無法睡了。岑氏將夢中所見述說了一遍。王倫聽罷大喜，連聲說道：孫兒是從天上來的，是從彩雲中來的！王倫替孫子取好了名字：王雲。王家媳婦生兒子的那座小樓，以往沒留心，如今卻怎麼看怎麼覺得不同一般，天長日久，便稱它為「瑞雲樓」。

媳婦生孫子本是好事，王倫也確實高興了好一陣子。但眼看着孫子一天天長大，王倫不禁又憂心忡忡起來。孫子滿週歲了，兩歲，三歲，四歲，眨眼工夫已是五歲，聰明伶俐，人見人愛，可就是不說話。無論祖父祖母怎麼教、父親母親怎麼訓，不是點頭就是搖頭，有時小臉急得通紅，卻硬是說不出一句話來。郎中找了一個又一個，但誰也說不清道不明其中的緣故。

這一天，雲兒正和一群小孩玩耍，只見迎面來了一位和尚，貌相古怪，衲衣破舊，不禁感到好奇。僧人見了雲兒，也打量了半天，最後摸摸他的頭，長長歎了一聲：「好個孩兒，可惜道破！」說罷揚長而去。但就是這八個字，點醒了王倫這個夢中人。王倫猛然醒悟：難道雲兒不說話，是因為名字的原因？一念既起，王倫當即給孫子另取一名，叫「守仁」。

說來奇怪，名字一改，孫子便開口說話了，而且朗誦了祖父平日經常吟誦的一篇文章。王倫一聽大驚，連忙問道：這文章你何時學得？孫子應聲答道：這是祖父前日讀過的，孫兒已默記在心。王倫聽了，又驚又喜，這孩子神了！從此更是另眼相看：早就聽得有相士說，我家當出大儒、當出名臣，莫非應在這孩兒身上？[2]

---

1 《王陽明全集·年譜一》：稱：「（成化八年）九月三十日。太夫人鄭娠十四月。祖母岑夢神人衣緋玉雲中鼓吹，送兒授岑，岑警寤，已聞啼聲。」

2 此據《王陽明全集·年譜一》，同書《世德記·陽明先生行狀》則說改名是王陽明之父王華所為。這段故事的「神奇」，一如「娠十四月」。

二、父親的軼事

相士所言不假，王家在浙東消沉了幾百年，該出大人物了。

成化十七年（1481 年），王倫的次子、王守仁的父親王華一舉成名，在京師殿試中名列第一，中了狀元。這是自有科舉以來，浙東王氏家族的第一個狀元。不僅如此，王華還是以「儒士」的身份而非「秀才」的身份，也就是說，是以自學成才的「同等學力」而不是通過官學教育高中狀元的。王倫既高興又納悶：難道王家出大儒是應在兒子身上？那孫子呢？也罷！這大儒只要是出在我王家，管他是兒子還是孫子。

王守仁是幸運的，他不僅有一位豁達大度、胸懷坦蕩的祖父，還有一位品德高尚、學問精深的父親。

王家的世交魏瀚在王倫死後為他作傳時寫道：「（王倫）與人交際，和樂之氣藹然可掬，而對門人弟子則矩範嚴肅，凜乎不可犯。」在這種家風熏陶之下，王華自小便顯示出不同尋常的品性。

六歲時，王華與群童在河邊玩耍，見一醉漢晃晃悠悠走來，在水中洗了一會腳，然後又晃晃悠悠地離去，並沒有在意。天已近午，同伴們紛紛回家，王華卻陡然發現，醉漢洗腳處有一提囊，打開一看，裏面有幾十兩銀子。毫無疑問，這提囊是醉漢遺失的。

王華想將提囊送還醉漢，卻哪裏尋得到蹤影？轉念一想，醉漢酒醒後可能會來尋找，於是將提囊沉入水中，以免他人取去。然後坐在河邊，等待失主。不多時，那醉漢果然號哭而來。

王華迎了上去，問道：你可是來尋找提囊？那人聞言，趕忙止住哭聲，問道：你可曾見到？王華笑着指指河邊：你的提囊現在水中。那人急奔河邊，從水中取出提囊，打開一看，囊內銀兩絲毫不少，不禁破泣為喜，連忙取出一兩銀子，打發小孩。王華笑道：我連幾十兩銀子也不要，怎會收你一兩銀子？那人既慚愧又感激，隨着王華來到王家，不管年老年少，見

人就拜。待問清情由，王倫喜不自禁，連誇兒子有出息。

十四歲時，王華與幾個同伴一起在餘姚近郊的龍泉山寺院中讀書。同伴都是富家子弟，平日素以豪俠自負，又知這龍泉寺就是靠着他們父輩的施捨才香火繁盛，所以屢屢欺負寺院中的和尚。

龍泉寺中據說曾經鬧過鬼，和尚們便裝神弄鬼，張揚其事，進行報復，幾個惡少果然嚇得離廟而去。唯獨王華不為所動，繼續留在寺內讀書。和尚們暗暗稱奇，卻又不肯就此罷休，於是每當風雨交加、雷鳴電閃之夜，便敲門擊窗，鬼哭狼嚎，同時在門窗縫隙觀看王華的動靜。但每次王華都是正襟危坐，誦讀不止。

和尚們無計可施，試探問道：同伴們都離寺而去，你一人獨留寺中，也不害怕？王華反問道：何怕之有？和尚們又問：近日可有所見？王華又反問：我何所見？一個小和尚忍耐不住，問道：近日寺內又在鬧鬼，你難道不知道？王華笑道：吾見數沙彌為祟耳！和尚們不禁歎服：先生小小年紀，就有如此見識，日後前途不可限量。

成化初，張時敏為浙江學政，考校餘姚士子，列王華和謝遷居首，並且宣稱：「二子皆當狀元及第，福德不可量也。」[1] 浙江布政使甯良為子弟挑選老師，請學政推薦。張時敏頗為得意地說：浙江的士子當中，學業優秀的大有人在。如只是為子弟的舉業擇師，可以推薦不少；但論品學兼優，那還是王華最佳。

王華受聘來到祁陽（今屬湖南）甯家，住進為他安排的梅莊別墅，不禁大喜過望。原來，甯良出仕之前，就在這別墅讀書，別墅中至今仍有藏書數千卷。王華白天授課，晚上則借着燈光誦讀，在祁陽三年，足跡不入城市，學問大進，對《四書》《五經》的「微言大義」有了更深的感悟，被

---

1 此據《王陽明全集·世德紀·海日先生行狀（陸深）》。按：後來謝遷為成化十一年狀元、王華為成化十七年狀元，均如張時敏所言。

人稱為「五經司令」。[1]

　　祁陽士子之中，嫖妓酗酒之風盛行，王華全然不為所動。回浙江時，當地士人在江邊亭樓設宴餞行。飲至夜深，酒酣人散，獨留王華宿於亭中。王華推門入室，剛想就寢，誰知帳內竟然坐着兩個美貌女子。王華已經有了幾分醉意，見狀大驚，返身退出，想要出亭，豈知亭門已經落鎖。情急之中，王華奮力推開窗戶，卸下亭內一扇門板，投入江中，然後縱身跳上門板，連夜渡江而去。幾個慣於惡作劇的祁陽士子正就近窺視，看着王華的身影漸漸消失在夜色朦朧之中，不禁相顧讚歎。

　　雖然父親長年在外謀生，但守仁自打懂事起，便不斷聽祖父和鄉人傳說有關父親的這些軼事，他欽佩父親的膽識和為人。如今父親中了狀元，守仁和全家人一樣高興，但總覺得還是沒有在龍泉寺答僧人問和祁陽夜渡更具有刺激性、更富有傳奇色彩。

三、「打破維揚水底天」

　　按明朝制度，每屆科舉的前三名也就是一甲進士，都留在翰林院做史官，狀元授修撰，榜眼和探花授編修。雖然修撰只是從六品官，編修僅正七品，在當時卻是極為清要的職務。

　　自英宗皇帝正統時開始，「經筵」及「日講」成為制度。每月的初二、十二、二十二，這三天是經筵日，每逢單日則是日講。經筵及日講時，皇帝在文華殿聽大學士和翰林官講論經史。這樣，翰林官經常有機會接觸皇

1　楊一清《海日先生墓誌銘》云：「浙江方伯祁陽甯君良擇師與張公。張公曰：『必欲學行兼優，無如王某者。』甯親造其館，賓禮之，請為子師，延至祁陽，湖湘之士聞而來從者踵相接。」但據《山東通志》，甯良為景泰元年庚午科舉人、山東滕縣人，不知何時舉家到了湖南衡陽府的祁陽，又如何讓「湖湘之士聞而來從」？

帝，這是日後升遷的保證。王華於憲宗成化十七年中狀元、為修撰，不久就為日講官；六年之後，孝宗即位，王華成了經筵官。

自宣宗宣德元年（1426 年）開始，在內府設有內書堂，專門培訓小宦官的文化知識和參政能力。正統以後，內府中最有權勢的衙門司禮監的掌印、秉筆太監多由內書堂出身的宦官擔任。而在內書堂任教官的，多是翰林官，這些翰林官在日後的仕途中，常常得到學生也就是出身內書堂的宦官們的關照。雖然沒有資料證明王華也出任過內書堂教職，但王華的同鄉和同僚方正卻教過正德朝的著名宦官劉瑾，並經常向劉瑾介紹王華的為人和學問。

明太祖朱元璋廢除了宰相制度，但從成祖永樂時開始，從翰林院中派生出內閣。其後內閣地位上升，被視為明朝實際上的宰相府。內閣大學士則必由翰林出身。故此，新進士一入翰林，便被時人視為「儲相」。[1]

由於以上原因，一甲進士尤其是狀元，在明代特別是成化以後，是令人刮目相看的。

雖說是淡泊名利，但生活在充滿名利的社會之中，又有誰真正能超凡脫俗？兒子中了狀元，入了翰林，住在北京，王倫自是極為高興。幾百年的積澱，十代人的願望，就要由兒子來實現了。但王倫表面上仍然與平日無異，有鄉人親友前來道喜，也是盡量保持矜持，在孫子守仁面前，更是不動聲色。

祖父的態度，對十歲的守仁來說，無疑是個觸動。他也開始學會鎮靜自若，狀元三年一個，有明自洪武四年開科以來，已有三十多科，狀元也就有了三十多個，何足道哉！但內心的喜悅和自豪，已溢於言表。

王華任職翰林的第二年，成化十八年（1482 年），派人到餘姚接取父親和兒子。這時守仁剛滿十週歲，按當時的算法，是十一歲，聽說要上京

1　關於明代內書堂及內閣的情況，參見方志遠《論明代宦官的知識化問題》（《江西師範大學學報》1990 年第 3 期）、《論明代內閣制度的形成》（《文史》第 33 輯，中華書局 1990 年版）。

師，自然喜出望外。

明朝自永樂時疏浚運河之後，可乘船由餘姚經杭州、嘉興、蘇州、無錫、常州、鎮江、揚州、淮安、徐州、臨清、德州、天津，直抵北京近郊的通縣（今通州區），沿途多有通都大邑，為當日中國南北最繁華之地。

一路之上，守仁跟着祖父，或佇立船頭，或棄舟登陸，直看得眼花繚亂，喜不自禁。這一天，祖孫二人來到了鎮江。

鎮江北臨長江，是南京的下游門戶。東吳孫權定都南京，稱建業，鎮江遂為「京口」，東晉南朝及隋唐時也沿稱京口。隋煬帝時修大運河，溝通南北水道，京口與長江北岸的揚州遙遙相望，是運河江南段的起點，為運河上的大港口。從此，鎮江更成江南的大去處，南來北往的客商、官宦都要經過此地，故而極為繁榮。

鎮江西郊有金山，緊靠長江有北固山，在長江的江心有焦山，三山遙相呼應。

金山上有始建於東晉的金山寺，傳說中的青、白二蛇就在這裏調動水族，和多管閑事的法海和尚苦鬥了三天三夜；蘇軾的好友佛印在此做過主持，二人留下了不少奇聞軼事；山上又有白龍洞、慈壽塔、第一泉等，每一處都是久享盛譽。焦山為東漢名士焦光的隱居處，建有定慧寺、吸江樓。北固山有始建於東吳的甘露寺，相傳三國時吳國太就在這裏招劉備為婿。

這些都是鎮江的千古名勝。王倫飽讀經史，對各地風物人情多所留意，只是時運未濟，久處浙東一隅。這次攜孫北上，正可一覽天下風情。

黃昏時分，祖孫二人來到金山寺，登高而望，遠山近水，盡收眼底，不禁心曠神怡。入夜之後，近處北固山的甘露寺，遠處焦山的吸江樓，燈火齊明，與空中的繁星連成一片；一輪明月從水天連接之處冉冉而起，在大江之上撒下一片金輝。金山寺中，有人吹起了玉簫，聲幽而遠，意深而長，遊客齊聲喝彩。

　　王倫一時興起，豪情勃發，與寺中遊客行令鬥酒。守仁也在一旁呼喝湊趣。酒過數巡，一位遊客提議以詩勸酒，眾人哄然響應。正要思索，守仁卻早已應聲而誦：

　　　　金山一點大如拳，打破維揚水底天。
　　　　醉倚妙高臺上月，玉簫吹徹洞龍眠。

　　眾人聞聲，不覺都是一驚。詩中雖然都是童子語，也並不甚合格律，卻氣勢磅礴，要「打」即「打破」，要「吹」便「吹徹」。遊客中有人叫起好來。王倫心中得意，口中卻不言語。

　　一位遊客乘着酒興，看了看已經升上天際的明月，又看了看遠處隱約可見的群山，說道：小小年紀，卻能作詩，實在難得。我以山、月為題，你能否再作一首？守仁抬頭看看祖父。王倫笑道：小孩子瞎胡鬧，哪裏懂得作詩。別難為他了！守仁卻明明從這話的背後得到了鼓勵。他也看了看明月，又看了看群山，靈機一動，有了：

　　　　山近月遠覺月小，便道此山大於月。
　　　　若有人眼大如天，還見山小月更闊。

　　好一個人眼大如天！眾人又是一陣歡噪。

　　夜闌時分，祖孫二人回到停泊在鎮江碼頭的船上。王倫在遊客們的捧場聲中，多喝了幾杯，回船之後，倒頭就睡，不久便鼾聲如雷。守仁在艙中輾轉反覆，西斜的圓月穿過船艙窗口，越看越大。

四、科舉並非第一等要緊事

守仁隨着祖父，一路遊山玩水，到了通縣，然後棄舟登車，來到北京。

對於當時的大多數漢人來說，北京還是個非常新鮮而神祕的地方。

本來早在黃帝時期，這裏已是華夏族的活動區域。西周分封後，武王的弟弟召公在北京附近的薊縣建立都城，融合當地的各土著居民，建立了幅員廣闊的燕國。隋煬帝將運河修到涿郡，北京更成了中國北方重要的政治經濟中心。但是，經過「五胡亂華」的民族衝突與融合後，生活在包括北京在內的「燕趙」一帶的民眾，已經很難分別出到底是原來的漢族還是匈奴、鮮卑了。

自唐朝中期安史之亂後，北京一帶更成為漢族和北方少數民族如奚、契丹、沙陀等的雜居地。公元十世紀，契丹首領耶律阿保機建立遼國，其子耶律德光（即遼太宗）乘着中原發生戰亂，率兵南下，佔領了包括北京在內的燕雲十六州，並以北京為南京，稱「析津府」。從此，北京成了北方少數民族政權的所在地。女真族建立的金、蒙古族建立的元，均以北京為都，營造宮殿、修築城牆，奠定了今日的北京。

明太祖洪武元年（1368 年），元順帝北逃，徐達領着明軍進了北京。當時的人們都說，北京四百年來這才算是重見天日。這話雖然表現出狹隘的大漢族主義，卻也反映了當時的漢人心情。

明朝建立後，以南京為京師。但人們心裏都在犯嘀咕，南京雖說是「龍盤虎踞」，為帝王之都，從三國時孫吳開始，此後東晉及南朝的宋、齊、梁、陳，均在此建都，故有「六朝故都」之稱，[1] 但這些全是偏安政權，凡大一統的鼎盛王朝，如秦、漢，隋、唐，乃至北宋及元，都不在南京定

---

[1]　除了三國時的吳、東晉，以及南北朝時的宋、齊、梁、陳之外，在南京建都的還有五代時期的南唐，在明朝之前已有七個政權在此定都，如加上明朝洪武、建文時期，以及後來的太平天國、中華民國，南京已是十朝故都。

都。因此，明太祖朱元璋曾多次與群臣討論定都問題。但除劉基之外，人們的思路不是在長安就是在洛陽或開封，因為這些地方才是漢政權的都城所在地。

明太祖朱元璋死後，因皇太子朱標早亡，由太孫朱允炆繼位。不到四年，分封在北京（當時叫北平）的燕王朱棣（即後來的明成祖），便以「靖難」為名，起兵奪了侄子的皇位，並將都城遷到自己的「龍興」之地北京。三年一度的科舉考試自然也就換在北京舉行。從此，北京成了明朝人特別是有志於功名的讀書人最向往的地方。

守仁滿懷好奇之心，隨着祖父踏上北京寬闊但盡是塵土的街道。北京之大，令他吃驚。宏偉壯觀的城樓、神奇莫測的祭壇、裝束奇異的胡人番僧、來來往往的駝馬牛羊，不要說是家鄉餘姚，就是北上時沿途所到之處，也從未見過，把個十一歲的孩子直樂得手舞足蹈。

但是，還不等守仁從興奮中安靜下來，父親王華已經為他安排好了在京的生活。

王華這次將父親和兒子接來京城居住，嘴上說是為了贍養父親，其實主要的還是為了兒子。不然，既然接來了父親，也應該同時將母親接來，難道只贍養父親不贍養母親？

王華長年在外，守仁在家鄉跟着母親和祖父、祖母長大，受祖父的影響極大。王華知道父親對子女要求非常嚴厲，但更知道父親對守仁這個孫子卻近於溺愛，加上長期以來養成的淡泊名利、豪爽豁達的個性，很難說對守仁的影響是好是壞。而實際上，守仁身上的野性已是不少。但這些又不能明着對父親說，還是接到京城由自己親自管教更好。但父親離不開孫子。於是，只好把兩人一並接來。[1]

---

[1] 《王陽明全書 · 年譜一》說：「先生豪邁不羈，龍山公（即王華）常懷憂，惟竹軒公（即王倫）知之。」可見王倫、王華父子在對王陽明的教育問題上存在着分歧。

　　王華將兒子安排在附近的一處私塾，和另外幾個官員的兒子們一道讀書。對於父親的這一安排，守仁開始很不滿意。私塾中教的那些內容，如《百家姓》《千字文》《三字經》以及《幼學瓊林》之類，在餘姚老家早跟祖父學過，再翻來覆去地讀，有何意思？

　　但不久守仁又高興了。原來，上學或回家得經過幾條街道和胡同，街上人來人往，熱鬧非凡；僧道卜筮、三教九流，無奇不有。守仁每天散學之後，都和幾個同伴在街上閑逛，哪裏熱鬧往哪裏湊，時常玩得昏天黑地。這些事情後來讓父親知道了，多次進行斥責，但每次祖父都護着他。守仁有祖父為靠山，更是為所欲為，但這種頑性卻因一個相士的點撥而發生變化。

　　守仁後來回憶說，他在北京上私塾時，有一天和往常一樣，在街上閑逛，時時還弄點惡作劇。眼見天色將晚，正準備回家，卻被一位相士攔住。守仁平日專愛聽相士瞎謅，故此不但不害怕，反倒覺得有趣。

　　相士上上下下將守仁打量了幾遍，說道：我見你相貌奇特，故贈你幾句話，日後自有應驗。守仁及其伙伴沒事也想找事，何況有人自己找來。當下便將相士圍住，看他說些什麼。

　　相士點着守仁，一字一頓說道：鬚拂頸，其時入聖境；鬚至上丹臺，其時結聖胎；鬚至下丹田，其時聖果圓。說罷，轉身而去。

　　同伴們誰也沒聽清這相士胡說了些什麼，哄然散去。守仁卻一字一句聽得明白，暗自琢磨：入聖境、結聖胎、聖果圓，這是何意？鬚拂頸、鬚至上丹臺、鬚至下丹田，這又是何意？從此，祖父和父母以及私塾中的教師和同學發現，守仁有些異樣，雖然也和以前一樣愛說愛笑，愛湊熱鬧，有時卻獨自靜坐凝思，或突然提出一兩個誰也回答不了的怪問題。

　　一次，私塾教師正領着大家唸書，守仁又提問說：請問先生，世上之事有千有萬，不知哪件事是第一等事？

　　先生猝不及防，頓時瞠目結舌，隨即笑道：此事還不明白？世上第

一等事自然是好好讀書，將來應科舉。不料守仁卻搖了搖頭，自言自語地說：「科舉未必是第一等事。」先生開導說：我朝太祖高皇帝曾立下規矩，天下文官都要由科舉，第一等事自是讀書科舉。守仁仍然搖搖頭：恐怕未必。

先生問道：既然科舉不是第一等事，那麼何事為第一等事？守仁稍稍猶豫，但還是說了出來：「登第恐未為第一等事，或讀書學為聖賢耳。」

學為聖賢？先生年輕時曾多次參加科舉，連舉人也沒考上，故一心一意授徒養家。在他看來，讀書應科舉當然是第一等事，沒想到這個十幾歲的學生竟想做聖賢，好笑之餘，又不禁自覺慚愧。

這件事不脛而走，傳到了守仁家裏。本來就為兒子犯愁的王華更多了一層憂慮，他苦笑着問兒子：你小小年紀，就想做聖賢？但祖父王倫卻是連聲叫好：做聖賢，有出息！王家是該出聖賢了！王華看着這一老一少，只得無可奈何地搖搖頭。

當然，無論是老師、同學，還是祖父、父親，都不知道這是一個相士引起的風波。而守仁自己，其實也並不知「聖賢」為何物，更不用說聖賢該如何去做。但這要做聖賢的意識，卻從此在守仁心中扎下了根。

人們的理想或願望往往產生於看似不經意的偶然事件之中，而且最初多是極其混沌而朦朧，但是，對於那些具有超常想象力和意志力的人，卻往往是一種極為強大的原動力。諸如「做聖賢」之類的相士胡謅，當時幾乎人人碰得到，但並沒有幾個人像守仁那樣當真，並且深深地埋藏在心中，成為一種動力。

五、試馬居庸關

抱着要做聖賢的朦朦朧朧的念頭，守仁那顆不安分的心跳動得比以往

更劇烈。特別是十三歲時母親鄭氏去世之後，對守仁進行管教的只有父親和祖父。兩人用各自的價值觀對守仁施加影響。父親王華希望兒子約束自己的行為，增加對官場的認識，以後也和自己一樣考狀元、入翰林。所以當自己擔任會試的考官時，也將兒子帶去看卷，並讓他試着品評高下。祖父王倫固然也希望孫子將來金榜高中，但即使是中了狀元，也不過是步兒子的後塵。他更希望孫子應了那位相士之言，成為聖賢，那才真正是光宗耀祖的事情，故而他更主張讓孫子按自己的個性去發展。

守仁在父親和祖父的雙重影響下，而潛在意識中，也是在相士的影響下，日漸長大，也懂得了一些事情，既看「聖賢」書，也學着做「聖賢」事，家事國事天下事，事事關心，慨然以天下為己任。

當時明朝的主要邊患來自於北方的蒙古。三十多年前，蒙古瓦剌部內犯，當今成化皇帝的父親正統皇帝統領京軍主力五十萬人，前往迎敵，結果兵潰土木堡，皇帝做了蒙古人的俘虜，至今仍是國恥。後來瓦剌衰敗，卻又興起了韃靼。成化初，韃靼的幾個部落南下，深入到了黃河以南的河套地區，被明政府稱為「套虜」。「套虜」的活動區西起甘肅、寧夏，東至山西、河北，對明朝的北部邊疆造成極大的危害。

邊患既熾，內患也盛。成化元年（1465 年），廣西發生大藤峽瑤民起事。瑤民們攻城略地，殺官劫庫，廣東、廣西、江西、湖廣四省都受到波及，明政府調動了京軍及地方部隊十多萬人，費資巨萬，才將瑤民鎮壓下去。也就在當年，湖北、河南、陝西交界地區爆發了聲勢浩大的荊襄流民鬧事，捲入人數達幾十萬，時斷時續鬧了二十年，直到明政府在這一地區設府（鄖陽府）增縣，改變過去禁止流民居住的政策之後，事情才逐漸平息。

這些事情發生時，特別是「套虜」內侵和荊襄流民第三次鬧事時，守仁正住在北京，因而特別留心。十五歲那年，他帶着僕人出了北京，往居庸關一帶了解邊情，考察邊備，一個月後才回到北京，把父親王華急得坐立不安。而守仁自己，卻是得意非常。特別是這次邊塞之行遇到的兩件

事，更使守仁興奮不已，後來時時向人提起。

一件是他出居庸關後，在蒙古人經常出沒的地區驅馬奔馳，正遇上一個「胡兒」即蒙古人騎着馬在草原上溜達。守仁拍馬，向「胡兒」飛馳而去，那「胡兒」見了，竟倉皇而逃。這令守仁非常得意：人人都是談「虜」色變，不久前的一年冬天，兩個蒙古騎士驅趕着幾百名漢族老幼和上千頭牛羊，從容渡過結冰的黃河，附近的幾千明軍站在城頭上觀看，竟然沒有人敢於出擊。我一人一馬，不僅敢在塞外馳騁，還敢追逐「胡兒」，這膽量何人及得？看來不是胡人可怕，是我漢人中有膽量的太少了。

另一件是從居庸關回北京途中的一天夜裏，守仁夢見自己拜謁漢伏波將軍馬援的廟。馬援是東漢著名將領，南征北戰，屢建戰功。特別是他那「馬革裹屍」的名言，成為後世軍人的最高信條，激勵着無數英雄豪傑前仆後繼，獻身疆場。守仁從小就對馬援極為敬慕，也曾夢想立功疆場。這次出居庸關，就是想效法古代英雄。日前馬逐「胡兒」，已經自覺有了一些英雄氣概，回來時竟能和馬援在夢中相見，更使守仁激動不已。

守仁後來告訴別人，他那天晚上不僅夢見自己來到馬援廟拜謁，而且還賦詩一首：

> 捲甲歸來馬伏波，早年兵法鬢毛皤。
> 雲埋銅柱轟雷折，六字題文尚不磨。
>
> （《夢中絕句》）

與「打破維揚水底天」一樣，這首詩寫得也很幼稚，只是增加了用典而已，卻反映了一個十五歲少年對事功的向往。

回到京城，守仁邊塞之行的激動尚未消失，又傳來了荊襄戰事再起的

消息。他摩拳擦掌，要上書朝廷，為平亂安民出謀劃策。父親王華哭笑不得，厲聲斥責，守仁這才不得已而作罷，但心中卻是憤憤不平。這時祖父已經回餘姚老家，守仁沒有了靠山，只得忍氣吞聲。

如果守仁的這些作為和想法放在漢唐，自然是不足為奇。那時民風尚武，統治者對於開拓疆土也極為熱衷，投筆從戎為一切有志青年的必然選擇。霍去病兩次出征匈奴，動輒深入漠北數千里、斬首數萬級，死的時候也才二十四歲，並留下了「匈奴未滅，何以家為」的豪言壯語。班超帶着三十六人，在西域力挫匈奴，開疆闢土，何等威風。唐太宗李世民力勸父親李淵起兵的時候，也不到二十歲。

但自北宋以來，尚武精神為崇文觀念所取代。到明代，雖然永樂時有鄭和下西洋的壯舉、有亦失哈率軍巡視黑龍江流域的深入，但不久就成了清一色的文人政治，武將被藐視為「武吏」。文官又都由科舉而進，所以上自官宦世家，下至貧民佃戶，只要有可能，便一心一意鼓勵子弟好好讀書，以便科舉成名。年輕人經史背得越熟、文章寫得越漂亮，就越有出息。在這種風氣之下，守仁的塾師將讀書科舉視為「第一等事」，父親王華視兒子的舉動為胡作非為，是可以理解的。

守仁從小欽佩馬援、欽佩霍去病、班超，這就決定了他日後所走的道路、所行進的軌跡和從小對「禮」感興趣的孔子不同，也和勤於筆耕的朱子不同。盼望建功立業、盼望成為聖賢，可以說是造就日後「王陽明」、「王文成公」的兩個最重要的原動力，也是他區別於中國歷史上其他的「大儒」的根本所在。以後他在教育學生時，從不摒棄任何職業、從不隱諱談論建功立業，也可以從這裏找到根源。而實際上，中國歷代的真正「大儒」，沒有一個是不管世事而空談學問的，所不同的只是有無機遇以及對世事投入的程度而已。

六 、 新 婚 之 夜 無 蹤 跡

在京師一住就是五六年，父親讓守仁仍回浙江餘姚老家。一是因為祖父、祖母年事均高，希望這個善解人意的孫子在身邊；二是守仁也到了科舉應考的年齡，按朝廷的規定得回原籍入官學、參加鄉試，而在這之前，還要接受資格考試；三是早年曾為守仁訂了一門親事，該完婚了。帶着如此多的使命，守仁回到了餘姚。

這時，成化皇帝已經去世，太子祐樘繼位，改元「弘治」，這就是後來廟號被尊為「孝宗」的弘治皇帝。朱祐樘在明朝是一位難得的溫文爾雅的皇帝，雖然在位期間也並未做過什麼驚天動地的大事，但由於尊重大臣、聽文官們的擺佈，加上他父親成化皇帝長年不接見大臣，又重用宦官汪直，寵愛比自己大十八歲的萬貴妃，名聲不好，而他兒子正德皇帝更是荒唐至極，不僅重用宦官劉瑾、打擊外廷文官，而且變着法子離開京師，或去宣府、大同，或往淮揚、江南，所到之處人心惶惶、雞犬不寧。比較而言，夾在二者之間，雖無雄才大略，卻也不胡作非為的弘治皇帝就是好皇帝了。因此，文官們將這一時期稱作「弘治中興」。雖說是比附不倫，卻也情有可原。

守仁的未婚妻姓諸，諸氏的父親諸養和當時任江西布政司參議。弘治元年（1488 年）七月，守仁遵父命，從浙江餘姚前往江西南昌完婚。

從北宋到明代，江西是全國主要的文化經濟發達地區之一。明朝人說到小範圍的經濟繁榮區，是蘇、松、杭、嘉、湖並稱；說到大範圍的經濟繁榮區，則是蘇、松、江、浙並稱。「蘇松」指的是蘇州、松江二府，蘇州府的範圍大抵為現在江蘇省的蘇州市，松江府的範圍則大抵上為現在的上海市；「浙」為浙江，杭、嘉、湖均屬浙江；「江」則為江西。[1]

---

[1] 關於明代「江」指江西而非江蘇，參見方志遠《「江浙」辨》（《爭鳴》1988 年第 5 期）、《說江：千年輝煌》（《江西師範大學學報》2015 年第 1 期）。

在明代，每三年一次的科舉考試，各省的舉人是有名額限定的，江西在十三個布政司中，舉人的名額位列第一；從明太祖洪武四年（1371 年）開科取士起，到王守仁的父親王華中狀元的成化十七年（1481 年）止，三十三科的狀元，江西吉安一府就佔去九位；而在明朝前期，先為皇帝的祕書處、後為宰相府的替代衙門的內閣，也幾乎為江西籍官員壟斷。

還有一宗，那就是江西的僧、道、術士尤多。曾經輔佐過明太祖奪取天下的術士周顛（周顛仙）、張中（鐵冠道人）等都是江西人。佛、道二教在江西也極盛：道教天師道（明代稱正一教）的祖庭在江西貴溪龍虎山，佛教淨土宗的發祥地在江西廬山東林寺，禪宗南系兩大法系之一的青原系祖庭在江西吉安青原山淨居寺，曹洞宗和溈仰宗的發祥地則在江西宜豐洞山、宜黃曹山和宜春仰山。

對於從小愛發奇想，又對江湖術士極感興趣的守仁來說，江西是個神祕而又令人向往的地方。因此，他是帶着一種喜悅而激動的心情到江西迎親的。

來到南昌，守仁住在岳父的官署之中。未來女婿聰明絕倫、胸懷大志的名聲，以及他五歲改名才說話、十一歲誦詩驚四座、十五歲單騎逐胡兒的種種軼聞傳說，早為諸府上下熟知。況且，親家翁今在北京翰林院任職，而且是經筵講官，陪皇帝讀書，將來入閣拜相，也是預料之中的事情。因此，諸府以非同一般的禮遇迎接守仁。

一到諸府，守仁就以他的聰明好學贏得了諸府上下人等的尊敬。岳父也是讀書人出身，官署中筆墨紙硯，俱為上品。守仁住下之後，閑得無事，開始練習書法。但他練字和別人不同，看得多，想得多，寫得反而少。並未見他整日臨池，幾天下來，卻書法大進。有想討好新姑爺的清客便來請教書法之道，守仁也不客氣，侃侃而談：我開始學書法時，對着古帖臨摹，止學得字形，所以效果極微。近日偶有所得，凝思靜慮，擬形於心而盡得其法，然後提筆落紙，若有神助。岳父聽得女婿論書法，更是刮

目相看。

婚期到了，諸府張燈結彩，賓客盈門，笙歌悠悠，喜氣洋洋。但到新郎新娘拜堂之時，新郎卻蹤跡全無，急得岳父諸養和連連跺腳，派人四下尋找。卻哪裏找得着？天已經全黑了，眼看到了定更，二更、三更也過了，派去尋找的家人都先先後後回府，該找的地方全找過了，就剩下沒把南昌城翻個遍，仍是不見新郎的影子。新娘垂着淚，等了整整一夜。

第二天早上，新郎終於回來了。聽完他的敍述，眾人由焦慮轉為憤怒。

昨日合府上下忙着操辦婚禮，守仁閑着無事，甚感無聊，隻身出了府門，來到翠花街、瓦子角。這是當年南昌最繁華的去處，猶如蘇州的閶門外、南京的夫子廟。守仁信步而行，猛一抬頭，卻見一座大殿巍然矗立，正是當年南昌的大去處——萬壽宮，又稱鐵柱萬壽宮。

萬壽宮是為奉祀許遜而建。許遜字敬之，祖籍河南，為中原望族。東漢末年黃巾起義，許遜之父許肅避亂遷徙南昌，遂定居於此，許遜便出生在南昌。許遜初習儒學，博通經史，於天文、地理、律曆、陰陽、五行及神仙術士之學，無不涉及，這也是當時讀書人在迷茫中的探索。西晉武帝太康年間，許遜舉孝廉，為蜀旌陽縣（今四川德陽）令。任內「去貪鄙，除煩細」，將旌陽治理得井井有條，人安物阜。時逢天災，瘟疫流行，許遜施符給藥，救活數千人。後見官場腐敗、晉室動盪，許遜棄官而歸。相傳許遜回南昌後，領導人民與洪水做鬥爭，力斬興風作浪的孽龍，消除了水患。為了不使孽龍復出為害，許遜在孽龍的出入口，即南昌城內廣潤門左、翠花街西的一口深井處，鑄鐵為柱，用以鎮壓。許遜自己則背倚西山，結廬而居，專心修道，不知所終。當地民眾為了紀念這位為民生做出了偉大貢獻的人物，流傳出許遜活到一百三十六歲時，全家四十二口，連同雞犬，舉宅升天的故事。所謂「雞犬升天」的傳說，因此而起。傳說中的許遜鑄鐵為柱之地也建了萬壽宮，因宮前有鎮壓孽龍的鐵柱，故稱「鐵柱宮」，又稱「鐵柱萬壽宮」，兩宋以來香火極盛。

　　守仁信步走入宮內，四下觀看。其時天已近晚，香客陸續散去，宮內空空蕩蕩、寂靜肅穆。守仁來到後殿，但見燭光搖曳之中，一位道士獨坐一榻，閉目靜思，不便驚擾。等到道士睜開雙目，方才上前行禮問安。

　　道士抬起頭，見是一位十七八歲的少年，舉止文雅，臉上卻透出一股豪氣，起身讓座。一經交談，守仁發現道士學識淵博，談鋒機敏，不由得肅然起敬。二人由人生談到世事，又由世事談到養生，不知不覺，已至夜深。二人興猶未盡，直談到次日天明，守仁才起身告辭。

　　出了鐵柱宮，守仁猛然想起府中還在等他成親，不禁出了一身冷汗，急忙奔回諸府。當他氣喘吁吁回到府中，見岳父正坐在堂中搖頭歎息，一陣歉意湧上心頭。岳父看了看他，也不便深責。這個女婿十五歲就敢到居庸關外去玩命，這世上還有什麼事情他不敢做的？只怕女兒這一輩子不會有開心之日。守仁因為欠妻子這一夜之情，也得償還一輩子。

　　七年之後，弘治八年（1495 年）四月，諸養和因病去世。守仁在祭文中說：「我實負公，生有餘愧；天長地久，其恨曷既。」（《祭外舅介庵先生文》）可以看出他的情感。明人沈德符在《萬曆野獲編》中說，王守仁開宗立派、平叛定亂，何等英雄，但聽人說他竟然「懼內」，實在令人百思不得其解。如果聯繫到他在新婚之夜所欠之情，恐怕也就並非難解了。[1]

七、「世以不得第為恥，吾以不得第動心為恥」

　　在南昌一住就是一年半。成婚後的第二年，即弘治二年（1489 年）十二月，守仁告別了岳父，與妻子同回浙江。途中，他在廣信（今江西上饒）拜訪了當時的著名學者婁諒。有關這次會面的詳情已不得而知，但婁

---

1 沈德符《萬曆野獲編》卷 5《勛戚‧懼內》：「吾浙王文成之立功仗節，九死不回，而得嚴事夫人，唯諾恐後。」

諒的一番言語，卻使守仁由以前的想做聖人而領悟到「聖人必可學而至」，朦朦朧朧知道該如何去學了。從此，他開始認真閱讀歷代典籍，並逐漸注意規範自己的行為。

回到餘姚不久，祖父王倫去世了。在整個家族中，守仁與祖父的感情之深，甚至超過父母。他既繼承了父親的沉穩和富於主見，而更多的是繼承了祖父的豪放和富於創見。在守仁日後的生活經歷中，可以看出這兩方面的結合。

在幫助父親料理完祖父的喪事之後，守仁按父親的囑咐，開始準備三年一度的科舉考試。餘姚王門是個大家庭，與守仁一起準備應考的還有他三個堂叔和一個姑父。

中國的科舉制度從隋唐就已開始，但考試的內容和方式則代有變化。大致上說，隋唐及北宋以考詩賦為主，南宋至清以考經義為主。這是由隋唐及北宋崇文章、南宋及元明尚理學的風氣造成的，反過來，科舉內容的變化又加重了這些時代的崇文與尚理之風。

明朝科舉以永樂時編修的《四書大全》《五經大全》《性理大全》為教材，以朱熹等宋儒對《四書》《五經》的解釋為依據，所以應試者主要是對經義進行理解和闡述。

守仁以及和他年紀差不了多少的四位長輩準備應試，也是以解析經義為主。但一段時間之後長輩們開始詫異了，這位侄子的學問和寫文章的本領進展神速，遠非他們可比。後來他們終於發現，守仁白天和他們一起解析經義，準備考試，晚上則將祖父和父親留下的經史子集各類書籍遍加檢索，讀至夜分才就寢，不禁相顧歎息：這個侄兒「已遊心舉業之外」，我們還哪裏比得上！守仁聽後笑道：人貴在立志，有志者事竟成，哪裏有做不到的事！四人聽了搖搖頭：說時容易，做時便難了。守仁又笑道：我再做一件事給叔叔們看。眾人追問何事，守仁笑了笑，並不回答。

第二天，幾位長輩發現，一向嬉笑怒罵、愛開玩笑的侄子變了，端

坐終日，除了講解經書，發表己見外，竟是一句閑話也沒有。長輩們忍耐
不住，詢問原因。守仁正色答道：我過去放任太過，如今深感後悔。從今
日起，當改弦易轍，望眾位叔叔助我。四人見他一本正經的樣子，更覺滑
稽，都忍俊不禁。但從此以後，守仁果然說到做到，變得不苟言笑。四人
方才信服，也深自收斂。

　　功夫不負有心人。弘治五年（1492年）秋天，二十一歲的守仁在浙江
鄉試中了舉人，和他一起讀書的堂叔、姑父們則全部落榜。嘉靖時，官
至刑部尚書的鄭曉曾得意地歷數他的故鄉浙江「名臣輩出」：明太祖開創天
下時，有籌劃軍務的劉基、興製禮樂的宋濂；靖難之役後，有忠於建文帝、
效夷齊之節的方孝孺；土木之變後，有臨危不亂、砥柱中流的于謙。正德
時寧王宸濠謀反，最早進行揭露的是胡世寧，誓死不與寧王合作而被害的
品級最高的官員是孫燧，最終平定叛亂的是王守仁。而胡世寧、孫燧恰恰
和守仁一樣，都是弘治五年（1492年）浙江鄉試中式的舉人，一時傳為美
談。[1]

　　但是，科舉的成功與否並不完全取於天賦與用功，運氣的成分極大。
所以江西的風水師說了五大要素：一命、二運、三風水、四積陰德、五
讀書。

　　明朝的科舉每三年舉行一科，分為鄉試、會試、殿試，每科全國大約
錄取舉人一千至一千五百名，錄取進士三百人左右。「鄉試」在子、午、
卯、酉年的秋八月進行，故稱「秋闈」。屆時，全省取得科舉資格的士人
在各布政司所在地即各省省會參加考試，故又稱「省試」。鄉試被錄取稱
「中舉」，士子中舉後便是舉人，算是取得了「功名」，即有了做官的資
格，同時，也取得了參加會試的資格。鄉試中的第一名則稱「解元」。「會
試」在鄉試的第二年即辰、戌、丑、未年的春二月進行，故稱「春闈」。

1　鄭曉：《今言》卷6。

屆時，全國的舉人齊集京師北京，參加考試。會試由禮部主持，故又稱「部試」，第一名稱「會元」。所有在會試中被錄取者實際上已是進士，但三月初一日（成化時改為十五日）還得在紫禁城內奉天殿（今故宮太和殿）前的場地上進行「殿試」。殿試名義上由皇帝親自命題並進行錄取，但後來實際上都由內閣代辦。舉行殿試的目的有兩個，一是排定進士的名次，二是表示所有的進士都由皇帝欽賜，都是天子門生。

守仁中舉後，來到北京，參加了弘治六年即癸丑年（1493 年）舉行的會試，竟然落了榜。這時，守仁父親王華二十七個月的守制期已滿，由翰林院修撰升遷為右春坊右諭德。會試的主考、同考官都是他的同僚，對守仁的落榜，大家都表示遺憾，登府慰問。當時的文壇領袖、禮部侍郎李東陽笑着對守仁說：你此科落第，下科定和你父親一樣，中個狀元。同僚們也跟着起哄說：對了，就作一篇來科的狀元賦！守仁聽了，一時興起，也不推辭，展紙提筆，一揮而就。李東陽眾人一看，連聲叫好。但中國人有個習慣，在別人叫好時，即使不以為然，也不當面說出，而是背後嘀咕。一出王家，果然就有人提出不同看法：此子目中無人，若果取上第，恐怕連我輩也不在他眼中了。

三年時間轉眼就到了，由於守仁已有舉人的功名，故在下科科舉時可直接參加會試。沒想到，又落榜了。於是有抱不平者聯想到上次有人說過守仁目中無人，故而認為，這次守仁落榜，肯定是有當道者忌才所致，其實並無根據。

對於會試的接連失敗，守仁自己倒是淡然處之。同行的一位舉子也是兩科未中，不禁灰心喪氣，覺得無顏見江東父老，又對守仁的無動於衷感到不解。守仁笑道：「世以不得第為恥，吾以不得第動心為恥。」世上之事，哪有處處順心的？何況，科舉之外，該想該做的事情還很多，豈能對區區下第之事耿耿於懷？

第二章

吾當

上下

而求索

一、才受威寧劍，便將邊務憂

弘治十二年（1499 年），守仁第三次參加會試，不但順利過關，而且名列第二，差點就是「會元」了。接着，又在殿試中名列第十，賜二甲第七名進士。這個名次雖然不及父親的第一名顯赫，卻也不致辱沒家門。這第十名進士是以全國幾十萬生員、數萬名考生、一兩千名舉子為基數的。何況，有明一代還沒有過父子二人都是狀元的先例。

後來的事實說明，弘治十二年即己未年的這場科舉具有重大的意義。因為有兩位在中國歷史上產生深遠影響的人物參與了這一次科舉會試，一位是王守仁王陽明，一位是唐寅唐伯虎。王陽明因為登第，所以在「體制內」活動，做出了極大的功業。唐伯虎卻因為被人檢舉私下拜見考官，有事先得題之嫌，被革除功名，終身不得再行科舉，從此在「體制外」活動，也闖下了極大的名頭。但是，王陽明雖然在體制內「立功」，卻在體制外「立言」，成為有明一代立德、立功、立言的「真三不朽」的人物；唐伯虎雖然在體制外「放浪形骸」，卻是「平生不掙作孽錢」，恪守着體制內的底線。

在守仁考進士的時代，新科進士有四個去向：一是留翰林院為史官，這是對一甲進士的安排；二是在二、三甲進士中選出二三十名年紀較輕、較有才學者為庶吉士，在翰林院繼續讀書，三年後根據學業的優劣，當然，更重要的是看人事關係的情況，或留翰林為史官（二甲進士為編修、三甲為檢討），或分到科道為言官，或分到六部為主事；三是分到六部「觀政」，為「觀政進士」，一年後再授實職；四是分到地方出任知縣、州同知、府推官等。

守仁被列入第三類，分在六部的最後一部工部觀政。這個分配對他來說才真正是不公正的。以他的會試、殿試名次，還有二十八歲的年紀，即使觀政，也應該是在更為重要的吏、戶、兵三部。從這一點看，有人抱不

平，認為當政者有意對守仁進行壓抑，似乎又並非全是無中生有。

當然，觀政進士並非只是「觀」政，而是要承擔具體的公務，以鍛煉處理行政事務的能力，也為一年後的正式授職提供依據。

守仁做觀政進士的第一樁差事，是督造威寧伯王越的墳墓。

王越在明代是位富有傳奇色彩的人物。他是景泰二年（1451 年）的進士。殿試的那天，忽然平地颳起一股旋風，將王越的試卷捲上雲間，眼看着就在天際消失了。管卷官只得給他重發試卷。王越奮筆疾書，在收卷前寫完了第二份對策。

本來事情已經了結，沒想到這年秋天，朝鮮國使者前來進貢，竟然帶來了王越的那份試卷。說是朝鮮國王正在視朝的時候，一物從天而降，卻原來是一份文卷。侍者將文卷拾起呈上給國王，國王一看，才知道是天朝進士的策試試卷，不敢私藏，讓使者進貢時順便帶回北京。一份試卷竟然漂洋過海，被風從明朝的京師北京捲到朝鮮的王京漢城，也真是不可思議。

成化時，王越以都御史提督軍務，兩次領兵深入河套襲擊「套虜」，創造了自永樂以來明軍對蒙古最為成功的戰例，被封為威寧伯，成為明朝自開國以來第二位以軍功封爵的文臣。[1]

守仁的少年時代，正是王越建立邊功的時代，故從小對王越充滿着崇敬和向往。守仁曾對人說，他少年時曾做過一夢，夢見王越將自己指揮奇襲威寧子海時所用的寶劍贈給他。看來，他十五歲時獨出居庸關，不僅是受古代英雄的驅動，也是受當代英雄的激勵。更難想象的是，入仕之後的第一件差事，竟然就是去督造王越的墳墓。是巧合，還是上天的安排？不管是什麼，當不負威寧伯。

守仁在京師備考的期間，正值「套虜」頻頻深入境內劫掠。朝廷每

1　參見《明史》卷 171《王越傳》。又，明代以軍功封伯爵的文臣只有三人：正統時的王驥，以平麓川封靖遠伯；成化時的王越，以襲威寧海子封威寧伯；以及本書傳主王陽明，以正德時平寧王朱宸濠之亂，封新建伯。

次調兵遣將，總是遑急被動，既無解決邊患的謀劃，又無優秀的將才可供派遣。守仁心中焦慮，而自己的身份又不能措一詞、出一策。焦慮之餘，便千方百計尋求兵書、鑽研陣法。每次宴客，則將杯盤碗盞、橘皮果核排成陣勢。理解的認為他胸懷大志，不理解的便以為他是癡狂瘋癲。對於這些，守仁全不在意。

這次督造威寧伯墓，正是演練陣法的極好機會。守仁將民伕按人數及身體狀況編成什伍，分配勞役，起居飲食都有定時，工程質量皆經檢收。工餘的時候，又指揮民伕演練據說是由諸葛亮傳下的八陣圖。待到工期結束時，不僅墳墓造得雄偉氣派，守仁自己也得到了一次排兵佈陣的實踐鍛煉。這就叫「有志者事竟成」，只要立志，只要時時不忘初心、時時有所準備，機會到來之時，才能夠把握得住。

明朝到弘治、正德時期，官場的腐敗已經成為公認的事實。大大小小的工程，都是主管官員中飽私囊的機會，至於修墳造墓之類，更是以死人要挾活人、向死者家屬敲詐勒索。但是，守仁不僅於家屬秋毫無犯，而且將朝廷有限的經費精打細算，一分一毫均投入工程之中。他認為這樣做既可問心無愧，也是對慕儀已久的英雄獻上自己的一份心意。

守仁返回北京的時候，王越的家屬前來送行，並且帶來了不少金銀珠寶，作為酬謝，守仁執意不收。家屬們又取出一個布囊，交給守仁。守仁打開布囊，一柄佩劍赫然映入眼中，是王越生前的佩劍——威寧劍！守仁心中一陣激動，果然是天意！否則，怎會如此巧合？

他更加相信，上天是要他擔當大任的。

回到京師覆命之後，守仁仍然沉浸在激動之中。每晚公務之餘，他總要將威寧劍取出把摩，期望有一天能和王越一樣，領軍殺敵，立功疆場。

正當此時，又傳來了「套虜猖獗」的警報，守仁再也按捺不住了，他揮毫疾書，呈上了自己有生以來第一份也是自認為早就該上的奏疏。在這份《陳言邊務疏》中，守仁對國家的邊務政策及當政者提出了尖銳的批評：

　　臣愚以為今之大患在於：為大臣者外託慎重老成之
名，而內為固祿希寵之計；為左右者內挾交蟠蔽壅之資，
而外肆招權納賄之惡。習以成俗，互相為奸。憂世者謂之
迂狂，進言者目以浮躁，沮抑正大剛直之氣，而養成怯
懦因循之風。故其衰耗頹塌，將至於不可支持而不自覺。

　　這些批評，既表示了守仁對當政者缺乏遠見卓識的不滿，也反映了守
仁自身的個性與當政者治國方針之間的矛盾。這種不滿和矛盾，將使守仁
在日後的仕途中步履維艱，也迫使守仁在堅持自己的基本個性和認識的同
時，對當政者做出某些讓步並採取更為靈活的鬥爭手段。

　　在這個《陳言邊務疏》中，守仁對邊務提出了八項建議：一、蓄材以
備急；二、捨短以用長；三、簡師以省費；四、屯田以足食；五、行法以
振威；六、敷恩以激怒；七、捐小以全大；八、嚴守以乘弊。

　　每一項都是先陳舊弊，然後提出解決辦法，可以看出，他長期以來
一直在思考這些問題。如第一條蓄材以備急，守仁認為，本朝繼承元朝舊
制，軍官世襲，但漢人和蒙古人的習性不同，蒙古人以尚武為榮，漢人卻
以崇文為高。所以軍官世襲，在元朝可以，本朝沿用，卻導致軍官素質極
差。雖然輔之以武舉，所選也不過是騎射搏擊之士，而將才極為缺乏。籌
劃邊務、負責決策的大學士們，都是些由進士到翰林、由翰林到內閣的秀
才，並不懂軍務，甚至邊境也沒去過；負責調兵遣將的兵部尚書、侍郎等，
也都是進士出身，經過長期的升遷除授，來到兵部，對軍務未必內行。針
對這種情況，守仁提出，對世襲軍官必須加強軍事教育和實踐訓練，選拔
武舉必須加試兵法韜略，並讓二者進行競爭，培養選拔出既懂兵法又有實
踐經驗，既有武技又能指揮千軍萬馬的將帥之才。他建議，兵部官員自尚
書以下，必須更迭巡邊，以熟悉邊務敵情，一旦有事，方可從容應付。

　　然而，當時的明朝缺乏的並不是主意，守仁提出的這些問題和解決辦

法，在他之前和之後，都不斷有人提出，關鍵在於踐行。明朝並不是沒有關於對軍官嚴加考核的條例，也並不是沒有全面考核武舉的制度，問題是敷衍成習、積弊已深，除非軍官世襲制度完全廢除，才能從根本上予以解決，但誰又敢冒天下之大不韙，去革除祖宗成法、去打破數以萬計的軍官及數以十萬計等着世襲的軍官子弟的飯碗？

這個社會需要的是實踐家而非空談家，需要的是所有的人從自身做起，但所有的人又都只會指責他人，指責社會，偏偏不願從自身做起。要腳踏實地幹出一番事業，守仁還有很長的路要走。

二、刑部雲南司的新任主事

弘治十三年（1500 年），守仁「觀政」期滿，實授刑部雲南清吏司主事。

明朝自太祖廢除中書省後，六部為中央最高一級行政機關，各部均設尚書一人、左右侍郎各一人，下有清吏司，各設郎中、員外郎、主事，分管該部事務。吏、禮、兵、工四部均為四個清吏司，而戶部和刑部因事務繁重，與地方十三布政司即十三個省相對應，各設十三個清吏司，同時帶管南北兩直隸事務。

刑部主管全國的司法行政，是當時最能了解民情的衙門。守仁來到這個衙門，更感覺到時政的腐敗。

當時的刑部有提牢廳，設獄吏若干名，專管刑部大牢中的囚犯。刑部各司主事每月一輪「提牢」，也就是督理牢務。守仁分到刑部後不久，正好輪着雲南司提牢。他帶着從人，在獄吏的陪同下，逐牢查看。關在刑部大牢中的全是重囚，來自全國各地，或是已定死罪，等着秋後執行；或是已定死罪，但犯者不服，提出上訴，等待再審。

守仁第一次巡獄，時值傍晚，囚徒們正在用餐。守仁走了一段，停

下腳步細看，不禁心中狐疑。但見囚徒碗中，半稠半稀，黃中帶黑，竟不知是何物。回頭問隨行獄吏，說是獄中缺糧，只能以米糠為食。守仁點點頭，繼續前行。忽聽得有豬叫之聲，守仁心中一動，循聲而去，卻見幾個大豬圈中，幾十頭肥豬正在爭食，食槽中盡是細糧白面。守仁猛一轉身，見到獄吏那張尷尬的胖臉，他明白了。早就聽說獄吏將朝廷給囚犯的口糧用來養豬，豬養大了，則眾人共分，並孝敬相關官員。當時並不相信，今日一見，果然如此。

守仁回到提牢廳大堂，召集全獄獄吏訓話：朝廷有好生之德，即便是囚徒，也撥給米糧布被，使其不致受凍捱餓。囚犯也是人，你們卻待其不如豬犬，奪食以餵豬，率獸以吃人，為朝廷招怨，你們是豬犬不如！說罷，喝令用刑。獄吏們一面跪下求饒，一面七嘴八舌地訴說，說這件事早已相沿成例，連刑部堂上官也知道。守仁聽罷，不再理睬跪在地上的獄吏，當即趕至刑部堂官家中，詢問此事。

正如獄吏們所說，這種事情在當時已是司空見慣，刑部上上下下都知道，只是守仁剛到刑部，少見多怪而已。但不管怎樣司空見慣，卻是違犯了國家的條令，不能放到桌面上。刑部主管官員見守仁認真，也不便多說，讓他自行處理。

第二天，守仁來到提牢廳，傳令獄吏將牢中所養的豬統統宰殺，分給囚徒食用，又通告全獄，以後若再發生這類事情，嚴懲不貸。

辦完這件事後，守仁又向獄吏索取以往提牢主事的名單，卻百不存一。獄中管理混亂，其實與此有關。說是提牢，又有幾人真的會到獄中來走走？守仁眉頭一皺，計上心來，命獄吏取來筆硯，提筆在提牢廳的牆壁上寫下了自己的姓名及提牢的時間。經刑部主管官員認可，以後凡當值的提牢主事，都要在壁上題上自己的姓名和提牢時間，一旦獄中發生問題，提牢者無法推卸責任。

說來也怪，通過守仁的這次整治，刑部大牢竟然三十年沒有發生明

顯的「豬吃人」事件。到守仁晚年，有位刑部官員還當面向他提起此事，說是刑部一直傳誦，膾炙人口。沒想到守仁聽了卻連連皺眉：往事休提，那是我年輕時幹的荒唐事。當時只顧自己痛快，全然沒有替堂上官着想。自己做君子，讓別人做小人，實在不應該。一番話，說得那位刑部官目瞪口呆。後來，王門弟子耿定向解釋此事說，老師的意思並非不該處理那件事，而是應該委婉向刑部主管官員提出，由主管官員自己去處理，那樣就不至於使人難堪了。[1]但是，既然是相沿成習，主管官員也就見怪不怪，而官場陋習正由此而成。所以，革除積弊，恰恰是需要王陽明的這種「不懂事」。但中國的官場，恰恰是「懂事」的太多。

大牢殺豬一事發生後，刑部官員們對這位新任雲南司主事有了幾分認識。這是一位不怕事的主，有什麼棘手的事，都讓他去做。守仁也當仁不讓，該他管的他要管，不該他管的他也想插手管；別人敢管的事他管，別人不敢管的事他也管。

弘治十四年（1501年），守仁奉命去江北錄囚。錄囚也是刑部十三司的例行公事，主事們每年都要會同都察院的巡按監察御史到所帶管的布政司或中央各部門清理案件、平反冤獄。這是明代司法的重要環節，雖然後來多流於形式，卻也給受冤屈的人們一些平反的希望、給想逃脫制裁的真罪犯造成一定的震懾。南直隸江北的揚州、廬州（今安徽合肥）等府和滁州等州由雲南司帶管，所以這些地方的錄囚由雲南司負責。

守仁來江北遇到的第一樁難理的案子，是陳指揮殺人案。

這位姓陳的指揮脾氣暴躁、生性好鬥，動輒殺傷人命，下獄之前，被他無辜殺害的有十八人。這些人的家屬年年告狀，但因陳指揮一家三代服役，父親死於疆場，兒子又因失機被殺，博得人們的同情，而有關官員又接受了他的賄賂，所以雖然定了死罪，卻關在獄中十多年，遲遲沒有執行死刑。

1　參見耿定向《先進遺風》卷上。

　　守仁看完案卷後，立即下令將陳指揮處決。一同錄囚的巡按御史仍然以陳指揮的父親殉國為理由進行阻撓，陳指揮的家屬也不斷託人求情。但錄囚的事情是由刑部主事主管，守仁一堅持，御史和其他官員也沒有辦法，除非他們立即向朝廷匯報，由朝廷對守仁進行干預。但這種事情一旦讓朝廷知道，不但救不了陳指揮，說情的官員們也要受到牽連。

　　臨刑之時，陳指揮衝着守仁大聲呼叫：王守仁，我死而有知，一定不會放過你的！聲音嘶啞而兇狠，在場的官員和百姓，以至行刑的劊子手都感到一陣寒戰。守仁反倒迎上前去，笑道：我如果不殺你，十八人的冤魂就放不過我。為了這十八條人命，我定要殺你。倒要看看你能奈我何否？言罷，喝令用刑。[1]

　　陳指揮的案子一辦，其餘難案迎刃而解。等錄囚事畢，守仁回京復命，江北各府州竟是一片讚揚。守仁對自己這次江北錄囚的所作所為也頗為自得，帶着隨行人員忙裏偷閑去了一次號稱佛教四大名山之一的九華山，並寫下了一篇頗為自得的《九華山賦》：

> 循長江而南下，指青陽以幽討。
>
> 啟鴻蒙之神秀，發九華之天巧。
>
> 非效靈於坤軸，孰構奇於玄造。
>
> 涉五溪而徑入，宿無相之窈窕。
>
> 訪王生於邃谷，淘金沙之清潦。
>
> 凌風雨乎半霄，登望江而遠眺。
>
> 步千仞之蒼壁，俯龍池於深杳。
>
> 弔謫仙之遺跡，躋化城之縹緲。
>
> ⋯⋯

1　參見都穆：《都公譚纂》。

　　但也有人暗暗納悶：他人辦不了、不敢辦的事情，為何這位王主事不僅敢辦，而且還辦得了？人們由此想起他的父親王華。這位成化十七年（1481年）的狀元，此時正官運亨通。守仁錄囚江北的弘治十四年（1501年）秋，他父親正在南京主持應天府的鄉試；明年，升為翰林院學士；十六年，升詹事府少詹事兼翰林院學士，接着升禮部右侍郎；十七年，為禮部左侍郎。而且，一直兼經筵講官。如果當時內閣不是已結成劉健、謝遷、李東陽的三位一體，王華在弘治年間恐怕已入閣為大學士了。

　　守仁在刑部辦案沒有遇上大的阻力，自然與他父親的職位有關，但更主要的還是守仁自己天不怕地不怕的個性。無論在什麼時代，正義總是令邪惡畏懼的。王陽明去世三十年後，浙江淳安知縣海瑞無任何政治背景，一紙大義凜然的公文，同樣使八面威風的巡撫都御史鄢懋卿不敢入淳安縣境。所以，在一般的情況下，所有的「黑幕」只能是暗中操作，一旦公開於光天化日之下，黑幕中隱藏的人物一般是不會露面的。有人借口官場的水深而不作為，但遇上王陽明以及海瑞、于成龍，不管水深水淺，趟了再說，官場上的水就變得淺了。

三、為聖為文兩彷徨

　　守仁對於公務一絲不苟，「學為賢聖」的願望也越來越強烈。但是，「學為聖賢」之路又是如此的漫長而不着邊際。

　　自從在廣信拜謁婁諒之後，守仁開始對宋儒的格物理論產生了興趣，並自以為得到了學為聖賢的途徑。弘治五年中舉後，守仁北上京師，既準備第二年參加會試，也陪伴父親小住。既然會試也是考經義，守仁想乾脆乘此機會鑽研宋儒主要是朱子的格物即體驗事物的功夫，於是將朱子的著作統統找來，認真閱讀。但不讀還罷，越讀越感到困惑。掩卷靜思，竟一

無所獲。

　　這是怎麼回事？守仁暗自納悶：婁先生談格物之理何等透徹，他的學問也是從宋儒中來，特別是從朱子中來，為何我竟然參解不透？想來想去，他突然覺得想通了，既是格物，當然應該從物中去求。朱子說得好，凡事都有其表裏精髓，一草一木，皆含至理。我一天到晚在書中求，哪能悟透？

　　正好父親官署中種了許多竹子。種竹是從祖父開始的，後來成為王家的傳統。守仁步出書房，來到院中竹林，微風陣陣，翠竹搖曳，頓感心中空靈，萬物皆具神氣。但一用朱子格物之論，沉思竹子之理，卻又百思不得其解。想得久了，竟頭暈目眩，大病了一場。連第二年的會試也落了榜。

　　經受了這次打擊，守仁對自己能否做得成聖賢開始有些懷疑。這賢聖大概要有緣分，不是人人都可以做得。自己或受緣分所限，故想不通格物之理。做不了聖賢就不做吧，世上畢竟凡夫俗子更多。

　　一旦打消了做聖賢的念頭，守仁覺得輕鬆了許多。他的悟性本來就很好，又有作文賦詩的天分，遂沉溺於辭賦之中。

　　守仁祖父竹軒翁王倫在世時，曾和好友結成詩社，每日吟詩喝酒，說天道地，好不痛快。這情景在守仁記憶之中定格，就像是昨天發生的事情一樣。有祖父做榜樣，守仁在第二次會試下第後回到餘姚，也會同好友，在父親曾經讀過書的龍泉山寺組織了一個詩社，也是每日登高望遠，吟詩作賦，竟不知世間還有「憂愁」二字。

　　餘姚有位名叫魏瀚的退休布政使，既與守仁父親王華為莫逆之交，又是守仁祖父王倫詩社中的文友，他兒子魏朝端又和守仁同一年中舉人，故而兩家關係十分密切。魏瀚性格開朗，熱心助人，更以才學自負。聽說守仁一班年輕人也結成詩社，不禁技癢，每次聚會，必定參加，而且和年輕人一樣好勝。但每次對句聯詩，總是比不過守仁。魏瀚心悅誠服了：後生可畏，老夫當退避數舍。

　　每當此時，守仁也覺得高興。但一段時間下來，又覺得心裏空虛，總不能以弄詩作文了此一生吧？原來，在他的內心深處，仍然放不下「學為聖賢」的念頭。但這聖賢該如何做，卻還是找不到門徑。想找師友一起議論，又苦於沒有知音，心中彷徨，不得安寧。

　　這一天，偶然讀到朱熹的《上光宗皇帝疏》，疏中有這樣一段話：「居敬持志，為讀書之本；循序致精，為讀書之法。」[1]守仁心中一亮：原來如此！這個奏疏以前也讀過不止一遍，為何沒有領悟？十年前婁諒先生所說，也是這個道理。以往覺得為聖無門，大概是因為探討雖博卻沒有循序漸進，如今門徑找到了，守仁放下辭章詩賦，又鑽研起了朱子的格物致知學問。

　　但不久，守仁又迷惑了。雖然確實在循序漸進地讀書，但事物的「理」和自己的「心」總是溝通不了，物理歸物理，我心歸我心，判若兩途。越是心急，越是感到毫無頭緒。每當此時，守仁便覺得自己是「天下之至拙」之人，是天底下第一傻瓜。由於心中煩躁，接着又是一場大病。於是更覺聖賢自有天命，不是人人做得，回過頭來，仍舊舞弄辭章。

　　其實，守仁雖然自以為理解了朱熹所說「讀書之法」，卻並沒有理解朱熹所說的「讀書之本」；看上去是在「循序漸進」，實際上卻並沒有「居敬持志」。他那不同於常人的思維方式，以及汲汲於建功立業、以天下之事為己任的個性，決定了他不可能持之以恆地走朱門弟子們所走過的道路。他的志向，其實並不是做學問家，而是做政治家；他的追求，並不是朱熹那樣的「作者」，而是孔子那樣的「述者」。

　　弘治十二年（1499 年）考中進士時，守仁已頗具才名。當時的文壇領袖雖然仍是茶陵詩派的首領大學士李東陽，但隨着明初嚴峻政治氣氛的舒緩和成化、弘治以來市民意識、市民文學的重新興起，年輕一代文人對幾十年如一日的臺閣體詩文早已厭煩。在北京，以李夢陽、何景明等人為代

---

[1]　此據《王陽明全集·年譜二》，此語見於朱熹《行宮便殿奏劄二》，《晦庵集》卷 14《奏劄》，原文為「……此循序致精，所以為讀書之法也……此居敬持志，所以為讀書之本。」

表，在江南，以唐寅、祝允明等人為代表，對舊的文風發起了猛烈的衝擊。

守仁和李夢陽、何景明、徐禎明、喬宇、邊貢、汪俊等是前後科的進士，又都負才名，共同提倡讀古詩、學古文，通過學古倡古，颳起了明中期文學革新的颶風。但當時在文學創作的實踐中進行革新的人物，在科舉時往往遭到壓制。守仁自己有兩科失利的經歷，蘇州的唐寅（唐伯虎）更因莫名其妙的科場舞弊案被終身剝奪了終身參加科舉的機會。[1]這些看似偶然的事件，實質上卻反映了新舊文學思想的衝突和鬥爭。正是這個偶然，明朝從事出了一位在「體制內」把事功做到極致的王陽明，又出了一位在「體制外」把文化做到極致的唐伯虎。但是，王陽明的事功在體制內，學術卻在體制外，所以事功受到各方面的肯定，學術卻引起極大的爭議；唐伯虎的文化在體制外，但其道德底線卻不失於體制內。

暫時拋開了做聖人的守仁，在這一時期倒確有不少清新不俗的作品問世。

弘治九年（1496 年），守仁第二次會試失敗，在發表了一番「世以不得第為恥，吾以不得第動心為恥」的高談闊論之後，離京南下。

這一天，順着運河來到山東任城（縣名，後廢，在今山東濟寧境內），但見一樓臨江而立，很是氣派。此樓名太白樓，本是當年李白客遊飲酒處，現已成為山東境內的一大名勝。守仁在運河上往返幾次，卻一直無暇登臨太白樓。這一次會試下第回鄉，反正無事，正可去看看當年太白飲酒的去處。

守仁棄舟登陸，來到太白樓上，留下了今日我們能夠見到的他的第一篇長賦──《太白樓賦》：

---

1 弘治十二年會試，大學士李東陽與翰林學士程敏政主考。戶科給事中華昶捕風捉影，上疏指責程敏政事前將試題透露給了江陰舉人徐經和蘇州舉人唐寅，從而引發了著名的「程敏政科場案」。結果是兩敗俱傷：程敏政被勒令致仕，華昶降調南京太僕寺任主簿，徐經、唐寅則在贖免徒刑後，黜充吏役，永遠不許參加科舉考試。《明孝宗實錄》詳載了這一事件的始末。

　　歲丙辰之孟冬兮，泛扁舟予南征。

　　凌濟川之驚濤兮，覽層構乎任城。

　　曰太白之故居兮，儼高風之猶在。

　　蔡侯導余以從陟兮，將放觀乎四海。

　　木蕭蕭而亂下兮，江浩浩而無窮。

　　鯨敖敖而湧海兮，鵬翼翼而承風。

　　月生輝於采石兮，日留景於嶽峰。

　　蔽長煙乎天姥兮，渺匡廬之雲松。

　　慨昔人之安在兮，吾將上下索而不可。

　　蹇予雖非白之儔兮，遇季真之知我。

　　羌後人之視今兮，又烏知其不果。

　　吁嗟太白公奚為其居此兮？余奚為其復來？

　　倚穹霄以流眄兮，固千載之一哀。

　　……

　　這篇六百字的賦既不像屈原的《離騷》那樣充滿浪漫色彩和神奇想象，也不像蘇軾的前後《赤壁賦》那樣富有哲理，加上明代已不是作賦的年代，故這首賦在中國文學史上並沒有什麼地位。但賦中所流露出來的名曰「非（李）白之儔」而實欲步（李）白之後塵的自信，卻顯示出年輕一代文化人的氣勢。同時也可以看出兩次會試失敗的打擊，並未對守仁的情緒產生太大的影響。可以相信，守仁所說的「世以不得第為恥，吾以不得第動心為恥」並不完全是掩飾。

　　不僅欲效李白，而且想學蘇軾。

　　宋神宗熙寧十年（1077 年），蘇軾知徐州，正值黃河決堤，徐州被大水困了一個多月。蘇軾領導軍民築堤護城，終於化險為夷。洪水退後，

蘇軾命人在徐州城外黃河邊上用黃泥建了一座高臺，因為黃色，故名「黃樓」。既為抗洪紀念，也為壓制水患。黃樓建成之時，蘇軾作《黃樓詩》以紀念，一座極為普通的黃泥臺，成了徐州的一大名勝。但到明代，黃樓早已化為烏有。

　　弘治十七年（1504 年），守仁主試山東鄉試，枉道遊徐州，友人朱朝章說要重修黃樓，引起守仁對蘇軾的懷念，遂有《黃樓夜濤賦》。賦前有一小序：「朱君朝章將復黃樓，為予言其故。夜泊彭城之下，子瞻呼予曰：吾將與子聽黃樓之夜濤乎。覺則夢也。感子瞻之事，作《黃樓夜濤賦》。」這是一篇極富想象力的作品，讀來既似蘇軾醉臥黃泥樓，又似東坡夜探石鍾山，更似子瞻初誦赤壁賦：

　　　　子瞻與客宴於黃樓之上。已而客散日夕，暝色橫樓，明月未出。乃隱几而坐，嗒焉以息。忽有大聲起於穹窿。徐而察之，乃在西山之麓。攸焉改聽，又似夾河之曲。或隱或隆，若斷若逢。若揖讓而樂進，歙掀舞以相雄。觸孤憤於厓石，駕逸氣於長風。爾乃乍闔復闢，既橫且縱，摵摵颯颯，洶洶瀒瀒，若風雨驟至，林壑崩奔，振長平之屋瓦，舞泰山之喬松。咽悲吟於下浦，激高響於遙空。恍不知其所止，而忽已過於呂梁之東矣。

　　　　子瞻曰：「噫嘻，異哉！是何聲之壯且悲也？其烏江之兵，散而東下，感帳中之悲歌，慷慨激烈。吞聲飲泣，怒戰未已。憤氣決膺，倒戈曳戟，紛紛籍籍，狂奔疾走，呼號相及，而復會於彭城之側者乎？其赤帝之子，威加海內，思歸故鄉，千乘萬騎，霧奔雲從，車轍轟霆，旌旗蔽空，擊萬夫之鼓，撞千石之鍾。唱大風之歌，按節翔翔而將返於沛宮者乎？」於是慨然長噫，欠伸起立，使童子啟戶憑欄而望之。則煙光已散，河影垂虹，帆檣泊於洲渚，夜氣起於郊坰，而明月固已出於芒碭之峰矣。

子瞻曰：「噫嘻，予固疑其為濤聲也。夫風水之遭於頹洞之濱而為是也，茲非南郭子綦之所謂天籟者乎？而其誰倡之乎、其誰和之乎、其誰聽之乎？當其滔天浴日、湮谷崩山、橫奔四潰，茫然東翻，以與吾城之爭於尺寸之間也。吾方計窮力屈、氣索神儃，懍孤城之岌岌、覬須臾之未壞，山頹於目懵、霆擊於耳聵，而豈復知所謂天籟者乎？及其水退城完，河流就道，脫魚腹而出塗泥，乃與二三子徘徊茲樓之上而聽之也。然後見其汪洋涵浴、滴滴汩汩，澎湃掀簸、震盪澎渤，吁者為竽，噴者為篪，作止疾徐，鐘磬祝敔，奏文以始，亂武以居，咳者嗃者囂者嗷者、翕而同者、繹而從者，而喝喝者、而嘮嘮者，蓋吾俯而聽之，則若奏簫咸於洞庭。仰而聞焉，又若張鈞天於廣野。是蓋有無之相激，其殆造物者將以寫千古之不平，而用以盪吾胸中之壹鬱者乎？而吾亦胡為而不樂也？」

客曰：「子瞻之言過矣！方其奔騰漂盪而以厄子之孤城也，固有莫之為而為者，而豈水之能為之乎？及其安流順道、風水相激而為是天籟也，亦有莫之為而為者，而豈水之能為之乎？夫水亦何心之有哉？而子乃欲據其所有者以為歡，而追其既往者以為戚，是豈達人之大觀、將不得為上士之妙識矣。」

子瞻喉然而笑曰：「客之言是也。」乃作歌曰：「濤之興兮吾聞其聲兮，濤之息兮吾泯其跡兮，吾將乘一氣以遊於鴻蒙兮，夫孰知其所極兮！」

只此一賦，足以使守仁躋身於李（夢陽）何（景明）之間。但也只需看這一賦用如此多的生字僻語，便決定他永遠也進入不了李、杜、白、蘇的行列。而為聖為賢的願望在守仁意識中又是如此根深蒂固，即使一時放下，也是迫不得已。一旦身體稍事恢復，他的心又不自在了，仍想遠遵朱

子之遺旨，近守婁諒的教誨，格物而致知，學做聖人。

弘治十五年（1502 年）五月，守仁江北錄囚事畢，返回京師，又做起了他的聖人夢。白天在刑部雲南司查看案卷，晚上掌燈讀五經及先秦兩漢文章尤其是宋儒的發明。已是翰林院掌院學士的王華深知兒子讀書不要命又極為自負的脾氣，加上守仁因讀書過於刻苦而大病過幾次，便命僕人定時將房中燈燭熄滅。可等父親一睡，守仁又將燈燭點亮，繼續讀書。

但是，守仁的個性和已經養成的對事物的認識方法，決定了他與程頤、朱熹學問的格格不入，越是想理解朱子，就越是無法理解，急火攻心，竟然得了肺病，只得告病，回餘姚老家靜養。

但守仁自己也不曾想到，這一次告病，竟從此和朱子學說分道揚鑣。

四、九華山的奇遇

守仁從小就和佛道兩家結上了緣。祖母夢見仙人送子，守仁才降生人世；餘姚里巷僧人的提醒，守仁才開口說話；北京街頭術士的點化，守仁開始有了做聖人的念頭；南昌鐵柱宮與道士議論通宵，守仁開始學習養生之法。

此後，守仁每當遇上不順心的事，總要尋佛問道，乃至從不放過與佛道兩家人物打交道的機會。人生在世，不順心事常多，向宗教尋求解脫、向方術求得破解，也是中外古今的通理。

在科學不發達的時期，所謂的「迷信」乃是普遍現象。即使在今日中國，一些「氣功大師」不同樣以氣功為名、以巫術糊弄大眾？在科學技術領導世界的美國，不也有人相信星象？在某種意義上說，「迷信」正是那些不為主流思想承認、不為當代科學證實的現象。但是，當代科學又能解釋多少現象？疑者自疑，信者自信。守仁生活的時代，本來就是神祕主義盛

行的時代。夏、商、周三代及春秋時的諸侯國凡事必祭、遇事必卜且不必說，從先聖孔子、亞聖孟子，到秦皇、漢武、唐宗、宋祖，以及所有被人們視作英雄豪傑者，無不為自己製造神話。

北宋在與少數民族的戰爭中，大概只有一位將領沒有吃過敗仗，這位將領名叫狄青，也慣於搞神祕主義。

仁宗時，廣源州（今越南高平省內）儂智高叛亂，勾結安南軍侵擾廣西。狄青奉命平叛，不料竟被敵軍團團圍在一群小山上，水道被切斷，軍心渙散。狄青召集眾軍，當眾向上天禱告，然後下令在他禱告的地方掘井，說是上天示意此地有水。軍士們半信半疑，揮鍬挖土，才挖幾尺，竟然水如泉湧，全軍一片歡呼。狄青又讓人取來一百個銅錢，當眾宣佈：挖井得水，可見上天是保佑我軍的，我再祈求上天示意，今夜突襲敵營，如能成功，這一百枚銅錢的正面皆朝上天。眾軍聽了，更是納悶：有這等奇事？狄青當即命親軍將銅錢拋向空中，錢落地後，眾軍一看，果然全是正面朝上，頓時歡聲雷動，士氣大振。狄青傳令，留下數人守護銅錢，全軍分數路出擊，攻破敵軍大營，並連夜經崑崙關直襲廣源州，一戰平叛。儂智高兵敗而亡。

這一仗，宋軍大獲全勝，安南再也不敢侵犯邊境。班師時，又經過這座小山，狄青讓守護的軍士取來銅錢，眾人一看，全都傻了：一百枚銅錢，兩面全是正面圖案，竟然沒有反面，難怪隨手一拋，全是正面。而所謂祈禱求雨，不過是在事前已經勘測好的地方玩把戲。

宋軍在對外戰爭中屢戰屢敗，非此不足以提高士氣，狄青如此，也是迫不得已。

朱元璋是明朝開國皇帝，同時也是明代搞神祕主義的第一人。據他自己回憶，年幼時父母雙亡，一牀破蓆，裹着親人，但因家裏貧窮，找不到一塊安葬之地，突然一陣急風暴雨，霎時間天昏地暗。等風雨過後，父母的屍體已全無蹤跡，但對面山坡上卻多了一個土包，原來父母已為上天

所葬。

又有人傳說，曾有一位相士路過此地，他告訴當地百姓，朱家夫婦所葬之地正居龍首，後代子孫將有帝王之份。後來朱元璋果然做了皇帝。

朱元璋的第四個兒子朱棣，通過「靖難之役」做了皇帝。但起兵的時間，卻一次又一次被推遲，部下將領都感到不解，朱棣則胸有成竹，說是他的老師道衍和尚即姚廣孝已去請真武帝前來助戰。一直等到天色已黑，風雨大作，眾軍突然在閃電中看到一隊天兵天將急速而過，果然是真武大帝派來助戰的神兵到了！朱棣這才傳令發兵，軍士們以為有神兵助戰，人人奮勇，早將這次起兵實為叛亂、一旦失敗將禍滅九族置於腦後。[1]

看來，在神祕主義盛行的時代，大凡想成大事者都得搞些神祕主義，非守仁獨然。而搞神祕主義者，也並非只是像人們所說的那樣在於欺人，很多時候是在自欺，否則，便無法解釋術士們不但給他人服丹藥，而且自己也服丹藥。

守仁搞神祕主義，也先是自己相信。而且也不能不相信：難道祖母會故意編造仙人送子的夢來糊弄祖父？難道自己五歲時一改名字就說話是一種偶然？難道全家都會編造一個母親懷孕十四個月才生下自己的神話？特別是弘治十一年（1498 年），自己被宋儒的學說弄得頭暈目眩，一按道士尹繼先所授的養生法進行修煉，不久便耳聰目明。如果不是尹繼先的勸阻，守仁或許已經拋棄世俗、入山修煉了。

這位名叫尹繼先的道士是陝西臨洮府（今屬甘肅省）人，自稱生於南宋高宗紹興年間（1131 — 1162 年），明弘治時遊歷南京，按他自己的說法已三百多歲了，卻顏如孩童，到處替人排憂解難。守仁久聞其名，便去拜謁，和他同住了上百天。尹繼先對守仁很是器重，教他修煉養生術，但並不正式收他為徒，並告訴他：你聰明絕頂，但是貴介公子，筋骨脆弱，沒

1　這幾件事分別參見潘永因《宋稗類鈔》卷 1、署名解縉的《天潢玉牒》、傅維麟《明書‧姚廣孝傳》。

法學我。我之所以能夠入道，全因吃苦耐勞，一般人是受不了的。但是，你雖然沒有長生的緣分，卻能夠以勛業顯於當世。守仁聽了，既悵然，又振奮，儘管沒能隨尹繼先入山，對道士們卻更多了一層敬重。[1]

弘治十五年（1502 年），守仁錄囚江北事峻之後，專程去了一趟九華山。九華山在今安徽省長江南岸的青陽縣，是地藏菩薩的道場，為佛教四大名山之一。雖然守仁在遊九華山時作了一篇極盡描繪之事的《九華山賦》，但他去九華山，卻顯然不是為着遊山玩水看風景，而是為了尋訪江湖異士，特別是為了尋找一位外號叫「蔡蓬頭」的道士。他先後到無相、化城等寺進行探訪，終於找到了這位異人。

守仁先在前廳接待「蔡蓬頭」，請他傳授養生長壽之道。蔡蓬頭卻只是顧左右而言他，只字不談養生。守仁見狀，屏退左右，並將蔡蓬頭引至後亭。

蔡見左右無人，欲言又止，經守仁再三催促，方才開口：你千里來訪，誠意可見。但我只有一言相告：長壽養生之道、立地成仙之術，都是閑雲野鶴、與世無爭之人所為。你胸懷大志，欲濟眾生，便不該心有旁騖。應當力求為聖之道，何必汲汲於小技，而耽誤遠大前程？

只此一番話，說得守仁出了一身冷汗。想要再問，蔡道士笑着拱了拱手，揚長而去，全不像道家人物，倒顯露出江湖怪傑的本色。

但守仁仍不甘心，聽說地藏洞中還有一位異人，足不出洞，坐不設榻，臥不鋪蓆，食不舉火。於是翻山越嶺，找到了地藏洞。進得洞去，果見一人熟睡於石板之上。守仁站立許久，那人仍自酣睡。守仁見天色不早，只得將那人推醒。那人翻身而起，問道：山路崎嶇，你如何到得此地？守仁也不多作解釋，徑問養生之道。那人卻答非所問，大談為聖為賢之道。守仁覺得奇怪，便以宋儒格物致知之說相問。那人對程頤、朱熹不措

---

1 參見陸粲《庚巳編》卷 6《尹山人》、查繼佐《罪惟錄·列傳》卷 25《方外列傳》。

一辭，問到周敦頤和程顥，則大加讚揚：「周濂溪、程明道是儒家兩個好秀才。」（《年譜一》）守仁還要再問，此人卻早已倒頭熟睡。

和尹繼先的交往，以及在九華山的奇遇，看來帶有偶然性，其實正表現出守仁自身認識上的某些變化。蓬頭道士和地藏洞人雖然都是江湖散人，卻都對守仁的養生話題不感興趣，一個勸他一心一意走仕途、學為聖之道，一個勸他學濂溪、明道，做儒家好秀才。尹繼先雖然教他養生，卻不收他為徒。為何以前的和尚、道士及其他江湖術士總是和他談養生，而這次卻都談為聖為學？是僧道影響了守仁，還是僧道附會着守仁？

當然，這時守仁的思緒仍是矛盾的。若說迷戀佛老，便不應有蓬頭道士和地藏洞人的出現；若說進取之心正盛，在九華山所作的《題四老圍棋圖》卻又顯露出對神仙生活的向往：

> 世外煙霞亦許時，至今風致後人思。
> 卻懷劉項當年事，不及山中一着棋。

五、陽明名世

從九華山下來，守仁於弘治十五年（1502 年）五月回京師覆命。對於京中生活，他似乎感到有些厭惡了。仍然是原來那些朋友、仍然是原來那些事務，他覺得應該靜下心來認真進行思考。但是他沒有時間思考，沒有時間抉擇，只得挑燈夜戰。不想疲勞過度，又病倒了。他想起了故鄉餘姚，那是一塊多好的天地、多自由的空間，應該回去住一些時間，或許還會有別的收穫。

於是，守仁遞交了他出仕以後的第一份告假書，理由是身體一向有病，這次江北錄囚，勞累過度，致使舊病復發，加上自己和父親都在京師

任職，祖母岑氏年逾八十，所以請求回餘姚老家，一面養病，一面也在祖母身邊盡孝。歷代統治者都提倡孝道，家有孝子，國才有忠臣。守仁既然提出養病、侍親，告假書不久就批了下來。

守仁告別父親，回到餘姚。祖母雖然已是八十四歲高齡，仍然身體硬朗，見到守仁回家，更是精神煥發。

守仁這次回餘姚，一是要養病，二是想認真對自己的思想進行一番清理。從小到大，一直愛發奇想。既想出入佛老、養生長壽，又想追跡李蘇、酣暢辭章，更想效法孔孟、超凡入聖。如今已年過三十，該當而立了，卻終日彷徨，一事無成。來到餘姚，確實擺脫了庶務和應酬，但仍感到人多耳雜，心境難平。古人說，養病須先養心，得找一個安靜的地方。

餘姚郊外，有一個僻靜去處，風景秀麗，人跡罕至。尤使守仁驚異的是，向陽山坡有一石洞，深邃幽靜，極似在九華山見到的地藏洞。守仁命人將石洞整理一番，搬來書籍鋪蓋，一主一僕當晚就要在此住下。

收拾停當，守仁站在洞口，遠眺群山，翠綠濃郁，山風徐徐，沁人心肺。幾縷夕陽直透洞中，將石洞映得通明，宛如仙境。守仁心中喜悅，即將此洞命名為「陽明洞」。除本名外，守仁還只有表字「伯安」，尚未取號。當年蘇軾躬耕於黃州東坡，以「東坡」為號，如今守仁得了洞陽明，即以洞為號，自號「陽明」，又稱「陽明子」。雖然學為聖賢，時刻在心，但守仁自己也可能沒有想到，「陽明」之號一出，遂成千古。

王陽明自幼身體單薄，後來又因讀書過於辛苦，染上肺病，加上屢有奇遇，不是相士，便是僧道，故此對道家養生術甚感興趣。在陽明洞中住下之後，飲食起居，自有僕人料理，王陽明則開始精研佛道祕籍經典，又自練導引術，希望通過養心，達到養生去病的目的。

古人說的導引術也是一種養生術，即通過自身有規律的呼吸和軀體運動進行體育治療，與今天人們所說的氣功和自我按摩非常相似，或者說，就是一種氣功與按摩療法。道家有一個派別叫「吐納派」，便是因呼吸煉

氣而得名。中國古代帝王及士大夫與道士交往，多是為了學習養生和長壽之法。著名文人李白、蘇軾對養生術都極感興趣。一生之中從孟子一直批評到蘇軾的朱熹，到晚年也熱衷此術，持齋茹素。[1] 可見風尚所致，賢者難免。

　　與李白、蘇軾、朱熹或中年或晚年才開始練習養生不同，王陽明從年輕時起就接觸養生術，故而有較多的心得，並且也多少喜歡故弄玄虛。在陽明洞靜修了一段時間之後，王陽明的病情有了好轉，而且自稱能夠未卜先知，頗有一些仙風道骨之意。

　　一天，王陽明正在陽明洞中靜坐，突然告訴僕人，說是心血來潮，有王思裕等四位友人來訪，讓僕人去路上迎候。僕人半信半疑，又不敢違拗，只得一路磨蹭而去。沒想到在路上果然遇上四人，上前一問，正是去陽明洞拜訪王陽明的。再問姓名來歷，與王陽明所說無異，是王思裕等人。僕人大驚，連忙說明來意。四位客人聽罷，也驚得目瞪口呆，認定王陽明已修煉成仙，否則絕對不可能預知他們會來，更不可能知道他們的來意。王思裕等隨着僕人來見王陽明，一見面便問起為何能夠預知，王陽明避而不答。四人回去後到處宣講王陽明得道之事。但王陽明卻在暗自發笑，若非事前已知四人來訪，哪裏真的能掐會算？

　　這件後來被王門弟子大肆宣揚的事情，大概恰恰是王陽明在思想上真正認識佛道的開始。既然自己可以用這套把戲輕而易舉地糊弄人，別人也同樣可以用這套把戲來糊弄自己。尹繼先、蔡道士和地藏洞中的異人才是真正可以相信的。回想起來，北京街頭遇上的相士、南昌鐵柱宮中的道士，也從來沒有引他學佛入道的意思，一位讓他做聖人，一位教他學養生，前者為立志，後者為健身。人未誤我，我自誤耳。若因一念之差，隱入深山，為僧為道，或者蔡道士答應自己的請求，收自己為徒，那將置祖

1　參見昭槤《嘯亭雜錄》卷 4《朱文正》。

母和父親於何地、又將置國家萬民於何地？

第二年，從佛道中解脫出來的王陽明離開陽明洞，往杭州西湖散心。和陽明洞幾乎與世隔絕不同，西湖卻是人世間最美好的去處。一首《西湖醉中謾書》可以看出他當時的心境：

> 湖光瀲　晴偏好，此語相傳信不誣。
> 景中況有佳賓主，世上更無真畫圖。
> 溪風欲雨吟堤樹，春水新添沒渚蒲。
> 南北雙峰引高興，醉攜青竹不須扶。

如果說王陽明住進陽明洞是為了出世，而來到杭州西湖，卻是準備重新入世了。流連於南屏山、虎跑泉，信步於蘇公堤、白公堤，對人生的熱愛完全壓倒了對人生的厭惡，對世事的參與完全壓倒了對世事的逃避。王陽明那顆聖人可學而得、慷慨有志於天下的心又重新燃燒起來，再也沒有什麼力量可以將其壓制下去了。

一天正遊靈隱寺，聽說有位僧人已坐關三年，不語不視。若是一年前，王陽明定會肅然起敬，但此時卻甚覺可笑。他想起了八十五歲高齡卻仍然對他關心備至的祖母，想起了年近六十卻每天為他熄燈滅火的父親。他來到禪房，對着閉目垂首的和尚喝問：你這和尚，終日口巴巴說什麼，終日眼睜睜看什麼？和尚大驚，當即睜開雙眼。

王陽明問道：你在此出家，家中可有親人？

和尚回答說：有老母在。

王陽明又問：可曾想念老母？

和尚又答：不能不想。

王陽明聽罷，不禁感慨：人非草木，豈能無情？即便草木螻蟻，在佛祖眼中，也都是一命。既是一命，便皆有情。佛說「四大皆空」，但人在

世上，又哪裏真能皆空？你在此不視不語，倒也自在；你母親每日想兒念兒，可也自在？

再看和尚，早已是淚流滿面。

第二天，王陽明又來到靈隱。寺中住持說，那和尚昨晚已經離寺，恐怕此刻已和家人團聚。王陽明聽罷，若有所思：居廟堂之高則憂其民，處江湖之遠則憂其君。江湖不可久居，該入廟堂了。

六、主考山東

弘治十七年（1504 年），王陽明告別祖母、離開陽明洞，在闊別兩年之後，回到了北京。朱子不可學，佛老不可為，辭章不可溺，該走自己的路了。

這年正值每三年一次的鄉試年。八月，山東巡按御史陸偁將王陽明請至濟南，聘為山東鄉試主考官。

從王陽明為山東鄉試所出的策試題，可以看出他已和佛道分道揚鑣，並在認真思考如何經世治用了：「議國朝禮樂之制」、「老佛害道，由於聖學不明」、「綱紀不振，由於名器太濫、用人太急、求效太速」，以及分封、清軍、禦夷、息訟，等等，全與當時的社會問題息息相關。而一篇《山東鄉試錄序》，既可以看出他的為國求賢之心，也可以看出他那經過鍛煉的文采：

　　山東古齊魯宋衛之地，而吾夫子之鄉也。…… 守仁得以部屬來典試事於茲土，雖非其人，寧不自慶其遭際？又況夫子之鄉，固其平日所願一至焉者。而乃得以盡觀其所謂賢士者之文而考校之，豈非平生之大幸歟！雖然，亦竊有大懼焉。夫委重於考校，

將以求才也。求才而心有不盡，是不忠也；心之盡矣，而真才之弗得，是弗明也。不忠之責，吾知盡吾心爾矣；不明之罪，吾終且奈何哉！

蓋昔者夫子之時，及門之士嘗三千矣，身通六藝者七十餘人，其尤卓然而顯者，德行言語則有顏、閔、予、賜之徒，政事文學則有由、求、游、夏之屬。今所取士，其始拔自提學副使陳某者，蓋三千有奇，而得千有四百，既而試之，得七十有五人焉。嗚呼，是三千有奇者，皆其夫子鄉人之後進而獲遊於門墻者乎？是七十有五人者，其皆身通六藝者乎？

夫今之山東，猶古之山東也，雖今之不逮於古，顧亦寧無一二人如昔賢者？而今之所取苟不與焉，豈非司考校者不明之罪歟？雖然，某於諸士亦願有言者，夫有其人而弗取，是誠司考校者不明之罪矣。司考校者以是求之、以是取之，而諸士之中苟無其人焉以應其求、以不負其所取，是亦諸士者之恥也。

……

然則，司考校者之與諸士亦均有責焉耳矣。嗟夫！司考校者之責，自今不能以無懼，而不可以有為矣；若夫諸士之責，其不能者，猶可以自勉，而又懼其或以自畫也。諸士無亦曰吾其勗哉，無使司考校者終不免於不明也。其無愧於是舉，無愧於夫子之鄉人也矣。

既責己，也責人，盛讚山東古代人文之昌大，微責當日山東人文之凋敝，言出肺腑，勉勵有加，可以說是一篇無可挑剔的文告，也為自己日後經營四方做好了文治上的準備。

主試山東鄉試的成功，給了王陽明以更大的自信。返回北京的時候，

朝廷的詔令已經下達，王陽明由刑部雲南司主事改兵部武選司主事。兵部主事和刑部主事，都是正六品，但地位卻不可同日而語。

明代以吏、戶、兵三部為上三部，刑部尚書和兵部尚書雖然都是正二品，刑部尚書轉兵部尚書卻是升遷；刑部有十三司，兵部只有四司。武選司為兵部四司之首，掌天下衛所軍官及土官的選授、升調、襲替、功賞之事，凡任命武官有出自「中旨」者，即未經兵部而直接由內官宣稱出自皇帝親自委任者，該司均得覆奏請旨而後行，故在兵部四司中地位特重。王陽明由刑部轉兵部，並為武選司主事，他的價值應該說是已開始被當政者特別是兵部主官的重視。而在兵部的這段經歷，對他以後巡撫南贛、總督江南四省軍務，平滅寧王叛亂、鎮壓各處民變，無疑具有重要意義。

七、「守仁從宦三十年，未見此人」

王陽明既為兵部主事，便日夜留意各地軍情，以及軍官的素質及能力。與此同時，他的興趣也開始由注重辭章轉向講學。大丈夫立於天地之間，應當以天下為己任。生逢亂世，當平亂達治，救民於水火；生逢治世，當移風易俗，使人人知禮守法。平亂達治，靠的是武力；移風易俗，靠的則是教化。

明代到成化、弘治之時，社會風氣已由「淳厚」轉向「奢靡」。成化六年（1470 年），也就是王陽明出生的前兩年，有位名叫丘弘的給事中向朝廷上了一道奏疏，說到當時京師的風氣：

> 近來京城內外，風俗尚侈。不拘貴賤，概用織金寶石服飾；僭擬無度，一切酒席，皆用簇盤糖纏等物。上下傚效，習以成

風，民之窮困，殆由於此。[1]

這種情況不僅發生在北京及其他大都市，遠離城市的山區，社會風氣也在變化。有人對當時江西廣信府永豐縣（今江西廣豐縣）的風氣作了這樣的描述：以往男子只穿土布衣服，有錢人才偶爾穿穿綢緞。讀書人的妻子，如果沒有受朝封，不得長衫束帶；燕會時的水果菜肴也只有四五種。到了弘治、正德時，這一切都變了。男人不管有錢無錢，都要弄身好衣服風光風光；婦女不管有無身份，都是長衫束帶、珠寶鑲綴；一次宴會往往要花幾十兩銀子，菜肴多至幾十種。如果跟不上這種時行的風俗，便會被人瞧不起，親戚也不相往來。[2]

作為教化陣地的學校，這時也發生了不利於教化的變化。

各類學校本以培養人才為目的，但此時都以科舉為旨歸，科舉考什麼，學校就教什麼。特別是從成化二十三年（1487 年）開始，不但考試只考一經並以程朱傳注為標準答案，還要求考生答卷按破題、承題、起講、入手、起股、中股、後股、束股的順序進行，而起股、中股、後股、束股四段又規定各有兩組排比對偶的文字，故稱「八股」。

本來，考卷從無定式到有定式，單純從閱卷角度看應是一個進步。但明太祖在洪武二十五年（1392 年）就曾規定，學校、科舉一應文字只用散文，不許作四六駢文，而八股文卻強求考生用八組排比對偶文字答題，從文風來說卻是倒退。加上明朝以科舉取士，科舉重在經義，經義又以八股文為考試格式，從而導致人人習八股，稱為「時文」。後來更發展到有人專門以賣八股時文為業，稱「十八房之刻」，考生只需熟記若干篇時文，或許就可混得功名。本來是「十年寒窗苦」，結果有人背一年時文就金榜題名，但對於本經原史，卻茫然不知。所以明末清初大學者顧炎武認為：「八股之害，等於焚書；而敗壞人才，有甚於咸陽之郊所坑者但四百六十餘

---

1 《明憲宗實錄》卷 86，成化六年十二月庚午。

2 嘉靖《永豐縣志》卷二《風俗》。

人也。」**1**

　　王陽明十一歲時隨祖父到北京後，曾上過里塾，但沒有確實的材料說明他也上過順天府學或餘姚縣學。《陽明年譜》說他在弘治五年（1492 年）中舉之前，和三位從叔一位姑父一道讀書應考，但並無有關他在府州縣學的讀書情況，是他受不了學校的紀律約束及課程局限而不上學，還是祖父認為學校的教學對這位天才孫子毫無作用而沒有讓他上學，現在已經無法考索。但有一點是可以肯定的，即他對學校的教育極為不滿且不屑一顧。

　　主考山東鄉試時，王陽明所出的試題全部與國計民生相關，所以當時的許多人都認為他是在推動經世致用的學問。但回到京師之後，王陽明又開始創建修身正心的學問、宣揚人人都應該「先立必為聖人之志」。由經世而轉入修身，從表面上看似在倒退，特別是至明末，王學末流日趨空疏，王學又被稱為「心學」，於是有人誤認為王陽明不講經世致用，甚至認為經世致用之學是對王學的反動，這種看法實屬誤解。

　　當社會發生問題、出現弊端時，有識之士總是根據自己對問題、對弊端的認識，提出解決的辦法。而由於認識的不同，提出的辦法也各異。有些重於治本，有些則重於治標，而標與本之間，又互為因果。

　　與王陽明同年在浙江鄉試中中舉的胡世寧，後來也成為一代名臣，但兩人對於授徒講學卻有不同的看法。王陽明曾經對人說：胡世寧的才能學問，天下罕見，只可惜不講學。胡世寧聽人轉述王陽明的這番話後，笑着說：王陽明天下奇才，只恨他太喜歡講學了。**2** 可見，人們對許多事情的認識，從來就是見仁見智。

　　王陽明顯然認為，社會問題層出不窮，治不勝治，主要在於人心的不古，在於沒有真正的好學問教育人們，致使人們想學好卻無從學起。

1　顧炎武《日知錄》卷 16《擬題》。

2　參見趙善政《賓退錄》，原文是：「胡（世寧）通曉兵法，陽明極重之，嘗語人曰：『永清才自不可一世，但恨不講學耳。』胡聞之，笑曰：『吾正恨陽明多此一講學耳。』」「永清」為胡世寧的字。

　　從某種意義來說，王陽明探求修身正心的學問，正是在尋找一條社會改良的道路。孔子談仁，說「仁者愛人」；孟子說性，說「人性本善」；程朱說理，說「去人欲存天理」。歸根到底，都是在尋找解決社會問題的辦法。

　　王陽明少年時代在北京街頭遇見相士，相士以聖人相期。即使確有其事，王陽明當時也未必知道為聖人的含義，所以父親王華嘲笑他。真正的相士其實至少都是心理學家，王陽明遇見的那位相士所說的「鬚拂頸」「鬚至上丹臺」「鬚至下丹田」，指的都是年齡，可與孔子所說的「三十而立」「四十而不惑」「五十而知天命」相對應。王陽明此時三十三歲，既已「鬚拂頸」，也是「而立」的年齡，自立門戶、探討自己關於解決社會問題的理論也是應該的。

　　一旦有了新的認識或新的主張，總有擁護者和反對者。王陽明一談論立聖人之志，馬上就有人表示擁護，並願意執弟子禮。王陽明當仁不讓，開始授徒講學。至於反對者，那不管他。除非什麼事情也不做，只要做事情，總是會有人反對的。

　　當時，講學之風正在各地興起。吳與弼講學於江西崇仁，羅倫講學於江西永豐，章懋講學於浙江慈溪，陳獻章講學於廣東新會，均聞名天下，從學者甚多。王陽明在弘治二年（1489 年）由江西完婚返餘姚時，也在廣信拜謁過正在講學的婁諒。只是京師在天子腳下，既有全國的最高學府國子監，還有地方官學，如順天府學及大興、宛平縣學，無論教師還是學生，都可說是人才濟濟。成化二年（1466 年），吳與弼的弟子陳獻章在國子監作了一篇《和楊龜山此日不再得》詩，大得國子監祭酒邢讓的讚賞，稱其為真儒復出，即使楊時（號龜山，南宋著名學者）再出，也未必比得上。故而陳獻章名氣大振。當時號稱為「翰林四諫」的成化二年（1466 年）殿試第一名羅倫、會試第一名章懋，以及新進士黃仲昭、莊昶也都對陳獻章充滿敬佩之意。但陳獻章講學，仍在家鄉新會。

　　因此，王陽明在北京公開講學，立時引起各方非議，「立異好名」的責

難之聲頓起。但王陽明我行我素，全然不以為意。好在當時是個沒有權威的時代，紀綱鬆弛，講學之類的事情也無人以祖宗法度進行打擊。至於聖賢道理，王陽明是理直氣壯的，當年孔、孟、程、朱都聚眾講學。

　　令王陽明振奮的是，就在他開始講學之後不久，知音出現了。弘治十八年即乙丑年的新科進士中，有一位陳獻章的弟子，名叫湛若水，年已四十，比王陽明大六歲，登科晚六年。

　　陳獻章在成化、弘治年間是名噪一時的大學者，黃宗羲《明儒學案》說，明代人做學問，前期雖然有方孝孺、曹端、薛瑄等人名揚天下，但都是轉述程朱舊說。真正有獨立見解、「始入精微」的，卻是從吳與弼、陳獻章開始。尤其令時人欽佩的是，陳獻章在第一次會試下第之後，拜吳與弼為師，從此絕意仕途，不問科舉，一心一意授徒講學，在「體制外」保持着相對獨立的人格，故在士大夫中享有極高的聲譽。

　　湛若水是陳獻章的高足，本來也無心於科舉，只因母命難違，勉強入南京國子監讀書。明代有兩個國子監，明太祖初設於南京的稱「南監」，永樂時成祖在北京所設的稱「北監」。由於當時的江南地區是經濟文化最為發達地區，南京國子監的生源遠比北京國子監為優，故聲譽也更高，出任南京國子監祭酒的多是眾望所歸的大學者。湛若水一入南監，立即受到祭酒章懋的器重和賞識。當年就在應天鄉試中一鳴驚人，第二年即弘治十八年（1505 年）中進士，並選為庶吉士。

　　湛若水到北京參加會試時，王陽明已在授徒講學。二月會試，三月殿試，考試一完，湛若水便去拜訪王陽明。二人第一次見面，第一次交談，竟然都覺相見恨晚，遂一言定交。王陽明曾一心一意要尋找志同道合的師友，竟然不得其人，沒想到天上掉下一個湛若水，大為驚訝，連稱：「守仁從宦三十年，未見此人。」湛若水也是欣喜異常，逢人便說：「若水泛觀於四方，未見此人。」（湛若水：《陽明先生墓誌銘》）從此相互唱和，共以「倡明聖學」為標榜，在當時的學術界和思想界掀起了軒然大波。

龍場

「悟道」

一、言事下獄

經過將近二十年的苦苦求索，王陽明在弘治十七年（1504 年）主考山東鄉試返京，並開始和湛若水切磋學術後，開始感覺到正在接近「學為賢聖」之門。而一次突發事件，改變了他的人生道路，也使他大大提前尋找到了「學為聖賢」之門。

弘治十八年（1505 年）五月，年僅三十六歲的孝宗皇帝朱祐樘因服用丹藥過量而死，他十五歲的獨生兒子朱厚照繼承了皇位，改年號為「正德」。這位正德皇帝便是以辦事荒唐著稱的明武宗。與父親孝宗自幼體弱多病、聽任文官們擺佈不同，武宗生性好動，既愛嬉戲遊樂，又愛舞刀弄槍，十分討厭文官們嘮嘮叨叨的說教。故此，新皇帝一反乃父的作風，不但對外廷文官敬而遠之，連內書堂出身因而讀了一些書的司禮監宦官也被討厭。與他關係密切的，是一幫也愛舞刀弄槍、也愛尋歡作樂的宦官。

新君即位不過也就是一年多，文官們在伺候兩代皇帝的過程中感到反差實在太大。他們已經習慣於用祖宗法度來約束皇帝、習慣於用他們認為合適的模式來要求皇帝，但新皇帝偏偏不吃這一套。當文官們要求皇帝疏遠宦官、接近文官時，皇帝竟然振振有詞地公開發表意見：「天下事豈皆內官所壞？朝臣壞事者，十常六七，先生輩亦自知之。」[1]皇帝的話其實並不錯，哪朝哪代幹壞事少得了文官？但文官們聽了，卻大為憤怒，以內閣大學士劉健、謝遷和戶部尚書韓文為首，掀起了聲勢浩大的反對宦官參政其實是反對皇帝疏遠文官的活動。他們聯絡宦官中的同情者，將皇帝親近的劉瑾、張永、谷大用等八位宦官稱之為「八虎」，要求皇帝除去八虎。

但是，在君主制度下的政治鬥爭，哪一派力量能夠控制皇帝，便能掌握鬥爭的主動權。由於將皇帝作為對立面，所以這場鬥爭以文官集團的慘

---

[1] 《明史》卷 181《劉健傳》。

重失敗而告終。劉健、謝遷、韓文等人被迫致仕，和文官們結盟的司禮監宦官也受到嚴懲，以劉瑾為首的宦官「八虎」取得了勝利。

明朝的政治體制有一個不同於其他朝代的重要特點，它在京師北京之外還有一個留都南京，即實行南北兩京制；而且，作為留都的南京設置了包括六部、九卿、六科十三道在內的幾乎全套中央機關。南北兩京的吏、戶、禮、兵、刑、工六科給事中和都察院的十三道監察御史，構成明代的言官系統，每當國家發生重大事件，言官總要出來發表意見。如果事關北京的事情，由北京科道先發表意見；事關南京的事情，由南京科道先發表意見；如果最高統治者對所論之事置之不理，或被糾劾者進行爭辯，或有關事情沒有得到合理解決，兩京科道便相互聲援。一時之間，科道爭言，南北呼應，造成極大的輿論聲勢，以迫使最高統治者或當政者就範。

這次北京發生了宦官集團與文官集團的鬥爭，南京的言官們也開始動作。正德元年（1506 年）十一月，南京戶科給事中戴銑等人上疏，對皇帝疏遠文官、親近「八虎」進行猛烈的抨擊，要求皇帝收回讓劉健等人致仕的成命。劉瑾等「八虎」大怒，鼓動皇帝命錦衣衛校尉前往南京，將戴銑等人拿解北京，實施廷杖。

王陽明以倡明「聖學」自勵，又以天下為己任，自然不能對這類事情漠然處之。拿解戴銑等人的詔旨一下，王陽明就上疏營救。但他並不正面進攻，而是採取迂迴作戰的辦法，上了一份《乞宥言官去權奸以彰聖德疏》：

> 臣聞君仁則臣直。大舜之所以聖，以能隱惡而揚善也。
>
> 臣邇者竊見陛下以南京戶科給事中戴銑等上言時事，特敕錦衣衛差官校拿解赴京。臣不知所言之當理與否，意其間必有觸冒忌諱、上干雷霆之怒者。但銑等職居諫司，以言為責，其言而善，自宜嘉納施行；如其未善，亦宜包容隱覆，以開忠讜之路。

乃今赫然下令，遠事拘囚。在陛下之心，不過少示懲創，使其後日不敢輕率，妄有論列，非果有意怒絕之也。下民無知，妄生疑懼。臣切惜之。

今在廷之臣莫不以此舉為非，然而莫敢為陛下言者，豈其無憂國愛君之心哉，懼陛下復以罪銑等者罪之，則非惟無補於國事，而徒足以增陛下之過舉耳。然則自是而後，雖有上關宗社危疑不制之事，陛下孰從而聞之？陛下聰明超絕，苟念及此，寧不寒心？況今天時凍沍，萬一差去官校督束過嚴，銑等在道或致失所，遂填溝壑，使陛下有殺諫臣之名，興群臣紛紛之議，其時陛下必將追咎左右莫有言者，則既晚矣。

伏願陛下追收前旨，使銑等仍舊供職，擴大公無我之仁，明改過不吝之勇，聖德昭佈遠邇，人民胥悅，豈不休哉。

臣又惟君者元首也，臣者耳目手足也。陛下思耳目之不可使壅塞、手足之不可使痿痹，必將惻然而有所不忍。臣承乏下僚，僭言實罪。伏睹陛下明旨，有政事得失、許諸人直言無隱之條，故敢昧死為陛下一言。伏惟俯垂宥察，不勝干冒戰栗之至。

這份奏疏為救戴銑等人而上，收在《王陽明全集》的第九卷。但全文決不論及戴銑等人上疏的內容，也未見有一詞抨擊劉瑾，甚至連「宦官」、「權奸」之類的字眼也未見。顯然，疏名「去權奸」三字是後來加上去的。對照戴銑等人的上疏，王陽明的這份奏疏應該說是非常謹慎的，但其中的鋒芒卻是咄咄逼人。上疏言事是言官的責任，作為兵部主事的王陽明上疏論此事，卻屬「出格」。

在當時的政治氣候下，劉瑾及其同黨對一切反對力量均予以打擊，以期徹底摧毀外廷士大夫們的鬥志。戴銑等人尚未「拿解」至京，王陽明便被錦衣衛校尉捕入詔獄拷訊。

　　王陽明自弘治十二年（1499 年）三月二十八歲時中進士，先是觀政工部，然後授刑部主事，弘治十五年八月告病而歸，弘治十七年返京，正德元年（1506 年）十二月下獄，在官場的時間總共不過六年，卻因為一次並不很激烈的上疏而下獄。思來想去，也實在寒心。這位一心要做聖人、要對國家對萬民做奉獻的初涉官場者，遂在獄中自省自歎：

> 幽室不知年，夜長晝苦短。
> 但見屋罅月，清光自虧滿。
> 佳人宴清夜，繁絲激哀管。
> 朱閣出浮雲，高歌正淒婉。
> 寧知幽室婦，中夜獨愁歎。
> 良人事遊俠，經歲去不返。
> 來歸在何時，年華忽將晚。
> 蕭條念宗祀，淚下長如霰。
>
> （《屋罅月》）

　　人生在世，大概很難事事如意。尤其是那些立志有所作為者，不可能沒有失足或翻船的時候。而大凡有權勢者，又總是想以暴力使人屈服，卻從來沒有想過，暴力固然可以摧毀一些人的軀體和意志，卻不可能摧毀整個社會的意志，恰恰相反，被迫害者只要一口氣在，便往往是施暴者的掘墓人。

　　在暗無天日的錦衣衛獄關了一個月後，一道「上諭」下來了。王陽明被推至午門外，廷杖三十，革除兵部主事的職務，謫遠方為雜職。

　　「廷杖」起於明太祖洪武年間，至憲宗成化時，已經形成為一種特殊的刑罰制度。它不需任何法律程序，只要皇帝一道諭旨，即由司禮監監刑、錦衣衛校尉行刑。

有人記載了施廷杖時的場面：受刑者被繩索綁住雙腕，身穿囚服，押至午門外，趴在石板之上。司禮監監刑太監手捧詔旨端坐，喝聲「用刑」，侍立在兩旁的錦衣衛校尉便輪流上前，用大棍猛擊受刑者的臀部。每五杖即換一人行刑，左右站立的校尉喝聲雷動。[1]

王陽明熟讀先秦諸子、史漢三國，《太史公自序》中的一段話此時大概正在腦中縈繞：太史公遭李陵之禍，幽於縲絏。乃喟然而歎曰：「是余之罪也夫！是余之罪也夫！身毀而不用矣！」退而深惟曰：「夫《詩》《書》隱約者，欲遂其志之思也。昔西伯拘羑里，演《周易》；孔子厄陳蔡，作《春秋》；屈原放逐，著《離騷》；左丘失明，厥有《國語》；孫子臏腳，而論兵法；不韋遷蜀，世傳《呂覽》；韓非囚秦，《說難》《孤憤》。《詩》三百篇，大抵賢聖發憤之所為作也。」正是有這些賢聖為榜樣，司馬遷在遭經奇恥大辱之後，寫下《史記》一百三十篇。

都是因為替他人抱不平，都是為了伸張正義，卻慘遭酷刑。但比起司馬遷來，王陽明應該是幸運的。三十廷杖下來，雖然人已昏死過去，卻沒有造成終身殘疾。而且在正德、嘉靖時期，士大夫們為伸張正義而挨板子，普遍都受到輿論的讚揚，施刑者是一時的勝利者，受刑者卻是精神上和道義上的永久勝利者。如果見到王陽明下面的這首詩，劉瑾應該為只是打了他三十板子而後悔：

> 囚居亦何事，省愆懼安飽。
>
> 瞑坐玩羲易，洗心見微奧。
>
> 乃知先在翁，畫畫有至教。

---

[1] 《王陽明全集‧年譜一》載：「武宗正德元年丙寅，先生三十五歲，在京師。二月，上封事，下詔獄，……而已廷杖四十，既絕復蘇。尋謫貴州龍場驛驛丞。」此處「二月」，為「十二月」之誤。《明武宗實錄》卷 20 載：「正德元年十二月乙丑，降兵部主事王守仁為貴州龍場驛驛丞。時南京科道戴銑等以諫懺旨，方命錦衣衛官校拿解。未至，守仁具奏救之，下鎮撫司考訊，獄具，命於午門前杖三十，仍降遠方雜職。」而且，戴銑等人上疏在當年十一月，王陽明不可能在九個月之前上疏救他們。

包蒙戒為寇，童牯事宜早。

蹇蹇匪為節，虩虩未違道。

遯四獲我心，蠱上庸自保。

俯仰天地間，觸目俱浩浩。

簞瓢有餘樂，此意良匪矯。

幽或陽明麓，可以忘吾老。

（《讀易》）

二、前路可曾有知己

獄中的生活既漫長而又短暫，王陽明在錦衣衛獄中度過了正德元年、二年之交北京最為寒冷的日子。在遭受廷杖的同時，貶謫的文書也下來了，將其貶到貴州龍場驛去做驛丞。

龍場驛位於現在貴州省修文縣，是當時貴州通往川東官道上九個驛站中的一個。也虧了吏部有關官員的細心，竟然留意到了這樣一個不起眼的地方。當然，比起當年蘇軾被政敵貶到海南島的儋耳，王陽明又還算是幸運的。

人們常因為明太祖時期政治的恐怖，便以為整個明代都為恐怖所籠罩；又因為談廠衛而色變，便以為整個明代都是特務橫行。這其實是一種誤解。比起熙寧、元豐以後的北宋和雍正、乾隆之際的清代，成化、弘治以後包括正德時期在內的明代，政治氣氛應該說是夠寬鬆的了。

王陽明這次離京，雖然比不得前番往江北錄囚和往山東主考鄉試時同僚、親友結隊送行，但最要好的朋友湛若水、崔銑、汪俊等人還是來了，而且都作詩相贈。

崔銑字子鍾，河南安陽人。崔銑與湛若水是同科進士，又同選庶吉

士，在翰林院讀書。崔銑少年時也是豪邁不羈，特別喜歡喝酒，數斗不醉。後立志於學，對自己的言行舉止也嚴加檢點。在翰林院讀書期間，與同事們一起見劉瑾，別人都行跪拜禮，唯獨崔銑長揖不拜。他的這種脾性，恰恰與王陽明情投意合。

汪俊字抑之，號石潭，江西弋陽人。弘治六年（1493年），第一次參加會試王陽明落榜了，汪俊卻是第一名、會元；弘治十二年（1499年），王陽明考中進士時，汪俊已經翰林院為編修多年了，也是一位不依附權貴的錚錚鐵漢。

今日，大家都來為王陽明餞行，自有一番感歎。湛若水不愧是陳獻章的弟子，連作了九首詩，言辭和易而情意深長，既以重望相期又不失豁達灑脱，其中兩首說：

> 皇天常無私，日月常盈虧。
> 聖人常無為，萬物常往來。
> 何名為無為，自然無安排。
> 勿忘與勿助，此中有天機。
> 天地我一體，宇宙本同家。
> 與君心已通，別離何怨嗟。
> 浮雲去有停，遊子路轉賒。
> 願言崇明德，浩浩同無涯。

「皇天常無私，日月常盈虧」，正是王陽明時常說的話。而「勿忘」、「勿助」，則是孟子宣揚的功夫，後來成了王陽明教導學生的基本法則。王陽明感慨之餘，也作八詠以答，其中第三首說：

> 洙泗流浸微，伊洛僅如線。

　　後來三四公，瑕瑜未相掩。

　　嗟予不量力，跛鼈期致遠。

　　屢興還屢仆，惴息幾不免。

　　道逢同心人，秉節倡予敢。

　　力爭毫厘間，萬里或可勉。

　　風波忽相失，言之淚徒法。

　　辭別親友，王陽明踏上了通往貶所的漫漫之路。

　　前路茫茫，獨臥孤舟，王陽明陷入了對故人的無限思念之中。

　　在送行的親友中，王陽明對汪俊似乎有着特別深厚的感情。北京離別時，汪俊以詩相贈，他也以詩相答。離開京師後，他常常夜不成寐，披衣而起，但見一片月色撒在運河之上，清冷冰寒，禁不住又想起了汪俊：

　　一日復一日，去子日以遠。

　　惠我金石言，沉鬱未能展。

　　人生各有際，道誼尤所眷。

　　嘗嗤兒女悲，憂來仍不免。

　　緬懷滄洲期，聊以慰遲晚。

　　　　　　　　　　　　　　　　　　　　　　　　（《懷抑之》）

　　幾天之後，又在夢中見到汪俊及其弟翰林院檢討汪偉，湛若水和崔銑也來赴會。正歡快間，突然醒來，又是一片清月，無限夜色：

　　夢與故人語，語我以相思。

　　才為旬日別，宛若三秋期。

　　令弟坐我側，屈指如有為。

須臾湛君至，崔子行相隨。

肴醑旋羅列，語笑如平時。

縱言及微奧，會意忘其辭。

覺來復何有，起坐空嗟咨。

（《夢與抑之昆季語》）

離京時，王陽明在給湛若水和崔銑的八首和詩中，有兩首以「憶與美人別」開篇，似乎除了湛若水、崔銑等好友外，前往送行的還有女子，不知是否王陽明的妻子諸氏。第七首是：

憶與美人別，贈我青瑯函。

受之不敢發，焚香始開緘。

諷誦意彌遠，期我濂洛間。

道遠恐莫致，庶幾終不慚。

其八又云：

憶與美人別，惠我雲錦裳。

錦裳不足貴，遺我冰雪腸。

寸腸亦何遺，誓言終不渝。

珍重美人意，深秋以為期。

高適《別董大》詩說：「莫愁前路無知己，天下誰人不識君。」可在王陽明的前路，是否也有知己？

三、鼓山奇遇

　　王陽明去貴州選擇的第一段路程是當年祖父帶他走過，也是他曾多次往返過的。他沿着運河南下，經臨清、徐州、淮安、揚州、鎮江、蘇州，來到了運河的南端杭州。王陽明的本意，顯然是想經杭州回餘姚，看望祖母岑氏。自弘治十七年（1504 年）返京，轉眼又是三年，祖母該是八十八歲了。

　　離開北京不久，消息傳來，太監劉瑾對反對派文官仍是耿耿於懷，以武宗的名義開列了一個五十三人的「奸黨」名單，榜示天下。在這個「奸黨」名單上，首列前任大學士劉健、謝遷，尚書韓文、楊守隨、林瀚，都御史張敷華，郎中李夢陽，接下來的第八人便是兵部主事王守仁，然後是另外幾個主事及四十多個御史和給事中。

　　對於這件事，王陽明並不太過介意。古往今來，有多少仁人志士因伸張正義而受到打擊，單是在東漢的黨禍中被害致死的就不下數百人。北宋時期，范仲淹、歐陽修、司馬光、范純仁、蘇軾等眾望所歸的著名人物也先後被列入「奸黨」名單。自己剛剛步入仕途，就能名列顧命元老劉健、謝遷之後，被邪惡勢力榜示天下，倒是太受抬舉了。

　　但到杭州後，王陽明發現有人一直在跟蹤自己，當時不明就裏，認定是劉瑾所遣的刺客。[1] 乘着人們不注意，王陽明做出失足落水的假象，卻悄然上了一艘商船。商船駛出杭州灣，在舟山停泊。本來由舟山回餘姚和由杭州回餘姚路程相當，沒想到當夜一場颶風，竟將商船颳到了福建沿海。

　　商船在福州東郊鼓山附近停泊。王陽明棄舟登陸，也不知到了何處，只是循着山間小路，往西狂奔而去。天色漸晚時，王陽明來到一座寺院

1　《王陽明全集・年譜一》說：「先生至錢塘，（劉）瑾遣人隨偵，先生度不免。」後黃宗羲《明儒學案・姚江學案》採用了這一說法，並加強了情節：「瑾遣人跡而加害。」黃綰所作《陽明先生行狀》卻比較謹慎：「瑾怒未釋，公行到錢塘，度或不免。」

前，心中稍稍安定，上前拍打山門，請求在寺中過夜。沒想到寺中和尚並不像佛祖教誨的那樣願意解人危厄，竟將王陽明拒於門外。

無奈之下，王陽明繼續前行。也不知走了多久，夜色朦朧中，卻見一座牆塌壁殘的古廟。王陽明心中一喜，想推門而入，哪知廟門早已被人卸去。經過大半天的奔跑，王陽明又困又餓，進到廟中，雙腿一軟，倒頭便睡。

這一覺睡得並不安穩，噩夢一個接一個。好像是在北京永人巷的錦衣衛大獄之中，卻不知為何獄中除自己外一個囚犯也沒有，獄卒獄吏們也不知去向，難道又在私分豬肉？自己好像下過禁令，他們怎麼還敢養豬？對了，自己因上疏下獄，成了犯人，早已不是刑部主事。

突然間，他聽到一陣吼叫，是豬叫？不對，是虎吼！一只斑斕猛虎，正向自己撲來。王陽明一陣驚懼，從夢中驚醒，猛然起身，哪裏有虎？原來是昨夜將他拒於寺門之外的和尚在叫喚自己。

這時天已大亮。和尚滿臉愧疚，說是近日常有歹徒在山中搶劫，所以寺中夜裏不敢收留陌生客人。接着又驚異問道：山中時有猛虎出沒，這破廟早已成了虎穴，你昨夜可曾見到老虎？

王陽明心中明白了：你明明知道山中有虎，又知附近除了這座已經成為虎穴的破廟，別無安身之處，卻硬是不讓我進寺。今日你並非來向我道歉，而是來看我是否被猛虎吃掉，是來取我遺下的包裹。好個歹毒的和尚！

王陽明想到剛剛確實夢見了老虎，乾脆嚇嚇這禿驢，遂故作驚訝：原來這裏真是虎穴！昨夜我剛睡下，便聽得有虎吼之聲，一只斑斕猛虎繞廊咆哮，但並不進廟。我心下納悶，懼意頓生。可轉念一想，怕也無用，只好聽天由命，竟然睡着。和尚你道行高深，可為我測測，這是主吉還是主凶？

和尚聽罷，大為驚異，盯着王陽明看了半天，口中嘟囔：你一定不是

常人，一定不是。你定是貴人，不然，猛虎怎會怕你？說罷，背起王陽明的包裹，連拉帶扯，將其拉出破廟，來到寺中。

王陽明進得寺中，左右觀看。但見寺廟襟江臨海，建筑古樸。四周林木參天，山秀泉清，不禁猛然醒悟，這裏竟是千年古剎湧泉寺！

五代時期，據有福建的閩王王審知下令運石填潭，建了這座寺院，請名僧來寺中講經。宋真宗時，賜額「湧泉禪院」，明朝永樂時改名「湧泉寺」，為福州五大禪寺之一。

王陽明一回首，見到眼前這和尚，不禁歎息，沒想到名寺之中，也有如此卑劣的僧人，可見世風之變，僧道不免。

王陽明在僧人的引導下，信步來到後殿，但見一位道士盤腿坐於一榻，閉目靜思。王陽明不禁一愣，這道士、這光景，似乎在何處見過？對了，南昌鐵柱宮的道士！已經過去二十年了，除了鬍子已全部變白，道士的面容幾乎沒有變化。他鄉遇故知，王陽明心中一陣狂喜。

當年辭別鐵柱宮時，道士曾經相約二十年後海上相見，難道他是未卜先知的神人？

道士聽到動靜，微微睜開雙目，一見王陽明，眼中露出驚喜，但立即收斂，只是淡淡一笑，起身下榻，口中吟道：「二十年前曾見君，今來消息我先聞。」僧人看看道士，又看看王陽明，莫名其妙，自去張羅飯菜。

僧人一去，王陽明便將自己的遭遇原原本本告訴道士。道士聽了，不住點頭，問道：伯安今後有何打算？王陽明長歎一聲：孔子說，危邦不居，亂邦不入。前人又說，人臣事主，合則留不合則去。我準備從此隱姓埋名，浪跡江湖，道長以為如何？

道士聽了，連連搖頭，笑道：此一時，彼一時。孔子所說，乃是春秋之時，王室衰微、諸侯林立。如今大明一統，普天之下，莫非王土，率土之濱，莫非王臣，不知伯安能往何處棲身？此其一。其二，即使伯安能獨善其身，能否保得全家老幼平安無事？一旦劉瑾動怒，誣你北投蒙古、南

走海夷，將你父親下獄，嚴加拷問，你將如何？是棄父於不顧，還是挺身而自首？

道士一席話，說得王陽明不寒而栗。不等他回答，道士接着說：還有其三，伯安胸懷大志，立誓倡明聖學，我想決不會因為區區微禍而自暴自棄、因小失大。只這番見識，使得王陽明對這位鐵柱宮故人更是刮目相看，江湖之上藏龍臥虎，不知還有多少曠世奇才隱姓埋名、流落草莽。

王陽明感激地看了看道士，問道：那還是該去龍場？道士也不多言，當即取出蓍草，為王陽明占了一卦。王陽明一看，卦為「明夷」。《周易‧明夷》說：「明夷，得艱貞。」《漢書‧藝文志》引京房《易傳》說：「賢者居明夷之世，知時而傷，或眾在位，厥妖雞生角。」這一卦的意思是說，昏君在上，賢人遭受艱難或不得志。後人加以引申，指那些暫時遭受挫折的賢達之士。

王陽明曾經出入於佛老，對占卜、先知之類戲法也頗有興趣，而且還用來捉弄過朋友，知道道士是用此卦鼓勵自己，更加心懷感激。本來他說浪跡江湖就是賭氣，經道士反覆陳述，不由得雄心勃起，見殿內案頭有現成筆墨，滿腔豪氣洶湧而出。當下提筆濡墨，向着大殿白壁便書：

險夷原不滯胸中，何異浮雲過太空。
夜靜海濤三萬里，月明飛錫下天風。

（《泛海》）

「風」字剛落，道士不禁喝起彩來。

關於鼓山一事，比較一下黃綰的《陽明先生行狀》和湛若水的《陽明先生墓誌銘》是很有意思的。

《行狀》說：

……公行至錢塘，度或不免，乃託為投江，潛入武夷山中。

決意遠遁。夜至一山庵投宿，不納。行半里許，見一古廟，遂據
香案臥。黎明，道士特往視之，方熟睡。乃推醒曰：「此虎狼穴
也，何得無恙？」因詰公出處，公乃吐實。道士曰：「如公所志，
將來必有赤族之禍。」公問何以至此。道士曰：「公既有名朝野，
若果由此匿跡，將來之徒假名以鼓舞人心，朝廷尋究汝家，豈不
致赤族之禍？」公深然其言。嘗有詩云：「海上曾為滄水使，山中
又拜武夷君。」遂由武夷至廣信。

《行狀》寫就之後，送湛若水，作為寫《墓誌銘》的參考。湛若水卻在
《墓誌銘》中專論此事之不可信：

　　　人或告曰：「陽明公至浙，沉於江矣。至福建始起矣。登鼓山
　　之詩曰：『海上曾為滄水使，山中又拜武夷君。』有徵矣。」甘泉
　　子聞之笑曰：「此佯狂避世也。」故為之作詩有云：「佯狂欲浮海，
　　說夢癡人前。」及後數年，會於滁，乃吐實。彼誇虛執有、以為
　　神奇者，烏足以知公者哉！

湛若水這段文字可以說是點着黃綰的鼻子，說他「誇虛執有、以為神
奇」，但《行狀》仍一字不改。而錢德洪作《陽明先生年譜》，不僅沿用《行
狀》的說法，更將湛若水聽到的傳說加了上去，並說王陽明在鼓山遇上的
道士就是原來在南昌鐵柱宮曾經見過的道士。是王陽明對錢德洪等弟子有
親傳，還是錢德洪以訛傳訛？但錢德洪素以厚道見稱，故黃宗羲《明儒學
案》採用了他的說法。是老實人說謊更容易使人上當，還是王陽明後來與
湛若水意見相左，將狂就狂，不願證實，卻不得而知。

其實，無論是湛若水還是黃綰或錢德洪，都是將幾件事情攪在一起。
王陽明《赴謫詩》中有三首詩與上述一事有關。

其一為《泛海》：

險夷原不滯胸中，何異浮雲過太空。

夜靜海濤三萬里，月明飛錫下天風。

其二為《武夷次壁間韻》：

肩輿飛度萬峰雲，回首滄波月下聞。

海上真為滄水使，山中又遇武夷君。

溪流九曲初諳路，精舍千年始及門。

歸去高堂慰垂白，細探更擬在春分。

其三為《玉山東嶽廟遇舊識嚴星士》：

憶昨東歸亭下路，數峰簫管隔秋雲。

肩輿欲到妨多事，鼓枻重來會有云。

春夜絕憐燈節近，溪聲最好月中聞。

行藏無用君平卜，請看沙邊鷗鷺群。

　　三首詩作於三個地方：海上、武夷山寺、玉山東嶽廟。上文寫作的根據是《年譜》，為便於敍述，也是為了增加傳記的故事性，將三件事情放在一處。

　　又，朱承爵《存餘堂詩話》云：王陽明正德間言事謫閩中，過溪覆舟，幾厄，時有漁人泛溪中，拯其上山。又說王陽明在武夷山遇一道者，自稱舊識，邀至中和堂主人處盤桓數日，主人乃是仙翁，臨行作詩相送：

十五年前始識荊，此來消息最先聞。

君將性命輕毫髮，誰把綱常重一分。

寰海已知誇令德，皇天終不喪斯文。

武夷山下經行處，好對清樽醉夕曛。

可見有關傳說甚多，不一而足。

四、第一批門人

仍然根據《陽明年譜》。王陽明告別道士，王陽明取道武夷山，進入江西，然後乘船由信江入鄱陽湖，進長江，順江而下，來到南京，看望這時已是南京吏部尚書的父親。見過父親之後，再回餘姚，看望祖母。王陽明在正德二年（1507 年）春末離開京師，初夏到浙江，經過一番周折後重返浙江，回到老家餘姚，已是這年的十二月了。

這大半年時間的經歷，其實只有王陽明自己知道。

該見的親人都已經見過，王陽明覺得此番前去龍場，心無牽掛。

但越是心無牽掛，越給人以慷慨赴義的感覺。有幾位年輕人為他的氣概所感動，認為應該讓他更無牽掛，他們是徐愛、蔡宗兗、朱節。

徐愛字曰仁，號橫山，餘姚人，是王陽明的妹夫，一向對內兄十分崇拜。蔡宗兗字希淵，號我齋；朱節字守中，號白浦，都是浙江山陰（今紹興）人。徐愛等三人這年秋天同在浙江鄉試中了舉人，又都是二十剛過的年紀，血氣方剛，以天下事為己任，卻又苦於不知從何做起。山陰為紹興府的所在地，餘姚為紹興屬縣，蔡、朱二人雖然以前沒有見過王陽明，但王陽明的事跡和傳說卻知道不少。與徐愛結識之後，想通過徐愛見見王陽明。如今王陽明因為與權貴抗爭、為正義直言而貶謫為驛臣，回到家鄉告別父老，三人對他又多了一層敬意，一商議，決定拜王陽明為師，並堅持要在他離開餘姚赴龍場前行拜師禮。

聽完徐愛三人的訴說，王陽明不禁感慨萬千。這是王陽明有生以來正式接受的第一批弟子，而他們投師，又是在自己遭受厄運、前途叵測之時，實在是難能可貴。欣喜之餘，王陽明作《別三子序》，以資紀念：

> 自程朱諸大儒沒而師友之道遂亡。六經分裂於訓詁，支離蕪蔓於辭章。業舉之習，聖學幾於息矣。有志之士思起而興之，然卒徘徊嗟容，逡巡而不振。因弛然自廢者，亦志之弗立、弗講於師友之道也。
>
> 夫一人為之，二人從而翼之，已而翼之者益眾焉，雖有難為之事，其弗成者鮮矣。一人為之，二人從而危之，已而危之者益眾焉，雖有易成之功，其克濟者亦鮮矣。故凡有志之士，必求助於師友。無師友之助者，志之弗立弗求者也。
>
> 自予始知學，即求師於天下而莫予誨也、求友於天下而與予者寡矣。又求同志之士，二三子之外，邈乎其寥寥也。殆予之志有未立邪？蓋自近年而又得蔡希顏、朱守中於山陰之白洋，得徐曰仁於餘姚之馬堰，曰仁予妹婿也。希顏之深潛、守中之明敏、曰仁之溫恭，皆予所不逮三子者。徒以一日之長，視予以先輩。予亦居之而弗辭。非能有加也，姑欲假三子者而為之證，遂忘其非有也。而三子者亦姑欲假予而存師友之餼羊，不謂其不可也。……
>
> 天將降大任於是人，必先違其所樂而投之於其所不欲，所以衡心拂慮而增其所不能，是玉之成也。其在茲行歟？三子則焉往而非學矣，而予終寡於同志之助也。三子行矣。「深潛剛克，高明柔克」，非箕子之言乎？溫恭亦沉潛也，三子識之。焉往而非學矣。苟三子之學成，雖不吾邇，其為同志之助也不多乎哉！
>
> 增城湛原明宦於京師，吾之同道友也。三子往見焉，猶吾見

也已。

　　這篇序文，既闡明了自己接收弟子的始末和宗旨，又是給弟子們的臨別贈言，還是給他們的一份推薦書。三人後來都中了進士。

　　如今更是無牽無掛了。王陽明告辭親友，西向龍場而去。

五、西行龍場路漫漫

　　這一路真是千山萬水。

　　王陽明領着三個僕人，東辭餘姚，經紹興、處州、衢州，進了江西地面。

　　王陽明這是第三次到江西。第一次是在二十年前，王陽明奉父命往南昌成親，在江西住了一年多的時間。第二次就在不久前，由武夷山間道經江西赴南京見父親。但三次的境況卻大不一樣。第一次是欣喜中帶着幾分無奈，第二次是情急中帶着幾分惶恐，這一次雖說有幾分淒慘，心中卻是平靜而坦然。

　　在中國古代，官員上任或升遷往往有一定的期限，因為前任官員要等着辦交接手續。但遭受貶謫的官員反倒有較為充分的自由，只要離開京城，就如魚入江河、鳥上藍天，若非政敵有意為難，無人會去追究他何時到達貶所。因此，只要心胸開闊，貶謫之路倒成了遊山玩水之旅。

　　當年韓愈因上《論佛骨表》，被唐憲宗貶至潮州，那是一路行程一路文章；蘇軾先貶惠州、再貶儋州，則是一路行程一路詩詞。王陽明雖說不以文章名世，卻也曾經熱衷於辭章，與李夢陽、何景明等人「前七子」一樣，蜚聲文壇。這一次西行，已經將生死置之度外，一路上曉行夜宿，觀風覽景，倒也悠然而自得，竟然留下了不少佳篇。

　　令王陽明興奮不已的是，一進江西，便在玉山東嶽廟遇上了故人嚴星

士。關於這位「嚴星士」的生平事跡，現在已無從知道。但從王陽明所寫的《玉山東嶽廟遇舊識嚴星士》一詩，可以肯定這嚴星士是他當年完婚後回浙江途中結交的。但與上次見面不同的是，王陽明此時已不再沉溺於佛老，所以，他的「行藏」也用不着嚴星士占卜了。

辭別嚴星士，王陽明順信江而下，於正德三年元宵之日來到了婁諒先生的家鄉廣信（今江西上饒）。廣信府的蔣知府早已見到劉瑾以朝廷名義發佈的「奸黨」名單，但聽說王陽明路過，仍不避嫌疑，親自來到船上探望，令王陽明感歎不已：

> 樓臺燈火水西東，簫鼓星橋渡碧空。
> 何處忽談塵世外，百年唯此月明中。
> 客途孤寂渾常事，遠地相求見古風。
> 別後新詩如不惜，衡南今亦有飛鴻。

> （《廣信元夕蔣太守舟中夜話》）

二十年前，王陽明十八歲，從南昌娶親返回餘姚，途經上饒，探訪了比自己整整年長五十歲的婁諒先生。兩人一見面，遂成忘年之交。

婁諒年輕時有志於「聖賢」之學，到處求師，但總是失望而歸，所見所聞，盡是科舉應試之學，最後往撫州拜名儒吳與弼為師。吳與弼為人有些古怪，有人前往求學，他願意見面；如果只是為了慕名求見，他卻一概不見。後來中了狀元的江西永豐羅倫前去拜訪，也曾經被拒於門外。但吳與弼一見婁諒，卻喜不自禁，說了一句類似於老頑童的話：老夫聰明，你也聰明，很好。

有一件事婁諒大概告訴過王陽明。一天，吳與弼在田間勞動，將婁諒招去，說是「學者須親細務」。婁諒豪邁不羈，從不介意小事，但吳與弼的行為卻使他大為震驚，名聞天下的大學者，竟然親自種地。從此，婁諒

一改過去的習性，掃地除塵，樣樣親自動手，不再依賴僮僕。王陽明從江西回到餘姚後，立志改去自己嬉笑怒罵、愛開玩笑的習慣，應該是受到婁諒的影響。但為何「學者須親細務」，恐怕還有一個領悟的過程。

但是，王陽明回到餘姚的不到兩年，婁諒就去世了。二十年後再到廣信，山河依舊，故人已逝，不禁一陣傷感：

> 廿年不到石亭寺，唯有西山只舊青。
> 白拂掛墻僧已去，紅闌照水客重經。
> 沙村遠樹凝春望，江雨孤篷入夜聽。
> 何處故人還笑語，東風啼鳥夢初醒。
>
> （《夜泊石亭寺用韻呈陳、婁諸公因寄儲柴圩都憲及喬白巖太常諸友》）

過分宜、宜春，進入湖廣，經醴陵、長沙，祭弔屈原，逆沅水而上，來到辰溪（今屬湖南），這裏已是漢族和苗族的雜居地區。

王陽明立在船頭，望着兩岸的民居，和漢人區大不一樣：

> 辰陽南望接沅州，碧樹林中古驛樓。
> 遠客日憐風土異，空山唯見瘴雲浮。
> 耶溪有信從誰問？楚水無情只自流。
> 卻幸此身如野鶴，人間隨地可淹留。
>
> （《沅水驛》）

這一天，王陽明一主三僕棄舟登陸，來到古城沅州（今湖南芷江），在羅舊驛住下。再往前行，便入貴州地界了。沅州地處由湘入黔的咽喉要道，雖然地方不大，卻是漢蠻雜居、商賈雲集，頗有情趣：

客行日日萬峰頭，山水南來亦勝遊。

市谷鳥啼村雨暗，刺桐花螟石溪幽。

蠻煙喜過青楊瘴，鄉思愁經芳杜洲。

身在夜郎家萬里，五雲天北是神州。

（《羅舊驛》）

離開沅州，王陽明領着僕人沿古驛道向貴州行進。卻見萬山叢中，孤單單地立着一間茅屋。走近一看，一中年女子倚門而坐，面色如土，目光呆滯，不禁愕然。上前問訊，原來這女子的丈夫另有新歡，卻將妻子驅出家門。妻子無處可歸，只得在這渺無人煙處結茅而居，既念前夫，又思幼子，整日以淚洗面。王陽明聽完這段如泣如訴的故事，想想自己的處境，不覺有同病相憐之感，遂有著名的《去婦歎》五首，看似哀人，實為歎己：

其一

委身奉箕帚，中道成棄捐。

蒼蠅間白璧，君心亦何愆。

獨嗟貧家女，素質難為妍。

命薄良自喟，敢忘君子賢。

春華不再艷，頹魄無重圓。

新歡莫終恃，令儀慎周還。

其二

依違出門去，欲行復遲遲。

鄰嫗盡出別，強語含辛悲。

陋質容有繆，放逐理則宜。

姑老籍相慰，缺乏多所次。

妾行長已矣，會面當無時。

辭別了這位無依無靠的女子，王陽明主僕經由玉屏、鎮遠、黃平、清平（今貴州凱里市爐山）、貴定、龍里，終於在正德三年（1508 年）春末來到了龍場驛。

六、陽明小洞天

貴州是明朝十三個布政司中設置最晚的一個，在西南川、黔、滇、桂四省中，也是開發較晚的一個。在中國古代，中原和西南地區的聯繫，主要有兩條通道：一條由關中過秦嶺至漢中，再由漢中進入巴蜀，進而入貴州；一條由湖南經湘江至廣西，再由廣西進入雲南，進而入貴州。當然也可以溯沅水而上由湘西入貴州，但行程艱難。因此，中原文化多是先經由四川、雲南、廣西，然後才入黔，故而貴州的開發不但晚於中原，也晚於川、桂、滇。明朝建立後，貴州地區開始是分屬雲南、四川布政司，至永樂十一年才分離出來，單獨建省。

龍場驛位於今貴州省貴陽市以北約八十里的修文縣。當年這裏山高路險，人煙稀少，蛇虺魍魎遍佈，蠱毒瘴癘彌漫。一眼望去，山疊着山，哪裏見得到人？偶爾從叢林中鑽出幾個人來，不是語言難以聽懂的苗人、彝人、瑤人，便是從中原流亡到此地的逃犯，或是匆匆而過的商人。王陽明站在立有「龍場驛」字樣的碑石前，望着幾個目光呆滯的驛卒，心中一陣淒楚，得在這裏度過漫長的時日，至於何時能返中原，只有聽天由命了。

龍場驛始設於明太祖洪武年間。當時統治這裏的是彝族首領奢香夫人。這是一位能識大體的彝族女領袖。她繼丈夫安靄翠之後為貴州宣慰司宣慰使，總領貴州水西各土司。明朝在貴州的駐軍統帥馬曄，不顧當地少

數民族的實際情況，急於推行「改土歸流」，向朝廷請功，卻又沒有合理的解決辦法，便借故鞭撻奢香，欲以此激怒各部酋長，然後舉兵鎮壓。奢香在另一彝族女首領劉淑貞的幫助下，率領部屬直走南京，向明太祖面陳馬曄在當地的胡作非為，表示願意世世代代效忠朝廷，為朝廷開闢西南。

「改土歸流」本是明朝中央政府的意圖，就是將原來的世襲的土司改為任命的官員，但馬曄想通過流血事件來實現，卻不符合中央穩定西南的政策。明太祖對奢香忍辱負重、顧全大局的做法大加讚賞，給予了極為崇高的禮遇，讓她重回貴州，代代世襲，並且召還馬曄治罪。[1]

奢香回到貴州後，命人將貴州通往川東的山間小道進行修復，由南到北設立了九個驛站，以便於北上進貢，也用以接待朝廷派來的使節和傳遞公文，同時也方便來往的商人。

龍場驛是從程番（今貴州省貴陽市）北上的第一站，雖說規模不大，按規定也設有驛丞一員，書吏一員，馬二十三匹，鋪陳二十三副，以及驛卒若干名。但到正德年間，驛站早已凋落，馬匹亡斃，房屋倒塌，驛卒也多已亡故、逃散。

王陽明這次遭貶至此，官品由原來吏部主事的正六品，到驛丞的「未入流」，降了八九級。再看龍場驛，別說是官舍，就連草房也沒有一間，倒是符合自己的身份。於是親自動手，學着在路上見到的那位「棄婦」的樣子，和僮僕們結廬而居。也虧得王陽明尚有閑情逸致，留下了一首《初至龍場無所止結草庵居之》詩，使後人知道他當日的窘境：

> 草庵不及肩，旅倦體方適。
>
> 開棘自成籬，土階漫無級。

---

1 改土歸流是中國古代中央政府在西南地區推行社會政治改革的措施，即將當地世襲的土官革除，改為中央任命的流官，明成祖年間曾行之，清雍正時大規模推行。關於奢香的事跡，見《明史》卷 316《貴州土司傳》。

迎風亦蕭疏，漏雨易補緝。

靈瀨向朝湍，深林凝暮色。

群獠環聚訊，語龐意頗質。

鹿豕且同遊，茲類猶人屬。

污樽映瓦豆，盡醉不知夕。

緬懷黃唐化，略稱茅茨跡。

　　經過長途跋涉，困乏勞累，早已是筋疲力盡，管他是草廬還是茅舍，隨處都可安身。沒想到在叢林山澗之中，還住着不少土著居民，一見有生人在此結廬定居，不但沒存敵意，反倒都來問候。語言雖然很難聽懂，但借着手勢，意思卻是明白。靈獺群鹿，雖然不懂人語，卻也頗通人性，繞着草廬出沒，從不與人為敵。就着土罐瓦盆、舉起濁杯破碗，喝他個天昏地暗、日月無光。處境雖然艱苦，心情卻是不壞，且帶有一絲無可奈何的幽默與自嘲。

　　王陽明在龍場賦閑，每日帶着僕人翻山越嶺，穿林涉澗，四處遊逛，倒也自在。一日，在東山坡上突然發現一座石洞，竟如家鄉餘姚的陽明洞一般，不禁歡喜若狂。草庵雖說「漏雨易補緝」，但畢竟「迎風亦蕭疏」。如果搬到這山洞居住，不僅不懼風雨，而且可以重溫昔日的感覺。

　　主僕四人搬進石洞，以石為牀，以石為凳，以石為灶，以石為案，相顧而笑，倒也其樂融融。王陽明作詩以記：

古洞闃荒僻，虛設疑相待。

披萊歷風磴，移居快幽塏。

營炊就巖竇，放榻依石壘。

穿窒旋薰塞，夷坎仍灑掃。

卷帙漫堆列，樽壺動光彩。

夷居信何陋，恬淡意方在。
豈不桑梓懷，素位聊無悔。

（《始得東洞遂改為陽明小洞天三首》其一）

僮僕自相語，洞居頗不惡。
人力免結構，天巧謝雕鑿。
清泉傍廚落，翠霧還成幕。
我輩日嬉偃，主人自愉樂。
雖無棨戟榮，且遠塵囂聒。
但恐霜雪凝，雲深衣絮薄。

（其二）

我聞莞爾笑，周慮愧爾言。
上古處巢窟，杯飲皆污樽。
沍極陽內伏，石穴多冬暄。
豹隱文始澤，龍蟄身乃存。
豈無數尺榱，輕裘吾不溫。
邈矣簞瓢子，此心期與論。

（其三）

僮僕們見主人高興，嚷着要為新居起個名。王陽明心念一動，這名字不是現成的嗎？既然此洞酷似餘姚陽明洞，那就叫它「陽明小洞天」！僮僕們一聽，齊聲歡呼。經過幾個月的朝夕相處、生死與共，主僕名分早已為骨肉兄弟、患難情感所取代。

這「洞天」一詞本是道家的術語，所謂「洞中別有天地」，有十大洞天、三十六小洞天、七十二福地之說，皆為神仙的居處。王陽明年輕時出

入於佛老，與方術相士為伍，也一度以「山人」自詡，所謂「洞中方一日，
人間已十年」，王陽明似乎對「洞」有着一種特殊的感情。雖說後來他也
曾力斥佛老，但這種感情竟是彌老而不改。

七、何陋軒與君子亭

　　石洞雖然充滿神奇，但畢竟陰冷潮濕。住了一些日子，王陽明的三
個僕人都因水土不服而病倒。王陽明每日熬湯煎藥，親自護理。僕人們雖
然感激，但心中卻有一種恐懼，早就聽說貴州瑤民擅長詛咒蠱毒之術，一
旦中其詛咒蠱毒，必死無疑。[1] 為了解除僕人的顧慮，王陽明重操舊業，給
他們推步占卦。卦上說，災難是暫時的，不久將自行解除，好日子就在後
頭。又為他們詠歌吟詩，並不時雜以越中民歌、古今趣聞。不知不覺間，
僕人的病竟然日見好轉。

　　說來也怪，王陽明自己的身體並不強健，但來到龍場後，卻覺得精神
甚佳。僕人病好之後，王陽明領着他們，學着瑤民刀耕火種之法，在「小
洞天」附近的荊棘叢中開了一塊園地，倒也悠閑自在。當年婁諒先生告訴
過自己，吳與弼先生就是親自躬耕的，而且，學者應從細務做起。以前一
直沒有介意，如今在這西鄙荒山之中，才感覺到吳與弼先生的偉大，真產
生了開荒種田的念頭：

　　　　謫居屢在陳，從者有慍見。

1　明人包汝輯《南中紀聞》說：「瑤人雖有男女居室，然移徙不常，如鳥獸然，遇大山人跡罕到處，有可
　　耕種者，遂結茅棲止，樹藝黍粟，伐大樹為獨木盤、盎、壇、盒之類，甚巧，攜出市易米菜，能捕虎豹
　　犀兕，善識草藥，取以療人疾，輒效。又解為厭魅詛咒之術，書人年庚，埋置土窖中，用法詛咒，其人
　　輒夢鬼物驅擊，往往驚怪嘔吐鮮血而死，謂之埋魂厭咒。瑤人雖少，而群苗避之不敢忤，畏其術也。」

> 山荒聊可田，錢鎛還易辦。
> 夷俗多火耕，倣習亦頗便。
> 及茲春未深，數畝猶足佃。
> 豈徒實口腹，且以理荒宴。
> 遺穗及鳥雀，貧寡發餘羨。
> 出耒在明晨，山寒易霜霰。

這首名為《謫居絕糧請學於農將田南山永言寄懷》詩，常使人認為王陽明真到了自耕自食的地步。其實想歸想，並未付諸行動。等到絕糧才去種田，豈不為時過晚？偶爾絕糧倒是可信，但還是得靠「錢鎛」去辦。又有《採蕨》詩：

> 採蕨西山下，扳援陟崔嵬。
> 遊子望鄉國，淚下心如摧。
> 浮雲塞長空，頹陽不可回。
> 南歸斷舟楫，北望多風埃。
> 已矣供子職，勿更貽親哀。

讀了這首詩，倒真能感受到作者當日生活的艱辛和內心的淒楚。

雖說是賦閑，但王陽明畢竟是閑不住的人。他時常出入於叢林洞寮之間，與當地土著的瑤民、苗民、彝民，以及從中原流亡至此的漢人談天說地，論今道古；教他們壘土固基、伐木建屋；替他們排憂解難、除疑去慮。

時間不長，當地居民都將這位新來的龍場驛驛丞視為能人、視為友人，乃至視為神人，有困難、有疑慮，便來山洞討教。他們不能讓這位賢人、哲人繼續在石洞中經受陰冷潮濕，他們用王陽明教給他們的辦法，在一個向陽的山坡上破土奠基，又砍竹伐木，不到一個月，蓋起了在附近幾

十里內一所規模最大也最奢侈的房屋，有居室、有客廳、有涼亭，氣勢宏偉。遠近學子也漸漸知道王陽明貶謫至此，聽得新居構成，都來慶賀。

王陽明望着拔地而起的新居，望着新屋構建者們一張張欣喜而憨厚的臉龐，望着慕名而來的當地和外地學子，心中也是一陣激動。應眾人的請求，王陽明因這新居建在龍場山岡之上，這將是自己日後重振聖學的所在，遂以「龍岡書院」為名。居室雖四壁徒立，卻乾淨舒適，取名「何陋軒」；客廳雖簡樸無華，卻寬敞明亮，取名「賓陽堂」；涼亭雖然不事雕琢，卻翠竹環繞，取名「君子亭」。又作《龍岡新構》以記其事：「諸夷以予穴居頗陰濕，請構小廬，欣然趨事，不月而成。諸生聞之，亦皆來集，請名『龍岡書院』，其軒曰『何陋』。」

在這「龍岡書院」中，王陽明對「何陋軒」這個命名頗為自得，他在《何陋軒記》說：

> 昔孔子欲居九夷，人以為陋。孔子曰：君子居之，何陋之有？守仁以罪謫龍場，龍場古夷蔡之外，於今為要綏，而習類尚因其故。人皆以予自上國往，將陋其地，弗能居也。而予處之旬月，安而樂之。求其所謂甚陋者而莫得，獨其結題鳥言，山棲羝服，無軒裳宮室之觀、文儀揖讓之縟，然此猶淳龐質素之遺焉。蓋古之時，法制未備則有然矣，不得以為陋也。
>
> 夫愛憎面背、亂白黝丹、浚奸窮黠、外良而中螫，諸夏蓋不免焉。若是而彬郁其容、宋甫魯掖，折旋矩矱，將無為陋乎？夷之人乃不能此，其好言惡詈，直情率遂則有矣，世徒以其言辭物采之眇而陋之，吾不謂然也。
>
> 始予至，無室以止。居於叢棘之間，則鬱也；遷於東峰就石穴而居之，又陰以濕。龍場之民，老稚日來視，予喜不予陋，益予比。予嘗圃於叢棘之右，民謂予之樂之也，相與伐木閣之材，

就其地為軒以居予。予因而蓺之以檜竹，蒔之以卉藥，列堂階、辯室奧，琴編圖史，講誦遊適之道略具。學士之來遊者亦稍稍而集，於是人之及吾軒者，若觀於通都焉，而予亦忘予之居夷也，因名之曰「何陋」，以信孔子之言。

嗟夫！諸夏之盛，其典章禮樂，歷聖修而傳之。夷不能有也，則謂之陋，固宜。於後蔑道德而專法令，搜抉鉤鈲之術窮，而狡匿譎詐無所不至，渾樸盡矣，夷之民方若未琢之璞、未繩之木，雖粗礦頑梗，而椎斧尚有施也，安可以陋之？

斯孔子所謂欲居也歟，雖然，典章文物則亦胡可以無講。今夷之俗，崇巫而事鬼，瀆禮而任情，不中不節，卒未免於陋之名，則亦不講於是耳。然此無損於其質也。誠有君子而居焉，其化之也蓋易，而予非其人也，記之以俟來者。

王陽明生而為祖父母所鍾愛，長而因父親的地位而受人尊重，加上天賦異稟，目空一切，雖因錄囚江北而對社會有了真實的了解，雖因上疏言事而受廷杖、下詔獄，但所見所聞，大抵離不開士大夫的圈子。到龍場之後，見到的是中國最落後地區的民風民俗，聽到的是中原流亡者對中國最陰暗面的揭露，這才以最底層的身份，真正接觸到了最底層的社會。

直到這時，王陽明的肉體，才真正經受了有生以來最艱苦的磨煉；王陽明的靈魂，才真正受到有生以來最激烈的震盪。他對人生、對社會的認識，才真正開始了有生以來最本質的變化。嚴格地說，也正是在此時，他才真正體會到「苦其心志，勞其筋骨，餓其體膚」的意義。這篇《何陋軒記》所記的倒並非何陋軒本身，而是王陽明自己對人生對社會的理解和認識。

王陽明從小到大都在說立志，既要求自己立志，也教誨別人立志。而立志首先要學會做人，祖父和父親在這方面都給他做出了榜樣。祖父在屋

前屋後種滿了竹子，人稱「竹軒翁」，實際上正是做人的追求。受祖父的影響，王陽明也自幼愛竹。但對竹子的品質，或者說對做人的體會，顯然也是到龍場後才有了新的認識。他在何陋軒前君子亭周圍移種青竹，並作《君子亭記》，盛讚竹子的品質：

> 竹有君子之道四焉。中虛而靜，通而有間，有君子之德。外節而直，貫四時而柯葉無所改，有君子之操。應蟄而出，遇伏而隱，雨雪晦明，無所不宜，有君子之時。清風時至，玉聲珊然，中採齊而協肆夏，揖遜俯仰，若洙泗群賢之交集，風止籟靜，挺然特立，不撓不屈，若虞廷群後，端冕正笏而列於堂階之側，有君子之容。

看似讚竹，實在自勉。

龍岡新居落成後，遠遠近近的學子都來求教。王陽明將在北京講學的習慣又帶到龍場，龍岡書院成了當地的通衢。王陽明為師，先講「正己」。讚竹子有君子之道，正是自己追求的品格，這一點也得到學子們的認同：

> 門人曰：「夫子蓋自道也。吾見夫子之居是亭也，持敬以直，內靜虛而若愚，非君子之德乎？遇屯而不懾，處困而能亨，非君子之操乎？昔也行於朝，今也行於夷，順應物而能當，雖守方而弗拘，非君子之時乎？其交翼翼，其處雍雍，意適而匪懈，氣和而能恭，非君子之容乎？夫子蓋謙於自名也，而假之竹。」

王陽明並不認為自己已經具備了竹子的德、操、時、容這四種品質，但坦率表示這是自己的追求，並要求學生們按孔子的話去做，應該做「君子儒」，不要做「小人儒」。儒是分兩類的，有君子，也有小人。既要為君子，就應該像竹子那樣，有君子之德，有君子之操，有君子之時，有君子

之容。

如果說當年和四位長輩一起讀書應考時，王陽明開始在行為上對自己進行規範是一種自我克制，那麼在龍場以竹子來規定「君子」的內涵，並作為自己的行為準則，則是在進行作為學術大師的行為舉止的演練。而實際上，這時的王陽明已經開始以孔子的口吻教訓弟子了。

八、妙論神仙術

當然，王陽明的處境其實並不樂觀。一個在京師得罪了權貴而貶謫到此地的驛丞，竟然在管轄區內聚眾講學，而且得到所有居住在這裏的漢人和瑤民、苗民的擁戴，自然引起了當地官員的不滿。地方官府派人前來干預，卻引起了當地少數民族居民和驛役們的不滿，將來人打得抱頭鼠竄。地方官對此自然不肯罷休，想通過貴寧道按察分司對王陽明進行制裁。沒想到分司按察副使毛應奎一與王陽明接觸，便為他的學問和人格所折服，不但沒有給王陽明為難，反倒成了王陽明的朋友。

至於少數民族居民及首領，更將王陽明視為仙人，視為神人。奢香夫人的後裔、當地土司安貴榮對王陽明尤為敬重，多次向他請教政務。王陽明盡己所能，一一給予幫助，並勸他約束部民，遵守朝廷的法紀。

最使王陽明啼笑皆非的是，有人一再向他請教長生不老之術，並詢問神仙的有無。王陽明開始是不回答，後來無法推辭，只得寫了一篇回信，以實相告：

> 詢及神仙有無，兼請其事。三至而不答。非不答也，無可答耳。昨令弟來，必欲得之。

　　僕誠生八歲而即好其說，今已餘（逾）三十年矣，齒漸搖動，髮已有一二莖變化成白，目光僅盈尺，聲聞函丈之外，又常經月臥病不出，藥量驟進，此殆其效也。而相知者猶妄謂之能得其道，足下又妄聽之，而以見詢。不得已，姑為足下妄言之。

　　古有至人，淳德凝道，和於陰陽，調於四時，去世離俗，積精全神，遊行天地之間，神聽八遠之外，若廣成子之千五百歲而不衰，李伯陽歷商周之代，西度函谷，亦嘗有之。若是而謂之曰無，疑於欺子矣。

　　然則呼吸動靜，與道為體，精骨完久，稟於受氣之始，此殆天之所成，非人力可強也。若後世拔宅飛昇、點化投奪之類，譎怪奇駭，是乃祕術曲技，尹文子所謂幻，釋氏謂之外道者也。若是而謂之曰有，亦疑於欺子矣。

　　夫有無之間，非言語可況，存久而明，養深而自得之。未至而強喻，信亦未必能及也。蓋吾儒亦自有神仙之道，顏子三十二而卒，至今未亡也。足下能信之乎？後世上陽子之流，蓋方外技術之士，未可以為道；若達磨、慧能之徒，則庶幾近之矣。然而未易言也。足下欲聞其說，須退處山林三十年，全耳目、一心志，胸中灑灑，不掛一塵，而後可以言此，今去仙道尚遠也。（《答人問神仙》）

　　這可以說是王陽明三十年來對佛老及神仙術認識的一個總結，雖然他對關於廣成子活了一千五百年，老子從商代一直活到春秋並在得道後西出函谷關而去的傳說，以及社會上盛行的各種方術無法作出合理的解釋，但已是持懷疑乃至否定的態度，並以自己的親身經歷證明所謂神仙術之非。

　　同時，王陽明又對長生問題做了新的解釋。所謂長生，並非是指肉體

的長存，實是精神的長存，是道的永生。孔子是死了，其肉體早已化作塵煙，但儒學卻昌昌盛盛、充充沛沛地發展，孔子不是永生嗎？顏子三十二歲就死了，但「朝聞道，夕死可矣」，比起那些百年的行屍、千年的走肉，以及當代許許多多徒具人皮而包藏禍心者，顏子不是永存嗎？

看起來王陽明是在對沉溺神仙術者說教，更多的卻是在自我反省。如果說王陽明到龍場後思想上有一個新的飛躍和認識，這篇題為《答人問神仙》的短文可說是一個起點或標誌。

有了這種認識，王陽明更可將死生置之度外了。所以，當人們傳說劉瑾仍將加害於他時，既然吃住器用都是用石，王陽明乾脆自己事先準備好一口石棺：「吾今唯死而已，他復何計！」這種視死如歸的氣勢和在錢塘江詐死脫身的機智，反映了王陽明身上看似矛盾實是統一的兩種個性或品格，而其主流由權術向淡定的轉變，則是他由學者到宗師轉變的契機或關鍵。

也正是因為有了這種認識，王陽明可以將榮辱得失置之度外了。以前他是汲汲以求，想做聖人、學做聖人，以天下為己任，故而多方體驗、上下求索，讀先聖的書、讀宋儒的書，習佛老以養性、習神仙以養生，學騎射、學兵法、憂國計、憂民生，但為聖之路竟不知在何方、報國之門竟不知在何處。如今獨居惡山險水、毒氣煙瘴之地，聖賢佛老無從而求、國計民生無從而問，一切抱負化為泡影，此心反倒清淨洞明。

這種改變，倒像是老子給孔子的建議：「君子得其時則駕，不得其時則蓬累而行。吾聞之，良賈深藏若虛，君子盛德，容貌若愚。去子之驕氣與多欲，態色與淫志，是皆無益於子之身。」[1]當時時刻刻想着要做聖賢的時候，距離「聖賢」其實十分遙遠；當靜下心來，一步一個腳印，向着聖賢指引的方向前進的時候，或許就在不知不覺中接近「聖賢」了。

---

1 《史記》卷 63《老子韓非列傳》。

九、龍場「悟道」

　　初到龍場時，王陽明帶着僕人住在從荊棘中開出的茅屋之內，後搬到被稱為「陽明小洞天」的東山石洞之中，雖然最後搬進了「龍岡書院」，但仍然常常在「陽明小洞天」讀書、思考，在這裏體悟、把玩《周易》，又將「陽明小洞天」稱為「玩易窩」。

　　王陽明自稱沉溺佛老三十年，又從小與術士交朋友，並渴望學為聖賢，自然會對中國古代最享盛名的探討自然規律、探討人與自然關係的經典「周易」產生濃厚的興趣，一旦遇上挫折，更希望通過研讀《周易》、演繹「八卦」來預測自己今後的命運。抗疏下獄之後，王陽明便在獄中讀《周易》，並寫了一首《讀易》詩。出獄後貶赴龍場，行裝從簡，先聖之書未帶，但《周易》卻是少不了的，西行路上琢磨把玩的也是《周易》。其《醴陵道中風雨夜宿泗州寺次韻》詩說：

> 風雨偏從險道嘗，深泥沒馬陷車箱。
> 虛傳鳥路通巴蜀，豈必羊腸在太行。
> 遠渡漸看連暝色，晚霞會喜見朝陽。
> 水南昏黑投僧寺，還理羲編坐夜長。

　　到龍場後，無論是居茅屋、居石洞，也都在鑽研易理、分析命運，自得「玩易窩」後，更是日日揣摩，他在《玩易窩記》中說：

> 陽明子之居夷也，穴山麓之窩而讀易其間。始其未得也，仰而思焉，俯而疑焉，函六合，入無微，茫乎其無所指，孑乎其若株。其或得之也，沛兮其若決，聯兮其若徹，菹淤出焉，精華入焉，若有相者而莫知其所以然。其得而玩之也，優然其休焉，充

然其喜焉，油然其春生焉，精粗一、外內翕，視險若夷而不知其夷之為厄也。

　　於是陽明子撫几而歎曰：嗟乎，此古之君子所以甘囚奴、忘拘幽，而不知其老之將至也。夫吾知所以終吾身矣。名其窩曰「玩《易》」，而為之說曰：「夫《易》，三才之道備焉。古之君子居則觀其象而玩其辭，動則觀其變而玩其占。觀象玩辭，三才之體立矣；觀變玩占，三才之用行矣。體立故存而神，用行故動而化。神故知周萬物而無方，化故範圍天地而無跡。無方則象辭基焉，無跡則變占生焉。是故君子洗心而退藏於密，齋戒以神明其德也。」蓋昔者夫子嘗韋編三絕焉。嗚呼，假我數十年以學《易》，其亦可以無大過已夫。

　　說是「玩『易』」，主要還是在「悟性」，在苦思冥想以前一直琢磨不透的一個問題，即人生和宇宙、人性和天理、致知和格物，用王陽明的話來說，是「吾心」和「物理」，這二者到底是怎樣一種關係？這個問題是孔子首先提出來的，但並沒有進行明確的解釋，而且也令人難以理解，所以子貢才說：「夫子之文章，可得而聞也。夫子之言性與天道，不可得而聞也。」[1]

　　這個子貢認為「不可得而聞」的問題，後世儒者不斷進行考訂、詮釋，希望能夠解開密碼，結果是越解釋越複雜，越複雜越艱深，成了專門的學問，朱熹更成為這門學問的集大成者和權威解釋者。

　　王陽明既想為聖人，也就必然要和周、張、程、朱諸宋儒一樣，努力窺破這層道理，努力將自己的心性與天道進行溝通。為此，他一直在思考，一直在體驗，但也一直在苦惱。儘管朱子的說法看起來有理，但要用

---

[1] 《論語》卷3《公冶長第五》。

來解釋事物，卻覺得到處都是障礙。就在他自以為開始有所悟，並遇上了湛若水這樣的「同志」時，卻被命運驅趕到了這蠻荒之地，無書無友，只得依靠自己的苦苦思索。當年周文王被幽禁在羑里，不也是無書無友，卻反覆演練，終於演繹成了《周易》、構成八卦六十四爻的博大學問嗎？如果周文王處於此時，他會演繹出什麼學問？

或許就在這時，王陽明突然覺得心中一亮，人性與天道竟然連成了一體！性稟天地五常之氣而生，是人與生俱來的稟性和天賦。孔子之性，乃孔子與生俱來的稟性。天道為元亨日新之道。元者善也，亨者通也，天道乃萬事萬物日日不停、新新不已的變化道理或規律。子貢所謂「夫子之言性與天道」，乃孔子之心與萬物之理、孔子所稟之性與元亨日新之道的溝通與契合，這是一種說不清、道不明的心靈與宇宙的撞擊。日日不停、新新不已之道正在孔子的心中，他人如何能明白，又如何能「得而聞之」？

王陽明豁然開朗，原來，所謂的天理、物理，所謂的聖人之道，全在我心之中，全在自己與生俱來的稟性之中。為聖之道，只需向自己心中、向自己性中去挖掘去尋找：「聖人之道，吾性自足，不假外求」。[1]

《陽明年譜》根據王陽明自己的回顧，做了十分傳神的描述：「忽中夜大悟格物致知之旨，寤寐中若有人語之者，不覺呼躍，從者皆驚。始知聖人之道，吾性自足。」一勘破這層關節，王陽明歡喜若狂。此時已是午夜，萬籟俱靜，僕人早已入夢，忽聽得主人叫喊，都從夢中驚醒，但見主人歡呼雀躍，不禁愕然。

既然想通了「聖人之道，吾性自足」這層道理，王陽明立即進行檢驗。他將自己記憶的詩、書、禮、易、春秋的「五經」的內容，不用朱子的解讀，全憑自己的認識進行理解，竟然一一契合，毫無障礙；而一旦和朱子的解讀進行印證，竟是處處抵牾。於是更加確信，自己，以及和自己一樣

1　黃宗羲：《明儒學案》卷 10《文成王陽明先生守仁傳》。

汲汲於追求「聖道」的諸「同志」，之所以總是達不到目的，總是覺得無處着力，都是因為朱熹那樣的後儒將自己的私貨摻入聖道，所以處處是迷障，處處是陷阱。現在迷障被揭開，陷阱被填平，可以直接和聖賢對話、和聖賢溝通了。

十年後，王陽明在《朱子晚年定論》的序中，對自己的學術經歷或「學為聖賢」經歷做過這樣的回顧：

> 洙泗之傳，至孟氏而息，千五百餘年，濂溪、明道始復追尋其緒，自後辨析日詳，然亦日就支離決裂，旋復湮晦。吾嘗深求其故，大抵皆世儒之多言有以亂之。
>
> 守仁早歲業舉，溺志詞章之習，既乃稍知從事正學，而苦於眾說之紛撓疲薾，茫無可入。因求諸老釋，欣然有會於心，以為聖人之學在此矣。然於孔子之教，間相出入，而措之日用，往往缺漏無歸，依違往返，且信且疑。其後謫官龍場，居夷處困，動心忍性之餘，恍若有悟，體驗探求，再更寒暑，證諸五經四子，沛然若決江河而放諸海也。然後歎聖人之道，坦如大路，而世之儒者，妄開竇逕，蹈荊棘，墮坑塹，究其為說，反出二氏之下。宜乎世之高明之士，厭此而趨彼也，此豈二氏之罪哉！

先因習舉業而泛濫於辭章，想以文辭取勝；後來懂得要從事「正學」，但正學已被程頤、朱熹等人攪得支離破碎，無從下手；不得已而學佛老，卻頗有心得，自以為聖人之道在佛老之中，但一用於實踐，卻往往不得要領。直到貶謫龍場，才領悟到「聖人之道，吾性自足」。這是一條何等光明寬廣之路。而那些自稱是孔子學說傳人的「世儒」們，卻自以為是放着如此光明寬廣的大道不走，領着他人去鑽荊棘、踏陷阱，真是連佛老也不如。難怪那麼多的高明之士不學儒術而沉溺於佛老，這並不是佛老之錯，

而是「世儒」之罪。自己走過的彎路太多了，為了使後學者不再被「朱熹門」愚弄，直接找到為聖之道，王陽明要開始真正「傳道」了。

後來黃宗羲作《明儒學案》，沿用了王陽明自己的說法，但對王陽明的「稍知從事正學」，卻強化了力度：

> 先生之學，始泛濫於詞章，繼而遍讀考亭之書，循序格物，顧物理吾心終判為二，無所得入。於是出入於佛老者久之。及至居夷處困，動心忍性，因念聖人處此更有何道？忽悟格物致知之旨，聖人之道，吾性自足，不假外求。其學凡三變而始得其門。[1]

王陽明自己所說的「稍知從事正學」，被黃宗羲說成是「遍讀考亭之書」。但王陽明去世之後，湛若水應邀為其作《墓誌銘》，恰恰抹去了王陽明自己所說的「稍知從事正學」，更不用說「遍讀考亭之書」。湛若水認為，「龍場悟道」之前的王陽明，興趣愛好經歷過六個階段：「初溺於任俠之習，再溺於騎射之習，三溺於辭章之習，四溺於神仙之習，五溺於佛氏之習，正德丙寅（正德元年）始歸正於聖賢之學。」（《陽明先生墓誌銘》）在湛若水的眼中，王陽明其實是走過種種彎路然後才回歸「正道」的回頭「浪子」。這種說法，顯然和王陽明自己及王門弟子的說法不同，但可以幫助我們對王陽明有更加全面和深入的認識。

十、主席貴陽書院

隨着正德三年（1508 年）冬季的過去，王陽明也度過了他在龍場的最

1　黃宗羲：《明儒學案》卷 10《姚江學案》。

艱難歲月。正德四年（1509 年）春天，貴州提學副使席書來到龍岡書院。

席書字文同，四川遂寧人，弘治三年（1490 年）進士，也是明朝正德、嘉靖時的風雲人物。

弘治十六年（1503 年），雲南發生大範圍地震，景東衞（今雲南省景東縣）連續七天陰霾蔽日，曲靖則莫名其妙地連續發生大火，災情嚴重，人心惶惶。明政府命南京刑部侍郎樊瑩前往巡視。樊瑩到雲南後，認為天災的發生在於政事的荒怠，劾奏地方官救災不力，罷黜不稱職的文武官員一千七百多人，得到朝廷的嘉獎。

席書當時任戶部員外郎，對這場災難有自己的看法。他認為，雲南發生的天災，如果要追究人事責任，這責任不是在雲南，而是在北京、在朝廷。整個國家猶如一個人體，人的元氣一旦受到損害，於是就從四肢發着出來。朝廷如同人的元氣，地方則像人的四肢。雲南發生地震，就像人的四肢發生瘡瘍，根子在元氣的損傷。如果只是罷免一批地方官，就好像元氣受損，只是專去治療四肢，豈非本末倒置？

基於這種認識，席書向朝廷上書，陳說己見：「今內府供應數倍往年，冗食官數千，投充校尉數萬。齋醮寺觀無停日，織造頻煩，賞賚逾度。皇親奪民田，宦官增遣不已。大獄據招詞不敢辯，刑官亦不敢伸。大臣賢者未起用，小臣言事謫者未復。文武官傳升，名器大壞。災異之警，偶泄雲南，欲以遠方外吏當之，此何理也？」今上天惱怒的不是雲南的那些遠方小吏，而是京師北京的皇親國戚、宦官權貴，特別是最高統治者皇帝。

席書意猶未盡，列舉了發生在東漢的一個著名故事。當時政治黑暗，吏治腐敗，災禍連年，民不聊生。東漢政府派遣官員巡視地方，以了解百姓的困苦。其他官員都整裝待發，唯獨張綱命人用沙土將自己的車輪填埋。人們不解其意，張綱解釋說，如今的問題是豺狼當道，要革除弊端，非除豺狼不可。如果豺狼不去，光捕幾隻狐狸有何補益？眼下的情況也一樣，樊瑩職在巡察，放着京師為非作歹的勛戚權貴不彈劾，卻去考黜雲南

的小官微吏，豈不是捨本而治末？ **1**

　　其時孝宗在位，內閣大學士是頗負盛譽的劉健、李東陽、謝遷，雖然沒有對席書的奏疏太過重視，但也沒有給他小鞋穿。武宗繼位時，席書正在河南按察僉事任上。京師發生的文官與宦官的鬥爭，劉健等人的被罷黜、王陽明等人的受廷杖等等事情，席書事後都聽說了，他擔心皇帝日後的行為，也佩服王陽明等人的勇氣。

　　正德四年初，席書由河南按察僉事升任貴州提學副使。一到貴州佈政司所在地貴陽 **2**，便聽說王陽明貶在龍場做驛丞，不禁喜出望外。當時，貴州的教育非常落後，席書為提學副使，興辦學校、培養人才是其責任。要辦學校，首先要請教師，可有誰願意來這窮鄉僻壤、化外之地做教師？從河南到貴州的路上，席書一直在為這事發愁，沒想到天上竟然掉下了一位教師。席書在戶部為官時，王陽明正和湛若水聚眾講學。如果能將王陽明請到省城，那可是貴州學子們的福分。不過席書又有幾分擔心，朝廷推崇的是朱熹的學問，但王陽明卻對朱子頗有微詞，並極力推崇陸九淵。如果真是這樣，事情倒有些麻煩，畢竟席書這個「提學副使」，得督促學子們學朝廷倡導的「正學」即朱學。

　　這天，席書帶着疑慮，來到了龍場。從科舉入仕論，席書早王陽明三科，年齡也大十一歲，應是先輩；從眼下身份，席書是貴州按察司的提學副使、正四品朝廷命官，王陽明卻是未入流的貶謫吏員。但在當時當地，二人久別重逢，一切禮節全部省去。五六年不見，席書看着王陽明清癯的臉龐，當年飛揚的神采已為今日沉毅的氣質所取代，不由生出一絲惋惜、幾分寬慰。

---

1 《明史》卷 186《樊瑩傳》；卷 197《席書傳》。

2 貴陽在明代是貴州布政司的省城，也是貴州宣慰司所在地，但正德時卻無此名。成化十二年七月，分貴州宣慰司地設程番府，治所在今貴州惠水。隆慶二年即 1567 年將府治移入省城，與宣慰司同治，第二年改程番府名貴陽府。本書為了敘述上的方便，徑稱貴陽府。

稍事寒暄，席書直切主題，詢問朱、陸二家學說的異同。如果是在昔日北京，王陽明或者會侃侃而論。但經過在龍場的一年多思考，王陽明對天道、人性，已經有更加深刻的領悟，對朱、陸異同也有了新的認識，但此時卻不便正面向席書闡明，而是告訴他自己最近的心得：「聖人之道，吾性自足，不假外求。」就這幾個字，說得席書目瞪口呆。

席書回到貴陽，心裏一直在琢磨王陽明的話，「聖人之道，吾性自足」？照此說來，聖人可以不學而自成？帶着迷惘，席書第二天又來到龍場請教。

王陽明解釋說，以夏的開創者大禹和周的開創者後稷為例，二人都是聖人，同有為民之心，但禹心是禹心，稷心是稷心，其憂民之念就各不相同。大禹以治水為己任，則必定認為，如果洪水治不好，人民就要遭受水災。看上去是洪水為患，而實際上是我為患。以這種心情去治水，才可能十三年在外，三過家門而不入。後稷以教農事為己任，則必定認為，如果人民沒學會種植，就要遭受飢餓。看上去是因為缺糧而捱餓，而實際上是我使人民捱餓。以這種心情去教民農事，才有刻不容緩的感覺。可見，只要心中存着百姓，任何事情都會做好的。所以說，聖人之道，吾性自足，不假外求。試想，孔子在兩千多年前，哪裏會知道我要回答朱、陸異同而預先教我回答呢？

聽着這番話，席書似乎有些感悟，覺得確實有道理。但轉念一想，又感到似是而非。王陽明並未做過多解釋，請席書自己辨析。席書帶着滿腔疑惑，第二次離開龍場，回到貴陽。

如此往覆四五次，席書終於信服了，原來聖人之道竟如此便捷！更何況，《中庸》開篇就說：「天命之謂性，率性之謂道。」天命、天道本來就與人性相通，說到底，所謂的天命、天道，都是特定的人性的體現。席書對「聖人之學」、對朱陸之學有了新的認識：聖人之學，重見於今日；朱陸之學，各有所得，也各有所失。要得聖人之道，只需向自己的心中尋求。

　　席書終於為貴州學子找到了教師。回到貴陽後，他和按察副使毛應奎一道，建起了貴陽書院，廣擇本省學子，請王陽明設席講學。

　　王陽明幾年前已在京師北京講學，沒想到幾年後竟會在貴州重操舊業。看來，人生之事往往是禍福相倚，難怪前人說「塞翁失馬，焉知非福」。如果不是上疏營救戴銑，便不會貶謫貴州；不貶謫貴州，也就不會在這貴陽書院講學，或者也就難以悟出「聖人之道，吾性自足」的千古妙得。看來，自己還得感謝劉瑾，感謝他打了自己三十廷杖；也得感謝吏部文選司的同僚們，虧他們想得出還有龍場驛這塊蠻荒之地；當然，更應該感謝戴銑等南京的言官們，如果不是為了救他們，這一切事情就不會發生了。只可惜戴銑在受了廷杖之後，不久就因傷重而死，否則，他日見面，那該是何等的歡快！

　　當然，對於王陽明來說，席書更有知遇之恩。不僅在龍場落難時請來主席貴陽書院，嘉靖初年因功高不賞反受猜忌時，席書仍不避嫌疑，力薦王陽明入閣。對於席書的情義，王陽明也是銘記不忘。席書去世後，王陽明寫了一篇充滿感情的祭文：

　　　　嗚呼元山，真可謂豪傑之士、社稷之臣矣。世方沒溺於功利辭章，不復知有身心之學，而公獨超然遠覽，知求絕學於千載之上；世方黨同伐異，徇俗苟容，以鉤聲避毀，而公獨卓然定見，惟是之從，蓋有舉世非之而不顧；世方植私好利，依違反覆，以壟斷相與，而公獨世道是憂。義之所存，冒孤危而必吐，心之所宜，經百折而不回……

　　　　某之不肖，屢屢辱公過情之薦，自度終不能有濟於時，而徒以為公知人之累，每切私懷慚愧。又憶往年與公論學於貴州，受公之知實深。近年以來，覺稍有所進，思得與公一面，少敘其愚以來質正，斯亦千古一快。而公今復已矣，嗚呼痛哉！……自今

以往，進吾不能有益於君國，退將益修吾學，期終不負知己之報
而已矣！（《祭元山席尚書文》）

在貴陽書院講學的日子是極其愉悅的。王陽明於儒、佛、道三家學問
都有精湛的研究，而且將三者融會貫通，成一家之言；年輕時又以豪俠自
詡，閱歷豐富，且擅長詩文，俊爽之氣，常溢於筆墨之間；尤其以直言得
罪權貴，下獄、廷杖、貶謫，不但全不介意，而且志向更加遠大、思慮更
加精深，這等胸懷，這等氣勢，當今天下，能有幾人？故此，貴州學子將
其視為神明，王陽明也借這個機會，印證自己的學術創見。

席書提學貴州及王陽明主席貴陽書院，推動了貴州地區的文化發展。
正德以前的科舉考試，貴州是附在雲南進行的。每三年一次的舉人名額，
貴州和雲南合併在一起只有五十人，貴州的考生得赴雲南省城昆明參加鄉
試。到嘉靖十四年，二省分別鄉試，雲南名額為四十名，貴州二十五名，
合計六十五名，而其他地區的鄉試名額並未增加。[1]

王陽明對學生的要求極為嚴格。在龍場的龍岡書院，他就立有教條，
要求學生在立志、勤學、改過、責善四個方面下功夫。如今，又將這些教
條在貴陽書院頒佈：

其一，立志：「志不立，天下無可成之事。雖百工技藝，未有不本於志
者。今學者曠廢墜惰，玩歲愒時，而百無所成，皆由於志之未立耳。故立
志而聖則聖矣，立志而賢則賢矣。志不立，如無舵之舟、無銜之馬，漂盪
奔逸，終亦何所底乎？」

其二，勤學：「已立志為君子，自當從事於學。凡學之不勤，必其志之
尚未篤也。從吾遊者，不以聰慧警捷為高，而以勤確謙抑為上。」

其三，改過：「夫過者，自大賢所不免，然不害其卒為大賢者，為其能

1　關於明代各省鄉試名額的變化，參見杜婉言、方志遠：《中國政治制度通史·明史卷》，人民出版社
1996年版。

改也。故不貴於無過，而貴於能改過。」

其四，責善：「責善，朋友之道，然須忠告而善道之。悉其忠愛，致其婉曲，使彼聞之而可從，繹之而可改，有所感而無所怒，乃為善耳。若先暴白其過惡，痛毀極詆，使無所容，彼將發其愧恥憤恨之心，雖欲降以相從，而勢有所不能，是激之而使為惡矣。故凡訐人之短，攻發人之陰私，以沽直者，皆不可以言責善。雖然，我以是而施於人不可也，人以是而加諸我，凡攻我之失者，皆我師也，安可以不樂受而心感之乎？」

在王陽明看來，立志、勤學、改過、責善，缺一不可。前面兩條是說學問，後面兩條則是說做人。不立志，不可能勤學；不勤學，志也不能成就。為人處事，不可能無過，但應該有過必改；不僅自己向善，還要責人向善。但責人必須注意方法，要讓人能夠接受，否則，只會適得其反。自己不能攻人之短，但要樂於聞己之短。

當然，王陽明並不是終日板着面孔、缺乏情趣的迂夫子，即使成為宗師之後，在他的身上也時時透露出當年的任俠之氣和才子之情。這年夏天，他帶着學子們重遊自己闊別已久的「陽明小洞天」，不覺產生一陣快意，口占一律：

> 古洞閑來日日遊，山中宰相勝封侯。
> 絕糧每自嗟尼父，慍見還時有仲由。
> 雲裏高崖微入暑，石間寒溜已含秋。
> 他年故國懷諸友，魂夢還須到水頭。
>
> 　　　　（《夏日遊陽明小洞天喜諸生偕集偶用唐韻》）

平心而論，這首律詩即使在王陽明自己的詩文中也算不得上乘之作，卻是抱負與情感並存。說抱負，封侯拜相、比肩孔孟，竟在談笑之中；說情感，春秋冬夏、天涯海角，常似魂縈夢繞。

十一、同是天下淪落人

轉眼已是暑去秋來，如果不是一件意外的事情，王陽明倒真是忘記自己仍在貶謫之中，仍在遠離中原的「化外」之地。

正德四年（1509 年）秋七月初三日，有一位來自京師的吏目，帶着一子一僕，途經龍場，在一位苗民家借宿，沒想到第二天中午就死在了路上。到傍晚，吏目的兒子又死於父親的屍體旁。第三天，有人報說，吏目的僕人也死在山坡之下。王陽明聽了，倍加傷感，命兩名僕人前去將三具屍體掩埋。僕人面帶難色，王陽明並不責怪，只是自言自語地歎息道：我等三人和吏目父子主僕，命運何其相似啊！兩位僕人聽了，竟也淒然淚下，就着山勢，將三具屍體掩埋。王陽明觸景生情，寫下了一篇值得千年傳誦的《瘞旅文》：

> 嗚呼傷哉！繄何人？繄何人？吾龍場驛丞餘姚王守仁也。吾與爾皆中土之產，吾不知爾郡邑，爾烏為乎來為茲山之鬼乎？古者重去其鄉，遊宦不逾千里。吾以竄逐而來此，宜也；爾亦何辜乎？聞爾官，吏目耳，俸不能五斗，爾率妻子躬耕，可有也，烏為乎以五斗而易爾七尺之軀？又不足，而益以爾子與僕乎？
>
> 嗚呼傷哉！爾誠戀茲五斗而來，則宜欣然就道，烏為乎吾昨望見爾容感然，蓋不任其憂者？夫衝冒霧露，扳援崖壁，行萬峰之頂，飢渴勞頓，筋骨疲憊，而又瘴癘侵其外，憂鬱攻其中，其能以無死乎？吾固知爾之必死，然不謂若是其速，又不謂爾子爾僕亦遽爾奄忽也。皆爾自取，謂之何哉！吾念爾三骨之無依，而來瘞爾，乃使吾有無窮之愴也。
>
> 嗚呼痛哉！縱不爾瘞，幽崖之狐成群，陰壑之虺如車輪，亦必能葬爾於腹，不致久暴露爾。爾既已無知，然吾何能為心乎？

自吾去父母鄉國而來此，二年矣，歷瘴毒而苟能自全，以吾未嘗
一日之戚戚也。今悲傷若此，是吾為爾者重而自為者輕也。吾不
宜復為爾悲矣。吾為爾歌，爾聽之。歌曰：

連峰際天兮，飛鳥不通。
遊子懷鄉兮，莫知西東。
莫知西東兮，維天則同。
異域殊方兮，環海之中。
達觀隨寓兮，奚必予宮。
魂兮魂兮，無悲以恫！

又歌以慰之，曰：
與爾皆鄉土之離兮，
蠻人之言語不相知兮。
性命不可期。
吾苟死於茲兮，
率爾子僕來從予兮。
吾與爾遨以嬉兮，
驂紫彪而乘文螭兮，
登望故鄉而噓唏兮。
吾苟獲生歸兮，
爾子爾僕尚隨兮，
無以無侶悲兮。
道傍之冢累累兮，
多中土之流離兮，
相與呼嘯而徘徊兮。

餐風飲露，無爾飢兮。

朝友麋鹿，暮猿與棲兮。

爾安爾居兮，

無為厲於茲墟兮！

自從步入仕途，此身便已賣給帝王家，因遭貶謫而來此地，身不由己。但是這位朋友，你又何苦呢？一個吏目，月俸不過五斗米。如果你領着妻兒耕作田畝，自當衣食有餘，又何必為這區區五斗米而棄屍異鄉荒徼，還連累了兒子和僕人？如果你真的留戀這五斗米，那就應該欣然而就道，又何必如此淒淒慘慘、面無歡容？窮山惡水、毒氣煙瘴攻於外，悲悲切切、憂心忡忡鬱於內，哪有不死之理！我到此處已近兩年，卻能去病健體，就因為心境怡然，無一日之戚戚。

看來，人是需要有精神的。王陽明以自己現身說法，既是教人，也是自勵。但是，要光大自己的學問、實現自己的抱負，總不能老死在這西南荒徼之地。

第四章

中原

颷起

王旋風

一、西辭龍場東歸去

從正德元年（1506年）十二月貶謫之令下，到正德四年（1509年）十二月，王陽明的貶謫期已屆三年。在這三年時間裏，朝中大局相對穩定。劉瑾為首的宦官勢力除了繼續對文官集團中的反對派進行打擊之外，並沒有挑起新的政治事端。相反，倒是推行了一些興利除弊的措施。[1] 王陽明遠在貴州，與中原、中央音信隔絕，自然也不會再次去惹怒權貴。

也就在這年年底，吏部的一道文書下到貴州，以王陽明為江西吉安府廬陵縣知縣。歷代政局，都有「三十年河東、三十年河西」之說。只要還有三寸氣在，離開龍場，在王陽明看來只是時間問題。但是，這一天真正來到的時候，卻是有些突然。劉瑾還在當道，難道將自己忘了？不管忘不忘，這道調任公文是不會有錯的。[2]

整整三年時間，如果不發生變故，王陽明在仕途上或許會前進一步，此時也許是某部清吏司的郎中或員外郎。但這三年恰恰發生了變故，雖然在仕途上暫時退了一步，但這退一步所凝聚的能量，卻將成為畢生事業和成就的巨大動力，並對明代社會和中國歷史產生重大的影響。

正德四年（1509年）年底，王陽明在龍場度過了將近兩年的貶謫生活之後，告別黔中山水和各族父老，踏上了東歸之路。兩年前的這個時候，王陽明正在通往龍場的西行途中。正德三年（1508年）的元宵之夜，他是

---

1 廖心一有專文論及劉瑾的「改革」：《劉瑾「變亂舊制」考略》，《明史研究論叢》第三輯，江蘇古籍出版社1985年版。

2 《明史》卷195《王守仁傳》、黃宗羲《明儒學案》卷10《姚江學案》、查繼佐《罪惟錄·列傳》之10《王守仁傳》、邵廷采《思復堂文集》卷1《明儒王子陽明先生傳》等，均言王陽明從龍場驛丞遷廬陵知縣是在劉瑾被殺之後，實為訛誤。按劉瑾被殺在正德五年八月，而殺劉瑾的契機是正德五年四月發生的安化王之亂。此事見《明武宗實錄》卷53、49，《明史》卷16《武宗本紀》所載時間與實錄相同。而據《陽明先生年譜》，王陽明在正德五年三月已抵達廬陵，所以《年譜》並不說王陽明的升遷廬陵知縣是因為劉瑾的倒臺。而且，黃綰撰《陽明先生行狀》、湛若水撰《陽明先生墓誌銘》也不將王陽明知廬陵和劉瑾的倒臺連在一起，二者之間是沒有聯繫的。

在江西信江的舟中和廣信府蔣知府秉燭長談；而兩年後，正德四年（1509年）的除夕夜，王陽明已經踏上了通往中原的歸途，正在順沅江而下的孤舟中閉目獨思：

> 扁舟除夕尚窮途，荊楚還憐俗未殊。
> 處處送神懸楮馬，家家迎歲換桃符。
> 江醪信薄聊相慰，世路多歧謾自吁。
> 白髮頻年傷遠別，綵衣何日是庭趨。
>
> 遠客天涯又歲除，孤航隨處亦吾廬。
> 也知世上風波滿，還戀山中木石居。
> 事業無心從齒髮，親交多難絕音書。
> 江湖未就新春計，夜半樵歌忽起予。
>
> （《舟中除夕二首》）

經過幾年的磨難，王陽明已經學會了用通達的胸懷對待人生，也養成了不以物喜、不以己悲的超然心態。兩年前，當他進入貴州這塊蠻荒之地時，雖然早已有了為聖之「志」，卻尚未尋找到為聖之「道」，心中不免還有幾分惶惑。兩年之後，山河依舊，世事仍故，王陽明卻經歷了一次驚心動魄的脫胎換骨。以後的人生道路上，再也沒有什麼艱難險阻能夠使他困惑、使他畏懼了。

扁舟順着沅江急馳而下，過黔陽、泊漵浦，前面就是辰州府的治所沅陵（今屬湖南）了。在這裏，王陽明要和老友楊名父相會。而幾位湖廣常德府籍的學生冀元亨、蔣信、劉觀時，聽說老師東歸時要停泊辰州，都約好到辰州相候。他們是王陽明在龍場時慕名前去投師的。

辰州原名武州，隋唐時先後改名為沅陵郡、瀘溪郡，元代為辰州路，

至明代改為辰州府,是當年由湖廣入貴州的必經之路,也是湘西的大去處。

王陽明的座船剛一靠岸,便有一僕人前來探詢。原來,冀元亨等弟子早已到了辰州,計算時日,天天派人在碼頭等候,這一天終於等到了。眾弟子簇擁着王陽明,眾星捧月般來到坐落在虎溪山前的龍興寺中。王陽明雖然對佛道已不再沉溺,但與僧道為友卻仍是一大樂趣。加上僧寺道觀在當年常是士大夫讀書會友之所,寺觀住持也多為精通儒術的學者。在王陽明的眼中,當世一些道貌岸然的「名儒」,論見識未必比得上一個無名小廟的和尚。所以王陽明每到一處,仍習慣住在寺院之中。

一出貴州,便能遇上故人,王陽明自然十分高興。這龍興寺建於唐太宗貞觀時期,為千年古剎,背倚虎溪山,俯臨沅江水,隔江與筆架山遙遙相望。

王陽明站在山門前,極目遠眺,不覺心中一陣激動。這山,這水,這人,一切都是這樣親切,這樣熟悉。久違了,楚天湘水!久違了,中原父老!我陽明子又回來了!

不知是消息有誤,還是楊名父在路上耽誤了行程,王陽明在辰州住了幾天,仍不見楊名父到來。不能再等下去了,且留詩龍興寺:

> 杖藜一過虎溪頭,何處僧房是惠休。
> 雲起峰頭沉閣影,林疏地底見江流。
> 煙花日暖猶含雨,鷗鷺春閑欲滿洲。
> 好景同來不同賞,詩篇還為故人留。
>
> (《辰州虎溪龍興寺聞楊名父將到留韻壁間》)

過了辰州,一路上都是故地重遊。所不同的是,兩年前逆沅水而上,如今卻是順水而下;兩年前只有三個僕人相從,如今卻有冀元亨這位弟子一路跟隨而行;兩年前是貶謫蠻荒,生死未卜,如今卻是重返內地,東山

再起。

前面就是桃源縣，縣城西南有桃花源。據說是因為當年陶淵明在這裏寫下了千古名篇《桃花源記》和《桃花源詩》而得名。桃花源中的父老可否知道，你們如今已是大明天子的臣民？ [1]

過了常德，就是煙波浩渺的洞庭湖了。屈大夫應該知道，世事雖濁，但並非只有你獨清；時人雖醉，也並非只有你獨醒。你為何不警醒而驚醉、為何不激濁而揚清，卻因為不願染世俗的塵污而擁身汨羅？這汨羅之水、洞庭之波就真像你以為的那樣清白無污、一塵不染？

在浩渺的洞庭湖上，王陽明已聽不到屈原的呼號、賈誼的傷悼。一個更為洪亮、更加氣壯山河的聲音在他耳旁迴盪：

嗟夫！予嘗求古仁人之心，或異二者之為。何哉？不以物喜，不以己悲。居廟堂之高則憂其民，處江湖之遠則憂其君。是進亦憂、退亦憂，然則何時而樂耶？其必曰：「先天下之憂而憂，後天下之樂而樂」歟。

這是北宋范仲淹的名篇《岳陽樓記》。「不以物喜，不以己悲」，「居廟堂之高則憂其民，處江湖之遠則憂其君」，「先天下之憂而憂，後天下之樂而樂」，范仲淹是這樣說的，也是這樣做的。君子坦蕩蕩，小人長戚戚。人生在世、大丈夫立於天地之間，當有為聖之志。聖人便是以天下為己憂，以天下為己任，個人的榮辱得失何足道哉！

船過洞庭，進入湘水，長沙城已歷歷在目：

南望長沙杳靄中，鵝羊只在暮雲東。

1　關於陶淵明《桃花源記》所指地點，其實是個謎，有多種說法。表現出人們對文化名人的崇敬，而在當代，則成為「旅遊資源」的營造，學者可以做自己的研究，卻不必捲入功利場。

天高雙櫓哀明月，江闊千帆舞逆風。

花暗漸驚春事晚，水流應與客愁窮。

北飛亦有衡陽雁，上苑封書未易通。

（《三山晚眺》）

船由淥口（今湖南株洲）折入淥水，該是醴陵了。兩年前的一個風雨之夜，王陽明在赴龍場的途中，曾借宿醴陵道上的泗州寺，「還理羲編坐夜長」，留下了一首《醴陵道中風雨夜宿泗州寺次韻》。兩年過去了，泗州寺可還是老樣子？寺中僧人可還認得我？該去看看。

寺還是那個寺，僧還是那些僧，彼此見面，不覺又驚又喜：

淥水西頭泗洲寺，經過轉眼又三年。

老僧熟認直呼姓，笑我清癯只似前。

每有客來看宿處，詩留佛壁作燈傳。

開軒掃榻還相慰，慚愧維摩世外緣。

（《泗洲寺》）

過了醴陵，便是江西。每次踏上江西的土地，王陽明總是覺得回到了故鄉。甚至覺得比在故鄉還親切，還令人留戀。眼看就要到萍鄉，萍鄉的武雲觀也是王陽明兩年前住過的地方，並留下了一篇《宿萍鄉武雲觀》：

曉行山徑樹高低，雨後春泥沒馬蹄。

翠色絕雲開遠嶂，寒聲隔竹隱晴溪。

已聞南去艱舟楫，漫憶東歸泚杖藜。

夜宿仙家見明月，清光還似鑒湖西。

當年在武雲觀借宿時已和觀中道士約好，日後拄着藜杖東歸時，仍在

此觀過夜。今天終於赴約了：

> 碧山道士曾相約，歸路還來宿武雲。
> 月滿仙臺依鶴侶，書留蒼壁看鵝群。
> 春巖多雨林芳淡，暗水穿花石溜分。
> 奔走連年家尚遠，空餘魂夢到柴門。

（《再經武雲觀書林玉璣道士壁》）

二、吉安的民情習俗

　　宋明時期的江西，特別是江西的吉安，是人文薈萃之地，號「文章節義之邦」。

　　兩宋時的歐陽修、楊萬里、周必大、胡銓、文天祥自不必說，即以明朝而言，成祖初建內閣，用翰林官七人參預機務，這七人中竟有五人來自江西，而其中三人又為吉安府人。永樂二年（1404 年）科舉考試的前七名，即一甲進士狀元、榜眼、探花以及二甲進士的前四名，全部是江西吉安府人。從永樂到成化的內閣領銜者解縉、胡廣、楊士奇、陳循、彭時，也全是江西吉安府人，致使當時的南北兩京流傳着這樣的民諺：「翰林多吉水，朝士半江西。」

　　景泰時期（1450 — 1456 年）的內閣首輔陳循曾不無自豪地宣稱：天下讀書人，以江西、浙江、福建三省最多；三省之中，又以江西為最；江西各府，則以吉安獨盛。明朝建立後的第一個一百年中，進行科舉考試三十一次，全國共有狀元三十一名、一甲進士九十三名、進士五千六百零三名，而江西吉安一府，就有狀元九名、一甲進士二十一名、進士

四百七十七人，分別佔全國的三分之一、四分之一和十二分之一。[1]

但是，江西也有江西的問題。其中，最令地方官頭痛的，便是「民風好訟」。江西人好訟之風在中唐以後已經引起人們的關注，並有「筠、袁、贛、吉，腦後插筆」[2]的諺語，說江西吉安等地的百姓隨時準備和人打官司。也正是因為如此，明朝有官諺：「命運低、得三西」[3]，這三個「西」之一，就是江西。

就在王陽明出生的前幾年，有位名叫許聰的官員調任吉安知府。許聰本以幹練著稱，但對去吉安做知府，卻有幾分擔心。赴任之前，他向朝廷報告了道聽途說的傳聞，並加上了自己的認識：

> 吉安地方雖廣而耕作之田甚少，生齒雖繁而財穀之利未殷，文人賢士固多而強宗豪右亦不少。或互相爭鬥，或彼此侵漁。囂訟大興，刁風益肆。近則報詞狀於司府，日有八九百；遠則致勘合於省台，歲有三四千。往往連逮人眾，少不下數十，多或至百千。其間負固不服者，經年行提不出；恃頑變詐者，累歲問理不結。[4]

基於這種情況，許聰要求朝廷給他「便宜行事」的權力，以便治治吉安府的「訟風」。但不到兩年，這位許知府便因治「訟風」過於嚴酷，被當地「豪右」告到北京，下獄而死。

大凡越是經濟文化發達的地區，民眾對法律也就越是了解。民風「好訟」其實也要從兩個方面來看，它既表現了當地居民的難以治理，但也說

---

1 關於這方面的情況，參見方志遠《江西士大夫與明代政治》，《江西名人研究輯刊》第一輯。

2 《欽定全唐詩》卷877《江右四郡諺》。

3 謝肇淛《五雜俎》卷4《地部二》。

4 《明憲宗實錄》卷56，成化四年七月癸未。

明他們願意按國家法律來解決糾紛。民風好訴訟與民風好械鬥大不一樣，前者是希望依據法律解決問題，後者卻是自行付諸武力、視官府為蔑如。從這一點來說，好訟比好鬥還是便於治理的。[1]

　　但是，不管怎麼說，在多一事不如少一事、講究以禮樂教化治天下的中國古代社會，一個地區的民眾在發生財產、田地糾紛時動不動就告到官府，畢竟不是好事。更何況太祖高皇帝時就已經定下了規矩，民間發生財產和田地糾紛時，不許直接告到縣衙，而應該先由里中老人即「里老」進行調解，定下了一套在理論上似乎無懈可擊的辦法。

　　明太祖認為，要地方安定，首要的一點是讓民眾知書達禮、懂法守法。因此，他特別注重對民眾的教化工作。於是，各地都建起了學校，進行文化法制教育。又建起了「申明亭」和「旌善亭」。凡當地有人因偷盜、鬥毆或其他原因被官府定罪的，都在該地的申明亭中張榜公佈，以起到警戒他人、防微杜漸的作用。同樣，凡當地有人急公忘私、熱心於社會公益事業，為國家為地方為他人出了力，則在該地的旌善亭張榜表彰，以起到勸民從善、樹立榜樣的作用。另外，每年春秋兩季各地都要舉行「鄉飲酒禮」，一方面強化長幼尊卑等級觀念，另一方面宣讀政府的法令，讓民眾知法守法。

　　為了止爭息訟，明太祖命地方官挑選民間年高有德行的老人，每里設一人，稱為「里老」，又稱「方巾御史」，專門處理鄉人鄰里間的爭訟。凡是當地發生的財產、婚姻糾紛及鬥毆，都由「里老」會同里長剖析調解。有不服裁決的，里老有權鞭撻杖責。如果不經過里老裁決而直接告到縣衙甚至府衙，則叫「越訴」，不但不受理，還要受五十鞭責罰。[2]

　　在往吉安行進的旅途中，王陽明翻來覆去地琢磨了太祖高皇帝的祖

---

1 關於江西及吉安的「訟風」，參見方志遠《明清湘鄂贛地區的「訟風」》，中華書局《文史》2004 年第 3 期。

2 關於這方面的情況，明末學者顧炎武《日知錄》曾有較為詳細的敍述。另外參見方志遠《明代國家權力結構及運行機制》下篇，科學出版社 2008 年版。

制，不能不佩服這位從小放牛、後來又入寺做和尚、直到二十五歲投身紅巾起義軍才開始讀書學文化的大明帝國的開國之君。

要說天賦，王陽明從來就是十分自負的。但要說到開國立制、安邦定國，太祖高皇帝還真是前無古人、後無來者。[1] 想當年太祖建立大明帝國時，也不過就四十歲，而自己今年也已三十九歲了。雖說幾年前在刑部為主事時成功地處理過一些案子，也曾為自己在山東主考鄉試的表現而沾沾自喜過，但真正獨當一面、獨立管理一個大縣，這還是第一次，不能掉以輕心。

既然太祖高皇帝已經有了一套治理地方的制度，也用不着自己另尋高招。但洪武時期的制度人們早已淡忘，要恢復起來，還得費一番周思。對於吉安這個「文章節義」之邦，自然還得從文章和節義入手。要學太祖的樣子，以教化為本，而不應濫施威刑。

主意既定，越是快到吉安，王陽明的心情反倒越是平靜。對於如何將這個既是「文章節義之邦」，又是「雄劇難治之地」的廬陵縣治理好，他已經有了一個大致的想法。

三、廬陵知縣

正德五年（1510 年）三月，王陽明歷經千山萬水，來到了江西吉安府廬陵縣。廬陵縣是吉安府治所在地，凡吉安府的民情習俗，都在廬陵有充

---

1 《清世祖實錄》卷 71，順治十年十月丙申條載：順治十五年正月，上幸內院，閱《通鑒》，至唐武則天事，謂大學士范文程、額色黑、甯完我、陳名夏等曰：「上古帝王、聖如堯舜，固難與比倫，其自漢高以下、明代以前，何帝為優？」對曰：「漢高、文帝、光武、唐太宗、宋太祖、明洪武，俱屬賢君。」上曰：「此數君者，又孰優？」名夏曰：「唐太宗似過之。」上曰：「豈獨唐太宗？朕以為歷代賢君，莫如洪武。何也？數君德政有善者有未盡善者，至洪武所定條例章程，規畫周詳。朕所以謂歷代之君，不及洪武也。」

分的顯示。能治好廬陵，也就能治理好吉安、治理好江西，乃至治理好大明，一股豪情頓時在王陽明胸中湧動：

> 萬死投荒不擬回，生還且復荷栽培。
>
> 逢時已負三年學，治劇兼非百里才。
>
> 身可益民寧論屈，志存經國未全灰。
>
> 正愁不是中流砥，千尺狂瀾豈易摧！
>
> （《遊瑞華之二》）

到廬陵後，王陽明並不忙於處理那些積壓已久的案子。如果教化得當，人心歸順，幾樁積案還不是迎刃而解？他做的第一件事，是向吉安府和江西布政使司的主官寫了一份題為《廬陵縣為乞蠲免以蘇民困事》的報告，要求免除鎮守中官加給本地的不合理負擔。

原來，王陽明三月中旬到任後，先查閱公文。在正德四年（1509 年）十一月二十六日的檔案中，發現有吉安府的一份公文。吉安府根據鎮守江西等處太監王某的鈞牌，命府衙吏員到縣，催促廬陵縣將全縣的里長和糧長招來，讓他們在本縣收買葛紗上貢。

鎮守中官是中國政治制度史上的一個奇特現象。明朝從成祖永樂時開始，向邊鎮派駐宦官，稱「鎮守內官」或「鎮守中官」。到宣宗宣德年間，內地各省也遍設鎮守中官，地位在巡撫文官和鎮守武官之上，並專門搜刮地方特產，向皇帝進貢。[1]

到武宗正德年間，鎮守中官的數量猛增，到了泛濫成災的地步。鎮守中官們和當地的地痞流氓相勾結，以「上貢」為名，行中飽之實，大肆搜刮民財，引起了極大的社會騷動，吉安府、廬陵縣也不能倖免。這買葛紗

1　關於明代的鎮守宦官問題，參見方志遠《明代的鎮守中官制度》，中華書局《文史》第 40 輯。

便是一例。直到王陽明赴任廬陵知縣時，還有陳江等幾位糧長和里長被拘留在縣衙。王陽明還沒有來得及對這件事情做出處理，三月十八日，府衙又派吏員前來催促，要求廬陵縣責成陳江等人買紗上貢。但當王陽明問到陳江等人時，他們則同口一詞，說當地從來不產葛布，原先的歲額中也沒有葛布一項。

由於事涉鎮守中官，王陽明知道關係重大。經過查閱檔案、詢問主管官員及陳江等糧長、里長，王陽明對此事的原委摸得一清二楚了。

說來也很簡單。正德二年（1507 年），當時的鎮守中官姚某行文江西布政司，要求凡生產葛布的縣份，必須在葛布上市時抓緊採辦，不生產葛布的縣份，也要根據原先田賦的多少，加派買布銀兩。廬陵是大縣，被攤派銀子一〇五兩。攤派公文一下到縣，群情激憤，百姓拒絕交納。這也是「民風好訟」地區的一大特徵，官府的攤派常常難以推行。當時法律是，凡收不上來的賦稅，得由糧長代賠。陳江等人是糧長，正德三年（1508 年）賠了一〇五兩，正德四年（1509 年）接着賠一〇五兩。如今是正德五年了，不僅一〇五兩要照交，還得另外買辦葛紗。

王陽明心中不禁沉重起來。光這個廬陵縣，每年不僅加了這一百多兩銀子的葛紗採辦費，另外還加了歲辦杉料、楠木、木炭、牲口等項攤派。本來一年交納的稅銀是三千四百九十八兩，如今已達一萬多兩，是原額的三倍，這還不包括日甚一日的公差往來接待費用。國家之事，不就是這樣敗壞的嗎？照這樣下去，百姓哪裏還有活路！聽說河北等地已經發生了民變，川東、贛南、贛東北的百姓也揭竿而起，如果逼得急了，這廬陵百姓不也要反了嗎？

該怎麼辦？王陽明還沒有厘清頭緒，果然就出事了。

這天，王陽明正在查閱案卷，忽然聽得衙門外面呼天喊地。剛要詢問，衙役早已來報，說是一千多鄉民衝入縣城，眾情激憤，呼號之聲驚天動地，已經圍住了縣衙，要面見新任知縣。

　　王陽明不由一怔，隨衙役奔出，果見無數百姓擠在縣衙門口。王陽明上任才幾天，鄉民們並不認識，但看架勢和官服，知道是新任知縣，於是你一言我一語，都要先說為快，王陽明反倒什麼也聽不清楚。等到人們稍稍平靜下來，王陽明才弄明白，鄉民進城請願，是請求知縣替他們做主，減免無理攤派。

　　王陽明這幾天想的就是這件事，本來打算給上司寫報告，請求放寬催徵加派的時限，但一見到眼前這些衣着襤褸、面有菜色的鄉民，這放寬時限的話竟然說不出口。這些鄉民中，或許就有胡銓、文天祥的後裔；他們的子弟中，或許將會產生大明朝的歐陽修、楊萬里。

　　經過詔獄、廷杖和龍場的磨難，王陽明已經不太容易激動了。但他一看到這些鄉民，一想起仍在把持朝政的劉瑾和那些驕橫跋扈、搜刮民脂的鎮守中官，竟然不由自主地又激動起來了。他揮了揮手，讓鄉民安定下來，原本想說的安撫話竟然變成了擔保話：父老鄉親們，本縣剛剛到任，尚未完全體查民間疾苦。但這加派一事，本縣已經明白原委，定為你等申告上司，盡行蠲免！

　　鄉民們這次進城，本來並不指望有徹底的解決辦法，只是希望新任知縣能為他們說話，減少一些加派，沒想到知縣竟然如此果斷，要申告上司，將加派盡行蠲免。當下千恩萬謝，陸續散去，但心中不免狐疑，真有這等好事？誰也沒有想到，也就幾天時間，公文果然發下，加派銀兩一概蠲免，廬陵城鄉當時是一片歡騰。

　　但對於王陽明來說，這件事卻又辦得有些意氣。脾氣和稟性竟是如此根深蒂固，遇上看不過去的事情、遇上民眾的生計，仍然是不計個人得失。當時的心境，王陽明在《廬陵縣公移》中作了如下陳說：

　　　　本月（正德五年四月）初七日，復蒙鎮守府紙牌催督前事，
　　　　並提當該官吏。看得前項事件，既已與民相約，豈容復肆科斂？

非惟心所不忍，兼亦勢有難行。參照本職自到任以來，即以多病不出，未免有妨職務，坐視民困而不能救，心切時弊而不敢言。至於物情忿激、擁眾呼號，始以權辭慰諭，又復擅行蠲免，論情雖亦紓一時之急，據理則亦非萬全之謀。既不能善事上官，又何以安處下位？苟欲全信於民，其能免禍於己？……其有遲違等罪，止坐本職一人，即行罷歸田里，以為不職之戒。

對於這位貶謫三年仍然脾性不改，剛剛起用就隨着性子來的盧陵知縣，布政司和吉安府顯得特別寬容。當時的江西鎮守中官王某大概也知道這位新任盧陵知縣的王某不大好對付，竟然對這件事情不了了之。

在接到府衙的批文之後，王陽明不禁長長舒了一口氣。這件事竟然被自己意氣用事給辦成了，也算對盧陵父老有一個交代。

所謂新官上任三把火，新知縣的第一把火沒有燒百姓，倒燒了上司。僅這一件事，就令有「好訟」習俗的盧陵百姓既充滿感激又刮目相看。早就聽說這任知縣曾是吏部文選司的官員，不僅寫得一手好文章，名揚京師，而且不怕得罪權貴，看來果然名不虛傳。但沒等他們回過神來，新知縣的第二把火點燃了。這第二把火是燒向那些動不動就喜歡打官司的人，這又是一個想不到。

一天傍晚，盧陵縣從縣城到鄉村，通衢里巷，張貼着縣衙的公告。這時正趕上在地裏幹活的農民收工、外出販賣的商人返家，每張告示前都擠滿了人。有識字的擠在人群前面，高聲誦讀：

盧陵文獻之地，而以健訟稱，甚為吾民羞之。縣令不明，不能聽斷，且氣弱多疾。今與吾民約，自今非有迫於軀命、大不得已事，不得輒興詞。興詞但訴一事，不得牽連，不得過兩行，每行不得過三十字。過是者不聽，故違者有罰。縣中父老謹厚知禮

法者，其以吾言歸告子弟，務在息爭興讓。嗚呼！一朝之忿，忘
其身以及其親，破敗其家，遺禍於其子孫。孰與和巽自處，以良
善稱於鄉族，為人之所敬愛者乎？吾民其思之。（《告諭廬陵父老
子弟》）

在處理完鎮守中官的胡亂攤派之後，王陽明開始着手治理廬陵縣積習
已久的「訟風」了。移風易俗是興利除弊的大動作，與處理一件案子、免
除一項攤派不可同日而語。尤其是吉安「好訟」之風由來已久，如果不是
自己身在其位而又無法迴避，王陽明也未必願在這件事上動手術。原來，
就在王陽明抵達廬陵後不久，便有一群鄉民號呼道路，像是有天大的冤
枉。王陽明不明就裏，憑着一時的衝動，讓有冤屈者來縣陳訴，沒想到一
呼百應，一個總共才萬餘戶的廬陵縣，到縣衙送狀子的竟有數千人。

王陽明感到既好氣又好笑，哪裏有如此多的冤枉？等到一看狀子，不
禁笑出聲來，狀子上寫的，盡是雞毛蒜皮之事，而且多屬憑空指控。

有了這次教訓以後，王陽明再也不輕易受理狀子了。但你不受理，鄉
民會不斷往上遞，有人甚至將狀子送到了府衙、按察分司，有的則因官府
不理而自行處置，引發鬥毆，不由得不受理。這把火看來不燒是不行了。
但王陽明決定，這把火不能用猛火，只能用文火。否則，以猛制猛，以暴
易暴，將會不可收拾。

在經過與同僚以及鄉中父老、「豪傑」商議之後，王陽明小心翼翼但又
理直氣壯地點着了這把火。告諭說得在情在理，不由不聽，大致的意思是
這樣的：

吉安本是文獻之邦，卻以「健訟」著稱，連我做縣令的也感
到羞恥。如今正值農忙季節，又遇災疫盛行，如果將精力都放在
打官司上，家中老少無人照料，田中農事也要荒廢。如果因為沒

有及時治療而使父母、兄弟、子女病死家中，如果因為沒有及時播種而使田地荒蕪秋後無收，即使官司打贏了，你們也會感到後悔的。如果你們真有冤屈，作為縣令，我定會為民做主。若有田土糾紛，仍往里老處調解，如里老徇私作弊，我將拿里老是問。「禮以待民，法以制奸」，歷來如此。對於那些專以爭訟為能、誣告為快的刁民，本縣並非沒有辦法處罰。縣衙之中，有的是刑具，所以不去用它，是因為廬陵為賢士文人輩出之地，家家都有知書達理之人，只需講清道理，大家是不會去觸犯刑法的。但如果不聽教誨，執意胡為，那就國法不容了，到時也休怪本縣動用刑罰。

通過免除加派，王陽明已是有恩於廬陵縣民，這是當地百姓不與他為難、體諒他苦衷的前提。但要使一個爭訟成風的地區改變積習，還必須有一套能夠使人信服的管理措施。

王陽明先是恢復了名存實亡的「申明亭」和「旌善亭」，讓里老重新負起教化鄉民的責任，並要求各家家長對子弟進行管束和教育。同時，強化了明初建立的里甲制度的治安功能，縣城內十戶為一甲，鄉村則以村為單位，要求平時鄰里和睦相處，如遇「賊盜」，則相互救援。這可說是後來王陽明在贛州、南安推行保甲制度的預演。

民間傳說廬陵是火神爺的居地，是「火城」，所以火災特別多。王陽明上任不到半年，大大小小的火災發生了幾十起，被燒的縣城居民有數百家。對於這些火災，王陽明的看法和民間傳說不一樣。火災大多發生在夏秋之時，這是因天氣亢旱所致。而廬陵縣城的民居，又都是木質結構，且建得特別密集；房屋之間，既無磚牆相間，又無火巷相隔，加上街道狹窄，一旦發生火災，便是燃燒一片。

為此，王陽明說服居民，凡臨街建筑，均退地三尺，以拓寬街道，既

作防火帶，也便於疏散人口。每家房屋的兩邊，各退地二寸，作為火巷；每家出銀一錢，用以幫助臨巷居民建筑磚墙，以斷火勢。

當然，所有這些措施都需要軟硬兼施，因為所有的措施都可能暫時損害一些人的利益，而王陽明在勸諭的同時，對於不可理喻者的打擊，毫不手軟。關於這一點，十年前他在江北錄囚時處斬陳指揮，已經小試鋒芒。

經過王陽明六七個月的治理，盧陵縣訟風倒真的是平息了不少，至少在王陽明做知縣的時間裏，沒有再出麻煩。而吉安的火災，也有所減少。

若干年後，王陽明的弟子們給他作年譜時寫了這樣一段話：

> 先生……至盧陵，為政不事威刑，唯以開導人心為本。蒞任初，首詢里役，察各鄉貧富奸良之實而低昂之。獄牒盈庭，不即斷射。稽國初舊制，慎選里正三老，坐申明亭，使之委曲勸諭。民胥悔勝氣囂訟，至有涕泣而歸者。由是圄圊日清。在縣七閱月，遺告示十有六，大抵諄諄慰父老，使教子弟，毋令蕩僻。……使城中闢火巷，定水次兌運，絕鎮守橫徵，杜神會之借辦，立保甲以弭盜，清驛遞以延賓旅。至今數十年，猶踵行之。

湛若水為王陽明作《墓誌銘》，也說他在盧陵，「臥治六月而百務具理」。從王陽明在盧陵的所作所為和處事作風來看，這些評價並非誇大其詞。

四、仕途的轉機

王陽明在盧陵為知縣期間，朝中局勢發生了突變。正德五年（1510 年）八月，宦官劉瑾被捕下獄，接着被處以死刑，凡劉瑾專政期間受打擊者，

均予平反。王陽明仕途中的轉機也隨着劉瑾的倒臺來到了。

這年九月，王陽明在廬陵做了六個多月的知縣後，前往北京「朝覲」。

根據明朝的制度，地方官每三年進京一次，朝見皇帝，叫「朝覲」；同時接受吏部和都察院的考察，即「朝覲考察」。

王陽明這次進京，是參加正德六年（1511 年）正月的「朝覲」。按當時的交通情況，從廬陵到北京，一路都是水道，先順贛江而下，由鄱陽湖進長江，再由揚州入運河，至通州，再改陸路，進北京。這一路上的正常行程大約需要一個月左右。「朝覲」在正月，按理說十月底動身時間也是綽綽有餘的。但王陽明九月底動身，十一月初就到了京師北京，比正常的朝覲時間提早了近兩個月。劉瑾被捕在這年八月十一日，至二十五日被殺，這一消息到江西的時間應在九月上中旬。可見，王陽明是在得知劉瑾被捕或被處死的消息後，以朝覲為名，提前進京活動的。活動什麼？當然是要求「平反」。

到了北京之後，經過湛若水等人的安排，王陽明借住在大興隆寺，等待消息。果然，還沒到「朝覲」的時間，吏部的委任書就下發了，將王陽明由廬陵縣知縣升為南京刑部四川清吏司的主事。

十年前，王陽明初入仕時，就是刑部雲南清吏司的主事。如今重新回到了原來的起點，但卻是南京的刑部四川清吏司主事。但接下來的，是一連串的升遷。

正德六年（1511 年）正月，王陽明尚未赴南京就職，新的任命就下達了，改為吏部驗封司主事。驗封司位於文選司之後，稽勛司和考功司之前，是吏部的第二司，掌封爵、襲蔭、褒贈、吏算等事，從地位來說，大致相當於貶謫之前的兵部武選司。但這只是第一波。

接着，當年十月，升任吏部文選司員外郎。文選司為吏部四個清吏司中的首司，在六部四十二個清吏司中地位最高，掌文職官員和吏員的升遷、改調等事。員外郎則為文選司的副長官，從五品。這對於王陽明的仕

途來說，是一次跨越。

正德七年（1512 年）三月，再升吏部考功司郎中，正五品。

同年十二月，升南京太僕寺少卿，正四品。這在明代，就算進入高級官員的行列了。

從正德五年（1510 年）十一月劉瑾被殺後王陽明以朝覲為名到北京，到正德七年（1512 年）十二月升南京太僕寺少卿，在這兩年的時間裏，王陽明由正七品升為正四品，升了三品六級，即使算上貶謫期間的沉淪，這個速度也是夠快的了。和他同一年舉鄉試，而且在第二年的會試中就中了進士的胡世寧和汪俊，比王陽明早入仕途六年，這時也只是分別為正四品的湖廣寶慶府知府和從五品的翰林院侍讀學士。

從這個角度看，當時的明朝，還是「公道在人心」，朝廷沒有虧待與「邪惡勢力」做鬥爭並且付出了代價的英雄。

五、大興隆寺中的三人會

從正德五年（1510 年）十一月進京，到正德八年（1513 年）年初離京，兩年之中，王陽明不僅在仕途有「大跳進」，在學術上也有重要的收獲。

王陽明在貶謫龍場之前，曾經結交了學術生命中的一位重要人物，陳獻章的弟子湛若水。湛若水是弘治十八年（1505 年）的進士，並選為翰林院庶吉士，與當時為兵部主事的王陽明一見定交，均覺相見恨晚。這一次重新回到北京，與湛若水久別重逢，二人都是欣喜異常，湛若水將王陽明安排在北京的一個大去處大興隆寺暫住。吏部驗封司主事的委任一下，王陽明從大興隆寺搬到了位於長安灰廠西側的一座住宅，與湛若水比鄰而居。而大興隆寺則成為他們會友講學之地。

大興隆寺是當年北京的第一大寺，明英宗正統十三年（1448 年），由

著名宦官王振主持建成，耗費了戶部大量的庫銀及上萬民伕幾年的勞動。建這座巨寺的目的，是為當時的正統皇帝祈福，為皇家寺院。當然，這座寺院建成之後，王振本人和宦官衙門也可以從香火錢中獲利。但是，大興隆寺建成的第二年，就發生了「土木之變」，正統皇帝被蒙古瓦剌部所俘，王振則死於亂軍之中。不知是因為建寺過程中太過勞民傷財而惹惱了佛祖，佛祖借蒙古人之手對他們進行懲罰，還是佛祖本來就並無神靈可言，或者是漢人的佛祖管不了蒙古武士。反正「大興隆寺」並沒有給造寺者帶來任何福音，但給當日的北京卻帶來了一大名勝。各地的舉子進京考試，各地的商人進京貿易，這大興隆寺都是必去之處。而北京的士大夫們更將大興隆寺當作論文會友的好去處。

王陽明當年在京師講學的地點，便是這大興隆寺。如今重返北京，又住在大興隆寺，與湛若水諸友作達旦之會。可以說，王陽明對這大興隆寺是有深厚感情的。後來，王陽明雖然搬到長安灰廠附近居住，但仍在大興隆寺論文會友、聚眾講學。而交往最為密切的，自然是湛若水，另有浙江黃巖人黃綰。

黃綰每當向人說起他和王陽明及湛若水這兩位如日中天人物結交的經過，總是洋洋自得：

（陽明）館於大興隆寺。予時為後軍都事，少嘗有志聖學，求之紫陽、濂、洛、象山之書，日事靜坐。雖與（陽明）公有通家之舊，實未嘗深知其學。贄友柴墟儲公巏與予書曰：「近日士夫如王君伯安，趨向正，造詣深，不專文字之學，足下肯出與之遊，麗澤之益，未必不多。」予因而慕公，即夕趨見。適湛公共坐室中。公出與語，喜曰：「此學久絕，子何所聞而遽至此也？」予曰：「雖粗有志，實未用功。」公曰：「人唯患無志，不患無功。」即問：「曾識湛原明否？來日請會，以訂我三人終身共學之盟。」明

日，公令人邀予至公館中，會湛公，共拜而盟。又數日，湛公與

予語，欲謀白巖喬公（宇）轉告冢宰邃庵楊公（一清），留（陽明）

公北曹。楊公乃擢公為吏部驗封主事。予三人者自職事之外，稍

暇，必會講，飲食起居，日必共之，各相砥礪。（《陽明先生行

狀》）

黃綰是由致仕戶部侍郎儲瓘推薦見王陽明的。儲瓘是成化二十年

（1484 年）進士，正德初年已為太僕寺卿，接着以僉都御史總督南京糧儲，

繼任戶部侍郎，也是著名的學者。當時劉瑾專權，凌侮大臣，唯獨敬重儲

瓘，稱為「先生」。儲瓘不滿劉瑾所為，又無能為力，遂在正德五年春託

病致仕。劉瑾被殺後，儲瓘辭不赴召，卻向黃綰推薦王陽明，讓他與王陽

明結交。

其實，黃綰的回憶顯然是有水分的。黃綰初見王陽明，湛若水恰恰在

座，當時就可見面，又何必另約明天？而且，王陽明稱讚黃綰的話，竟是

背着湛若水出門說的。這位黃綰說話經常誇大其詞。嘉靖初年為南京禮部

侍郎時，因事為言官所劾，黃綰極力表白，說自己從小景仰岳飛的為人，

辦事一心為國，背上刺有「盡忠報國」四個字。世宗知道後很受感動，真

讓司法部門進行驗證，卻一個字也沒有，天下傳為笑談。因此，他的話是

不能句句當真的。[1]

當然，黃綰的回憶也提供了一個很重要的信息，那就是湛若水讓黃

綰利用關係將王陽明留在北京。楊一清當時是吏部尚書，喬宇則是戶部侍

郎，二人交往密切。而儲瓘和喬宇、王陽明又是故交，王陽明在貶謫龍場

的途中，曾多次寄詩給二人，如《憶昔答喬白巖因寄儲柴墟三首》《夜泊石

亭寺用韻呈陳婁諸公因寄儲柴墟都憲及喬白巖太常諸友》等。這個信息既

1　趙善政《賓退錄》卷四載：「黃綰者，官南京禮侍，為言官所劾，乃自言背刺『盡忠報國』四字，下法
司覆勘，天下傳以為笑。古人事固多有不可學者，而且欲冒為岳武穆，有是理哉？」

透露出王陽明提前進京的真實目的，人們也可從中窺見當日官場的內幕。

不久，喬宇往南京任禮部尚書，還專門找過王陽明，討論學問。王陽明記下了這次十分有趣的對話：

> 陽明子曰：「學貴專。」
>
> 先生（喬宇）曰：「然。予少而好弈，食忘味，目無所觀，耳無所聽。蓋一年而詘鄉之人，三年而國中莫有予當者。學貴專哉。」
>
> 陽明子曰：「學貴精。」
>
> 先生曰：「然。予長而好文詞，字字而求焉，句句而鳩焉，研眾史，核百氏。蓋始而希跡於宋、唐，終焉浸入於漢、魏。學貴精哉。」
>
> 陽明子曰：「學貴正。」
>
> 先生曰：「然。予中年而好聖賢之道。弈吾悔焉，文詞吾愧焉，吾無所容心矣。子以為奚若？」
>
> 陽明子曰：「可哉！學弈則謂之學，學文詞則謂之學，學道則謂之學。然而其歸遠也。道，大路也。外是，荊棘之蹊，鮮克達矣。是故專於道，斯謂之專；精於道，斯謂之精。專於弈而不專於道，其專溺也；精於文詞而不精於道，其精僻也。夫道廣矣大矣，文詞技能於是乎出。而以文詞技能為者，去道遠矣。是故非專則不能以精，非精則不能以明，非明則不能以誠。故曰『惟精惟一』。精，精也；專，一也。精則明矣，明則誠矣。是故明，精之為也；誠，一之基也。一，天下之大本也；精，天下之大用也。知天地之化育，而況於文詞技能之末乎？」
>
> 先生曰：「然哉！予將終身焉，而悔其晚也。」

　　陽明子曰：「豈易哉？公卿之不講學也久矣。昔者衛武公年
九十而猶詔於國人曰：『毋以老耄而棄予。』先生之年半於武公，
而功可倍之也。先生其不愧於武公哉？某也敢忘國士之交警！」
（《送宗伯喬白巖序》）

　　如果說去龍場之前，王陽明和喬宇是朋友之交，那麼這次對話，王陽
明則在向喬宇「傳道」了。喬宇向楊一清打招呼，留王陽明於北京，與其
說是因黃綰的關係，倒不如說是與王陽明的感情。但這類事情王陽明卻不
便直接對喬宇明言，而需要由黃綰傳遞信息。

　　關於大興隆寺的「三人會」，另一位當事人湛若水也有一段回憶：

　　（陽明）取入南京刑部主事，留為吏部驗封主事，有聲。陽明
公謂甘泉子曰：「乃今可卜鄰矣。」遂就甘泉子長安灰廠右鄰居之。
時講於大興隆寺，而久庵黃公宗賢會焉。三人相歡，語合意。久
庵曰：「他日天台、雁蕩，當為二公作兩草亭矣。」（《陽明先生
墓誌銘》）

　　王陽明早年就以詩文著名，又因反對劉瑾而受貶謫，經過在龍場的
「悟道」，名聲大震；而且，在正德六年（1511 年）會試中，又被任命為同
考官。湛若水為陳獻章的高足，自己又以學問著稱。二人在興隆寺聚眾講
學，又加上黃綰的推波助瀾、大肆宣揚，京師上下頓時捲起了一股不大不
小的「王旋風」。在京師的中下級官員乃至喬宇這樣的高級官員，以及進
京赴考的各地舉子，或出於好奇，或為了求學，或想聯絡感情，紛紛往大
興隆寺聽講。

六、方獻夫成了王門弟子

正德六年（1511 年）王陽明為吏部主事時，吏部郎中方獻夫也時常到大興隆寺聽講，聽到興奮處感歎不已，後來，竟然要求王陽明收他為弟子。

王陽明從小一門心思「學為聖賢」，自在龍場「悟道」後，更蔑視古今儒者。但時至明代，已非春秋可比，再大的學問，也要有足夠的政治地位和社會身份才容易被人接受。雖然吳與弼、陳獻章已開了明代布衣講學的風氣，但要取得更大的社會認同，畢竟需要官場上的人物捧場。當年英宗皇帝曾將吳與弼請到北京，大學士李賢推其上座，待以賓師禮；陳獻章則是因為得到國子監祭酒邢讓和廣東布政使彭韶、都御史朱英的極力推薦，故而名聲大振。王陽明雖然在貴州時就受到提學副使席書的推薦，但講學的對象畢竟還是學子，他也需要一些著名人物為門生，門派才能發揚光大。

方獻夫其實也是一位非常優秀的學者。他是廣東南海縣（今佛山南海區）人，字叔賢，出生不久父親就去世了。方獻夫在母親的教導下，遍讀先儒經典。弘治十八年，二十歲剛出頭的方獻夫就中了進士，選庶吉士，在翰林院讀書。但方獻夫考進士是遵母命而行的，雖然中了進士、選了庶吉士，卻不願在京為官，而是告歸養母。父母在，不遠遊，這在當時是大孝之舉，更何況方獻夫的母親一直是寡居，所以立即得到準允。到南海不久，母親就去世了。方獻夫守制三年後回京，授禮部主事，又調吏部，升員外郎、郎中。從地位來說，高於王陽明，但從年齡和資歷來說，卻是王陽明的後輩。但是，方獻夫以王陽明的頂頭上司、吏部郎中的身份，請為王陽明的弟子，卻給了王陽明極大的面子，在當時的北京也引起小小的轟動。

正德六年（1511 年）冬，方獻夫告病還鄉。這一去就是十年，在西樵山中讀了十年書，所以後來得了一個名號，叫「西樵」，他的著作也取名《西樵集》。

王陽明十分珍視和這位比自己小十多歲的上司的情誼。方獻夫離京時，王陽明前往送行，並贈文追述二人結交的經過：

> 予與叔賢處三年，見叔賢之學凡三變。始而尚辭，再變而講說，又再變而慨然有志聖人之道。方其辭章之尚，與予若冰炭焉。講說矣，則違合者半。及其有志聖人之道，而沛然於予同趣。將遂去之西樵山中，以成其志，叔賢亦可謂善變矣。聖人之學以無我為本，而勇以成之。予始與叔賢為僚，叔賢以郎中，故事位吾上，及其學之每變，而禮予日恭，乃自稱門生，而待予以先覺。此非脫去世俗之見，超然於無我者不能也。雖橫渠子之勇撤皋比，亦何以加於此。獨愧予之非其人而何以當之。夫以叔賢之善變，而進之以無我之勇，其於聖人之道也何有！斯道也，絕響於世餘三百年矣。叔賢之美有若是，是以樂為吾黨道之。（《別方叔賢序》）

令王陽明感動的還有廣東揭陽籍御史鄭一初，當時已是病入膏肓，聽了王陽明的講學之後，大為振奮，認為以前自己的學問是誤入歧途，如今才見到陽光大道。於是只要王陽明開講，鄭一初必然前往聽講。有人勸他，說你體弱有病，可等身體康復以後再去聽講。鄭一初卻說：當年孔子說過，朝聞道，夕死可矣。我以前誤入歧途，今日聽了陽明講學，才聞大道，就是明日死去，也無遺憾。不久，鄭一初巡按浙江，死於任上。[1]

1　參見黃宗羲《明儒學案》卷 30《閩粵王門學案》。

七、朱陸之辯

天下無不散的宴席，大興隆寺的三人會只維持了一年多時間。喬宇出任南京禮部尚書，使王陽明等人失去了在朝中的靠山。

京師北京比不得貴陽，天子腳下，怎能長期容忍幾個中級官員鬧鬧騰騰地聚眾講學？而且，所講的內容不是「聖人之道，吾性自足」，便是「聖人之道，務求自得」。陸九淵的見解被他們重新發明，朱熹的學說在他們那裏則不屑一顧。當時發生的一件事情看似微不足道，卻引起了人們的極大關注。

王陽明的兩位門人，王輿庵和徐成之為朱學與陸學的是非發生爭執，王輿庵贊成陸學，徐成之則贊成朱學，請老師加以裁定。

王陽明聽完雙方的意見，笑道：以朱學為是，以陸學為非，這是天下的定論，由來已久，久則難變。就是成之不去爭論，輿庵也無法改變這個定論。老師的這個回答，令贊成朱學的徐成之非常難堪。他抗議說，先生的說法看似不偏不倚，暗中卻是在幫助輿庵，也就是說，看上去既不偏朱也不倚陸，其實卻是在挺陸而非朱。

在王陽明以往的言論和書信中，已經多次表示對朱學的不滿，但尚未公開點名批評朱學。而在龍場和席書討論時，王陽明已經覺得朱、陸之爭其實沒有太大的意義，所以只是直抒己說。但如今學生之間卻因為朱學與陸學的是非發生爭論，並且把這個事情直接擺在了自己的面前，這就不得不闡明自己的看法了。為此，他致書徐成之，專論朱、陸之學，其實是借此對陸學之是、朱學之非進行全面論說，從而闡明自己的基本觀點。

王陽明在給徐成之的信中說：王輿庵所以讚賞陸九淵的學說，是認為陸學以「尊德性」為主，這是非常片面的。陸九淵不僅主張「尊德性」，也極力主張多讀書，而且要求認真體驗。這些都是孔子和孟子對學生的要求，怎能說是空虛無物呢？後人批評陸學，主要是針對他的「易簡、覺悟」

之說。但「易簡」之說出自《周易》的《系辭》，「覺悟」之說雖然出自佛教禪宗，但與儒學的精神是相通的，沒有必要因忌諱而加以否定。因而，無論從哪一個角度說，陸學都是值得推崇的。王輿庵雖然讚賞陸學，其實並沒有真正認識到陸學的可貴處。

在對陸學作了基本結論之後，王陽明在信中又對徐成之的讚賞朱學說了自己的看法：你認為朱學專以「道問學」為宗旨，其實也是片面的。朱熹經常說「居敬窮理」，又說「非存心無以致知」，還說「君子之心常存敬畏，雖不見聞，亦不敢忽，所以存天理之本然，而不使離於須臾之頃也」。這些話雖然說得不很透徹，但可以看出朱子也是尊德性的。只是因為朱子平日汲汲於小學功夫，見書就要作注解，訓詁成癖，後來的學者不去鑽研他學問的精華，卻只是周旋於他學問中的末技，致使人們誤說朱學支離破碎。這樣看來，你徐成之雖然想尊朱學，卻也沒有真正弄清朱學的精髓在何處。

王陽明在闡明了自己對朱學、陸學的基本認識之後，最後在信中表示：朱學早已風行天下，沒有必要再去論辯；陸學蒙不實之誣近四百年，該是為其洗刷的時候了。

王陽明在這篇給徐成之的信中，對陸學進行了高度的評價，對朱學則按照自己的思想作了修正，實際上是一篇是陸而非朱的宣言。這篇文章當時就引起了朱學捍衛者們的憤怒，有群起攻之之勢。反對者中，有不少王陽明早年的朋友，如汪俊、崔銑、儲巏等。儲巏曾盛讚王陽明「趨向正，造詣深」，讓黃綰追隨王陽明為學，如今則責備王陽明不以師道自處；汪俊、崔銑曾經是王陽明最親密的朋友，如今則反覆致書論駁，直至斷交，崔銑後來更斥王陽明為「霸儒」。[1]

最令朱學擁護者和當權者們難堪的是，以王陽明為首的大興隆寺的狂

1　黃宗羲：《明儒學案》卷 48《諸儒學案》。

士們開口閉口就說當今公卿久不講學，說詞章記誦實為末學，這不是說當權「諸公」沒有學問嗎？難道普天之下就你們幾個狂人有學問？這種情形絕對不能任其長期下去，大興隆寺中的三人會必須分離。

正德六年（1511年）十月，王陽明升文選司員外郎，湛若水奉命出使安南。這一去千山萬水，也不知何時才能重新相見。

對於湛若水，王陽明是充滿敬意的。王陽明在龍場「悟道」，得出「聖人之道，吾性自足」的認識，受湛若水的影響應是不小。王陽明自己也說：「甘泉之學，務求自得。」這「自得」與「自足」之間，並無本質上的區別，甚至可以說是一脈相承。

王陽明在送湛若水南行時，寫了一篇名為《別湛甘泉序》的贈文，其實是在回顧自己的求學經歷。這篇文章一開始就對以程頤、朱熹為代表的宋儒及當代學者進行抨擊和嘲諷：

> 顏子沒而聖人之學亡。曾子唯一貫之旨傳之孟軻，終又二千
> 餘年而周（敦頤）、程（顥）續。自是而後，言益詳，道益晦；
> 析理益精，學益支離無本，而事於外者益繁以難。

王陽明曾經不止一次認為，程朱的學問還不如佛老。佛老的學說雖然偏離「聖人之道」，卻還談清淨自守、還講心性自得；而程朱及今世學者，只知道記誦辭章，夸俗悅世。

在這篇贈文中，王陽明接着對自己的求學經歷做了回顧：

> 某幼不問學，陷溺於邪僻者二十年，而始究心於老、釋。
> 賴天之靈，因有所覺，始乃沿周、程之說求之，而若有得焉。
> 顧一二同志之外，莫予翼也。岌岌乎仆而後興。晚得友於甘
> 泉湛子，而後吾之志益堅，毅然若不可遏，則予之資於甘泉多

矣。…… 吾與甘泉友，意之所在，不言而會；論之所及，不約而
同；期於斯道，斃而後已者。(《別湛甘泉序》)

　　黃宗羲在《明儒學案·白沙學案》中提出了一個疑問：「有明之學，至
白沙始入精微。其吃緊工夫，全在涵養。喜怒未發而非空，萬感交集而不
動，至陽明而後大。兩先生之學，最為相近，不知陽明後來從不說起，其
何故也？」其實，王陽明早已承認自己的學問受益於湛若水甚多，又何必
一定要說到從未見過面的湛若水的老師陳白沙（名獻章）呢？[1]

　　對於湛若水的出使，王陽明帶着無限的惋惜：

行子朝欲發，驅車不得留。

驅車下長阪，顧見城東樓。

遠別情已慘，況此艱難秋。

分手訣河梁，涕下不可收。

車行望漸杳，飛埃越層丘。

遲回歧路側，孰知我心憂。

(《別湛甘泉二首之一》)

　　王陽明的憂，是憂「聖學難明而易惑，人生別易而會難」。他尋找了
三十年，才找到湛若水這樣的知音，才接觸到由湛甘泉傳播的陳獻章的精
微功夫。雖說「龍場悟道」已悟出了入聖的門道，但這個門道還需要切磋
和摸索。而湛若水正是這樣一位可共同切磋和摸索者。

1　《明史》卷 283《儒林傳二·湛若水傳》說：「若水初與守仁同講學，後各立宗旨，守仁以致良知為宗，
　　若水以隨處體驗天理為宗。守仁言若水之學為求之於外，若水謂守仁格物之說不可信者四。又曰：『陽
　　明與吾心不同。陽明所謂心，指方寸而言。吾之所謂心者，體萬物而不遺者也，故以吾之說為外。』
　　一時學者遂分王、湛之學。」王陽明既與湛若水已分為二途，自然更沒有必要追承陳獻章之學。

剛送走湛若水，第二年冬，黃綰又因病告歸浙江黃巖。大興隆寺的三人會只剩下王陽明一人了。

正德七年（1512 年）十二月，王陽明由吏部考功司郎中升任南京太僕寺少卿。從職務上說，是連升了兩級，卻不得不離開京師北京。明朝自遷都北京之後，行南北兩京制，南北官員的交流也成為一種常態。所以，王陽明之任南京太僕寺少卿，雖然應該是被排斥出北京，但在臺面上，卻是一種正常的官員任命。

但是，王陽明無論如何也沒有想到，這一次南下之後，竟然再也沒有機會回到北京，而是在中國的南方掀起一場又一場的狂颮 。

八、南下途中說「大學」

正德七年年底（1513 年初），王陽明北辭京師，往南京赴任。陪同王陽明南下的，是他的妹夫、第一位進王門的大弟子徐愛。

徐愛在正德三年（1508 年）中進士後，在祁州（今河北安國縣）知州已經任滿，到北京接受吏部考核，升任南京工部員外郎，正好陪伴老師同行。

徐愛是王陽明的忠實崇拜者，正德二年（1507 年）冬與蔡宗兗、朱節拜王陽明為師，成為第一批正式入門的王門弟子。但剛行過拜師禮，王陽明就踏上了西行龍場的道路，此後天各一方，無緣見面。這一次也是天賜良機，竟然得以一同南行。兩人都向朝廷打了報告，在上任之前，先回家鄉餘姚省親。

幾年不見，徐愛雖然已是從五品的朝廷中級官員，但性格卻沒有改變，仍是那樣汲汲於求學，唯恐落後於人。徐愛這年二十六歲，而在王陽明眼中，他也確實還是個稚氣未退的青年。

　　看看眼前這位「首徒」，王陽明不禁感慨萬千。遙想當年，自己以貶謫官員的身份，潛返餘姚，不少人唯恐受到牽連，躲着不敢見面，徐愛卻在這個時候公然拜自己為師，這是何等的情義，需要有何等的膽量。自己雖然在名分上是他的老師，其實除了給他們寫一份推薦書（《別三子序》）外，並沒有真正為他們傳道、授業、解惑。如今得以同船而歸，實屬緣分，不妨將自己這些年來的心得說給他聽聽，也可進行切磋和驗證。

　　這些年來，王陽明一直試圖對朱子的學說進行一次全面清算，以廓清被以他為代表的「後儒」們攪亂了的孔孟真諦。

　　朱子的著作中，影響最大的莫過於《四書集注》。朱熹曾對弟子們說，自己一生用功，在於《大學》《中庸》《論語》《孟子》。他的門人李性傳也說，老師在臨死前的一天，還在修改《大學》章句。[1]《四書集注》自南宋光宗紹熙元年（1190 年）刊行以後，先是經朱熹的門人的宣傳而廣為流傳，後又經元朝統治者定為科舉考試的讀本而取得官方認可的地位。

　　明成祖朱棣於永樂十二年（1414 年）十一月發佈「上諭」，命儒臣編撰《五經大全》《四書大全》和《性理大全》。第二年九月，三書修完。

　　因為「五經」被奉為儒家的經典，故在三部《大全》中，《五經大全》的地位最高，卷帙也最多，計有《周易大全》二十四卷、《書傳大全》十卷、《詩經大全》二十卷、《春秋大全》四十卷、《禮記大全》三十卷，共一百五十四卷。《五經大全》注經的依據是朱學，有的是朱熹本人的著作，有的是朱熹弟子的著作，還有的是朱熹推崇的理學家的著作。《四書大全》三十六卷，是朱熹《四書集注》的翻版和擴大：《大學》《中庸》，全為朱熹的集注；《孟子集注大全》《論語集注大全》則是在朱熹的集注之後逐章逐節附入諸儒之說。至於七十卷的《性理大全》，所收的「先儒」著作，除兩篇之外，其餘的不是朱熹所作便是朱熹所注。

1　參見朱熹《晦庵文集》卷 53《答胡季隨》及李性傳《朱子語錄饒州刊本後序》。

可見，三部《大全》都是在確立朱學的地位。

從此，明朝全國學校學的是《大全》，科舉考試考的也是《大全》，致使清朝《四庫全書總目》的作者說：「有明一代，士大夫學問根柢具在於斯。」而實際上，人們通常所說的程朱理學官方地位的確立，也是以明代三部《大全》的編纂為標誌的。在這三部《大全》中，地位最高的固然是《五經大全》，但影響最大的，則是以《四書集注》為基礎的《四書大全》。

王陽明講學問，也表現出他那豪放不羈的個性。要批評朱學，就要從朱學的根本入手，要從《四書集注》入手。而從《四書集注》開始清算朱學，實際上又是向明代官方及全國學者一百多年來奉為經典的思想和學問挑戰。無怪乎王陽明一發表關於朱、陸是非的言論，立即遭受多方面的批評。

王陽明站在南下的船頭上，回顧身後的徐愛，笑道：一別五年，不知你的學問可有長進，我可得考你一考。

徐愛聞言，嘿嘿一笑，言語中帶着幾分得意：弟子自知生性愚鈍，故在讀書上不敢偷懶。王陽明不動聲色地說：那你且將《大學》經文誦讀一遍。

《大學》經文？徐愛不相信自己的耳朵。《大學》列《四書》之首，是明朝讀書人入學的門徑，徐愛十來歲時就將其背得滾瓜爛熟，不然的話，怎能二十歲中舉、二十一歲中進士？

他偷眼看看王陽明，見老師神色嚴肅，不像是在開玩笑。讀吧，家人僮僕就站在身後不遠，以自己的身份背誦《大學》，這面子往哪裏放？不讀吧，師命難違，而且這麻煩是自己找的。只得喃喃而誦：大學之道，在明明德，在新民，在止於至善……

停！王陽明打斷了徐愛的誦讀，接着搖了搖了：讀錯了！

徐愛聞言愕然：錯了？

是錯了。王陽明毫不含糊。他看了看徐愛，接着說，但這錯不在你，

而在伊川、晦庵。

伊川、晦庵是學者對宋朝大儒程頤和朱熹的尊稱。徐愛更是不解：錯在伊川、晦庵？伊川、晦庵錯在哪裏？

王陽明看了看徐愛，解釋道：《大學》本來是說：「大學之道，在明明德，在親民，在止於至善。」是「親民」而非「新民」。孔子說過，修己以安百姓。修己便是明明德，安百姓便是親民。這意思本來非常清楚。「親民」有兼教養之意，「新民」便偏離了原意。伊川硬將「親民」改為「新民」，晦庵不僅沿用伊川之誤，而且任意分割原文，雜以己意，將人引入歧途。以後讀《大學》，當以《禮記》的舊本為正，不必盡信朱子之言。孟子說，盡信書不如不讀書，很是精闢。若盡信朱子之書，不如不讀書。

徐愛聽了王陽明這番言論，猶如響雷轟頂。程頤和朱熹在明朝被奉為「先哲」，被視為孔孟學說的權威解釋人和繼承人，他們的書就是經典，怎會將人引入歧途？從蒙童開始，讀的就是朱子的書，或者是朱子闡釋的書，照老師的說法，豈不是白讀了？這可是離經叛道之言。

徐愛不依不饒，一路上不斷和王陽明進行辯駁，不斷將王陽明的新說和程子、朱子的舊說進行比較和印證。他開始信服了，原來先儒的學說竟是這樣漏洞百出，怎麼以前就看不出來？

後來，徐愛將自己這一路上的感受寫了出來，作為陽明語錄即《傳習錄》的序言：

先生於《大學》「格物」諸說，悉以舊本為正，蓋先儒所謂誤本者也。愛始聞而駭，既而疑，已而殫精竭思，參互錯縱以質於先生，然後知先生之說若水之寒，若火之熱，斷斷乎百世以俟聖人而不惑者也。先生明睿天授，然和樂坦易，不事邊幅。人見其少時豪邁不羈，又嘗泛濫於詞章、出入二氏之學，驟聞是說，皆

目以為立異好奇，漫不省究。不知先生居夷三載，處困養靜，精一之功固已超入聖域，粹然大中至正之歸矣。

愛朝夕炙門下，但見先生之道，即之若易而仰之愈高，見之若粗而探之愈精，就之若近而造之愈益無窮，十餘年來竟未能窺其藩籬。世之君子，或與先生僅交一面，或猶未聞其謦咳，或先懷忽易憤激之心，而遽欲於立談之間，傳聞之說，臆斷懸度，如之何其可得也？從遊之士，聞先生之教，往往得一而遺二，見其牝牡驪黃而棄其所謂千里者。（《傳習錄上》）

徐愛可說是其師的知音。他以自己的親身感受，解釋了世人對王學不理解的原因。

人們往往只見到王陽明的為人隨和、不修邊幅，以及他曾經熱衷於舞文弄墨，熱衷於佛道方術，而沒有看到他曾經刻苦鑽研程、朱學說，更沒有體會到他在龍場「悟道」時期的歷盡艱辛，所以，一見到他批評程、朱的議論，便認為是危言聳聽、嘩眾取寵。朱子之學早已深入人心，人人以為是天下的至理，人人都將其作為學問的根柢。王陽明批評朱子的學說，等於從根本上批評天下讀書人的學問，所以，王陽明被人反對、遭人批評是十分自然的事情。有人只聽過王陽明的片言隻語，有人只是憑着道聽途說的傳聞，還有人一開始就以朱學的捍衛者自居，誰批程朱他就批誰，這些人又怎能理解王陽明學說的真諦？

徐愛也以自己的親身感受，批評了一些同門師兄弟僅僅學得一點皮毛，便喜歡誇誇其談，其實並未真正理解師門的精髓。王陽明後來忙於軍政事務，也確實需要徐愛這樣的弟子來對自己的思想進行闡釋，但後來徐愛卻在三十一歲時就英年早逝。難怪王陽明在得到徐愛去世的消息時倍加傷感，有孔子失顏回之痛。

九、各家都有難唸的經

這一次沿運河乘船南歸，王陽明的心情是愉快的，但也十分複雜。

時間一晃就是六年。六年前，正德二年（1507 年）初，王陽明帶着廷杖的杖傷貶謫龍場，生死未卜潛回家中。而這一次，可以說是衣錦還鄉了。

屈指算來，祖母今年已是九十三歲高齡，自正德二年（1507 年）冬天一別，又有五年未見，不知是否還和當年那樣眼不花、耳不聾。父親在自己貶謫龍場後不久就被強迫退休，聽說退休前劉瑾曾讓人傳遞口信，只要父親依附於他，立即便可拜相。但父親毫不為其所動，在得到退休的朝命之後，欣然整裝就道。父親到老仍是那樣的正直，寧折不彎。自己不但沒有盡人子的孝道，卻從小就給父親添麻煩。按自己這個性格，恐怕以後還得讓父親為自己擔憂。

所謂近鄉情更怯。離家鄉越近，王陽明的心情越急切，但也越是有些緊張。

正德八年（1513 年）二月南國桃花盛開之際，王陽明和徐愛回到了闊別多年的家鄉餘姚。姚江之水仍是那樣清澈見底，不知是否還有醉漢將銀子遺失在河邊？自己降生的「瑞雲樓」依然如故，只是覺得比童年時看它顯得矮小了些。當年祖父在屋前屋後種下的翠竹，長得比以前更加茂盛、更加郁郁蔥蔥。

王華已經年近七十，這些年來兒子的所作所為他並不十分贊同。兒子從小就有個性，就有主見，就喜歡突發奇想，就喜歡我行我素。那時有父親護着他，自己每次欲加干涉，父親便說：隨他去吧，你兒子將來會比我兒子有出息！如今看來，父親也許是對的。但兒子的過於聰明、過於出人頭地，總讓王華擔心。原以為在龍場幾年會改變他的性情，沒

想到他鬧騰得更加厲害，在北京搞什麼大興隆寺三人會，聚眾講學，批評朱子，這朱子是好隨便批評的嗎？看看，本來在北京吏部辦事，如今卻外放到了南京。

說到南京，王華猛然想起當年自己也是由北京禮部侍郎「升遷」為南京吏部尚書，然後被迫「致仕」的。和自己遭遇相同的人物，其實還有不少。永樂、宣德時的名臣黃福，曾被宣宗皇帝譽為「智慮深遠，六卿之中無與倫比」。解縉傲視當代，說到黃福也稱譽說「秉心易直，確乎有守」，推崇備至。但黃福卻被大學士楊士奇等人排擠到南京做兵部尚書、參贊機務，直到去世。兒子是否也在走這條老路？或許不至於。現任大學士楊廷和，前些年也因得罪劉瑾而「升遷」為南京戶部尚書，但不久即召還北京，如今已是內閣首輔，位列文臣第一人。可見到南京也並非都是壞事。何況兒子今年才四十多歲，來日方長，哪裏會就此走下坡路的？王華總是這樣，既為兒子擔心，又自我安慰。

其實，王華的擔心並非沒有道理，王陽明這次南下後就再也沒能回北京。世宗皇帝即位以後，召王陽明返京的詔令已經送到南昌，王陽明也奉詔上路了，卻仍然在半路上被中止。而王華的自我安慰也成為現實。王陽明的事業才剛剛起步，以後還要發揚光大，哪能就此而沉淪？

等見了兒子，王華放心了。兒子雖然還是那樣不修邊幅，那樣看上去隨和簡易，卻在隨和中透露出堅毅，在簡易中顯示出分寸，而在不修邊幅的外表之下，更表現出沉穩有度。

王陽明一踏進家門，便驚訝地發現，幾年不見，父親除了頭髮變得更為稀疏而花白之外，容貌竟無大的變化，仍然是那樣容光滿面，那樣笑容可掬。

這些年來，不斷有親友傳遞消息，說父親退休之後，即恬心靜志，棲居邱園，時時與田夫野老同遊，談笑風生。有人勸他，如此高的身份，應當閉門養威，何必與樵夫豎子為伍。父親總是笑着反問：你是想要我再去

求官做不成？

父親退休後，對祖母尤其孝順。從家境來說，祖母的物質生活自然不會有何難處，但老人更需要有精神上的歡樂。聽人說，父親為了讓祖母高興，七十來歲的人，卻總是像小孩那樣嬉戲於前。有時與親朋好友遊覽山水，乘舟而出，突然想念起老母，便掉轉船頭而回。

還聽人說，父親剛退休回到餘姚時，有位精通神仙術的朋友表示願意教他長生之術。父親聽後，婉言謝絕：人所以留戀在這天地之間，是因為內有父母、兄弟、妻子、宗族之親，外有君臣、朋友、姻戚之懿，從遊聚樂。如果捨其親、斷其懿，獨自去深山絕谷學長生術，生的樂趣從何說起，與死了有何區別？至於說清心寡欲，怡神定志，則聖賢學問從來這樣教誨後人的，又何必另向神仙中去求取？我聽天樂命，無欲無求，哪裏用得着汲汲於求長生？那位朋友聽了，不禁讚歎：天若有情天亦老，世上確實沒有長生不老之人。神仙之學，是為了開導那些悅生惡死者。你沒有惡死悅生之心，便是得了神仙的妙趣，我這神仙術對你來說，確實是毫無用處。

每當聽到有人說這些事情，王陽明總是擊節稱快。看來傳聞不虛，不然，父親那能有如此精神。

九十三歲的祖母也是精神爽朗，還真眼不花耳不聾。這是一位性格開朗、胸懷豁達的女性。丈夫王倫整天只是讀書會友、海闊天空瞎折騰，卻與舉業無緣，全家人的起居飲食都要由她一人安排，她從不埋怨。兒子王華中了狀元，做到南京吏部尚書的大官，她從不炫耀，仍是那樣足不出戶，手不離織。如今孫子名滿天下，眼見着有大出息，她還是那樣善待鄰里，和藹可親。難怪她能成為人人尊敬的壽星，看她這種神態，活到百歲也不為多。

妻子諸氏卻是性格內向，羞於見人。或許是因為新婚之夜王陽明不知去向傷了她的自尊心，夫妻之間的婚後感情一直並不十分融洽。後來王陽

明中舉，上北京會試，會試失敗後留在京師讀書，中了進士後又南下盧州錄囚、北上山東主考。生活剛剛安定，又出了上疏遭貶之事，獨身遠謫龍場。從龍場回中原，先為盧陵知縣，繼為吏部主事、員外郎，又是公務，又是講學。加上從青年時期開始，身體一直不好，不到四十歲就髮落齒鬆、視力下降。因此，對這夫妻生活，似乎也並無太多的熱情。到如今，成家已經二十多年，卻並無子女。

王華一共有四個兒子一個女兒：長子守仁，為元配妻子鄭氏所生；次子守儉、四子守章，為側室楊氏所生；三子守文，為繼室趙氏所生。女兒也是繼室趙氏所生，嫁給了徐愛。令王華迷惑的是，若說長子守仁沒有子女是因為長年在外奔波，或因身體不好，或因諸氏沒有生育能力，那麼另外三個兒子都長住餘姚，身體看上去也很壯實，不知何故，竟然也都沒有子女。而他兄弟們的兒子在生育方面卻很是內行，人丁興旺，如四弟王袞的兒子守信，已有五個兒子，令人羨慕。

不但父親迷惑，王陽明也感到沒有信心，所以在這次歸省的兩年後，即正德十年（1514 年），立堂兄弟守信的第五個兒子正憲為後。

在宗族制度盛行的時代，個人屬於家庭，是家庭的一分子；而家庭又屬於家族，是家族的一分子。一個家庭出了大人物，這個人物應屬於整個家族。按明朝的蔭子制，三品以上大臣可蔭一子入國子監讀書；而內閣大學士及與其相當地位官員的兒子或孫子，還可以因朝廷大典或本人的業績蔭子或孫為錦衣衛的帶俸百戶或千戶。如果這個官員沒有後代，便享受不了這份「皇恩」。如果自己沒有兒子，又不立同宗子弟為繼子，那便是自外於家族，將受到整個家族的唾棄。

但如果自己沒有兒子而立他人之子為後，不管這「他人」是誰，其實都是令人非常尷尬的事情。

在當時的社會，夫妻沒有生育，一般認為是妻子的過錯。「不孝有三，無後為大」。在古代婦女的「七出」之條中，「不出」即不會生育便是頭一

條。妻子沒有生育能力，丈夫可以休妻。從這個意義上說，「納妾」倒是對不育婦女的人道主義，因為傳宗接代的事情可以由「妾」來承擔，而「妻」不但不必「出」，而且仍然是這個家庭的「女主人」。妻子不育，丈夫納妾也成了天經地義之事。如果納妾乃至納數妾之後仍然沒有生育，這責任才會被認為在丈夫身上。王陽明的父親王華在妻子鄭氏生育之後尚納楊氏為妾，後又娶了繼室趙氏。何況王陽明無子，納妾也是應該的。

另外，收養他人之子為養子，往往會產生十分嚴重的矛盾和鬥爭。

東漢末年劉備收寇封為義子，改名劉封。關羽當時就進行勸阻。理由是劉備正處壯年，因半生戎馬，不得安定，沒有兒子並不足為怪，如果過早收了義子，以後有了親生兒子，這義子如何處置？後來問題果然發生了。劉備佔有荊州之後，糜夫人給他生了兒子阿斗。為了不使劉封對阿斗不利，劉備入川後將劉封放在遠離成都的荒涼之地上庸（今湖北省竹山縣）。後來，更以劉封在關羽兵敗時坐視不救而行殺戮。

唐末五代時，軍閥混戰，天下大亂，收養「義子」成風，義子成了一些軍事集團的中堅力量。在這些義子中，還出了像後周世宗柴榮、南唐烈祖李昇這樣的傑出人物。但對於收養柴榮的後周建立者郭威的子弟，以及曾經收養李昇的吳政權開創者楊行密及其部將徐溫的子弟來說，卻又是非常不利的。[1]

當然，隋唐以後，法律對養子的繼承權，以及養子與嫡子之間的關係都做了較為明確的規定。明太祖手定的《大明律》中的《戶律》《禮律》，

1　郭威於公元 951 年取代後漢建立後周政權，三年後去世，因諸子年幼，將皇位傳給養子柴榮（當時從姓郭，名郭榮）；959 年柴榮去世時，儘管郭威的兒子已經長成，柴榮卻將皇位傳給了自己年方六歲的兒子柴宗訓。淮南節度使楊行密於公元 895 年攻取濠州（今安徽鳳陽）時，在濠州開元寺發現了正在寺中做小和尚的李昇，收其為養子。但回揚州後，受到子弟們的反對，楊行密遂將李昇推薦給部將徐溫為養子，改姓徐。公元 919 年，楊行密之子楊隆演被徐溫等人擁立為吳王，後又稱帝，徐溫自己則為大丞相、都督中外諸軍事、諸道都統、東海郡王，成為吳國的實際統治者；徐溫死後，李昇繼承了他在吳國的地位，並於公元 937 年廢楊行密的兒子、吳帝楊溥，自立為帝，建國號「唐」，史稱「南唐」，成了南唐的開國之君。

在這方面也有專門的條例。但既立了同宗子弟為後，一旦有了嫡子，二者關係畢竟是不好處理的。王陽明去世之後，問題也確實發生了，致使王門弟子專門成立了一個類似於「治喪委員會」的機構來處理遺留問題，以免年方三歲的嫡子正聰受到養子正憲及其生父家族的欺凌。

儘管夫妻生活說不上太好，王陽明自問也還是對得起妻子諸氏的。當時的官員納妾成風、狎妓為常，王陽明卻是不沾不染，直到妻子去世之後，才娶了繼室張氏。一年之後，這位張氏夫人為年已五十五歲的王陽明生了一個兒子。這個兒子的降生是非常及時的，他不但使得餘姚王門王華這一支有了嫡傳子孫，也向世人宣告，陽明先生是真正的男人。王陽明的弟子黃綰在《陽明先生行狀》中終於能夠理直氣壯地寫道：「配諸氏，參議養和公諱某女，不育。」[1]

十、形在山水，意在點化

王陽明回到餘姚，在家中前後住了八個月。黃綰這時正在老家黃巖養病。黃巖地處浙江東南，東臨大海，北有天台山，南有雁蕩山，都極負盛名。

天台山群峰爭奇，秀麗多姿，為佛教天台宗的發源地。始建於隋朝的國清寺，規模宏大，擁有五六百間殿宇，名僧輩出。唐代高僧、著名的天文學家一行和尚為修《大衍曆》，曾專程從長安來到天台，向國清寺中的僧人請教數學。在明代已經聞名的天台八景，每處也都有幾段引人入勝的典故傳奇。

雁蕩山為括蒼山的支脈，號稱東南第一山。主峰雁湖崗，海拔一千多

---

1 嘉靖四年（1525 年）正月，王陽明妻諸氏去世；六月，王陽明服闋後，娶繼室張氏；第二年，嘉靖五年（1526 年）十一月，張氏生子正聰。

米，崗頂有湖，蘆葦叢生，結草成蕩。每年秋天，北雁南飛，在蕩內蘆中棲宿，「雁蕩」之名由此而得。北宋以來，雁蕩之名雀起，山中寺院林立，有十八古剎、十六亭、十院之稱。到明代，更有「百二奇峰」、「雁蕩五珍」（雁茗、香魚、觀音竹、金星草、山樂官鳥五種特產）等名勝名物聞世。

王陽明對天台、雁蕩心慕已久，而黃巖縣松巖山北坡的四百六十餘級砌石「天梯」，也為一大奇觀。在大興隆寺時，黃綰一有機會就要繪聲繪色地將家鄉吹噓一番，更令王陽明神往。黃綰離京時，王陽明曾寫下過《別黃宗賢歸天台序》，一面對黃綰從小即不以舉業為意、一心求聖賢之學表示讚賞，一面叮囑他回黃巖後，「結廬於天台、雁蕩之間」，等自己前去養老。

這次回餘姚，王陽明本擬與徐愛一道往黃巖探訪黃綰，同遊天台、雁蕩，黃綰也在家鄉作了迎接的準備。不料回到餘姚之後，卻被家事羈絆，宗親間也有許多事情需要處理，遷延未行，所以讓黃綰先來餘姚相會。但黃綰不知何故卻遲遲未到。

五月底，王陽明在徐愛等人的慫恿下，不等黃綰到來，離開餘姚，踏上了南遊之路。他們由近及遠，先遊覽四明山。

四明山脈位於浙江東北部杭州灣南岸，北連餘姚，西接上虞，東臨寧波、奉化，南界嵊縣（今嵊州市）。距餘姚六十里的白水沖又名瀑布嶺，山有瀑布，瀑下有潭，飛瀑注壑，奔騰澎湃。位於奉化縣（今奉化市）溪口鎮西北的雪竇山更是名揚四海。山中崇巖壁立，谷深千丈，名「千丈巖」。水從巖頂噴薄而下，猶如雪崩，「雪竇山」之名由此而得。臨巖而立的是雪竇寺，建於唐代，為禪宗十剎之一。

王陽明領着幾個弟子，從上虞入山，觀白水沖、登雪竇山、上千丈巖，倒也其樂融融：

山鳥歡呼欲問名，山花含笑似相迎。

風迴碧樹秋聲早，雨過丹巖夕照明。

雪嶺插天開玉帳，雲溪環碧抱金城。

懸燈夜宿茅堂靜，洞鶴林僧相對清。

（《杖錫道中用張憲使韻》）

每逢佳處問山名，風景依稀過眼生。

歸霧忽連千嶂暝，夕陽偏放一溪晴。

晚投巖寺依雲宿，靜愛楓林送雨聲。

夜久披衣還起坐，不禁風月照人清。

（《又用曰仁韻》）

　　王陽明本來打算在遊完四明山後，從奉化取道臨海，去黃巖與黃綰相會。但到奉化時，正值浙東大旱，田地龜裂，稻禾盡枯。王陽明見狀，心中一陣悲涼。這遊山玩水之意，頓時索然。加上幾個弟子除了徐愛之外，似乎悟性都很平常，王陽明也覺得有些心灰意懶，竟中途改變主意，折向寧波，回到了餘姚。

　　剛回餘姚，便見到黃綰的書信，說是在黃巖專候。王陽明閱信，不覺苦笑，寫了一封回信，告訴他四明山的遊歷經過，並不無遺憾說：「此行相從諸友，亦微有所得，然無大發明。其最所歉然，宗賢不同茲行耳。後輩習氣已深，雖有美質，亦漸消盡。此事正如淘沙，會有見金時，但目下未可必得耳。」信寫完後，讓徐愛過目。徐愛見信，不禁感慨。這才知道老師說是登臨山水，其實是想在輕鬆自如之中點化弟子，同時也借山水之情，來考察弟子們的悟性。這種教誨弟子的辦法，也是有所效法的。當年孔子教弟子，不也是帶着弟子們到處遊歷、考察民情風俗？

十一、滁州歲月

　　正德八年（1513 年）十月，即在受命為南京太僕寺少卿的十個月後，王陽明才由家鄉來到滁州。雖說是已向朝廷告假省親，但時間也實在是拖得夠長。不過，這南京太僕寺少卿倒也真是清閑職務。

　　明朝設有太僕寺，為兵部的分支機構，專掌馬政，其前身為設在答答失里營所及滁州的群牧監，改太僕寺後為從三品衙門。該寺設卿一人（從三品），主寺事；少卿三人（正四品），一人佐寺事，一人督營馬，一人督畿馬；寺丞四人（正六品），分理京衞、畿內及山東、河南六處的孳牧、寄養馬匹。

　　《明史》說太僕寺「掌牧馬之政令，以聽於兵部」，在明前期是一個較有權勢的衙門。洪武二十三年（1390 年）定制時轄有滁陽、大興等十四個牧監及其下屬的九十七個牧群；永樂時，各牧監、牧群有馬一百九十多萬匹。滁州是明朝初設太僕寺時的所在地，也曾是全國最大的養馬基地。但隨着都城的北遷，北京設有太僕寺，滁州的太僕寺則屬於南京系統，地位遠非明初可比。宣德、正統以後，隨着北方及淮河流域人口的增加和牧場的被墾復、被侵佔，牧場面積日蹙、馬匹數量日減，特別是御馬監干預馬政，北京太僕寺的地位也日益下降，設在滁州的南京太僕寺就更成了「閑曹」。

　　明廷將王陽明放到滁州，主要是因為他在北京鬧騰得過分，用這個「閑曹」來磨磨他的性子，這也是中國古代社會「作養人才」的一種辦法。想當年，江西吉水縣才子解縉以上《大西庵西封事》名聞四海，深受明太祖的喜愛，但又覺得此子鋒芒太露，讓解縉的父親將其領回原籍，說是回去讀十年書後，再來為朝廷效力，其實就是要磨其棱角、去其浮躁，這也是明太祖的「保全人才」的苦心。

　　這回家讀書十年，後來成了許多官員韜光養晦、獲取名聲的好途徑。

前些年方獻夫以吏部員外郎的官職，請求回家鄉西樵山中讀書十年。幾乎在同一時間，和方獻夫同在弘治十八年（1505年）中進士又同選為庶吉士在翰林院讀書，並在散館後留翰林院做編修的江西分宜才子嚴嵩，也借着母親去世的機會，得准回家鄉鈐山讀書十年。

後來，解縉、方獻夫、嚴嵩三人都做了大學士，其中，解縉是明朝第一位內閣成員，嚴嵩則是明朝最引人注目的大學士之一。

其實，人生受些挫折，或者長時間有系統地讀一些書，對磨煉一個人的意志、修煉一個人的思想確實會起着某些作用。它會促使人們對自己過去的所作所為進行反思，從而調整生活方式、思維方式，並選擇比較好的進取道路。但一般來說，生活磨煉卻未必能夠從根本上改變一個人的個性，相反，倒是容易使個性通過另一種方式表現得更加突出。

對於王陽明來說，下詔獄、受廷杖、三年貶謫特別是將近兩年在龍場的生活，對意志的磨煉和對個性的調整，與方獻夫和嚴嵩潛心讀十年書，二者之間很難說孰深孰淺，關鍵在於自身的感悟。

解縉、方獻夫、嚴嵩讀書十年後重出，風格也各不相同，但都是在自己原有個性的軌跡上運行。王陽明從龍場返回中原之後，也仍是不改隨和、簡易同時又孜孜不倦地追求「為聖之道」的個性。所不同的是，他更懂得了欲速則不達的道理，更懂得事事都應從小處着手、從大處着眼的道理。

在王陽明的講學生涯中，滁州及此後的南京是重要的一站，致使王陽明晚年的掌門弟子錢德洪說，滁州是其師的「講學首地」。

滁州距南京雖然不到二百里，卻遠離從北京到南京的運河幹線，沒有太多的外界干擾，京中權貴對這個地方也並不太過關注；從明初開始，這裏被闢為馬場，同時因為靠近明朝祖陵所在地鳳陽，明政府對自然生態環境的保護比較重視。所以，王陽明一到滁州，便為這裏佳山勝水所陶醉。

但滁州的著名，更是與「瑯邪（琊）山」和「醉翁亭」聯繫在一起的。

　　瑯邪山在滁州城西南十里。晉武帝起兵滅吳，瑯邪王司馬伷奉命在此調集涂中兵馬，進取建鄴。四十年後，司馬伷的孫子、東晉元帝司馬睿又曾寓居於此。唐代宗時李幼卿為滁州刺史，遂將滁州西南群山命名為「瑯邪山」，引來不少文人墨客尋古探幽，瑯邪山漸成名勝之地，琳宮梵宇，隱伏山際，茂林深樹，清幽沁人。

　　宋仁宗慶曆五年（1045 年），范仲淹改革失敗後，歐陽修因支持改革而遭貶謫，以知制誥任滁州知州。

　　遊山玩水、抒發情懷本是歷代文人的共同喜好，這一風氣到了宋代，更成時髦。歐陽修、蘇軾、黃庭堅、辛棄疾、陸遊，無論到何處，都是一路足跡，一路詩文。尤其是歐陽修和蘇軾，都是化腐朽為神奇的能手，一山一水、一草一木，到了他們的筆下，都成了奇山異水、瑤草嘉木。不僅每到一處必有佳作，而且喜歡熱鬧，喜歡有人捧場，又獎掖後進，不遺餘力。歐陽修是當時首屈一指的大文學家，文壇領袖，他一到滁州，滁州便成了風雲際會之地，從此名聲大噪。

　　歐陽修在滁州一住就是兩年。瑯邪（琊）山有一「讓泉」，又名「釀泉」，山僧智仙建亭於泉邊，以為遊息之所；又以讓泉之水釀酒，酒香醉人。歐陽修應邀登亭飲酒，果然一飲即有醉意，不禁連聲稱奇，從此自稱「醉翁」。又喧賓奪主，將這亭稱為醉翁亭，並寫下了千古名篇《醉翁亭記》。

　　這篇《醉翁亭記》與范仲淹的《岳陽樓記》、蘇軾的《石鍾山記》，同被譽為千古散文名篇。宋哲宗元祐六年（1091 年），蘇軾應滁州知州王詔之請，恭恭敬敬地用大字將老師歐陽修的《醉翁亭記》書寫一遍，讓人刻石立碑，文章與書法相得彌彰，既為蘇軾本人留下了一幅最具藝術價值的書法珍品，也使歐陽修的《醉翁亭記》流傳得更為久遠。可以說，滁州之名由瑯琊山而盛，瑯琊山之名由醉翁亭而著，醉翁亭之名由《醉翁亭記》而揚。

有趣的是，王陽明在滁州一年多，留下了三十六首詩，與瑯琊山有關的至少有十首，但隻字不提歐陽修、醉翁亭及《醉翁亭記》。這和他十多年前過徐州時有感於蘇軾的《黃樓詩》而作《黃樓夜濤賦》，以及過臨清時作《太白樓賦》，有很大的不同。那個時代的王陽明，正「泛濫於辭章」，以與諸子的詩文唱和為樂；而此時的「陽明子」，早已不以辭章為意。恰恰相反，這個時候的王陽明或許認為，以歐陽修的名聲和大才，卻以「醉能同其樂，醒能述以文」自得，簡直是太玩物喪志、太缺乏大志了。他「陽明子」現在的使命是使久已湮滅的先聖精神重新發揚光大，應該透過山水之性情，點化出萬物之通理。

當然，王陽明也沒有像朱熹那樣，為了表現自己是周公、孔子道統的繼承人，不僅攻擊那些一意追求風花雪月的文人，而且連唐、宋兩代最負文名，而且同樣主張文以載道的韓愈、歐陽修、蘇軾也逐個數落：

> 歐陽公初間做本論，其說已自大段拙了，然猶是一片好文章，有頭尾……到得晚年，自做《六一居士傳》，宜其所得如何？卻只說有書一千卷，《集古錄》一千卷，琴一張，酒一壺，棋一局，與一老人為六，更不成說話。分明是自納敗闕。如東坡一生讀盡天下書，說無限道理，到得晚年過海，做《昌化峻靈王廟碑》，引唐肅宗時一尼，恍惚升天，見上帝以寶玉十三枚賜之，云中國有大災，以此鎮之。今此山如此，意其必有寶云云。更不成議論，似喪心人說話。其他人無知，如此說尚不妨，你平日自視如何？說盡道理，卻說出這般話，是可怪否？觀於海者難為水，遊於聖人之門者難為言。分明是如此了，便看他們這般文字不入。[1]

1　朱熹：《朱子語類》卷 139《論文上》。

朱熹的這篇文字，將歐陽修、蘇軾狠狠貶損了一番。而在《讀唐志》中，更宣言：「孟軻氏沒，聖學失傳。天下之士，背本趨末，有求知道養德以充其內，而汲汲乎徒以文章為事業。」於是從法家、兵家的申不害、商鞅、孫武、吳起，縱橫家的蘇秦、張儀、范雎、蔡澤，以及列子、莊子、荀子及屈原開始，到韓非、李斯、陸賈、賈誼、董仲舒、司馬遷、劉向、班固、宋玉、司馬相如、王褒、揚雄，一路數落下來：「迄於隋唐數百年間，愈下愈衰。」直到韓愈出來，才算是有所振作。但韓愈在朱熹眼中，也只是「略知不根無實之不足恃」，其《原道》等文章，根本算不得大道。[1]

王陽明在滁州為太僕寺少卿，與歐陽修守滁州的處境極為相似，都是無所事事。當年歐陽修的追隨者，主要是文友；此時王陽明的追隨者，則是目的各不相同的求學者，所以成分更加複雜。錢德洪寫《陽明年譜》記載當時的盛況說：「滁山水佳勝，先生督馬政，地僻官閑，日與門人遨遊瑯琊、釀泉間。月夕則環龍潭而坐者數百人，歌聲振山谷。諸生隨地請正，踴躍歌舞。舊學之士皆日來臻。於是從遊之眾自滁始。」

儘管王陽明不贊成歐陽修的過於沉溺山水、過於愛好文章，但他自己其實也於山水情有獨鍾，於文章也並沒有真正放捨。面對如此佳山勝水，王陽明也不能不為之陶醉：

> 桃源在何許？西峰最深處。
> 不用問漁人，沿溪踏花去。
>
> （《山中示諸生》之三）

> 池上偶然到，紅花間白花。

---

1 朱熹：《晦庵集》卷 70《讀唐志》。

　　小亭閑可坐，不必問誰家。

（《山中示諸生》之四）

　　溪邊坐流水，水流心共閑。
　　不知山月上，松影落衣斑。

（《山中示諸生》之五）

　　字句清麗，意境深遠，完全沒有矯揉造作之意，也全無師道尊嚴和道學酸味。倒像是王維在尋幽探勝，又像是蘇軾在穿花撥柳。但有意無意之間，內心深處那股撥亂反正、恢復聖學的責任，那種返璞歸真、求於一己的信念又時時顯現出來：

　　路絕春山久廢尋，野人扶病強登臨。
　　同遊仙侶須乘興，共探花源莫厭深。
　　鳴鳥遊絲俱自得，閑雲流水亦何心。
　　從前卻恨牽文句，展轉支離歎陸沉。

（《山中示諸生》之一）

　　當然，吏部的同僚們並沒有讓王陽明在滁州閑得太久。王陽明雖然說是正德七年（1512 年）十二月就得到了升南京太僕寺少卿的委任，但其間在餘姚「省親」花了八個月，加上路上的時間，正德八年（1513 年）十月才至滁州赴任。半年之後，正德九年（1514 年）四月，遷任南京鴻臚寺卿。

　　明朝的鴻臚寺是禮部的分支機構，掌朝會、賓客、吉凶儀禮等事。凡國家有大典禮，如郊廟、祭祀、朝會、宴饗、經筵、冊封，以及在外官員的朝覲、外國使節的朝貢、派出使臣的覆命及謝恩等，都由鴻臚寺主持。

但南京的鴻臚寺卻沒有這些事情可處理，也是個閑曹。

鴻臚寺卿和太僕寺少卿的品級相同，都是正四品。但一為副手，一為主官，這地位還是不一樣的，特別是離開滁州到了南京，距離政治中心算是近了一步。

弟子們當然希望自己的老師步步高升，也希望老師對自己的印象更深一些。王陽明從滁州去南京時，在滁州的弟子及友人們送出四五十里，一直送到烏衣渡，仍不願離去。這支浩浩蕩蕩的車隊又送出上百里，來到長江北岸的江浦。過了長江便是南京，再也無法送了。這時夜幕已經降臨，人們在江浦住了下來，要在第二天目送老師過長江。

不知是王陽明對這種沒完沒了的送法並不滿意，還是一時疏忽，竟寫了一首雖有新意卻並不十分得體的《滁陽別諸友》古風：

> 滁之水，入江流，江潮日復來滁州。
>
> 相思若潮水，來往何時休？
>
> 空相思，亦何益？
>
> 欲慰相思情，不如崇令德。
>
> 掘地見泉水，隨處無弗得。
>
> 何必驅馳為，千里遠相即？
>
> 君不見，堯羹與舜墻？
>
> 又不見，孔與跖，對面不相識？
>
> 逆旅主人多殷勤，出門轉盼成路人。

孔子自然是自己，但這盜跖卻是何人？如此成群結隊地送行，送了一百多里路，怎會「出門轉盼成路人」？諸弟子，當然是那些不能跟着王陽明一起去南京的弟子，見了這首詩後不知會有什麼想法。

十 二 、 師 徒 問 答

從遊者日眾，每人都有自己的目的和問題。王陽明對於這些求學者的要求也自有一套獨特的辦法。

例一：

辰州劉易仲，來滁州求學。一天，向老師提問：先儒每每說萬物皆有「道」，請問先生，這個「道」說得清楚嗎？

王陽明沒有正面作答，卻唸了一首打油詩：「啞子吃苦瓜，與你說不得。爾要知我苦，還須你自吃。」（《別易仲》）

道是無法說清楚的，只有靠自己去體驗；而這種體驗，又不能從外界的萬事萬物中去求，只能從自己內心去求。

這向內心深處去求道，與佛教禪宗所說的向內心深處悟禪，在方法上卻是相通的，也正是因為這樣，所以當時有不少學者認為王陽明的學問，是禪宗頓悟之學。

例二：

有位浙江永康籍的青年名叫周瑩，曾拜應元忠為師，後來又專程往南京見王陽明，希望能在王陽明這裏受到更多的教益。

王陽明聽完周瑩述說來意之後，問道：你是從應先生處來？

是的。周瑩回答。

那麼應先生都教了你些什麼？

也沒教什麼。只是每天教我要立志，要讀聖賢的書，不要溺於流俗。他還說，這些道理曾請教過陽明先生，如果我不相信，可直接向陽明先生求證。因為這個原因，我才不遠千里來求教。周瑩一五一十說明了事情的原委。

王陽明聽了，問道：這樣說來，你是不相信你老師說的話了？

周瑩連忙解釋：我相信老師的話。

王陽明笑道：相信你還來幹什麼？

周瑩說：應先生雖然教了我應該學什麼，卻沒有教我怎麼學。沒有學習的方法，即使知道該學什麼也是無濟於事啊！

王陽明看了看他，搖搖頭說：你已經知道了方法，沒有必要再拜我為師。

周瑩聽了茫然：已經知道了方法？先生可別拿我開心。我如果知道方法，就不會千里迢迢來見先生了。還望先生看在應先生的份上，不吝賜教。

王陽明笑了笑，和周瑩進行了又一輪問答：

——你從永康而來，路程很長吧？

——有千里之遙。

——確實很遠。是乘船來的嗎？

——是的。先乘船，後又換成車。

——那是夠辛苦了。現在正值盛夏，路上熱吧？

——熱得很。

——來的時候帶了盤纏、帶了僕人沒有？

——都帶了。但僕人在途中病了，我將盤纏留給了他，自己借貸了一些錢，繼續來南京。

——你這一趟來得真不容易。既然是這樣，你中途為何不返回家鄉，也省得吃如此多的苦頭。是否有人強迫你？

聽了這番話，周瑩感到受了委屈：沒有人強迫。我既然已經決心投入先生之門，別人看來勞苦艱難的事，在我看來，就成了很快樂的事了。怎能為了一點微勞而打退堂鼓呢？又何必要別人相強呢？

王陽明聽了，拊掌而笑：這就是我說你已經知道方法的根據。你想

到要入我的門下，便不辭勞苦，不需別人強迫，見水乘舟，無水陸行，冒酷暑、貸錢糧，終於實現了願望。這是誰教你的方法？不都是你自己的主意嗎？既然是這樣，你立志於聖賢之學，自然也會以這種方法和態度去追求。你現在還需要我教你方法嗎？

周瑩聽罷，恍然大悟，不禁歡呼雀躍。（《贈周瑩歸省序》）

例三：

有位西安籍的讀書人鄭德夫，聽說王陽明在滁州講學，想前去求教，卻聽人們紛紛揚揚地傳說，說王陽明搞的那一套其實並無新意，不過是用儒術包裝起來的禪學，遂打消了念頭。後來和好友周以善一商議，覺得王陽明的學問是不是禪學，可以先從他弟子的學問中去考究，如果不是，再聽聽他自己的講學。

此時王陽明已到南京赴任，於是二人結伴來到南京，尋找機會與王陽明的弟子們接觸，發現並不像人們所說的那樣。二人不動聲色，在王陽明講學時，混在眾弟子之間聽講。王陽明講學是為了宣揚自己的學說、擴大自己影響，使眾多的人接受他的思想，聽講的人是多多益善。用今天的話說，王陽明所做的是「公益講座」，聽眾是用不着掏錢的，所以，鄭德夫等人其實也用不着「混聽」。

鄭德夫整整聽了 19 天，覺得王陽明所說，全是對孔孟儒學的闡釋。自己原先覺得平淡枯燥、全無生氣的《大學》《中庸》，被王陽明一加發揮，便趣味盎然，於是正式要求拜入王門。但何為禪學，何為儒學，二者之間的關係到底怎樣，鄭德夫並不明白。特別是那麼多的人將王陽明的學說說成是「禪學」，其中也未必沒有道理啊？

帶着這個問題，鄭德夫在一次聽講之後鄭重其事地向王陽明請教：當今學者非儒即禪，請問這禪學和儒學究竟有何區別？

其實，所謂的「禪學」本來就是佛學儒化或中國化的結果，也可以說是儒學「佛化」或哲學化的結果，唐宋以後，儒學和佛學之間。除了包裝

方式和表達方式的不同，內在精神其實十分接近。宋代理學的形成，更是儒學和禪學合流的產物。所不同的是，程顥、陸九淵的理學講究「理在心中」，強調學者的悟性，與禪宗結合得更緊密。

從王陽明的內心來說，也並不認為儒學和禪學有本質上的區別，既然這樣，也就沒有必要強行區別。但口中卻不能這樣說，否則將引起反對派更多的指責，於是含糊其辭地回答：你為何一定要去區分儒學與禪學的異同呢，擇其是者而學之不是很好嗎？

鄭德夫當然弄不清王陽明此話的真實含義，追問道：那麼是與非又該怎樣去辨別呢？

王陽明笑道：這是很簡單的事情。你不必從學者的講學中去區分是非，只需從自己的內心和行為中去辨別。如果做了一件事情，你覺得內心安穩，那麼這件事情就是對的；反之，如果於心不安，則可能是錯的了。這裏，王陽明其實是在宣揚他的「知行合一」說，同時又有「致良知」思想的萌芽。

但鄭德夫仍是不明白，又問：內心？內心又怎能辨別是非？

王陽明對這個難以開竅的學生有些不滿意，語調也加重了：沒有是非之心的人，能算是人嗎？一言既出，自己也覺得話說重了，於是緩了緩口氣，解釋說：人們的口對於甘與苦的辨別，與易牙相同；人們的眼對於美與醜的辨別，與離婁相同；而人們的心對於是非的辨別，則與聖人相同。人心對於道的是非辨別，所以不能像人口對於味的甘苦、人眼對於色的美醜那樣，可以立時辨別，關鍵在於被私欲所掩蓋，猶如裹着舌頭嘗味、蒙上眼睛看物，怎麼能夠得其味、識其物，又怎麼能夠辨別道之是非？你只要戒私欲、立誠心，怎會辨不出是非呢？ [1]

1　易牙、離婁、聖人：易牙又稱狄牙，名巫，是春秋時著名的廚子，擅長製作美味佳肴，故而博得齊桓公的歡心；離婁又稱朱婁，傳說中黃帝時代的人，有一雙能見度極高的眼睛，能辨明百步之外的毫髮。聖人則指孔子。

　　鄭德夫聽了，這才覺得有些明白，但又說了一句沒頭沒腦的話：先生所說，學生終於清楚了。但如此說來，《五經》所載、《四書》所傳的那些教人的道理，不是可以不去學了嗎？

　　王陽明一聽，覺得事情有些嚴重了。他自認為自己的教誨，是聖學入門的最便捷、最有效的辦法；他反對學生通過朱子及其他「先儒」的詮釋去學孔孟著作，要求讀原著，卻沒有想到學生中竟有人認為《四書》《五經》也可以不讀的。他解釋說：怎能說《五經》《四書》無用呢？這正是甘苦、美醜、是非之所在。但如果不用誠心去探求，那麼在其中所看到的，不過是談味、論色、說道而已，卻求不到味的甘苦、色的美醜，更不用說道的是非了。（《贈鄭德夫歸省序》）

　　王陽明為了突出他的學說和程、朱的不同，對於要求學生勤奮讀書上確實有所放鬆。他忽略了一個不能忽略的事實：他自己所以能夠以一心貫萬物，是因為有長達二三十年的書本知識的積累和實踐經驗的總結。因為總是覺得自己走過彎路，便想讓學生和世人不走彎路，一步便踏上為聖為賢之路，卻不知由於沒有嘗過求知的困惑、沒有經歷實踐的艱辛，致使不少弟子小看天下的學問、輕視實踐的作用。於是，看似在教人少走彎路，實則在教人空疏不學。

　　關於這一點，在滁州時已有人向王陽明提醒過，說滁州遊學之士多放高論，並有漸背師教者。王陽明對此也有所感悟，所以在回信中說：我近年來想懲末俗之卑污，接納學生往往選擇天資較高的，希望能夠救一時之弊。沒想到竟有人漸入空疏，為脫落新奇之論，我也有些後悔。所以在南京論學，只教學者存天理、去人欲。（《年譜一》）

　　而實際上，王陽明也確實在有意識地扭轉這一傾向。

　　學生中，王嘉秀和蕭惠好談佛道，王陽明便告誡說：

　　　吾幼時求聖學不得，亦嘗篤志二氏。其後居夷三載，始見

聖人端緒，悔錯用功二十年。二氏之學，其妙與聖人只有毫厘之間，故不易辨，惟篤志聖學者始能究析其隱微，非測憶所及也。（《年譜一》）

例四：

和鄭德夫一道前來問學的周積（即周以善），是一位有主見卻無耐心的青年學者。他研究朱子之學有不少時間，卻苦無進展。與鄭德夫一道聽了王陽明的講學後，覺得似乎有理，但又不明其理。帶着這種疑惑，周積回到了家鄉浙江江山縣（今江山市）。但一回到家鄉，他又覺得王陽明的講學對自己還是很有啟發，於是又返回南京。聽了幾天，仍是原來的感受，又回到江山。

這樣反覆三四次，折騰幾個月，一無所獲。周積很是苦惱，這才直接向王陽明請教。王陽明聽了周積的敍述，又是可氣又是可笑。他給周積舉了一個例子：你聽過古人論下棋嗎？古人說：「弈之為數，小數也，不專心致志，則亦不可以得也。」你入而聽我講學，出而有鴻鵠之思，好高騖遠，三心二意，怎能指望學有所得？

周積聽了，也覺得這是自己的致命弱點，於是先沐浴更衣，然後恭恭敬敬地向王陽明行拜師禮，表示從此願入王門，刻苦學習。王陽明讓他坐下，說是靜靜心緒，便不再理他。周積坐了片刻，想說話，卻見老師也在靜坐而思，到口的話又收了回去，繼續靜坐。又坐了片刻，又想說話，見老師仍是不言不語，只得再陪着坐。周積轉念一想，並非自己陪老師坐，而是老師陪自己坐，乾脆就坐下去吧。這樣一想，竟然心無旁騖，不再煩躁。

就在他不急不躁的時候，王陽明開口了，告誡他為學當先立誠，有誠意，才有進步。這本來是很簡單的道理，但對浮躁了十來年的周積來說，卻恰恰擊中要害。第二天，王陽明單獨召見周積，以《大學》論證立誠之

說。第三天，仍單獨見周積，證之以《論語》《孟子》；又過一天，還單獨見周積，又證以《中庸》。

周積始則半信半疑，繼則大為信服，最後踴躍而起，向王陽明避席行禮：從今以後再也不會迷惑了，原來聖賢之教竟是如此深切而簡易，格物致知果然應該從自我立誠做起。

周積又是興奮又是懊悔，覺得自己求學十年，還不如這幾天時間的收穫大，並表示要將這一感受遍告所有有志於聖學的同道，以使他們免走自己曾經走過的彎路，「以報夫子之德，而無負於夫子之教」！（《贈周以善歸省序》）

王陽明聽了周積的話，自然也十分高興。在給黃宗明的書信中，王陽明對「立誠」之說又作了進一步的闡述：

> 志於道德者，功名不足以累其心；志於功名者，富貴不足以累其心。但近世所謂道德，功名而已；所謂功名，富貴而已。仁人者，正其誼不謀其利，明其道不計其功。一有謀計之心，則雖正誼明道，亦功利耳。（《與黃誠甫》）

人有私欲，便會有謀計之心；一有謀計之心，便無法做到誠心；心不誠，則道不明、誼不正。因此，要存天理、去人欲，又應先從誠心開始。

但在說誠心的同時，王陽明師徒又忽略了先前的那個老問題：周積固然是聞道於一朝，卻已有十年之積；用這一朝聞道的心得，去否定十年之積的辛勞，恰恰又是在鼓勵尋求捷徑的同時，否定了長期學習與實踐的艱苦。

雖然從主觀上說，王陽明並沒有這個意思，但在客觀上卻產生了這種效果。

第五章

贛南

漳汀

撫巡

一、祭酒乎？巡撫乎？

王陽明在南京鴻臚寺卿任上轉眼就是第三個年頭。

南京官員除兵部尚書參贊軍務，與太監、勛臣內外二守備總理南都事務之外，其他的衙門大抵無所事事。在兩年的時間裏，王陽明雖說是「日則處理公務，夕則聚友論學」，其實白天也是高朋滿座，講論不休，致使有位名叫楊典的御史建議朝廷，將王陽明的職務由鴻臚寺卿改為國子監祭酒，以滿足他好為人師的願望。

朝廷當然不可能讓王陽明去做祭酒，否則，他將自己的一套學說在國子監胡吹亂侃，哪還不誤人子弟？還是讓他在南京鴻臚寺待着合適。

正德十年（1515 年）是兩京官員的考察年。明朝京官的考察又稱「大計」，始於英宗正統元年（1436 年）。當時經吏部奏准，南北兩京各衙門的屬官、首領官由本衙門堂上官考察，如有不稱職，以及老弱病殘者，吏部驗實後即予罷免或迫使退休，但考察範圍限在五品以下。

從憲宗成化四年（1468 年）開始，要求在京官員都得接受考察，但四品以上堂官，是採取「自陳」的方式，即由自己述職。到弘治十六年（1503年）六月，定京官六年一考察，時間是亥年和巳年，五品以下仍循原例，四品以上則有新的規定，即「自陳」並通過吏部和都察院的核實之後，科道官可對其自陳所隱瞞的「遺行」進行揭發，這就叫「拾遺」。由於被拾遺者有「欺君」在先，一有發現，均須自請致仕。[1]

王陽明自正德七年（1512 年）十二月升南京太僕寺少卿，到正德十年底，在正四品任上就要滿三年了，但沒有任何升遷的跡象。正好遇上「大計」年，要對任職期間的表現作一自我評價。這既是違法亂紀、尸位素餐官員的一大難關，因為他們擔心科道官的「拾遺」；而這六年一次的「大

1　沈德符：《萬曆野獲編》卷 11《京官考察》。

計」，又是那些自認為有能力、有抱負的官員們的一次表功的機會。雖然說「志於道德者功名不足以累其心」，但長時間位於「閑曹」，畢竟不符合王陽明的個性。

趁着自陳的機會，王陽明也對自己的業績作了陳述，同時要求朝廷准許他退休，以警戒為官不勤者。這自然是當時官員們以退為進的一種常用手法，一是預防他人對自己「拾遺」，如果到那時才提出致仕，那就太被動了；二是引起當權者對自己的注意，以免到時失去升遷的機會。

王陽明特別強調了自己曾經被「投竄荒夷，往來道路，前後五載」，提醒當權者，自己是曾經受過委屈的。但朝廷並沒有將王陽明的「自陳」當回事，只是不允許他致仕而已。

如果沒有特別契機，王陽明看來還要在這南京住上幾年。

眼巴巴到了正德十一年（1516年）九月，突然峰迴路轉，朝命下來，升王陽明為都察院左僉都御史，巡撫南（安）、贛（州）、汀（州）、漳（州）等處。

《明武宗實錄》載朝廷命王陽明為都察院左僉都御史的時間是在正德十一年（1516年）八月十九日，但王陽明弟子們編的《陽明年譜》則記載此事發生在九月。這種記載上的差異，是因為《實錄》記載的是朝廷任命王陽明的時間，而《年譜》記載的是王陽明得到任命的時間。又，《明史·王守仁傳》說王陽明是以都察院右僉都御史巡撫南、贛、汀、漳，這是因為後來朝廷將其由左僉都御史改任為右僉都御史，因為根據成化以後逐漸形成的慣例，在外為「巡撫」的都察院「都御史」，都是戴銜「右僉都御史」或「右副都御史」。王陽明自己在正德十二年（1517年）正月二十六日所上的《謝恩疏》，也確切地說，十一年（1516年）九月十四日在南京得到吏部的公文，奉旨升都察院左僉都御史，說明《明武宗實錄》的記載是準確的。

「都察院左僉都御史，巡撫南贛汀漳等處」的這個任命，對於王陽明的

一生來說，是一大轉折，與貶謫龍場具有同等意義甚至更大的意義。如果說貶謫龍場開始造就中國哲學史上的王陽明，南贛汀漳巡撫的任命則造就了中國政治史上的王陽明，正是這兩個方面的相互激發、相互結合，才造就了一個完整的、千古唯一的王陽明。

正德朝（1506 — 1521 年）是明代的多事之秋，明武宗皇帝朱厚照是位既有個性又好別出心裁的皇帝，他的一生，最討厭的事情是在皇宮做皇帝，最高興的事情是離開皇宮做將軍。所以剛一繼位，就和要求他在皇宮讀書、做皇帝的大學士們發生矛盾，就親近鼓動他到皇宮外去遊歷、去做將軍的宦官，使得內、外廷官僚集團的矛盾迅速激化，也導致了宦官勢力的急劇膨脹，從而又加劇了社會矛盾的發展。

正德五年（1510 年）四月，宗室安化王以誅劉瑾為名起兵，殺了寧夏巡撫安惟學、總兵姜漢、鎮守太監李增等，並封鎖黃河渡口。這是自宣德元年（1426 年）漢王朱高煦發難後，近百年來宗室發動的首次叛亂，雖然僅 19 天時間就告失敗，卻產生了十分嚴重的政治影響。

從正德三年（1508 年）開始，四川先後爆發了以劉烈、藍廷瑞、鄢本恕、廖惠、曹甫、方四、駱松祥、范藻等人領導的「農民起義」，直到正德九年才被最後鎮壓。而正德五年到正德七年間（1510 — 1512 年）以劉六、劉七兄弟及趙遂、楊虎、劉惠、齊彥名等人領導的河北農民起義軍，更席捲南北直隸及山東、河南、湖北，為明朝中期影響最大的「農民起義」。

與此同時，江西各地農民由於土地兼併的加劇、賦稅徭役的加重，也紛紛起來反抗。撫州東鄉、饒州萬年、瑞州高安、贛州尋烏、南昌靖安、廣信貴溪等地，都有農民佔山據險、攻城掠府。瑞州府城（今江西高安縣）被農民軍攻破、按察副使周憲被農民軍俘虜。

而在江西、廣東、福建、湖廣接境地區，更是遍地動蕩：江西南安府的橫水、桶崗、左溪等地（今崇義縣）有謝志山、藍天鳳部，浰頭（今廣

東和平縣）有池仲容部，都已稱王；陳曰能在江西大庾、高快馬在廣東樂昌、龔福全在湖廣郴州、詹師富在福建南靖，與官府作對。當地明軍在與義軍的戰鬥中屢屢失利，束手無措。

在這種情況下，明朝政府起用了王陽明，應該是兩股力量推動的結果。

一股力量是朝中的當權派，首領當然是內閣首輔楊廷和。楊廷和是明朝正德、嘉靖年間重要的政治家，對於穩定正德後期、嘉靖初期的政局，對於革除正德時期的一些積弊，起了重大的任用。但楊廷和及其內閣同僚，都屬於「朱學」的代表人物，而同一時代的偉大人物，也未必就一定「投緣」。楊廷和及其同僚們顯然不希望王陽明回到北京，更不可能讓王陽明去做國子監的祭酒。與其這樣，倒不如讓王陽明去做南贛汀漳巡撫，你不是要做聖賢嗎？你不是要「知行合一」嗎？既然如此，就派你到南漳去吃吃苦頭，省得一天到晚耍嘴皮。

但是，推動王陽明為南贛汀漳巡撫的更重要的力量，也可以說是決定性的人物，還是兵部尚書王瓊。王瓊是明朝中期一位難得的幹才，正德時歷任戶、兵、吏三部尚書，嘉靖時又以兵部尚書兼右都御史總督陝西三邊軍務。為戶部尚書則明習國計，各地倉場的儲備、諸邊糧草的多寡，盡在其心中；為兵部尚書則熟知軍情，當時各地都有民變，將士依邊功例，以首級多少論功，王瓊手頭上卻有許多關於江西、四川等地官軍殺平民請功的報告，通過力爭，決定對內地的「賊盜」，只以平定是否論功，革除以首級論功；為陝西三邊總督任上則料敵如神，攻守兼備，和戰互用，多次擊退蒙古瓦剌部和吐蕃的侵擾。

這次起用王陽明為南贛汀漳巡撫，也表現了王瓊的膽略和見識。世人只知王陽明聚眾講學，對孔孟學說有自己的一套看法，不管觀點怎樣，畢竟是學問家，所以御史楊典才提議朝廷讓他做國子監祭酒。至於王陽明除了搬弄學問之外，是否還有統兵理政之才，則誰也沒有把握。只是聽說他十五歲時就單人獨馬去過居庸關外，還驅趕過蒙古人，但那都是少年人的

瞎胡鬧，不能當真；也聽說過他鑽研過兵法，以果品盤碟佈陣，並在督造王越墓時以兵法節制民工，但那也能算是懂兵法？

但王瓊正是在這些道聽途說中了解了王陽明。本朝的武官多是世襲，有幾人領過兵、見過陣？而北禦外敵、南平內亂的，多是文官。當年王越提兵偷襲韃靼於紅海子、韓雍破瑤民於大藤峽，是何等的壯舉！他們以前也並沒有帶過兵，卻比武人更有膽略。王陽明敢於獨出塞外，敢於以一人抗天下、清算朱子的學說，僅這份膽量，大明朝就沒有第二人。

由於王瓊是「本兵」，平「賊」滅「寇」是兵部的事情，所以他的意見起着決定性的作用。

對於明朝的文官們來說，要在仕途上有大的發展，有兩條重要的途徑。一條是考了進士後留在翰林院，像王陽明的父親王華那樣，然後做經筵講官、做內書堂教官，給皇帝留下好的印象，並與司禮太監們搞好關係，則進入內閣比較有希望。另一條是以都察院都御史的身份巡撫地方，成為封疆大吏，獨當一面，然後進京，為都察院的掌院都御史或兵部、吏部尚書，或入閣為大學士。

王陽明在正四品的職位上遷延了好幾年，如果做了國子監祭酒，當然也有望進一步做禮部侍郎、尚書，然後入閣，但這樣的話，他少年時建立軍功的夢想將永遠是夢想。

「巡撫」是明朝從宣德時期開始向各省派遣的中央巡視官員，後來逐漸制度化和地方化，成為省級最高軍政長官，是當時一切有抱負有才幹的官員發揮自己才能的最好職位。巡撫通常掛銜都察院，根據資歷的深淺，分別為「右僉都御史」（正四品）、「右副都御史」（正三品）、「右都御史」（正二品）。[1] 王陽明因是正四品官，所以初任巡撫時只能是「僉都御史」，但從實際權力和地位來說，「僉都御史」的巡撫與「都御史」的巡撫並無區別，

1　關於明代巡撫的問題，參見方志遠《明代的巡撫制度》，《中國史研究》1988 年第 3 期。

都相當於二品大員。這可說是在仕途上邁出了一大步，而更為重要的是有了施展自己抱負的機會。

二、途經萬安戲演兵

正德十一年（1516年）九月，王陽明在南京受命為巡撫南贛汀漳僉都御史。十月，回餘姚老家探望九十七歲的祖母。祖母的身體這兩年有些麻煩。老人年紀大了，說走就走。王陽明這次的省親實有訣別之意。到正德十二年（1517年）的正月十六日，王陽明已在贛州的巡撫衙門辦公了。從接受委任到赴任贛州，前後不到四個月。如果將王陽明出仕之後的幾次大變動作一比較，便可發現他對這些變動的不同態度。

貶謫龍場的旨意是正德元年（1505年）十二月下達的，王陽明正德二年春離開北京、三年春才到龍場，途中花了一年的時間；正德七年（1512年）十二月由吏部考功司郎中升南京太僕寺少卿，王陽明到滁州的時間是第二年八月，前後為八個月。與此相反，正德四年（1509年）底由貴州龍場驛丞升江西廬陵縣知縣，王陽明第二年三月中旬就到任，前後不到三個月；正德五年（1510年）九月得知劉瑾被誅的消息，王陽明一個多月就到了北京；這次為巡撫，從受命到就任，其中包括去餘姚省親，也不過四個月。而省親回南京後，正德十二年（1517年）正月初三日起程，當月十六日便到了贛州，路上的時間還不到半個月。

朝廷讓自己賦閑，則消極怠工；朝廷讓自己幹事，則刻不容緩。這也反映了王陽明的性格特徵。

從南京到贛州，一路都是水道。先是溯長江而上，由湖口入鄱陽湖；再由吳城入贛江，溯贛江而上，途經南昌、臨江、吉安、萬安。這些年來，江西各地都不太平，民變不斷，其中雖然不乏地方不法之徒的作惡和

煽動，但絕大多數的「盜賊」都是因生計所迫鋌而走險的貧苦百姓。關於這一點，王陽明在廬陵時已深有感受，自己曾親眼見到廬陵百姓因不滿鎮守中官的肆意加派而群情激憤，結隊進城。如果當時不是冷靜處理，而是動用武力，很難說不會激起民變。

王陽明在座艙中一路盤算，這贛南、粵北、湘東、閩南，大山連綿，曠地千里，法制不行，民風剽悍，可謂積重而難返。那些佔山據險者，稱王稱霸已有不少歲月，官軍連戰失利，更長了他們的氣焰，短時期內要予以平滅，確實並非易事。他取出吏部在上年十月二十四日下達的第二道公文，上面轉述了以皇帝名義發佈的敕諭：

> 江西、福建、廣東、湖廣各布政司地方交界去處，屢有盜賊生發。因地連各境，事無統屬，特命爾前去巡撫江西南安、贛州、福建汀州、漳州、廣東南雄、韶州、惠州、潮州各府，及湖廣郴州地方，撫安軍民，修理城池，禁革奸弊。一應地方賊情，軍馬錢糧事宜，小則徑自區畫，大則奏請定奪。但有盜賊生發，即便嚴督各該兵備守禦守巡，並各軍衛有司設法剿捕，選委廉能屬官，密切體訪；及簽所在大戶，並被害之家，有智力人丁，多方追襲，量加犒賞；或募知因之人，陰為向導，或購賊徒，自相斬捕，或聽協從並亡命窩主人等，自首免罪。其軍衛有司官員中政務修舉者，量加旌獎；其有貪殘畏縮誤事者，徑自拿問發落。
>
> （《巡撫南贛欽奉敕諭通行各屬》）

朝廷所給的權力，不能說不大。而兵部的公文則特別提到都御史文森因遷延誤事而被處置，內節錄皇帝的敕諭，要求王陽明「着上緊去，不許辭避遲誤」，責任十分重大。

船過萬安了。當年文天祥《過零丁洋》詩說：「惶恐灘上說惶恐，零丁

洋裏歎零丁。」這惶恐灘就在萬安，為贛江中最為險要的一段水路，船隻經過這裏，都需要特別小心。

　　這時正是贛江的枯水期，王陽明的座舟在江水中緩緩上行，卻見前方江面有不少商船停泊不前，不知出了何事。王陽明命舟子將座船靠了上去。一打聽，才知道在前面惶恐灘附近有數百「流賊」，正在攔截商船，搶劫財物。

　　王陽明聞言，不禁暗自發笑，剛剛想到惶恐灘，惶恐灘就發生了事情。不要說自己現在已是巡撫，有撫治地方治安的責任，就是一介平民，按照王陽明的性格，遇上這種事情也要管上一管。

　　王陽明命人豎起自己的巡撫牙旗，將附近商船召集在一起，排成陣勢。然後搖旗吶喊，鼓噪而進。王陽明站在船頭，看看身前身後浩浩蕩蕩的船隊，心中一陣得意。這是他有生以來第二次演練陣法。第一次是在工部做觀政進士時，督修王越墓，以陣法調動民工；這一次卻是完全意想不到的機會，編練起了水師，而這支水師卻盡是由商船組成。

　　轉眼間來到了出事地點，卻見岸邊盡是衣衫襤褸的「賊寇」，他們架起一排排的條木，截住江面，凡過往船隻，均要納錢交物。有幾隻商船正在遭受洗劫。

　　所謂先聲奪人之氣。儘管王陽明所領的都是商船，但這巡撫衙門的旗號和大張旗鼓的聲勢卻令「賊寇」大驚失色，正要一哄而散，卻被王陽明的隨行軍校搶先登岸，截住了去處。「賊寇」無處可走，一齊跪下，有膽子大的則大聲呼喊：我等皆萬安各處的飢民，家中土地遭災，官府不行賑濟，迫不得已，才做這種勾當。

　　其實，不用他們申訴，王陽明也已猜出幾分。

　　中國地域遼闊，氣候條件和生態環境複雜，北方旱災而南方水災，東部蝗災而西部地震，至同一地區水、旱、蝗、疫接踵而至，也都是常有之事。幾年前王陽明與弟子們遊四明山時，浙東地區就正遭旱災。

　　雖說本朝從太祖皇帝開始就立下規矩，各地發生災情，地方官應一面奏報，一面開倉賑濟。但這些年來，儲備日減而災情頻繁，所以從上到下對於賑濟災民的事情也是開隻眼閉隻眼。除非災情特重，災民鬧出些事來，才會去認真對待。但即使開倉賑民，也存在着許多技術問題。一是糧食少而災民多，賑不勝賑、貸不勝貸；二是每當賑濟之時，總有一些災民乃至富戶反覆請貸，使得本來就少而又少的賑災糧更無法滿足需要；三是有些賑糧官吏狼狽為奸，趁着散糧之際，中飽私囊，反倒激化矛盾。當然，也有一些商人趁機屯居積奇，哄抬糧價，加重了糧荒的程度。

　　對於這些問題和弊端，王陽明這些年來也有比較深刻的認識。他同情災民，憎恨發天災財的商人和富戶，對不顧災民死活、克扣救災糧物的貪官污吏更是充滿憤慨。但他作為世家子弟、朝廷命官，也不贊成災民動不動就鬧事。他的主張是，對災民要採取各種辦法進行賑濟，幫助他們渡過難關；但對於不聽政府招撫，一意打家劫舍，乃至與官府為敵的「刁民」，必須鎮壓，毫不手軟。他不是自以為代表民眾利益、與整個社會的腐敗現象宣戰的海瑞，他是肩負着教化民眾、改良社會責任的聖賢。

　　王陽明一直認為，這個社會腐敗到一定的程度，絕不是殺幾個貪官污吏就能解決問題的，也絕不是一味順從民眾就能緩和矛盾的。如果從上到下，從皇帝、百官，到樵夫、漁父，人人都克制自己的私欲，人人都尋回自己正在泯滅的良心，人人都按良心去辦事，天下哪有治理不好的？要尋回良心，既需要每人自身的反省，要「立誠」，也需要社會的規範，要有強制性措施，幫助進行反省。而對於那些不願自我反省、良心業已泯滅的小人、刁民，則必須予以打擊。這既是王陽明正在思考的社會改革方案，也是他由教人「立誠」到提出「良知」的一個思想演進過程。

　　對眼前飢民的處置，以及日後在贛州的舉措，王陽明已經有了一個基本的思路。他命人大聲宣告：江西災情，本院已盡知其詳。定有妥善辦法賑濟。你等身為國家子民，遇有災荒，本應努力自救，不該做這攔路搶劫

之事。須知國家本有法律，一旦逮捕問罪，將置父母、妻子於何處？本院念你等因貧寒所迫，又是初犯，不予追究，就此各自回家，正當謀生，等待官府安頓。

這些飢民本來就無組織，只是因為家裏貧窮，又遭了災荒，想做做無本生意，得些不費力的財物，於是在這惶恐灘頭，越聚越多。此時正是年初，商人多在家中過年，所以往來商船並不太多。飢民中兄弟多的、膽子大的，自然也劫得了不少財物；而膽子小的，只是在岸上瞎起哄，撿一些別人挑剩的粗布舊衣。如今見到這般架勢，又是新任的巡撫上任，飢民們早已嚇得六神無主，聽說既往不咎，各自丟下已經劫得的財物，一哄而散。

王陽明望着這些四下奔逃的飢民，不禁長長地歎了一口氣。至於商人們如何去辨認自己被搶的物品，王陽明已無心過問，也不需要他去過問。王陽明下令舟子，超越商船，往南急駛而去。

三、夜審老吏

正德十二年（1517 年）正月十六日，王陽明來到了南贛汀漳巡撫衙門的所在地贛州。

贛州南倚五嶺，北俯全省，扼贛閩粵湘四省衝要，素有「江湖樞鍵，嶺嶠咽喉」之稱，是江西南部重鎮。發源於南嶺的章、貢二水，穿山越谷，在贛州匯合而成贛江。從漢高祖六年（前 201 年）立贛縣始，這裏先後為南康郡、虔州、贛州及贛州路（元）、府（明）的所在地。到王陽明巡撫此地，贛州建城已有一千七百多年的歷史。

南贛汀漳巡撫始設於孝宗弘治十年（1497 年），是由原江西按察司嶺北分司即嶺北道改置的。自成化以來，江西、福建、廣東、湖廣接壤山區，治安狀況極為混亂，經常發生山民聚眾搶劫過往商人的事件。當地官

府派兵搜捕，山民或憑借地形潛逃，或對人數較少的官兵發起襲擊。時間一長，釀成動亂。為了加強對這一地區的控制，明政府採納了江西地方政府的提議，設立巡撫，管轄江西南安、贛州，福建汀州、漳州，廣東潮州、惠州、南雄，以及湖廣的郴州，共七府一州，組成了一個特別行政區。

這一地區遠離各省統治中心，經濟文化落後，向來就是沒有王法的地方。土著居民和客居僑民之間、家族與家族之間，因為山林、田地及其他事情引起糾紛，里老管不了，也不提起訴訟，而是動輒械鬥。地方官員則多由內地貶謫而來，除了搜刮百姓，大多飽食終日，無所用心。明朝初年，雖然也在這一地區設立了里甲制度，但時至今日，早已名存實亡。巡撫設置之後，形勢並無好轉。從弘治十年（1489 年）開始，到正德十一年（1516 年），近二十年間，巡撫換了幾任，山民聚結守險，搶劫商人，抗拒官兵，而且越鬧規模越大，有不可收拾之勢。

王陽明到贛州的當天，便在巡撫衙門開府聽事。這巡撫衙門也建於弘治時，氣勢恢宏。弘治間曾任巡撫的何喬新對衙門的規制作了如下記敍：

> 前後堂五間，穿堂兩廊，大門、儀門廊廡各若干間，東左建寢室，又東則建賞功所。大門之外，立撫安、鎮靜二坊牌。屏牆之南，又立三司廳，以為巡守、兵備會議白事之所……穿堂峻宇，高閣崇墉，規制壯麗，它鎮所未有也。凡政令之佈、賞罰之施，皆在此。諸帥出兵、受律、獻馘，亦在此。郡縣百司政有弛張，亦必至此白之，而後敢罷行焉。[1]

贛州雖然僻處江西南部山區，卻是當時南北交通的咽喉，所以這巡撫衙門的規制也不是其他巡撫衙門所能比擬，較之王陽明曾經辦過事的南京

---

[1] 何喬新：《新建巡撫院記》，《明經世文編》卷 67。

太僕寺、鴻臚寺，也是不可同日而語。

但此時的王陽明，卻無心去欣賞衙門的氣勢。初到贛州，百廢待興，要做的事情實在太多了。新官上任三把火。當年在廬陵，王陽明的第一把火是燒向鎮守太監、燒向布政司和吉安府的上司們。那麼到贛州後，這第一把火該燒向何方？

其實，王陽明在從南京到贛州的路上，想的也就是這第一把火。

當年漢昭烈皇帝劉備初定川中，諸葛亮以法治川。法正提出疑問，認為蜀人剛剛歸附，用法宜輕，以收買人心。法正還舉例說，秦法太嚴，所以漢高祖約法省刑，因而得到關中父老擁護。諸葛亮卻認為，秦法暴虐，天下皆怨，所以漢高祖以寬仁糾之；劉璋失川中，卻是因生性怯弱、刑法不嚴，所以全無威望，人心渙散，故治蜀應嚴修法治。

本朝建立之初，太祖高皇帝和劉基論政，也曾多次說過，治新國應用輕典、治亂國當用重典，這就叫世輕世重、時輕時重。太祖還認為，元朝失天下，就在於刑法太寬、政令過縱，因此，當以嚴糾其寬、以猛糾其縱。

在王陽明看來，如今的南贛汀漳地區情形也是如此。如果不健全基層社會組織，不強化法治管理，不對民眾進行教化，不糾正文痞武嬉的習氣，民亂將平而復起，永無寧日。做巡撫不比做知縣，而做這南贛汀漳巡撫又不同於他處巡撫，這第一把火必須用猛火，官、民、軍都得燒，集中力量，先將佔山為王的「亂民賊寇」鏟平，再大行教化，使民知法守法。也就是說，要先平滅有形的「山中賊」，再清理無形的「心中賊」。「山中賊」不滅，地方不得安寧，也無法向朝廷交差；「心中賊」不滅，禍亂根源便得不到清除，「山中賊」也就不可能真正得以平滅。一個綜合治理的方案在王陽明的心中逐漸清晰起來。而巡撫衙門一名老吏員的口供，則直接促成了王陽明的第一個行動。

在來贛州的路上，王陽明就聽說贛州居民中有不少為「山賊」提供情報。因此，官府一有舉動，「山賊」已先知曉。來到贛州以後，王陽明通過

幾次小小的試探，發現一名「老隸」即老吏員形跡可疑，斷定是「山賊」的內線。王陽明在觀察人的方面頗有自信。想當年出入佛老、精研相術，也曾小有應驗。而這相術雖被今人說成是迷信，卻包含着當代心理學、精神分析法等科學因素在內。經過一番周折，王陽明摸清了老吏的一些底細。

這天初更時分，王陽明將老吏召到自己的臥室之中，問道：本院蒞任不久，本地鄉情民俗，一概不知。聽說你是本地土著，又久在衙門辦事，是否有所教我？

老吏初聽巡撫召見自己，不免有些緊張。但他久經歷練，所見官員無數，不是只知死啃故紙的書呆子，便是只知中飽私囊的貪財奴，不然，這天下怎會如此不太平？對付這些官員，他早已有一套辦法。對書呆子可以哄騙驚嚇，對貪財奴可以滿其私欲。待聽了王陽明的問話，老吏更是釋然，但仍誠惶誠恐又不失小心地說道：承蒙大人錯愛，本應竭盡努力。但小人雖然久在官府聽差，卻從來不敢過問官家事情，怎敢有勞大人動問？

王陽明聽罷，不覺暗自稱讚，所謂「能言不如會推」，這老吏果然是見多識廣，說起話來滴水不漏。但老吏顯然沒有想到，這一任的巡撫雖然看上去體弱多病，卻既非書呆子，也非貪財奴，而是曾經生死、歷受磨難、敢與天下人抗衡的錚錚鐵漢；而且，還是從小熟知江湖法術、喜歡裝神弄鬼玩把戲的狂放之士。老吏越是表現得沉着冷靜，王陽明就越是堅信自己的判斷。

王陽明對老吏點了點頭，笑道：巡撫衙門缺的就是你這樣辦事小心的老成人。接着話鋒一轉，只是不知這些年來你向山賊送了幾次情報、得了多少銀子？

老吏聽了前半句，正自得意，沒想到接下來竟是當頭一悶棍，當時就險些暈了過去。仗着老成練達，強作笑臉，假裝糊塗，問道：銀子？歷任巡撫都是清官，對下屬愛護有加，可就是從來不賞銀子。

王陽明收起笑容，面沉似水：你這戲法可演給別人看，卻瞞不過本院。

本院從小就看術士演戲，他們的戲法可比你高明得多。你可知道本院的道號叫「陽明子」？還是老老實實說真話的好。

接着，歷數了到任後老吏幾次向「山賊」通風報信的來龍去脈。

老吏做夢也沒想到這位自稱「陽明子」的巡撫竟是如此洞察秋毫，一邊聽，一邊直冒冷汗，雙腿一軟，跪在了地上。

王陽明見狀，心中一陣苦笑。自己每每對人說，少年之時誤入歧途，與術士為伍，又出入佛老、迷戀神仙術，看來倒是有些言不由衷、口不對心。如果不是有當年的經歷，又怎能將這老吏治服？人生在世，要成大事，恐怕還是得多學一些本事，三教九流都要熟知、五花八門均要通曉。

從老吏口中，王陽明得知，不僅贛州城內城外多有通「山賊」者，就是經常替巡撫衙門占卜的陰陽先生，以及在衙門服役的書吏、門子，也有「山賊」的密探。難怪官軍屢屢失利，原來軍馬還未出動，「山賊」便已知道，早就作了防禦準備。一個雙管齊下的計劃在王陽明心中形成了。

四、初行「十家牌法」

正德十二年（1517 年）正月下旬，江西、福建、廣東、湖廣交界府縣先後出現了以南贛汀漳巡撫衙門名義發佈的告示。這篇名為《十家牌法告諭各府父老子弟》告示的大意是：

本院奉命巡撫此地，是要剪除那些佔山據險、風高放火、月黑殺人、禍害鄉里的賊盜，以安定地方、保護良善。但是，由於才力有限、智慮不及，雖有愛民之心，卻無愛民之政。故此，希望得到本地父老的支持，以彌補本院才智的不足。本地軍民人等，凡有便民利民的設想，都可來巡撫衙門面陳或投書以告，本院當取其善者而行之。今先行十家牌法，望各家都要遵守。

根據「十家牌法」，每家都有一塊粉牌，粉牌的右邊標題寫明「某縣某坊民戶某人」，接下來是該戶屬某坊某都某里里長某人下。如該戶是軍戶，則寫明屬某千戶所某總旗某小旗隊長某人下；如是匠戶，則寫某里某甲下某色匠，如木匠、石匠、鐵匠、泥瓦匠等；如是客戶，則寫明原籍某處某里某甲下，是何戶種，在本地的何里何甲居住，從事何種職業；如是官戶，則寫明在某衙門某官下，做何種職業；如在本地購買了土地，則要寫明土地原來的主人及買田時的保人是誰。接下來便是各家有男丁幾人，在家幾人、外出幾人，以及各人的名字、年齡及從事的職業。然後是婦女幾人、房屋幾間，是自己的房子還是租用的房子；如有寄宿客人，要寫明客人的原籍在某處，來此作何生理等等。[1]

告示規定，每十家為一甲，發一塊木牌，照樣式寫好，十家輪流掌管。每天的酉牌時分即傍晚，當值的一家戶主須持這塊牌子往九家巡視，根據各家的粉牌查審：某家今夜少了某人，往何處，幹何事，何日回來；某家今夜多了某人，是何姓名，從何處來，來幹何事。巡視完後，連同自家的情況，通告各家。如有可疑處，應立即告知官府。如有隱瞞，一旦事發，十家同罪。

這套辦法對於從來不受拘束的四省邊界居民來說，實在是過於繁瑣，自王陽明己也感覺到了這一點，所以在告示中予以特別聲明：

> 今為此牌，似亦煩勞。爾眾中間固多詩書禮義之家，吾亦豈忍以狡詐待爾良民？然欲防奸革弊，以保安爾良善，則又不得不然。父老子弟，其體此意。自今各家務要父慈子孝，兄愛弟敬，

---

1 按明朝制度，縣之下為都，都之下有里、甲，為基層政權組織。王陽明在管轄區推行的十家牌法，便是以里甲制度為基礎的。戶籍則分民戶、軍戶、匠戶、官戶、灶戶（即鹽戶）等，客戶則為外地來本地謀生但尚未正式入本地戶籍的人口。故十家牌法都要說到。關於這方面的情況，參見方志遠《明代國家權力結構及運行機制》下篇，科學出版社 2008 年版。

夫和婦隨，長惠幼順，小心以奉官法，勤謹以辦國課，恭儉以守
家業，謙和以處鄉里。心要平恕，毋得輕意忿爭；事要含忍，毋
得輒興詞訟。見善互相勸勉，有惡互相懲戒。務興禮讓之風，以
成敦厚之俗。(《十家牌法告諭各府父老子弟》)

　　行十家牌法，是王陽明平滅「山賊」計劃中的第一步，即首先切斷城
鄉居民與「山賊」的聯繫。公開的告示只是給民眾打招呼，要真正實行，
還得靠官府的督促和檢查。為此，王陽明連續給所屬的按察司分巡道、兵
備道，布政司分守道，以及府州縣大小衙門發佈通告，告知新巡撫已經上
任，要求各級官員將各自轄區的治安情況及兵馬錢糧狀況進行稟報，並對
平滅「山賊」提出建議。同時，要求在各府州縣推行十家牌法。
　　在給各按察司分巡道的指令中，王陽明特別說明了推行「十家牌法」
的真正用意：

　　　照得本院巡撫地方，盜賊充斥。因念禦外之策，必以治內為
先。顧蒞事未久，尚昧土俗，永惟撫緝之宜，懵然未有所措。訪
得所屬軍民之家，多有規圖小利，寄住來歷不明之人，同為狡偽
欺竊之事。甚者通賫賊，而與之傳遞消息；窩藏奸宄，而為之盤
據由緣。盜賊不靖，職此其由。(《案行各分巡道督編十家牌》)

　　由於居民多通「山賊」，所以才行十家牌法，其實是行十家連坐法，
一家「窩藏」或者暗通「山賊」，十家連坐。通過這種辦法，使得居民不
敢和「山賊」接觸，斷其內應和糧食補充。
　　王陽明要求各分巡道將他的指令立即下達給所屬府、縣，由掌印官親
自負責，依照樣式製作「十家牌」，沿街沿巷、逐鄉逐村，挨次編排，必
須在一個月之內完成。各道要嚴加督察，到時檢查，將所造名冊繳巡撫衙

門，以備查考。依違拖杳、過期未辦者，罰；急公忘私、編排及時者，獎。

話雖如此，但南贛汀漳巡撫所轄的地域是如此的遼闊，地形又是如此的複雜，不要說一個月內編排完十家牌，就是每個鄉、村都走一遭也來不及。王陽明雖說是歷經磨難，也做過幾個月的廬陵知縣，但廬陵縣再大，比起今日南贛汀漳巡撫所轄範圍，也不過是彈丸之地。初為封疆大吏，第一次來這四省接壤地區，正如王陽明自己所說，確實因「蒞事未久，尚昧土俗」。

而且，不但城鄉居民，就是各縣、各府、各道官員也從來沒有做過如此煩瑣的事情。官員們都知道商鞅曾經行過什伍連坐法，但那是秦朝的苛法，如今是什麼世道，也搞十家連坐法？

但王陽明有自己的想法和個性。雖說「山賊」中多屬貧苦農民，但一日不平，地方一日不得安寧，對政府、對百姓都沒有好處，自己也無法向朝廷交代。要平滅「山賊」，就必須切斷他們和城鄉居民的聯繫。因此，不管有多大的阻力，十家牌法必須推行。而能否推行，又在於各級官員的是否認真辦事。

王陽明再次發佈指令，對有些官員將「十家牌法」視為虛文進行了嚴厲斥責，重申編排十家牌法的辦法，並特別強調了吏部在給他的任命中所引用的「聖諭」：「軍衛有司官員中，政務修舉者，量加旌獎；其有貪殘畏縮誤事者，徑自拿問發落。」

世界上的事情就怕認真，各級官員辦事拖杳，主要原因便在於他們上司不認真。因此，如果與自己的權力、地位，以及合法、非法收入無關，很少有人會去認真辦事。而權力、地位是否鞏固並加強，以及收入是否增加，又往往不在於辦事是否認真即所謂的政績，而在於是否善於鑽營，是否會滿足上司的私欲。人人都利用職務牟取個人私利，又怎能去認真辦事？但是，當不認真要影響到自己前程的時候，哪就不得不認真了。

王陽明的一絲不苟，使得大小官員也不能不認真了。一時之間，「十家

「牌法」倒真在贛州、南安等府的一些屬縣推行起來了。王陽明再接再厲，在十家牌法的基礎上，又推出了保長法，與十家牌法一道，構成了保甲法。

王陽明在《申諭十家牌法增立保長》的通告中說，原十家牌法各甲沒有設牌頭，原因是避免煩瑣侵擾。但鄉村往往不安定，一旦遇有「盜賊」，束手無措，任憑搶劫，因此必須有所統紀。他要求府、州、縣在各鄉各村推選出一位才行為眾人所信服者為保長，遇上「盜警」時統率各甲進行截捕。同時，要求城郭坊巷及鄉村，都在要地置鼓一面。村與村之間離得遠的，要立起鼓樓。遇有「盜賊」，便擊鼓報警。一巷擊鼓，各巷齊應；一村擊鼓，各村齊應。聽到鼓聲，各甲居民各執器械，聽從保長的指揮，一齊捕盜。如有聽到鼓聲卻藏匿不出，或故意後出的，保長與同甲鄰里舉告到官，要重加處罰。但保長平日不得干預詞訟等事，不得武斷鄉曲。

保甲法一推行，城鄉果然安定了許多，小股的「盜賊」吃了虧，也不敢輕易搶村劫巷了。

五、練民籌餉

推行保甲法，地方大抵可以安定，但要平滅「山賊」，還須有一支可用的軍隊。但王陽明一經檢閱當地庫藏及駐軍，不禁暗自叫苦。贛州是江西南部重鎮，卻府庫空虛；贛州衛額定兵員應有五千餘人，但逃散殆盡；贛州府及贛縣的機兵捕快，也名實不副，供役人員不及名冊的一半。巡撫衙門所在地的贛州尚且如此，其他府縣可想而知。

早就聽說官軍不可用，內地官軍尤不可用，卻沒有想到有這樣嚴重。難怪這些年來地方有事，總是向朝廷請兵。等到兵部請旨、各部反覆議論、朝廷調兵遣將，小亂早已釀成大禍。南贛汀漳等地也是這樣，一有動亂，便請派兵；朝廷派來的軍隊，多是湘西或貴州、廣西少數民族的「狼

兵」，一往一返，最少也要上年。「狼兵」一到，「山賊」便潛伏不出；「狼兵」一走，「山賊」又出來活動。靡財耗餉，卻無濟於事。特別是「狼兵」每到一地，當地政府和民眾不但要提供食宿，還得捐贈財物，以事犒賞；「犒賞」不及或不滿意，「狼兵」便大肆掠奪。所以當時有民謠說：「賊如梳，兵如篦。」寧願來「賊」，也不願來兵。

王陽明決心改變這種情況。他不相信離了官軍和「狼兵」就一事無成，古代善於用兵者，可以驅市井之民為軍、率烏合之眾為戰。既然孫子可以演練女兵，章邯帶着一幫囚徒就能平滅陳勝、吳廣，難道自己管轄着八府一州之地，就練不出一支可用之兵？他的信條是：「事豫則立，人存政舉。」只要思慮周密，條件許可，有人帶頭去做，沒有做不好的事情。

正在這時，江西嶺北道兵備副使楊璋的一個報告給王陽明以啟發。楊璋說，他已對所屬各縣的機兵捕快進行了挑選，將身強體壯者重新加以編練，較往日大不一樣。王陽明這些天考慮的也正是這個問題，江西各縣的捕快可以編練，福建、廣東、湖廣的捕快也可以編練。但光靠機兵捕快僅可用以守護城池及關隘，至於深入「賊」穴、衝鋒陷陣，無論從人數上還是素質上都難以勝任。一個大規模選練民兵的計劃醞釀成熟了。

王陽明要求四省各分巡道的兵備副使，在所屬各縣的弩手、打手、機兵、捕快之中，挑選「驍勇絕群、膽力出眾之士」，每縣多則十幾人，少則八九人；如數量不夠，則懸賞招募，重賞之下，必有應募者。江西、福建兩兵備道，各召五六百人，廣東、湖廣兩兵備道，各召四五百人。從中再選出勇力、膽識尤其出眾者，用為將官。又從衛所軍官中挑選武藝出眾、有實戰經驗者，對民兵進行正規訓練，使其熟悉金鼓號令、進退步法，以及攻防之術。編練民兵是兵備道的責任，巡撫衙門則時加督察，偶爾進行調遣，檢驗其機動能力。

王陽明對這支新編的民兵寄予了很高的期望，稱之為「精兵」。而實際上，在以後對四省山區義軍及慣匪的戰鬥中，這支民兵也真起了核心和

骨幹作用。

　　光有兵還不夠，有兵則要有餉，而這又是當時最為棘手的事情。所謂重賞之下必有勇夫，有錢不怕無兵，有兵卻怕無錢。當時的明政府財政拮据，不可能給各地撥出演練民兵的費用。況且，這演練民兵，在當時也是新鮮事。政府曾號召過北方邊境地區招募「土兵」，至於內地，卻還無先例。地方官從來就是多一事不如少一事，遇有民變，能鎮壓則鎮壓，無法鎮壓則上報朝廷。只要上報及時，朝廷也無法怪罪。這已成通例。王陽明既然自己挑起了這件事情，則兵餉也得靠自己籌措。

　　朝廷無餉可撥，地方府庫空虛，但又不能加重當地民眾的負擔，否則，「盜賊」將越剿越多。因此，王陽明將籌款的重點放在疏通鹽法、提留商稅上。

　　首先是鹽。中國人說，每日開門七件事，柴米油鹽醬醋茶，比起其他六件事，食鹽顯得意義更為重要。醬醋茶未必每人每日都需要，柴米油各地都有生產，食鹽的產地卻非常有限，而且沒有替代品，因而歷代中央及地方政府均將食鹽視為重要的財源。

　　明朝建立以後，對食鹽的生產與銷售進行了嚴格的控制。商人支鹽需要鹽引，而且支鹽和賣鹽都有指定的地點。根據明初的規定，只有淮鹽可以在江西銷售，後經南贛巡撫的力爭，南安、贛州二府允許銷廣鹽。廣鹽進入江西時，需向贛州鈔關交納鹽稅，南贛巡撫可從這些鹽稅中提取一部分作為地方經費。從實質上說，商人行鹽地的規定和變化，也是商人及各地政府利益分配的增損。多爭取一些鹽稅，可以增加財政收入而不直接加重當地民眾的負擔。

　　其次是稅。由於倭寇的騷擾，以及統治者希望建立一個穩固不變的政治社會，明政府長時期實行海禁。接待外國使者及管理朝貢貿易的市舶司也由元朝的七個減為三個，而且規定，寧波市舶司只許接待日本使者，泉州市舶司只許接待琉球（今日本沖繩）使者，只有廣州市舶司能接待東南

亞及印度洋諸國的商人，實際上是廣州一口通商。這樣一來，不僅南北貿易，而且對外貿易也主要依靠運河——長江——贛江——北江這一水上通道。南來北往的商人，都要通過南安、贛州，並交納商稅。而對於商稅的分割，中央和地方之間也經常發生討價還價。

王陽明認準了這兩個財源，連續給朝廷上疏，要求：第一，不僅南安、贛州繼續行廣鹽，而且將廣鹽的行銷範圍擴大到吉安、臨江、袁州；如商人在南安、贛州二府賣鹽，需按十抽一的原例納稅，如在吉安等三府賣鹽，因利潤更大，應按十抽二的比例交稅。（《疏通鹽法疏》）第二，整頓南安折梅亭、贛州龜角尾兩個稅關，統一在龜角尾收稅，這樣，來往商人不覺繁複，但也無法偷稅漏稅，更為重要的是，可以革除奸吏貪污及因為收受賄賂而少收或不收商稅的積弊。第三，在當地的民亂沒有平定之前，這些商稅留作南贛巡撫平亂的軍費。

經過反覆的陳述和交涉，朝廷同意了王陽明的要求，加上對貪官污吏贓銀的追索，編練民兵的軍費問題基本解決了。當然，朝廷不可能等着王陽明一步一步將十家牌法、選練民兵、籌集軍費等事項做完後再去「剿賊」，恰恰相反，只有不斷得到「剿賊」的捷報，才可能對王陽明一個接一個的要求予以滿足。王陽明對這一點看得十分清楚，他必須以戰績來換得朝廷對自己的支持。

六、「破山中賊」—— 漳南鏖戰

南贛汀漳巡撫的設置，因為這一地區是動亂的多發區；朝廷委任王陽明為南贛汀漳巡撫，是要他儘快平定民亂。三十年前，王陽明還是十五歲的少年時，就曾摩拳擦掌，要上疏朝廷，為平定荊襄地區發生的民變出謀劃策。如今，為國家效力和檢驗自己能耐的時候算是到了。

　　正德十二年正月初三，王陽明離開南京往贛州，在經過南昌的時候，便接到福建、廣東兵備道的報告，說是遵照二省巡撫都御史、巡按御史的指令，已分頭向活動在福建、廣東交界漳南山區的詹師富等「山賊」進剿。[1] 王陽明不禁一怔，漳南山區地形複雜，詹師富等人鬧事已近十年，早將官軍的行動規律摸得一清二楚；兩省軍隊分頭進剿，必然行動不一致、號令不統一，這次「進剿」看來是凶多吉少。果然不出所料，正月十六日王陽明剛到贛州，敗報便送到了巡撫衙門。

　　一份報告是由福建右參政艾洪等人署名的。報告說，指揮覃桓、縣丞紀鏞領兵進剿「山賊」，不幸被中了埋伏，突圍時馬陷深泥，被「山賊」殺害。另一份報告是各路軍官聯名上呈的，說是「賊寨險惡，天氣漸暖，我兵遭挫，賊勢日甚，乞要奏添狼兵，候秋再舉」，等等。

　　王陽明見了這些報告，心裏反倒踏實了。南、贛等處的動亂所以無平定之日，很大的原因便在於官軍進剿無方。每當朝廷下令督促，各地便分兵「進剿」，「進剿」失利，便尋找各種理由，要求退兵，美其名曰以圖再舉，其實是等着朝廷調「狼兵」。「狼兵」剿「賊」成功，上上下下都有功勞；「狼兵」進剿無效，則說明「山賊」勢力過大，無法平滅，人人都不需承擔責任。眼下的情況又是這樣。

　　但王陽明根據巡撫衙門老吏的口供，對各地「賊情」已有了大致的了解。比較而言，勢力最大、最難破滅的「山賊」是在江西和廣東交界的橫水、桶崗、浰頭。他決定先易後難，繼續對福建漳南山區用兵，首先平滅以詹師富為首的「山賊」，解除後顧之憂，然後再進剿橫水等地的「山賊」。

　　當時用兵打仗都要先行占卜，以測吉凶，但為各衙門占卜的陰陽先生

1　由於《明史紀事本末‧平南贛盜》、《鴻猷錄‧再平江西》、《明史‧王守仁傳》等均將詹師富說成是「大帽山賊」，所以後來研究明史者多以為王陽明正德十二年上半年平滅的是「大帽山」的民變。但據王陽明《閩廣捷音疏》和黃綰《陽明先生行狀》，以及《明武宗實錄》、《國榷》等，這一次戰鬥實在廣東、福建交界的福建靖南縣境進行，而戰鬥最激烈的地點，則在靖南縣平和鄉的象湖山。因此，將詹師富說成是江西或福建的「大帽山賊」或大帽山農民起義領袖都是不恰當的。

也多是「山賊」的密探，官軍一有行動，「山賊」早已知曉，所以每每失利。王陽明既然從老吏口中得知這一消息，便將計就計，揚言要從漳南山區撤兵，待平了橫水、桶崗，再行進剿。消息一傳出，橫水、桶崗「山賊」各自守險設伏，準備迎擊官軍，漳南山區的「山賊」則設宴相慶。假消息發出之後，王陽明卻星夜兼程，從贛州領兵進駐福建長汀、上杭，嚴令各軍，不得因小挫而氣餒，立即向分散在各處的「山賊」發起進攻。

漳南山區「山賊」聽說官軍撤兵向橫水，盡皆懈怠，沒想到突然遭受襲擊，猝不及防，紛紛退往福建漳州府南靖縣平和鄉的象湖山。王陽明指揮官軍及民兵，兵分三路，直撲象湖山。「山賊」憑借山勢險峻，用滾木巨石抗擊官軍。戰鬥從早上一直進行到中午，雙方死傷慘重。但另有數千官軍受王陽明密遣，由間道在「山賊」的後方發起攻擊。「山賊」腹背受敵，潰散而逃，官軍乘勢追擊。

這次平滅漳南山區的戰事從正德十二年（1517 年）正月初開始，到三月底結束，前後持續了近三個月。「山賊」被殺二千七百餘人，俘虜一千五百餘人，落入山澗深谷喪生者不計其數，至少有三千多間房屋被官軍燒毀。另有四千多名「山賊」被招撫，安插復業。十年來令福建、廣東、江西三省官府晝夜不安的漳南山區「賊首」詹師富，在可塘洞被俘。

這是南贛汀漳巡撫設置以來從未有過的大勝仗，而且是在朝廷沒有發一兵一卒、沒有撥一文錢一粒米的情況下反敗為勝的。事實證明，「陽明子」不僅僅能講學、能談學問，而且具有軍事天才。王陽明在給朝廷的報捷疏中不無得意地說：

> 閩廣賊首詹師富、溫火燒等恃險從逆已將十年，黨惡聚徒，動以萬計。鼠狐得肆跳梁，蛇豕漸無紀極；劫剝焚驅，數郡遭其荼毒；轉輸征調，三省為之騷然。臣等奉行誅剿，三月之內，遂克殲取渠魁。掃蕩巢穴，百姓解倒懸之苦，列郡獲再生之安。

（《閩廣捷音疏》）

當時福建南部發生旱災，整個三月沒有下雨。但就在王陽明接到前方捷報文書、行將從上杭回師江西時，卻連續下了三場大雨。實在是好兆頭。幕吏們建議，應將上杭臨時行臺的大堂取名為「時雨堂」，王陽明欣然同意，不僅寫了一篇《時雨堂記》，還連續寫了三首《喜雨》詩，茲錄其中兩首。

其一

即看一雨洗兵戈，便覺光風轉石蘿。
順水飛檣來買舶，絕江喧浪舞漁蓑。
片雲東望懷梁國，五月南征想伏波。
長擬歸耕猶未得，雲門初伴漸無多。

其三

吹角峰頭曉散軍，橫空萬騎下氤氳。
前旌已帶洗兵雨，飛鳥猶驚捲陣雲。
南畝漸忻農事動，東山休共凱歌聞。
正思鋒鏑堪揮淚，一戰功成未足云。

七、提督南贛軍務

初戰告捷，王陽明開始在軍中建立起了威望。也就在平定漳南「山賊」的戰鬥中，王陽明進一步發現了官軍缺乏紀律、機動性差的弱點。因此，戰事一結束，便利用自己剛剛樹立起來的威望，進行軍隊改革。

　　王陽明以這次參加征討南漳的軍隊為試點，對原有軍事編制加以調整：每二十五人編為一「伍」，每伍設一「小甲」即伍長；兩個「伍」即五十人為一「隊」，每隊設一「總甲」即隊長；四隊即二百人為一「哨」，每哨設一「哨長」；兩哨即四百人為一「營」，每營設一「營官」及兩個「參謀」；三個營即一千二百人為一陣，每陣設有「偏將」；二陣即二千四百人為一軍，每軍設有副將。偏將、副將的設員根據需要而定。同時規定，副將可以罰偏將、偏將可以罰營官、營官可以罰哨長、哨長可以罰總甲、總甲可以罰小甲、小甲可以罰伍眾。這樣便可以「上下相維、大小相承，如身之使臂、臂之使指，舉動如一，治眾如寡」。而這個「身」，自然是全軍統帥王陽明自己。

　　為了使各部隊間相互熟悉，每「伍」還發有五塊木牌或竹牌，每五人一塊，牌上寫着同伍二十五人的姓名，以便聯絡，這牌叫作「伍符」。每一隊造兩對牌，編立字號，稱「隊符」，一塊由總甲保管，一塊藏於巡撫衙門。哨、營也分別設有「哨符」、「營符」。這些「營符」、「哨符」、「隊符」，實際上起着兵符的作用，既便於調動軍隊，又可以防止奸偽。遇有征調，巡撫衙門發出符牌，各隊、哨、營合符之後，立即執行。

　　這些名堂都是王陽明少年時在兵書上見到的，這個所謂的伍、隊、哨、營、陣、軍及小甲、總甲、哨長、營官、偏將、副將等的設置，就是倣照春秋時期管仲在齊國的方法。而春秋時期魏公子信陵君竊符救趙的故事，王陽明當然更不會忘記，沒想到如今都派上了用場。

　　有了初戰告捷的本錢，王陽明也開始向朝廷要求更大的權力。要辦大事，就需要有大的權力；而且，要在部屬中樹立起更高的威望，也需要使他們認識到朝廷對自己的倚重。

　　王陽明向朝廷報告說，南漳之「賊」既平，接下來就要進攻比南漳之「賊」勢力更大、更不易對付的橫水、桶崗、浰頭之「賊」。而平定這些「山賊」，有兩種辦法。

　　一種是傳統兵法所說的「十圍五攻」的辦法，即眼下有兩萬名「山賊」，朝廷可調集十萬人馬，包括邊軍和「狼兵」，進行圍剿。不過這樣每天得耗費軍餉上千兩，還要用七十萬民伕運送給養，從調集部隊到發起進攻，要費一年時間，「狼兵」和邊軍所過之地，百姓得承受騷擾和掠奪之苦，至於「山賊」能否真正平滅，尚在兩可之間。

　　另一種辦法，是「假臣等以賞罰重權，使得便宜行事，期於成功，不限以時」。你朝廷給我充分的自主權和賞罰權，不要急於求成，不要動輒掣肘，這樣，我可以根據時機的成熟與否，剿撫結合、相機而動，朝廷沒有興師動眾、糜兵費餉之累，百姓也沒有運糧運草、橫遭劫難之苦。（《攻治盜賊二策疏》）

　　兩種辦法孰優孰劣，自然不言而喻。王陽明言猶未盡，他繼續闡述：

> 　　古者賞不逾時，罰不後事。過時而賞，與無賞同；後事而罰，與無罰同。況過時而不賞、後事而不罰，其何以齊一人心、作興士氣？雖使韓（信）、白（起）為將，亦不能有所成。誠得以大軍誅賞之法，責而行之於平時，假臣等令旗令牌，便宜行事，如是而兵有不精、賊有不滅，臣等亦無以逃其死矣。（《年譜一》）

　　這無疑是向朝廷立下了軍令狀，也是向朝廷進行要挾。這道奏疏發出以後，在朝中引起了軒然大波。一方面，人們不得不對王陽明刮目相看，這位以講學而著名的學者竟能不用朝廷調兵撥餉，領着一班既無紀律、又缺乏訓練的烏合之眾，談笑之間便平滅了為患十多年之久的「巨寇」；另一方面，當權者們又對王陽明的態度感到憤怒，平日開口閉口說聖賢道理、說為學問者不計功名，而且動不動就上疏要求歸養，一旦建立了功名，竟如此向朝廷進行要挾。但憤怒歸憤怒，畢竟除了王陽明外，本朝還沒有發現第二人能夠辦下如此漂亮的事情。

兵部尚書王瓊更是眉飛色舞。當年他推薦王陽明做南贛巡撫時，就有不少反對意見，因為他的堅持，任命才得以發出。他要讓內閣的秀才們看看，他王瓊的眼光是如何了不起。他認為，要從根本上解決南贛的「盜賊」，就必須滿足王陽明的要求，而內閣首輔楊廷和也並非只是知道寫寫文章，他對於大局的把握，在當時也是無人可以取代的。

由於在這一問題上內閣和兵部的意見一致，所以在王陽明上疏之後的三個月，朝廷的委任書就下到了贛州。兵部的委任書照錄了皇帝的「御批」：「王守仁着領提督南、贛、汀、漳等處軍務，換敕與他。欽此。」話很簡單，卻很關鍵。明朝中期以後的巡撫雖說是一省的最高軍政長官，但只有明確了「提督軍務」，才能真正調動軍隊。由內閣起草的敕諭對這一新委任作了具體說明：

> 江西南安、贛州地方，與福建汀、漳二府，廣東南（雄）、韶（州）、潮（州）、惠（州）四府，及湖廣郴州桂陽縣，壤地相接，山嶺相連，其間盜賊不時生發，東追則西竄，南捕則北奔。蓋因地分各省，事無統屬，彼此推調，難為處置。先年嘗設有都御史一員，巡撫前項地方，就令督剿盜賊。但責任不專，類多因循苟且，不能申明賞罰以勵人心，致令盜賊滋多，地方受禍。今因所奏及該部覆奏事理，特改命爾提督軍務，撫安軍民，修理城池，禁革奸弊。一應軍馬錢糧事宜，俱便宜區畫，以足軍餉。但有盜賊生發，即便設法調兵剿殺，不許踵襲舊弊，招撫蒙蔽，重為民患。其管領兵快人等官員，不問文職武職，若在軍前違期並逗留退縮者，俱聽軍法從事。生擒盜賊，鞫問明白，亦聽就行斬首示眾。（《換敕謝恩疏》）

根據原來南贛汀漳巡撫的委任，軍馬錢糧事宜，小則自行區畫，大則

奏請定奪；遇有「賊」情，「嚴督」各官剿捕；犒賞懲罰，只能「量加」進行。如今一兼提督軍務，則軍馬錢糧事宜，無論大小，「俱便宜區畫」；遇有「賊」情，則可「調兵剿殺」；特別是無論文官武將，有不聽號令者，「俱聽軍法從事」。兵部還發下了八副旗牌，以壯其軍威。

　　這巡撫的權力一大，江西鎮守太監畢真有些眼紅了。他也向朝廷上疏，希望這南贛汀漳和江西一樣，也由他來監軍。如果按當時的慣例，鎮守太監的這個要求應該說是合理的。但兵部尚書王瓊是位有主見的人物，要用王陽明，就要讓他有真正的決策權，不能又讓他人去掣肘，但這話還不能直說。當鎮守太監的要求下到兵部處理時，王瓊輕描淡寫卻又堅定不疑地說了一條原則：用兵之道，最忌遙控，南贛在南昌千里之外，軍情變化萬端，如果遇事都要先和南昌的鎮守商議，豈不誤了大事？鎮守太監自然也不願意因為要攬南贛的權而放棄南昌的權，只得作罷。[1]

八、「破山中賊」──用兵南贛

　　在向朝廷討價還價的同時，王陽明沒有忘記對盤踞在南贛地區「山賊」的用兵部署。南贛「山賊」，主要有三大股：橫水、桶崗、浰頭。橫水、桶崗位於江西西南部上猶、南康、大餘之間的大山之中。這一塊東西、南北各約三百來里的地面，本來荒無人煙，後來有不少廣東流民來到此地，開始是砍山燒炭、墾荒種地。天長日久，人口越聚越多，又有本省吉安府

1　此據《陽明全書》《年譜一》。王陽明在給王瓊的信中說：「守仁不肖，過蒙薦獎，終始曲成，言無不行，請無不得。既假以賞罰之權，復委以提督之任，授之方略，指其迷謬，是以南贛數十年桀驁難攻之賊，兩月之內，掃蕩無遺。」（《與王晉溪司馬》）可見王瓊在擴大南贛巡撫權力中的作用。《明武宗實錄》的修撰者們出於對王瓊的不滿，也遷怒於王陽明，在說到將巡撫南贛汀漳改為提督南贛汀漳軍務之事時念念不忘要進行抨擊：「守仁之改提督，實結（王）瓊得之，故凡奏捷章疏，專歸功於瓊，極其諛佞，瓊亦甚加稱獎，奏請無壅，賞賚稠疊，權譎相附，識者鄙之。」但也不能不承認：「然守仁驅不教之民，剪滋蔓之寇，不及數月遂成大功，其智略亦不可少云。」（卷一六四）

萬安、龍泉（今遂川縣）等縣的農民及手工業者為逃避徭役而潛入。流民開始因山場、田地的歸屬等問題與當地土著居民發生糾紛。地方官府在這些爭執中自然是維護土著居民的利益，流民只能通過自己的力量來保護自己。加上流民中多雜有流氓無賴之徒，往往挑起事端，搶劫殺掠也就難以避免。官府出面干預，流民則行抵抗，遂釀成武裝衝突。時間一長，流民結成了近百股武裝勢力。其中勢力最大的是橫水謝志珊和桶崗藍天鳳，都已建號稱王。

浰頭有上、中、下之分，又稱「三浰」，位於廣東龍川、河源二縣北部與江西龍南縣的交界地區，也是廣東本省及江西流民的集聚地。和橫水、桶崗情況相似，浰頭的流民也先是佔耕田地、繼而武裝集結，與官府為敵。從弘治末開始，二十年來，浰頭成為廣東、江西、福建三省動亂的淵藪。這裏的鬧事流民曾活捉河源縣（今河源市）的主簿、俘虜南安府的經歷、綁架龍南縣的縣官、殺死信豐千戶所的千戶。浰頭流民中最著名的首領池仲容自稱為王，至於自稱為元帥、總兵、都督、將軍者不計其數。官府認為，在江西、廣東、福建三省的「山賊」中，浰頭「山賊」是最難對付的。

王陽明仔細分析了當時的形勢，確定了先取橫水，再平桶崗，最後攻三浰的進兵計劃。但有消息說，朝廷已批准湖廣巡撫陳金的建議，調集三省駐軍，夾攻桶崗。王陽明對這一提議大不以為然。他認為，三省夾攻，必須彼此約定日期，同時並舉，方能成功。但「兵無定勢，謀貴從時」，要使三省之兵統一行動，必然失去時機；而且橫水、桶崗在江西、湖廣交界處，只需二省合擊，無須廣東兵馬遠涉山水。另外，從湖廣來看，桶崗為「山賊」的咽喉，而橫水、左溪則為腹心；從江西看，橫水、左溪是腹心，桶崗則為羽翼；三省夾攻的提議者完全不懂兵法，放着「山賊」腹心的橫水不進攻，卻汲汲於桶崗，將自己置於橫水、桶崗兩股「山賊」之間，必然腹背受敵。但是，由於三省夾攻策早已傳出，王陽明決定再次將計就

計，明令攻桶崗，暗中取橫水。

　　正德十二年（1517 年）十月初七日，王陽明祕密調動部隊，向橫水進兵。為了萬無一失，王陽明對這次進攻做了周密的部署：都指揮許清、贛州知府邢珣、寧都知縣王天與各領一軍攻橫水，南安知府季斅、守備郟文、汀州知府唐淳、縣丞舒富各領一軍攻左溪，吉安知府伍文定、程鄉知縣張戩領兵四處防守，截殺逃遁「山賊」。王陽明自己則將行營遷到離橫水三十里的南康縣（今南康市）至坪，以便就近指揮。另外，事先挑選了四百名身體強壯而有膽量的山民及樵夫，每人攜帶旗鼓火藥，潛入橫水附近的高山絕壁之上，等官軍進攻時，張旗擂鼓，鳴炮吶喊，以擾亂「山賊」的鬥志。

　　十月十二日黎明時分，官軍在蒙蒙霧雨的掩護之下，向橫水發起了進攻。橫水流民首領謝志珊等人早就聽說官軍要合擊桶崗，不免有鬆懈之意，睡夢之中被驚醒，聞知官軍攻山，急忙組織抵抗。

　　官軍正面仰攻橫水的十八面隘，多有損傷。流民們則憑借山高路險，節節抗擊。突然，遠近山谷炮聲雷動，煙霧之中，山頭山腰盡是官軍旗號。流民大驚，不知是四百名山民、樵夫虛張聲勢，卻以為官軍已經攻佔了各處要隘，一時間全無鬥志，紛紛潰逃。橫水一破，左溪也隨之瓦解。謝志珊等人借着地形熟悉，向桶崗而逃。官軍乘勝追擊，摧毀了五十多處流民居住點，殺死和俘虜「山賊」及家屬共四千多人。

　　南贛文武官員自與「山賊」打交道以來，總是提心吊膽；當地官軍也從來沒有打過這樣順利的仗，眼見橫水頃刻而下，不禁士氣大振。為勝利所陶醉的官員們建議立即向桶崗進攻，王陽明卻下令犒賞三軍，就地休息。

　　幾個月來，由於在平滅漳南及南贛各地「山賊」的戰鬥中連連得手，軍官們早已將王陽明視若神明。如今又輕而易舉地攻取了橫水，更是欽服。但他們對王陽明緩攻桶崗的決定卻感到困惑，相約來到行營，請主帥指點迷津。

王陽明問明眾人的來意，笑道：當年岳武穆說過：「陣而後戰，兵法之常；運用之妙，存乎一心。」用兵並無常道，在於隨機應變。「兵貴神速」固為千古真諦，卻不能墨守成規。我軍襲取橫水，可說是兵貴神速。但文武之道，須一張一弛。桶崗天險，四周壁立萬仞，中盤百餘里，連峰參天，深林絕谷，不見天日。只有鎖匙龍、葫蘆洞、察坑、十八磊、新池五處可以出入，但都是架棧梯壍，易守難攻。我軍若乘全勝之勢，兼三日之程，爭百里之利，正所謂「強弩之末，不能穿魯縞」。況且頓兵於幽谷之中，豈非自處死地？

一番話，說得眾將目瞪口呆。軍官們有的在軍營滾爬了幾十年，卻從來沒有想過打仗還有這樣多的學問。

王陽明繼續說道：如今之計，不如移師逼近桶崗，休兵養威，屯而不攻。命人曉以禍福，許其降服，以亂其心。然後乘隙而進，桶崗可垂手而得。眾將聽了，這才恍然大悟。

十月二十七日，王陽明領着經過休整的官軍及民兵，在桶崗附近各處隘口駐扎。部署停當，王陽明招來在橫水被俘的幾名流民首領，誘之以利，脅之以威，讓他們進入桶崗，勸說桶崗流民向官軍投降。

這些天來，桶崗的流民首領藍天鳳等人一直在高度的緊張之中。三省夾攻桶崗的消息他們早已知道，天天在做防禦準備。沒料想夾攻的時間還沒到，湖廣的軍隊也還在集結之中，江西的官軍卻對橫水發起了突然襲擊。直到謝志珊帶着黨羽逃到桶崗，藍天鳳等人才如夢方醒，正在商議對策，官軍已將桶崗的通道全部封鎖，並且派來了說降人員。

藍天鳳等桶崗流民首領懾於官軍的壓力，多想出降；以謝志珊為首的橫水流民首領卻主張憑借天險，與官軍周旋。是戰是降，雙方議論不休，負責把守各處隘口的流民們也都在彷徨觀望之中。王陽明派出的密探卻已將這些情況摸得一清二楚。

又是一個冬日的雨中黎明，藍天鳳、謝志珊等人還在鎖匙龍圍繞着是

戰是降爭論不休，猛聽得四下裏喊殺震天。原來官軍趁着流民們的鬆懈，由橫水被俘的流民為向導，冒雨突破隘口，向鎖匙龍合圍。藍天鳳等人大驚，拚命抵抗，但擋不住如潮似水的官軍。當天午後，桶崗被官軍攻破。先後有三十多個流民居住點被摧毀，三千四百多流民被殺、被俘。藍天鳳、謝志珊等流民首領也盡被俘虜。

幾十年來一直困擾明政府的南贛「山賊」，在不到兩個月的時間內，就大抵被王陽明蕩平。

興奮之餘，王陽明不免又有些傷感。所謂英雄惜英雄，他對自己的對手產生了強烈的興趣。王陽明命人將橫水「山賊」的大首領、自稱「征南王」的謝志珊帶入行營。這位常常將南贛官軍打得一敗涂地的「賊」魁，被俘之後雄風猶存。

王陽明看了看謝志珊，謝志珊也看了看王陽明。他幾乎不相信自己的眼睛，被官軍奉若神明的新任南贛巡撫，竟是這樣一位看上去貌不驚人、弱不禁風的瘦削文人，自己縱橫江湖幾十年，竟然栽在他的手上！

王陽明上上下下打量着謝志珊，問道：你佔山為王，對抗朝廷，罪不容誅。但能有如此多的同黨為你賣命，倒也不失為英雄。不知所用何術？

謝志珊見王陽明並無譏諷羞辱之意，長歎了一聲：其實並不容易。

如何不易？王陽明問道。

平生見到世上好漢，絕不肯輕易放過，必定想方設法進行羅致。好酒者縱其酒，有難者助其急。坦誠相待，肝膽相照。有福同享，有難同當。如此，則沒有不歸屬於我的。謝志珊不無得意地講述。

王陽明聽了，不覺連連點頭。

目送着謝志珊被帶出行營大堂，王陽明長長地歎了口氣。事後，他不止一次用惋惜的口吻對門人說到這位謝志珊，並總要加上一句：我等讀書人一生求友，和這謝志珊倒是不謀而合。(《年譜一》)

九、「破山中賊」 —— 祥符宮中的陰謀

橫水、桶崗蕩平之後，剩下的就是浰頭「山賊」了。雖說勢力最強，但浰頭「山賊」的首領們卻被王陽明勢如破竹的攻勢所震懾。

王陽明進兵橫水之前，為穩住浰頭，曾派人到三浰，告諭流民們痛改前非、安分守己。告諭不加修飾、不玩辭藻，卻合情合理，令人感動：

> 夫人所共恥者，莫過於身被為盜賊之名；人心之所共憤者，莫過於身遭劫掠之苦。今使有人罵爾等為盜，爾必怫然而怒。爾等豈可心惡其名而身蹈其實？又使有人焚爾室廬、劫爾財貨、掠爾妻女，爾必懷恨切骨，寧死必報。爾等以是加人，人其有不怨者乎？

> 人同此心，爾寧獨不知？乃必欲為此，其間想亦有不得已者，或是為官府所迫，或是為大戶所侵，一時錯起念頭，誤入其中，後遂不敢出。此等苦情，亦甚可憫。然亦皆由爾等悔悟不切耳。

> 爾等當時去做賊時，乃是生人尋死路，尚且要去便去；今欲改行從善，乃是死人求生路，乃反不敢，何也？若爾等肯如當初去從賊時，拚死出來，求要改行從善，我官府豈有必要殺汝之理？爾等久習惡毒，忍於殺人，心多猜疑。豈知我上人之心，無故殺一雞犬尚且不忍，況於人命關天？若輕易殺之，冥冥之中，斷有還報，殃禍及於子孫，何苦而必欲為此？

> 我每為爾等思念及此，輒至於終夜不能安寢，亦無非欲為爾等尋一生路。唯是爾等冥頑不化，然後不得已而興兵，此則非我殺之，乃天殺之也。今謂我全無殺爾之心，亦是誑爾；若謂我必欲殺爾，又非吾之本心。

　　爾等今雖從惡，其始同是朝廷赤子。譬如一父母同生十子，八人為善，二人背逆，要害八人。父母之心須除去二人，然後八人得以安生。均之為子，父母之心何故必欲偏殺二子？不得已也。

　　吾於爾等，亦正如此。若此二子者一旦悔惡遷善，為父母者亦必哀憫而收之。何者？不忍殺其子者，乃父母之本心也。今得遂其本心，何喜何幸如之。吾於爾等，亦正如此。

　　聞爾等辛苦為賊，所得苦亦不多，其間尚有衣食不充者。何不以爾為賊之勤苦精力，而用之於耕農、運之於商賈，可以坐致饒富而安享逸樂。放心縱意，遊觀城市之中，優遊田野之內。豈如今日，擔驚受怕，出則畏官避仇，入則防誅懼剿，潛形遁跡，憂苦終身，卒之身滅家破、妻子戮辱，亦有何好？

　　爾等好自思量，若能聽吾言，改行從善，吾即視爾為良民，撫爾如赤子，更不追咎爾等既往之罪。……吾言已無不盡，吾心已無不盡。如此而爾等不聽，非我負爾，乃爾負我，我則可以無憾矣。

　　嗚呼！民吾同胞，爾等皆吾赤子，吾終不能撫恤爾等而至於殺爾，痛哉，痛哉！興言至此，不覺淚下。(《告諭浰頭巢賊》)

　　有推心置腹的勸說，有設身處地的同情，有聲色俱厲的斥責，有聲淚俱下的警告，但都是言出於衷，以情動人，不由得浰頭「山賊」首領池仲容們不認真掂量。

　　也正是這份告諭，加之以兵威，使得浰頭流民首領內部發生了意見分歧。黃金巢等人以及龍川的流民首領盧珂等因此而投降了官府。王陽明在攻橫水時，就有黃金巢部下的五百人隨征。

　　池仲容則仍然心存疑慮。他對那些勸他投降的部屬們說：我等佔山為「賊」，已非一日，官家招撫也不止一次。如果黃金巢等人降後果然無事，

那時再降也為時不晚。橫水為官軍所破的消息傳到浰頭，在流民及其首領中引起了更大的恐慌，他們紛紛向池仲容施加壓力。池仲容也沉不住氣了，派自己的弟弟池仲安到王陽明的行營，表示歸附之意，其實是想探聽官軍的動向。王陽明正擔心浰頭「山賊」趁官軍東進時在粵贛邊界製造事端，見池仲安來到，不禁大喜。他一面將池仲安滯留軍中，使池仲容有所顧忌，一面督軍迅速攻破桶崗。

池仲容一直在等仲安的消息，但等來的卻是桶崗被官軍攻破。雖然這已是意料之中的事，但畢竟唇亡齒寒、兔死狐悲。這二十來年所以能夠無所顧忌地鬧騰，除了官府的腐敗，還在於橫水、桶崗，以及漳南各處的相互策應。如今各個山頭相繼被鏟平，浰頭看來也難以獨存。池仲容一面再次派人去贛州打探消息，以便摸清官府的真實意圖；一面暗中佈置，以防備官軍故伎重演、偷襲浰頭。

池仲容在探聽官府的消息，王陽明也有內線在探聽流民的消息。得知池仲容正佈置防禦，王陽明命人牽牛擔酒，前去慰問，同時詢問池仲容投降的時間。池仲容也是聰明絕頂之人，一見使者問起，知道無法隱瞞，推說龍川盧珂與自己是世仇，近日正在策劃進行報復，故此早作準備，以免吃虧。並派了小頭目與使者一起回贛州，進行解釋。

王陽明聽完使者的陳說，又詢問了池仲容派來的頭目，心如明鏡，卻假裝對盧珂的擅自起兵尋仇表示不滿，說是一待查明真相，將給盧珂以重罰。正巧盧珂親自來贛州，密告池仲容的動向。這倒是將計就計的好時機。王陽明將盧珂招來，當着池仲容頭目的面，劈頭蓋臉便是一番斥責，命人將其拖出，重杖三十。同時卻命人暗中告訴盧珂，行刑只是為了欺騙池仲容，又命行刑的士兵，只能假打假喝，不得真正用刑。

頭目回到浰頭，一五一十將所見所聞向池仲容訴說。池仲容仍然有些疑惑，但手下頭目們卻早為王陽明做出的假象迷惑，異口同聲要求出山向官府投降。

　　這時正值正德十二年（1517 年）的歲末。王陽明命贛州城內大街小巷，都要張燈結彩，既迎新年，也慶賀官軍剿滅橫水、桶崗「山賊」，以及浰頭「山賊」的即將歸降。當然，這一切都是「項莊舞劍，意在沛公」，為的是麻痺池仲容。又命人前去浰頭，頒發正德十三年（1518 年）的新曆，並讓池仲容等來贛州敍話。

　　池仲容在部眾的勸說下，與九十三位首領一齊來到贛州。為了預防萬一，他將眾人都安置在城外的演兵場，自己只領幾個貼身護衛進城，拜見王陽明。王陽明初聞池仲容到了贛州，大喜。待聽說池仲容將九十餘人安置在教場，只帶數人進城，不覺暗暗稱奇。幾個月來，他一直對橫水謝志珊帶有特殊的好感，而這池仲容看來也非等閑之輩。「山賊」之中倒真是藏龍臥虎，難怪官軍屢戰屢敗。如果不是自己來任這南贛汀漳巡撫，還有何人平得了這些「山賊」？

　　對於佔山稱王二十來年的池容仲，王陽明沒有假以太多的顏色，一見面便對他將眾人安置在城外表示不滿：你帶來的朋友都是我的子民，為何將他們滯留城外，不來見我，是否對本院還有懷疑？

　　池仲容沒想到王陽明一見面就責問此事，頓時張口結舌、無言以對。王陽明見狀，心中有些滿意，但也不能繼續指責。否則，這匹長期無人調教的野馬一旦撒野，卻是不好對付。他讓池仲容將眾人都召進城來，一一安撫，讓他們在贛州祥符宮住下，以便觀看年節花燈。

　　祥符宮位於今贛州老城區的東南、厚德路東段的北側，始名紫極宮，建於唐代，北宋真宗大中祥符年間改名為大中祥符宮，是明代贛州城內最為壯觀的建築群。

　　王陽明派了幾名吏員，白天陪同池仲容等在街市遊覽，晚上教其禮節，而實際上則是觀察眾人的行為。池仲容等人本來提心吊膽進贛州，沒想到受如此禮遇，不禁喜出望外，原有的一些警戒之心也漸漸淡化。但梨園雖好，終非久留之家。過了兩天，眾人覺得在這贛州終不如在浰頭痛

快，無拘無束，便向王陽明辭行。

　　池仲容雖然已經表示歸降，並親自來到贛州，但巡撫衙門上下人等，以及贛州的官員、鄉紳，過去或多或少都吃過「山賊」的苦頭，對巡撫將「山賊」請入城來表示不解，不斷向王陽明進言：如此善待山賊，不啻養虎遺患。派去陪同的吏員也認為像池仲容這等「巨寇」是不可能改邪歸正、棄惡從善的。這些意見對王陽明的決策產生了重要影響。他自己對池仲容等人也是放心不下，唯恐放虎歸山，留下後患。一個王陽明自己也認為是過於狠毒的計劃開始醞釀。

　　池仲容等人是正德十二年（1517年）閏十二月二十三日到贛州的，二十五日向王陽明告辭，說是浰頭還有幾千弟兄，如果無人節制，恐怕生出亂子。這理由是很充分的，但恰恰是王陽明最忌諱的。池仲容等人不回浰頭，群龍無首，「山賊」再多也是烏合之眾；一但回去，卻是虎歸深山、龍回大海，恐怕再也難以控制。但若立即對池仲容等人下毒手，王陽明一來覺得有些不忍，還想憑着自己的感覺再觀察幾天，二來，官軍也還沒有作好進攻浰頭的部署。

　　王陽明不急不慢地對池仲容等人說：眼看就是年節了，從贛州到浰頭，少說也有八九日的路程。你們即使今日動身，年內也未必到得了家。到家之後，又要來賀正節，往返勞累，大可不必。今年除夕贛州城內張燈結彩，你等久居深山，哪裏見過這番熱鬧？看過燈後再回浰頭也不為遲。

　　所謂人到矮簷下，不能不低頭，池仲容等人只得繼續在贛州住下。這年除夕，贛州的花燈也確實別具特色。入夜之後，五顏六色、千奇百怪的燈籠將整座贛州城照得通明，大街小巷，擠滿了看燈的男女老幼。但見人頭攢動，熱鬧非常。池仲容帶來的那班頭領，久居深山大谷，哪裏看過這種場面，一個個眉飛色舞、興高采烈。心中一高興，說話便沒有顧忌，元帥、總兵胡亂稱呼，當今皇上在他們嘴裏也成了「小兒」。唯有池仲容仍是心有疑慮。

除夕之夜算是平安過去了，第二天便是正德十三年（1518 年）的元旦，池仲容帶着頭領們來巡撫衙門向王陽明拜年，再次提出要返回浰頭。年也過了，燈也看了，王陽明答應了他們的請求，並且表示要在初三日大擺宴席於祥符宮，既對前來歸附的浰頭流民首領們進行犒賞，也為他們返回浰頭、重新做人而餞行。

初二日，祥符宮內沸沸揚揚，王陽明命人在此殺豬宰羊，安排第二天的宴會。浰頭的首領們心懷感激，也忙裏忙外窮折騰。忙了一整天，池仲容和他的同伴們都早早入睡，準備明日宴會過後起程返回浰頭。這次在贛州一住就是十來天，也不知家中情形怎樣。來贛州之前，池仲容為防萬一，專門作了佈置，山中如有變故，有人會日夜兼程前來報信。眼見沒有任何風吹草動，而且明天就可離開這是非之地贛州，池仲容也就放心睡覺了。

初二的那線新月，不到二更便已沉下了西山，祥符宮內息燈滅火，一片沉寂。池仲容和浰頭的首領們萬萬沒有想到，就在他們進入夢鄉之後，巡撫衙門的智囊龍光便帶着甲士潛入了祥符宮。幾天來，趁着池仲容等人外出之際，甲士們早已熟悉了浰頭首領們在祥符宮的住處。不需要燈光，也用不着搜尋，甲士們按照事先的佈置，分頭衝入寢室，舉刀便剁。池仲容和他的首領們縱橫江湖二十年，就這樣一聲不吭地永遠離開了這個世界。

王陽明後來在給朝廷的捷報疏中說：

> 閏十二月二十三日，仲容等至贛，見各營官兵皆已散歸，而街市多張燈設戲為樂，信以為不復用兵。密賂獄卒，私往覘盧珂等，又果械繫深固。仲容乃大喜，遣人歸，報其屬曰：「乃今吾事始得萬全矣！」臣乃夜釋盧珂、鄭志高等，使馳歸發兵。而令所屬官僚次設羊酒，日犒仲容等，以緩其歸。正月三日，度盧珂等已至家，所遣屬縣勒兵當已大集，臣乃設犒於庭，先伏甲士，引

仲容入，並其黨，悉擒之。(《浰頭捷音疏》)

報捷疏中所說的處置池仲容等人的時間、地點、辦法，都與《年譜》黃綰《陽明先生行狀》《明史‧王守仁傳》所載與《浰頭捷音疏》同。但從王陽明的性格看，年譜所載似更為可靠。

王陽明用陰毒手段對池仲容等人進行處置，在當時就引起了人們的非議。其弟子所修《陽明先生年譜》對此作了某些遮掩，說王陽明命龍光帶甲士乘夜殺死池仲容等人後，「自惜終不能化，日已過未刻，不食，大眩暈，嘔吐」，在進行反省。王陽明在上朝廷的報捷文書中，則將乘夜在祥符宮中暗殺，改為白天將池仲容等人誘入巡撫衙門後捕殺，也可見內心的不安。明末遺民查繼佐在《罪惟錄》中對王陽明的這一做法進行了抨擊：「至於浰頭（池仲容），已遣弟從征（桶崗），止以尋仇未至，既詭以致戲下矣，又復大覆前諾，恐不足以為名，然則一試之術哉。」[1]

第二天，少了九十四人的祥符宮失去了往日的喧嘩，只有甲士們進進出出，默默無聲地將九十四具殘缺不全的屍體搬出宮去掩埋，再默默無聲地清洗宮內的血跡。

巡撫衙門絲毫沒有平「賊」滅「寇」的喜慶氣氛。王陽明正木然坐在堂中，幕僚、弟子木雕泥塑般兩旁侍立。從早及午，眼看午時已過，未時將至，王陽明連續嘔吐，滴水不進、粒米未下，儘管其中不乏做作的成分，但沒有理由懷疑他在為九十四個亡靈哀悼的同時，也在對自己的卑劣行徑自責。

但哀悼歸哀悼、自責歸自責，屠刀既已祭起，就沒有中途收回的道理。正德十三年（1518 年）正月初七日，王陽明親自指揮早已在龍南等地集結的官軍直撲上、中、下三浰。雖然主要首領幾乎全部遇難，但浰頭的

1　查繼佐《罪惟錄‧列傳》卷之 31。

流民仍然進行了拚死抗擊。

十、南贛設置

到正德十三年（1518 年）四月，隨着浰頭「山賊」的被平滅，整個南、贛、汀、漳、潮、惠、韶地區大抵上平靜了。但從官軍的繳獲，王陽明也看到了這些所謂「山賊」的真實生活狀況。

平漳南後，雖然福建方面的戰報說「奪獲牛馬贓仗無算」，卻並無具體的數字；而有「戰利品」數字的廣東方面的戰報，在「擒斬賊犯」一千二百五十八名、「俘獲賊屬」九百二十二名的同時，僅奪得水牛、黃牛及馬一百三十九頭（匹）、衣布等物兩千一百五十七件疋、葛蕉紗九十六斤一兩、「贓銀」三十二兩四錢八分、銅錢一百四十二文。（《閩廣捷音疏》）

被殺和被俘虜的「山賊」兩千多人，平均每人只有「贓」衣一件、「贓」紗不及一兩，八十人合有一兩白銀，二十人合有一文錢。另外，從官軍和民兵的傷亡情況看，「山賊」們也並沒有進行真正的「頑強」抵抗。以最為激烈的象湖山之戰為例，「山賊」拒險而守，被殺二百九十一人，墜崖而死者不在其中，而官軍方面僅死頭目、打手十四人。

王陽明面對着這些赤貧如洗的「山賊」，也應有憐憫之心。他在給浰頭「山賊」的告諭中說，平滅漳南「山賊」時，共斬、俘七千六百多人，但經審訊，「倡惡之賊」不過四五十人，「黨惡之徒」四千餘人，其餘的則是「一時被脅」，而且大多是食不果腹、衣不遮體，不禁「慘然興哀」。但作為朝廷命官，特別是負有「撫治」地方治安職責的巡撫都御史，他又不得不對山民們大開殺戒。

後人以王陽明在一年時間內平滅南贛汀漳各處「山賊」，遂對王陽明

的「用兵」津津樂道。其實，此時的明朝仍處「全盛」之時，只要官軍認真去「剿滅」，「山賊」是不難對付的。王陽明正德十二年（1517年）正月十六日到贛州，正德十三年（1518年）正月初七日攻破浰頭，江西、福建、廣東、湖廣四省「數十年之積寇」均皆蕩平，前後只是一年的時間。但問題是「山賊」易旋滅旋生。善後倒是更為重要的事情。王陽明的真正偉大，並非如何善於「用兵」，而是從來不把戰爭視為單純的軍事行為，先是清除內奸、行十家牌法，組建民兵、演練軍隊，截留關稅、擴大鹽稅，然後才是聲西擊東、明桶岡暗橫水，蕩平一處「山賊」，隨之而來的是設官建制，與民眾達成妥協，並推行鄉約、進行教化。一句話，在巡撫南贛汀漳的任上，王陽明做的，看似軍事行為，實際上卻是一個治理地方的「系統工程」。

江西、福建、廣東、湖廣四省交界地區的「山賊」，主要由兩種人員構成。一是當地的豪強或外地逃竄而來的慣犯，他們因各種原因與官府不合，鋌而走險，這是「山賊」中的核心及骨幹力量。二是流民，他們或來自福建、廣東的沿海及丘陵地區，或來自江西鄱陽湖及吉泰盆地，他們在人數上佔「山賊」的絕大部分，因為不堪忍受原籍的賦稅徭役而「從賊」。另外，也有少量的本地土著居民。

在平滅南贛汀漳的「山賊」之後，王陽明根據「山賊」的不同情況作了區別對待。對於那些一心與官府為敵的「慣犯」，如詹師富、溫火燒、謝志珊、藍天鳳、池仲容等，請示朝廷，予以處決，乃至先殺而後奏。對於當地的土著居民，允許回原籍仍習舊業，並免除其實已經無法徵收的欠賦。對於外地流民，稱之為「新民」，允許就地入籍，給予生活空間，同時向政府納稅。這種具有針對性的政策，對於從內部瓦解「山賊」的鬥志、安撫「從賊」人員，起了重要作用。但要使這一地區長時期得以安定，還必須強化管理。

這強化管理該如何進行？

平定南漳「山賊」後，漳州知府鍾湘在一個報告中提到了南靖縣縣學幾位秀才的建議。這幾位秀才聯名上書說，南靖縣的縣治僻在一隅，與本縣所轄的平和、盧溪、長樂等地相距遙遠。由於鞭長莫及，所以平和等地才成為「盜賊」的淵藪。如果乘「山賊」初平，在本縣的河頭增設縣治，控制這些地區，則「盜賊」不易死灰復燃，地方也可永保平安。同縣的「義民」曾敦立等也有同樣的建議，並領着南靖知縣去河頭進行了實地考察。考察的結果是，河頭的大洋陂背山面水，地勢寬平，周圍六百餘丈，西接廣東饒平，北聯三團、盧溪，堪以建立縣治。

南靖縣的官員、秀才、「義民」對增設縣治如此熱心，當然是為着自身的利益。但對於加強對山區的統治，卻不失為好主意。

王陽明見到這份報告後，立即上疏朝廷，反覆陳述在河頭增設縣治的理由，並特別提出：

> 臣觀河頭形勢，實係兩省賊寨咽喉。今象湖、可塘、大傘、箭灌諸巢雖已破蕩，而遺孽殘黨，亦寧無有逃遁山谷者？舊因縣治不立，征剿之後，浸復歸據舊巢，亂亂相承，皆原於此。今誠於其地開設縣治，正所謂撫其背而扼其喉，盜將不解自散，行且化為善良。不然，不過年餘，必將復起。」（《添設清平縣治疏》）

王陽明向朝廷的當權者們打了一個比喻：「盜賊之患，譬諸病人，興師征討者，針藥攻治之方；建縣撫輯者，飲食調攝之道。徒恃攻治，而不務調攝，則病不旋踵，後雖扁鵲、倉公，無所施其術也。」（《年譜一》）

朝廷怕的就是「山賊」死灰復燃，何況這平「賊」之後即在該地設縣立府以行控制，也是中國歷代統治者常用的辦法，所以王陽明的建議很快

就得到朝廷的批准。

兩年之後，正德十四年（1519年）六月，一座新縣城在福建南部拔地而起，並且取了一個吉祥的縣名——「平和」。同時將原設在河頭的巡檢司移於枋頭，以進行雙重控制。在王陽明看來，河頭是漳南諸「賊巢」的咽喉，枋頭則是河頭的唇齒，扼其咽喉、去其唇齒，「山賊」便無能為力了。而終明之世，這平和縣還真沒有發生大的動盪。

有了在福建增設平和縣的經驗，王陽明便照此辦理，平定橫水、桶崗之後，在江西上猶縣崇義里的橫水設崇義縣縣治，管轄原上猶縣崇義等三里、大庾（餘）縣義安等三里及南康縣（今南康市）的至坪里。同時在縣西南的鉛廠、東南的長龍及西北的上保三處分設巡檢司，又命千戶孟俊在茶寮伐木立隘，以扼要害。這樣，南安府的「山賊」便無處躲身了。[1]

正德十三年（1518年）四月，進攻浰頭「山賊」的戰事一結束，王陽明便上疏朝廷，要求增設和平縣。和平縣治設在原廣東龍川縣和平峒羊子地，為江西、福建、廣東三省交匯處，也是三省「山賊」的出入要道，東距興甯、南距龍川、北距龍南，都有幾天路程，山水阻隔，道路崎嶇，除了有一千來戶「新民」居住外，人跡罕至。洪武時期，曾有謝士真等人佔據此地。此後屢平屢亂，不可收拾。不到四個月，朝廷的批文就下來了，設置和平縣，同時將原和平巡檢司移至浰頭，以扼制要害。

平和、崇義、和平三縣的設置，加強了明政府對江西、廣東、湖廣、福建接壤地區的統治，使朝廷對這一地區的管理得到加強。

1　各種本子的《王文成公全書》或《陽明全書》的《年譜》在正德十二年閏十二月「奏設崇義縣治及茶寮隘上堡鉛廠長龍三巡檢司」條下，均有「茶陵復當桶岡之中」句，上海古籍社點校本亦然，「茶陵」應為「茶寮」。不僅《年譜》的綱目為「茶寮」，而且《全集》卷16有《設立茶寮隘所》、卷25有《平茶寮碑》，可證。

十一、「破心中賊」── 戒奢靡、立鄉約

　　從正德十二年（1517 年）正月至十三年（1518 年）六月，王陽明到南贛僅一年半的時間，由於剿滅了為患幾十年的「巨寇」，朝廷將其由正四品的都察院僉都御史升為正三品的右副都御史。雖然實際權力並沒有變化，但這正三品巡撫的威風又遠非正四品可比。養子正憲也因王陽明的軍功而蔭為錦衣衛百戶。

　　王陽明一直認為，南贛地區的「山賊」為患，根本原因在於民風不善，在於民眾缺乏應有的禮制約束，法制觀念淡薄。因此，要徹底清除山中的「賊」，就必須清除心中的「賊」。

　　滅山中賊靠的是才能，是「能臣」便可以幹得了的事情；而要革除民眾心中之賊，使其改惡為善，那就不僅僅要靠才能，更主要是靠道德和學問，這才是「聖賢」的事業。王陽明從小立志為聖賢，如今這南贛地區便是他實踐賢聖道理的園地了。

　　正德十三年（1518 年）正月，王陽明在襲擊浰頭之前，曾寫信給弟子薛侃說：「即日已抵龍南，明日入巢，四路兵皆已如期並進，賊有必破之勢。某向在橫水，嘗寄書（楊）仕德（即楊驥）云：『破山中賊易，破心中賊難。』區區剪除鼠竊，何足為異。若諸賢掃蕩心腹之寇，以收廓清之功，此誠大丈夫不世之偉績。」（《與楊仕德薛尚謙書》）

　　對於王陽明所說的「心中賊」，人們有一定的誤解，以為「心中賊」只是存在於「山中賊」，最多也只是存在於可能成為「山賊」的人們的心中。但是，王陽明所說的「心中賊」，其實存在於所有人的心中，這就是人們心中沒有節制的「私欲」，而這些私欲必須通過教化和行政的雙重手段來鏟除。

　　在王陽明看來，破「山中賊」不過是舉手之勞，而破「心中賊」、掃蕩人們心中的私欲惡念，那才是大丈夫的不世偉業。如今山中賊已破，王

陽明開始着手破心中賊了。

中國歷代都是以吏為師，政府官員肩負着教化民眾的責任。在王陽明看來，南贛地區的民風不善，各級官員是沒有盡到責任的。如果每位官員都以學問高者為師、以持身正者為範，這地方哪有治理不好的？

當然，對於官場，王陽明已經有了足夠的認識。自己尋找了幾十年，不就只找到湛若水等三兩位志同道合且有真才實學的人？南贛「山賊」為患幾十年，不也要等到自己來做巡撫才得以撲滅？由於從上到下養成了一股文嬉武痞之風，任命和提拔官員不憑實績只憑關係，於是都不求進取，只求不得罪上司，千里做官只為財，哪裏管他百姓的生死？

但是，通過在南贛一年多的共事，王陽明又發現，其實不少官員是有才能想辦事情的。通過嚴明賞罰獎懲，他們跟着自己跋山涉水，轉戰千里，不也建立了赫赫戰功？官員況且這樣，百姓更是如此，不行教化，哪裏會有良民？

正德十三年（1518 年）四月，王陽明剛從浰頭回到贛州，便開始了他的「教化」工作。在這方面，王陽明做廬陵知縣時已積累了不少經驗。他親自草就了一份告諭，發到南安、贛州等府，讓各府衙門照式謄寫張貼，要求各縣根據十家牌，發放到城鄉，即使是窮鄉僻壤，也務必要家喻戶曉。各府縣官員早已知道這一任巡撫辦事的認真，加上一年多來跟着他東西用兵、南北征戰，也從內心充滿敬服，一見到告諭，不敢怠慢，立即命人謄寫翻印。一時間，南安、贛州等地城鄉貼滿了巡撫的告諭。

告諭不用雕飾，開門見山便說：

告諭百姓，風俗不美，亂所由興。今民窮苦已甚，而又競為淫侈，豈不重自困乏？夫民習染既久，亦難一旦盡變，吾姑就其易改者，漸次誨爾。

風俗的不善，是禍亂的開端。百姓久為「山賊」所擾，本已窮困，卻又有奢侈浪費的惡習。多年積蓄的錢財，往往做一次喜事或喪事就全部耗盡，甚至負債累累。豐年也難以度日，一旦遇上天災人禍，只有流離失

所，或者上山為「賊」。但移惡習猶如治重病，必須先易後難，循序漸進。王陽明開列了他認為容易革除的一些惡習，要求管轄範圍之內的百姓必須共同遵守：

第一，家中有喪事，不許用鼓樂，不許請和尚道士做道場，不許大肆請客。子女應在父母在世時多行孝道，不應在死後空費錢財。

第二，婚姻嫁娶，不得計較財禮嫁妝，不得大會賓客。

第三，親戚鄰里之間，平日當誠心相待，不得徒事虛文，以過年過節及辦喜慶喪事等名義，請客送禮，相互攀比。

第四，家中若有病人，應及時求醫問藥，不得聽信邪術，專事巫禱。

第五，城鎮鄉村的迎神賽會，參加者動輒成百上千，既浪費錢財，又易引起宗族間的械鬥，必須停止。

五項規定的核心在於禁止浪費、提倡節斂。這既是孔孟以來聖賢們所倡導的社會風尚，也是歷代統治者所提倡的行為規範，各地的鄉約、族規，也往往有類似的規定，所以王陽明首先由此入手，作為在南安、贛州二府移風易俗、進行社會改革的開端。當然，王陽明的意識中，還有一個更為重要的原因，那就是在當時的「從賊」農民中，有不少是因為承受不了名目繁多的無謂開支而破產的。有恆產者才有恆心，孟子的這一觀點可說是超越時空界限的。革除各種浪費，實際上是從另一方面防範「盜賊」的產生。

其實，當時的許多人也並不贊成在婚嫁喪葬時大事操辦，但風氣所致，賢者不免。人人都為不必要的花費而苦惱，人人又都在不良社會輿論的壓力下從事浪費。這時就需要有政府進行倡導和強制。

王陽明仍然是借助他的十家牌法來進行強制。他在「告諭」中警告說：以前本地有奢侈浪費的惡習，不能全怪百姓，各級官員也有教導不明的責任。如今政府大力提倡節儉，再有不聽政府勸導而違反上述禁約者，責任就在百姓自己了。他要求「十家牌鄰互相糾察，容隱不舉正者，十家均

罪」。(《告諭》)

在倡導節儉的基礎上，王陽明推出了全面進行社會改革的措施。這份名為《南贛鄉約》的告諭，一共有十五條，主要內容是：

一、以一村或一族為一「約」。每約推舉年高有道德、為眾人所敬服者一人為約長、二人為約副，推舉公直果斷者四人為約正，通達明察者四人為約史，精健廉幹者四人為知約，熟悉禮儀者二人為約贊。又設文簿三冊，一冊書寫同約居民的姓名及其每天的起居作習情況，另外二冊分別記錄善行和劣跡。

二、每約選擇當地較為寬大的一所寺觀為立約所，每月十五日，本約百姓應在立約所聚會一次。聚會日，先由約長帶領人們讀鄉約，要求孝敬父母、尊重兄長、教訓子弟、和睦鄉里、死喪相助、患難相恤、善相勸勉、惡相告戒、息訟罷爭、講究信譽，「務為良善之民，共成仁厚之俗」。然後由約史宣告當月為善為惡者的事跡，為善者褒獎，為惡者勸戒，如屢有過惡而不改者，則執送官府，處之以法。

三、本約如有人陷於危難，約長當會同本約之人幫助排危解難；如有人逃役逃稅，約長也應勸說如期服役、納稅；鄉鄰之間因財產或其他事情發生爭執，不得鬥毆，應聽從約長秉公處置；如有勾結「山賊」者，約長應與本約之人進行勸告，使其改惡從善，如不聽勸告，即行執送到官，或報官府拘捕。

四、土著居民和「新民」即外來流民之間，不得再因過去的恩怨而相互尋仇，約長有責任時常曉諭，防患於未然；本地大戶及過境商人放債收息，必須依照常規，不得用高利貸坑害鄉民，如有貧苦不能償債者，約長應勸其放寬時日，不得過於逼迫，致使貧民為盜。

五、辦理父母的喪葬，應量力而行，不得大肆鋪張；如有不聽勸告而揮霍浪費者，即在本約糾過簿內記以「不孝」。婚姻嫁娶，都應及時，約長應時時查視，不得因財禮或嫁妝不足而延期。

六、凡有府州縣吏員及義民、總甲、里老、百長、弓兵、機快人等下鄉騷擾百姓、索求財物者，約長可率本約之民將其械送官府追究。

《南贛鄉約》是王陽明在原「十家牌法」的基礎上推行的又一社會改革措施。如果說「十家牌法」是通過民眾之間的相互監督進行管理，那麼「南贛鄉約」則是通過民眾的自治，以達到社會的穩定。這種辦法其實與明初推行的申明、旌善亭與鄉飲酒禮十分相似，也可以說是這幾個措施的結合和改造。[1]

十二、「破心中賊」── 興社學、行教化

無論是「十家牌法」還是「南贛鄉約」，都帶有一定的強制性，它可以在一定程度上起到移風易俗的作用，但不能從根本上樹立起道德觀念。要使人們從內心自覺地接受禮制的規範，仍得依靠興辦學校，進行有系統的傳統道德教育。所以，王陽明又在南安、贛州全面恢復社學，並興建書院。

明代社學始行於太祖洪武八年（1375 年）。當時，明太祖因京師及府

1　關於申明、旌善二亭，顧炎武《日知錄》有這樣一段記載：「宣德七年正月乙酉陝西按察僉事林時言：洪武中天下邑里皆置申明、旌善二亭，民有善惡則書之，以示勸懲。凡戶婚田土鬥毆常事，里老於此剖決。」可見，申明、旌善二亭的設置，是明前期「民自為教」的基本手段。民為善者，在旌善亭張榜表彰其善，為惡而犯罪者，則在申明亭張榜公佈其惡、揭示其所犯罪的由來，以此來激勵人們從善戒惡。鄉飲酒禮是中國傳統的民間教化活動，也是封建等級制度在基層的體現方式。古之鄉學，三年業成，考其德藝，以其賢能者薦於朝，臨行之時，由鄉大夫為主人，設宴餞行，飲酒酬酢，皆有儀式。這套儀式便叫「鄉飲酒禮」。《儀禮》有《鄉飲酒禮》篇，記載鄉飲酒的儀式。與鄉飲酒禮相似的儀式還有「賓興」，見於《周禮・地官》。後來，人們將地方官設宴為應舉之士餞行稱為「賓興」，鄉飲酒禮則專指地方燕會的儀式。《明會典》說：「洪武初，詔中書省詳定鄉飲酒儀式，使民歲時燕會，習禮讀律，期於申明朝廷之法，敦敍長幼之節，遂為定制。」（卷七九，《禮部・鄉飲酒禮》）即將前代「歲時燕會、敦敍長幼之節」的鄉飲酒禮的方式，與「習禮讀律、申明朝廷之法」的教化功能結合起來了。王陽明的南贛鄉約，正是在這些措施的基礎上實行的。

州縣都立有官學，而鄉村民眾卻仍然沒有讀書的條件，於是詔諭全國，命各級官員倣照古代家塾、黨庠，在鄉村建立社學，聘請教師，教育民間子弟，兼讀《御製大誥》及本朝律令。英宗正統元年（1436 年），又命各處提學官及司、府、州、縣官嚴督社學，不許廢弛，其中有「俊秀向學」者，可以進入官學讀書。直到憲宗成化、孝宗弘治時，這類法令仍在頒佈。弘治十七年（1504 年）的一個詔令就要求全國各地府、州、縣都要恢復或新建社學，民間十五歲以下的兒童，必須送社學讀書。這個時候，王陽明正好十歲，而他的父親王華，就是在那一年中的狀元。

從性質上看，當時的社學帶有官民合資興建的特點。學堂由鄉社自行籌建，民間子弟入學也是衣食自理，教師的館資則是由政府負擔。

但是，這種半官半民的學校是不可能持久的。一是天長日久，官府難以長期支付教師的薪米，二是貧窮家庭無力支付子弟讀書的費用，富裕之家則往往自行聘請教師。所以，各地社學的興與廢，便取決於當地地方官的態度，多數官員是聽其自生自滅，有的甚至借辦社學以謀私利。這種情況在洪武時已非常嚴重，致使一心一意要在全國興辦各類學校的明太祖大為震怒：

> 社學之設，本以導民為善，樂天之樂。奈何府、州、縣官不才，酷吏害民無厭，社學一設，官吏以為營生。有願讀書者，無錢不許入學。有三丁四丁不願讀書者，受財賣放，縱其愚頑，不令讀書。有父子二人，或農或商，本無讀書之暇，卻乃逼令入學。有錢者，又縱之；無錢者，雖不暇讀書，亦不肯放，將此湊生員之數，欺詐朝廷。……朕恐逼壞良民不暇讀書之家，一時住罷。復有不知民艱、茫然無知官吏害民者，數言社學可興。吁！古云為君難，誠如是；為臣不易，果然哉。（《大誥·社學第四十四》）

比王陽明年長一輩的著名學者陸容，則對包括社學在內的各類官督民辦、官辦及半官辦學校的弊病都進行了抨擊：

> 作興學校，本是善政。但今之所謂作興，率不過報選生員、起蓋屋宇之類而已。此皆末務，非知要者。其要在振作士氣、敦厚士風、獎勵士行，今皆忽之，而惟末是務。其中起造屋宇，尤為害事。蓋上司估價，動輒計銀幾千兩，而府縣聽囑於由緣之徒，所費無幾，侵漁實多。是以虛費財力，而不久復敝，此所謂害事也。況今學舍屢修，而生徒無復在學肄業，入其庭，不見其人，如廢寺然，深可歎息。蓋近時上司但欲刻碑以記作興之名，而不知作興之要故也。（《蓬軒類記》卷二）

由此可見，基於吏治的問題，社學在洪武時已積弊很深，並一度下令停辦。雖然後來又行恢復，但其弊如故，到明中期以後，已是名存實亡。中原地區尚且如此，地處僻遠的南安、贛州及鄰近的汀州、漳州、韶州、南雄等地更是蕩然無存。而要對民眾進行教化，又非得依靠學校。

明朝全國各地的府、州、縣都設有官學，學員的生活、學習費用都由政府承擔，而且可以免除家中兩個壯丁的徭役，但名額極少。要進行普及性教育，還得發動社會力量辦學，官督民辦的社學自然是最好的選擇。

辦社學需要場所，新建校舍勢必增加農民負擔。王陽明效法前任南安知府張弼的做法，將境內淫祠中所供的鬼神塑像統統予以拆除，將淫祠改建成社學，既是移風易俗，又解決了社學的校舍問題。

辦社學需要教師，這很好辦，南安、贛州本地不乏飽學有識之士，便是王陽明的弟子中，也有不少品學兼優者。

為了提高教師的檔次，王陽明以提督軍務兼理巡撫的身份，行牌福建布政司，禮聘福建市舶司副提舉舒芬來贛州主持辦學。舒芬是江西進賢

人，著名學者，正德十二年（1517 年）的狀元，因為上疏抨擊皇帝而被貶謫到福建市舶司為副提舉。王陽明對他的評價是「志行高古，學問深醇，直道不能趨時，長才足以濟用」（《禮取副提舉舒芬牌》）。因而將他請來主持辦學。

中國自古以來教師報酬都十分微薄，歷代政府一旦財政發生問題，往往又是首先克扣教師的報酬。

以明代為例，作為地方最高一級學校的府學，其最高待遇的教師稱「教授」，只是從九品，為最低一級的品官，每年的實際俸祿大約是六十石米，折合白銀約為二十兩，即平均每月俸銀一兩半左右，大約夠大戶人家辦一桌較為豐盛的酒席；其他的訓導、學正、教諭等，均為「不入流」，薪金更少。官學如此，社學教師的薪金就更加微薄。但在當時的社會，許多官員寧肯大肆揮霍，也不肯花錢聘請幾個教師。

王陽明在南安、贛州恢復社學，也得解決教師的薪金問題。但他並不認為這是大問題，區區館穀，只要各級官員的手稍微緊一緊，哪有拿不出來的？他通告所屬的江西嶺北道及南安、贛州二府，以及各州縣的官員，要求加緊訪求「學術明正、行止端方」的鄉儒為教師，「量行支給薪米，以資勤苦；優其禮待，以示崇勸」。同時要求學生家長，教訓子弟，務必尊師重道。（《興舉社學牌》）在他看來，能否養成尊師重道的風尚，是能否改變當地社會風氣的重要一步。他用隆重的禮節延請舒芬，便是為了在這方面作出表率。

對於社學，王陽明有自己的要求。他專門寫了一個《訓蒙大意》，發給教讀劉伯頌等人，對教育方針和教育方法提出了全面的意見：

> 今教童子者，當以孝悌忠信、禮義廉恥為專務。其培植涵養之方，則宜誘之歌詩，以發其志意；導之習禮，以肅其威儀；諷之讀書，以開其知覺。

　　今人往往以歌詩、習禮為不切時務，此皆末俗庸鄙之見，烏
足以知古人立教之意哉？大抵童子之情，樂嬉戲而憚拘檢，如草
木之始萌芽，舒暢之則條達，摧撓之則衰痿。故凡誘之歌詩者，
非但發其志意而已，亦所以泄其跳號呼嘯於詠歌，宣其幽抑結滯
於音節也。

　　導之習禮者，非但肅其威儀而已，亦所以周旋揖讓，而動盪
其血脈；拜起屈伸，而固束其筋骸也。諷之讀書者，非但開其知
覺而已，亦所以沉潛反覆而存其心，抑揚諷誦以宣其志也。

　　若責其檢束，而不知導之以禮，求其聰明，而不知養之以
善，彼視學舍如囹獄而不肯入，視師長如寇讎而不欲見矣，求其
為善也得乎？（《年譜一》）

　　教育方針仍是老生常談，即灌輸孝悌忠信、禮義廉恥觀念；但對於教
育方法，王陽明則根據自己的切身體會，提出了歌詩、習禮、讀書三步並
舉，而且特別強調寓教於樂的重要性，這在當時不能不說是一大進步。但
當年孔子教育學生，已經如此。

　　當年孔子便以禮、樂、射、禦、書、數六藝授徒，但是，進入秦漢
大一統以後，特別是隋唐以後推行科舉制以後，中國的教育制度、教育方
法，變得越來越功利，所以從本質上說，在很長的時間裏，不是進步了，
而是倒退了。所以，後儒只知逼迫學生讀死書，致使學生缺乏學習的興趣
和獨立思考的能力。王陽明在讀宋朝歷史時，對程頤責備哲宗一事有深刻
的感觸。

　　程頤曾是著名學者周敦頤的學生，後來成為「程朱理學」的代表人物。
他十八歲時進太學讀書，寫了一篇《顏子好學論》，太學教師、國子監博
士胡瑗見後大加讚賞，當即召見，進行表彰。後來，程頤專以講學授徒為
業，名氣越來越大。宋哲宗即位後，司馬光執政，以程頤為崇政殿說書，

給小皇帝講課。

做了帝師，程頤更加一本正經。一次，剛滿十歲的哲宗在課間休息時折了一根柳條，學着騎馬的樣子，自以為很是威風。這本是小孩子的天性，但程頤見了卻大不高興，當着宮女和太監們的面，將小皇帝責備了一番：現在正是春天，萬物生長，皇上怎能無故去摧殘生命？草木和人一樣，都是生命。皇上今日不愛惜草木，日後親政，又怎能愛惜百姓呢？這番話道理並不錯，加上是教育皇帝，所以後來為程頤的弟子們廣泛傳頌。但這番斥責對於小皇帝哲宗來說，卻無法接受。他拋下柳條，轉身便走。司馬光、蘇軾聽到這件事情之後也很不高興，他們對弟子們說：君主之所以不願意接近儒士，就是程頤這樣的腐儒造成的。

王陽明贊成司馬光、蘇軾的看法。如果程頤因勢利導，與小皇帝一起做做遊戲，再相機進行勸誡，效果不是會更好些嗎？而他自己更是在祖父的鼓勵下，從小就好動、好冒險、好發奇想，如果遇上一位整日板着面孔、嚴加督責的教師，哪裏會有今日的陽明子？

由於王陽明的大力倡導和督促，南安、贛州二府各地的社學次第恢復或興建起來了。

十三、王門弟子

所謂「龍行雲、虎行風」，王陽明在巡撫南贛汀漳期間，門人弟子也雲集贛州，巡撫衙門成了講求功夫、切磋學問的書院。這些弟子中，僅《年譜》上列出了姓名的，就有薛侃、歐陽德、梁焯、何廷仁、黃弘綱、薛俊、楊驥、郭治、周仲、周衝、周魁、郭持平、劉道、袁夢麟、王舜鵬、王學益、余光、黃槐密、黃鑾、吳論、陳稷劉、魯扶黻、吳鶴、薛僑、薛宗銓、歐陽昱等二十六人。而《年譜》上沒有列姓名的更多，如劉陽、陳

九洲等人。王陽明當年在龍場的弟子冀元亨，曾在王陽明從龍場赴任廬陵知縣時追隨到吉安，王陽明北上時返回常德老家，聽說王陽明出任南贛巡撫，也趕來贛州相聚。

從講學的角度說，在贛州任南贛巡撫，比在北京任吏部員外郎、在南京任鴻臚寺卿要方便得多。巡撫是封疆大吏，節制一方，司、道、府、縣都是下屬，有職有權，擴大講學場所、調撥錢糧經費均比較容易。特別是這南贛巡撫，遠離江西省府，本省的鎮守太監、巡按御史等也無法進行干預。

聚集在贛州的王門弟子主要來自江西、廣東二省，王門江右學派和粵閩學派的主要人物也開始在贛州亮相了。

在上述名單中的江西籍弟子，歐陽德、何廷仁、黃弘綱是佼佼者。

歐陽德字崇一，號南野，江西泰和人。正德十一年（1516年），剛滿二十歲的歐陽德就在競爭激烈的江西鄉試中了舉人，正準備赴京參加正德十二年（1517年）的會試，聽說王陽明巡撫南贛，會試也不參加了，趕往贛州，拜王陽明為師，成了王門中最年輕而且有功名的弟子之一，被王陽明稱為「小秀才」。從正德十二年（1517年）開始，歐陽德在王陽明門下五六年，直到王陽明離開江西回浙江後，才參加了嘉靖二年的會試，並且中了進士。嘉靖時，歐陽德先後出任南京國子監司業、太常寺卿掌北京國子監祭酒事，專以講學為事，致有「南野門人半天下」之說，成為王學有力的傳播者。

何廷仁字性之，號善山；黃弘綱字正之，號洛村。二人都是江西雩都縣（今江西于都縣）人。

何廷仁從小就傾慕陳獻章的學說，總想投入白沙門下。但他十三歲的時修，陳獻章就去世了。正德十二年（1517年），王陽明巡撫南贛，何廷仁覺得機不可失，對家人說：我很遺憾沒能成為白沙弟子，如今陽明先生來了，我不能再失去機會。遂往贛州。正值王陽明駐軍南康，組織對

桶崗、橫水「山賊」的清剿，何廷仁趕到南康，投入王門。後來又追隨王陽明回浙江，以闡述、傳播王學為己任。雖然嘉靖元年何廷仁已在江西中舉，但直到嘉靖二十年（1542年）才出任新會知縣。

黃弘綱與歐陽德同年中舉，也是因為王陽明到贛州而放棄會試。此後，隨王陽明在贛州、在吉安、在南昌，又追隨入浙。王陽明死後，黃弘綱在王家居守三年，安排後事，直到嘉靖二十三年（1545年），才出任汀州推官。

王陽明在贛州的三年中，軍務繁忙，很少有時間和弟子們談論學問，有學子前來問學，便先讓學問根基較深、悟性較高的弟子執教，稱為「接引」，然後再親自接見。在江西期間，被王陽明列入「高第」而有資格進行「接引」的弟子，有廣東揭陽籍的薛侃、江西新建籍的魏良器，以及何廷仁和黃弘綱。尤其是何廷仁和黃弘綱，不但在王門的時期長，而且心無旁騖。後來人們提及王門弟子，有「江有何、黃，浙有錢、王」之說，錢為錢德洪，王為王畿，何、黃即何廷仁和黃弘綱。在江西時，王門的主要「接引師」是何廷仁和黃弘綱；在浙江時，王門的主要「接引師」是錢德洪和王畿。

王陽明在贛州期間投入王門或準備投入王門的江西籍弟子中，還有兩位後來名氣更大的沒有被《年譜》列入，他們是鄒守益和羅洪先。

黃宗羲《明儒學案》說：「陽明一生精神，俱在江右。」可見江西籍弟子在王門中的地位。又說：「姚江之學（即王學），惟江右為得其傳，東廓、念庵、兩峰、雙江其選也。」東廓為安福鄒守益，念庵為吉水羅洪先，兩峰為永豐聶豹，雙江為安福劉文敏，全是江西吉安府人。他們既是江右王門的代表人物，在整個明代，也都算得上是著名的學者。

鄒守益是正德六年（1511年）會試的第一人即「會元」，又是殿試第三名即「探花」，留翰林院為編修，當時只有二十一歲。後因父親去世，回安福「丁憂」即服喪。鄒守益欽佩王陽明的學問和才能，更推崇他的氣

節，所以專程去贛州，請王陽明為他父親寫墓表。但是，鄒守益少年得
志，眼界甚高，一般學者並不在他眼中，加上又是程朱的信徒，所以，雖
然往贛州請王陽明寫墓表，最初並無投入王門之意。後來無意之中聽了王
陽明的講學，突然覺得有所感悟：程朱補《大學》，先說「格物窮理」，而
《中庸》卻首列「慎獨」，過去一直不理解，總是懷疑自己感悟不透。如今
聽了陽明講學，原來「格致」就是「慎獨」，不是自己感悟不透，而是程、
朱錯了！當即拜王陽明為師。

　　從後來的成就看，鄒守益是江右王門的第一號人物，王陽明對他極為
器重，不止一次當着弟子們的面說：「以能問於不能，謙之近之矣。」

　　與眾人不同，羅洪先卻是沒有行拜師禮的王門弟子。從這一點來說，
《年譜》不列羅洪先是有道理的。

　　王陽明在贛州時，羅洪先年僅十四五歲，想往贛州拜師，父母因其年
幼，沒有應允。這時，由徐愛編定的記載王陽明語錄的《傳習錄》第一卷
刻印了，羅洪先見後，欣喜不已，日夜誦讀，廢寢忘食。嘉靖八年（1529
年），即王陽明去世的第二年，羅洪先中了狀元，正在京師為太僕寺卿的
岳父曾直聞報大喜，祝賀說：吾婿建此大事，這是我家族的榮耀！羅洪先
卻不以為然：大丈夫立世，有多少事情要做。狀元三年一人，怎能算是
大事！

　　後來錢德洪主持修《陽明年譜》，王陽明在江西期間的言行請羅洪先
主筆，羅洪先在書稿中自稱「後學」。錢德洪見了，笑道：你於師門不稱
門生而稱後學，只是因為老師在世時沒有行拜師禮而已。你飽讀詩書，難
道古往今來的所謂門人，其含義只局限在行過拜師禮者？你十四歲時就想
投入師門，雖因父母的緣故未能遂願，卻仍然孜孜於師門意旨，三十年不
懈。由此看來，你不僅入了師門，而且已經升堂入室。羅洪先這才在《年
譜》改稱「門人」，並被黃宗羲稱為「江右王門」的四大傳人之一。

　　王陽明的第一位廣東籍的弟子是方獻夫。方獻夫正德六年（1511 年）

時在京師對王陽明執弟子禮，不久，回到老家南海縣西樵山中讀書。方獻夫是潛心讀書的學者，不是設席宣講的述者，所以他並沒有把王陽明的學說帶入廣東。方獻夫之後，廣東籍的王門弟子又有鄭一初，但入師門不久便因病而死。

自從認識了湛若水，特別是方獻夫和鄭一初入門為弟子之後，王陽明對廣東學者有了特殊的好感。而能夠傳播王學，使王學在廣東風行的，首推薛侃。

薛侃是廣東潮州府揭陽縣人，從小孝敬父母，是遠近聞名的孝子。正德十一年，薛侃遵母命參加廣東鄉試，中了舉人；第二年赴京參加會試、殿試，中了進士，尚未授官，便要求回廣東老家侍奉老母。得到允許後，沿着運河、長江、贛江南下。薛侃對王陽明傾慕已久，進入江西境內，聽說王陽明正巡撫南贛，真是意外之喜，船到贛州，便直奔巡撫衙門，成了王門弟子。回到揭陽之後，薛侃仍是興奮不已，將自己在贛州入王門的事情告訴兄長薛俊。薛俊聽了弟弟的訴說，也跟着激動，並帶着薛氏子侄一齊來到贛州，拜王陽明為師。薛侃後來成為王陽明在贛州的首席弟子、王學在廣東的傳播者和權威解釋者。

鄭一初是揭陽人，薛氏兄弟也是揭陽人，而且，他們不僅是揭陽的大族，還專以講學為業，薛侃在廣東、薛俊在國子監，都以宣揚王學為己任。所以，在薛氏兄弟、子侄投入王門之後，王學立即在廣東盛行起來，專程來贛州拜師的就有幾十人。

薛氏兄弟外，楊仕德（即楊驥）、楊仕鳴兄弟也是幾乎舉族入了王門。

楊仕德本來是湛若水的弟子，聽了王陽明的講學，改入王門。王陽明關於「破山中賊易，破心中賊難」的論點，就是在和楊仕德的通信中首先提出來的。湛若水對楊仕德改入王門似乎有些不快，所以在仕德死後寫了一篇祭文，說他「是內非外，失本體之自然」。

其實，當時的學者雖然也有門戶之見，但改入師門的事情還是經常發生的。湖廣常德籍的學子蔣信，在王陽明貶謫龍場時，曾與冀元亨一起專往龍場拜師，後來進京參加會試，遂為湛若水的弟子，並且代湛若水在南京國子監講學，王陽明對此並無異詞。

從王陽明給弟子們的書信看，他對楊仕德是非常器重的。但楊仕德還沒有來得及承擔起傳播王學的使命，就因病去世。倒是他兄弟楊仕鳴對王門的旨趣更有心得。黃宗羲《明儒學案》說，仕鳴與仕德同學王門時，十分用功。王陽明每有教誨，仕鳴總是要原原本本記錄下來，給老師過目，但每次王陽明都不滿意，說他沒有真正理解自己的意思。仕鳴後來乾脆不記了，一邊聽講，一邊自己思考，並將自己當時的心得寫下來，給老師看。沒想到老師竟大加讚賞。

從這件事情，楊仕鳴體會到了師門的真正精神，他後來經常對朋友和學生說：講求功夫，只是各人依自己的良知所及，去其迷障，然後擴充，以盡其本體。各人都有自己的社會經歷和認識問題的方法，以此為基礎去認識問題，便可達到良知，而沒有必要強求一致。

由於學生越來越多，巡撫衙門無法容納，而王陽明在平漳南、桶崗、橫水、浰頭之後，公務之外也有了一些餘暇時間，遂於正德十三年（1518年）在贛州建立書院，開始了他在贛州的講學。這個書院以宋儒周敦頤的號命名，稱「濂溪書院」。

十四、徐愛論說《傳習錄》

孔子講學，有《論語》傳世；朱子講學，有《朱子語類》流行。王陽明從小立志要「學為聖賢」，弟子們一入王門，便也自認為是入了「聖

門」。既然是「聖門」，便應該和孔子、朱子那樣，也有師門訓示錄。在這方面，王陽明的大弟子徐愛做出了表率。他倣照《論語》，用問答的方式將自己向王陽明請教學問及老師的解答記錄下來，編成了一卷《傳習錄》。

在序文中，徐愛說明了自己編《傳習錄》的目的：

> 愛朝夕炙門下，但見先生之道，即之若易而仰之愈高，見之若粗而探之愈精，就之若近而造之愈益無窮，十餘年來竟未能窺其藩籬。世之君子，或與先生僅交一面，或猶未聞其謦咳，或先懷忽易憤激之心，而遽欲於立談之間，傳聞之說，臆斷懸度，如之何其可得也？從遊之士，聞先生之教，往往得一而遺二，見其牝牡驪黃而棄其所謂千里者。故愛備錄平日之所聞，私以示夫同志，相與考而正之，庶無負先生之教。（《傳習錄》上）

王門弟子中，記載並打算整理王陽明語錄的並非徐愛一人。王陽明開始聽說這件事時，曾經表示過反對：古代聖賢教人，就如同醫生用藥一樣，必須根據各人不同的情況，下藥或輕或重。如果不問青紅皂白，死守藥方，那就不是救人而是殺人了。我對弟子們的訓導，也是因人因時而異，有感而發，當時就未必深思熟慮，何況時過境遷，事情變化無常，如果編成語錄，作為教條，豈不害人？

王陽明對「語錄」的認識可說是有獨到之處的，其中也許還包含着對《論語》《朱子語類》的不滿。但因此而否定編纂「語錄」的需要，卻不無片面，這也正是「有感而發」存在的弊病。

話雖如此，從王陽明的內心來說，對於徐愛編《傳習錄》是支持的，如果沒有類似於《傳習錄》的語錄傳世，自己的學說如何推廣？難道真的

放棄影響力最大的文字傳播而一直停留在口耳相傳或書信往返？得知徐愛病逝的消息，王陽明不勝悲傷：徐愛一死，我的學說就更加孤立無助了，希望陸澄有所繼承。徐愛死後，接着編《傳習錄》的就是陸澄，以及薛侃、錢德洪等人。

　　不管王陽明的真實想法怎樣，他公開反對編纂語錄的話，卻是很多弟子都知道的，他們得知徐愛仍在編錄，多相規勸。這些規勸有的是出於對師訓的恪守，有的則不免帶有譏諷的成分。但徐愛卻有自己的看法，他對同門師兄弟們說：如果因為先生有語錄易成教條的話，便不再收集、編錄先生的訓導，那倒反而失去了先生的本意。當年孔子曾對子貢說：我不想多說話。但沒過幾天，他卻告訴別人：我和顏回談論了一整天。這件事情你們可聽說過？孔子不是自相矛盾嗎？

　　這件事《論語》記載得很清楚，當時人人都讀《四書》，怎會沒聽說過？徐愛繼續解釋：其實孔子並不是自相矛盾。子貢為人聰明機敏，善於談吐，專門想在語言上追求為聖之道。所以孔子用不說話來提醒他，讓他自己從內心深處去體驗師門的精神。顏回對師門的教誨卻是心領神會，但不善於言辭，所以孔子和他討論整天，讓他將自己的體會表述出來。所以，孔子對子貢不說話，話卻不能算少；與顏回討論整天，話也不能算多。

　　這段人人都熟知但並不在意的典故，經徐愛一解釋、一發揮，成了一番發人深省的道理。當然，徐愛對編纂語錄的作用也有自己的認識。他在《傳習錄》的序文中說：如果人們對先生的教誨只是入耳出口，不去認真體會，不去身體力行，那我編這《傳習錄》不但沒有效果，可能反而成了師門的罪人。我所希望的是人人都以師門的精神去學習師門的教誨，得之於言表，行之於實踐。如果是這樣，我編纂《傳習錄》的目的也就達到了。

　　與徐愛同時編纂《傳習錄》的，還有薛侃和浙江湖州人陸澄，並由薛

侃出資於正德十三年（1518 年）八月在贛州刻印。[1]

　　但是，徐愛並沒有看到薛侃刻印的《傳習錄》，他於正德十一年（1516 年）為南京工部郎中時，回家鄉餘姚省親，第二年即正德十二年（1517 年）五月十七日病逝。[2] 據說徐愛曾經遊過衡山，並在衡山做了一夢，夢見一位老和尚拍着自己的肩膀說：「爾與顏子同德亦同壽。」說罷不見蹤影。徐愛從夢中驚醒，十分詫異。[3] 王陽明時常對人說：徐愛就是我的顏回。沒想到徐愛果然和顏回一樣，在年僅三十一歲時病死。

　　噩耗傳到贛州，王陽明悲痛萬分。就在不久前，徐愛還從餘姚老家寄來的書信，說是買了田地，和陸澄一道等着老師回去。王陽明見信非常高興，連寫了兩首七言詩：

> 見說相攜雪上耕，連蓑應已出烏程。
>
> 荒畬初墾功須倍，秋熟雖微稅亦輕。
>
> 雨後湖舫兼學釣，餉餘堤樹合閑行。
>
> 山人久有歸農興，猶向千峰夜度兵。
>
> 月夜高林坐夜沈，此時何限故園心。
>
> 山中古洞陰蘿合，江上孤舟春水深。
>
> 百戰自知非舊學，三驅猶愧失前禽。

1　《陽明全書》《王文成公全書》及《王陽明全集》所載的《傳習錄》共有三卷，是錢德洪在王陽明去世之後，根據薛侃、南大吉等人先後刻印的《傳習錄》整理而成的。薛侃在贛州刻印的，主要編在第一卷中。又侯外廬先生等主編《宋明理學史》下卷第八章說：王陽明在江西期間，「以薛侃為首的一批王門弟子皆在王守仁老家聚講不散，王守仁亦於軍旅之暇與之發明《大學》本旨，指示入道之方。於是，刊行《大學古本》，編印《朱子晚年定論》，以良知指示至善之本體。」按薛侃等人的這些活動並不是在王陽明的「老家」進行，而是在贛州、南昌進行。否則，王陽明在軍旅之暇，又如何得以與他們「發明《大學》本旨、指示入道之方」。可參見《年譜一》。另據黃宗羲《明儒學案·粵閩王門學案》，薛侃正德十二年歸養時在贛州入王門，「四年而後歸」，正德十六年授行人，接着是丁母憂回廣東。這段時間，或贛或粵或京師，並沒有去浙江。

2　《王陽明全集·年譜一》載，徐愛去世在正德十三年。此從《明儒學案》卷 11《浙中王門學案一》。

3　朱國楨：《湧幢小品》卷 14《兩顏子》。

歸期久負雲門伴，獨向幽溪雪後尋。

（《聞曰仁買田雪上攜同志待予歸》二首）

時隔不久，徐愛怎麼就不在人世了？是不是因為自己將他比做顏回而折了他的壽？顏回死時也只有三十一歲，難道是冥冥天意在作怪？此後，王陽明每與弟子們講學，總是免不了要說到徐愛。

十五、陽明妙論

多虧徐愛等人的有心，使我們今日可從《傳習錄》的片言隻語中，發現王陽明的許多奇特想法，領悟到他思想中的諸多閃光之處。

例一：

秦始皇因焚書坑儒，成為千古罪人。但王陽明對焚書卻自有主見。

徐愛認為，著述越多，越有利於「道」的發明。王陽明卻不以為然：著述多未必就是好事，當年孔子刪述《六經》，就是擔心著述太多而莫衷一是。但是沒有想到，春秋之後，繁文越多，天下越亂，所以秦始皇統一之後要焚書。後人罵秦始皇，是因為他焚書出於私心；如果他是出於公心，志在明道，便與孔子刪述《六經》沒有什麼區別了。

原來，銷毀古籍的始作俑者還不是秦始皇，而是孔子。但一受褒揚、一受批評，只是出發點不同而已。也就是說，做同樣一件事情，而有不同的評價，看的就是「居心」如何。

例二：

中國古話說：「生地怕水，熟地怕鬼。」但王陽明卻不怕鬼，且看他與學生們的一段對話。

陸澄問：有人一到夜間就怕鬼，先生對此有何看法。

王陽明點頭說道：確實有人怕鬼，但這都是因為平日做過損人利己的事情所致。如果為人處事，上不愧於天，下不負於人，難道還會怕鬼？

另一位弟子馬明衡插話說：正直的鬼當然不怕，但邪惡的鬼還是會迷人的。

王陽明聽了，不覺發笑：世界上哪有邪鬼迷正人的？只此一怕，就是心有邪念；心有邪念，就以為鬼會迷人。其實並不是被鬼所迷，而是被自己的心所迷。如果好色，就是色鬼迷；好財，則被財鬼迷；什麼事情都發怒，則被怒鬼迷；什麼事情都害怕，則被怕鬼迷。其實，都是被自己的邪念所迷。所謂「鬼迷心竅」，就是這個道理。

例三：

王陽明講學，主張「一以貫之」，這叫「主一功夫」。

陸澄一直對這個「主一」不理解。他問老師：讀書則一心在讀書上，接客則一心在接客上，可以為主一乎？

王陽明笑道：讀書則一心讀書，接客則一心接客。照這樣看，好色則一心在好色上，好財則一心在好財上。這是逐物，不是主一。原來，「逐物」和「主一」並不相同。

陸澄不明白，接着問：聖人應變不窮，莫不是事先有所預見？

王陽明搖搖頭說：哪裏預見得如此許多，關鍵在於把握大處。但聖人之心如明鏡，只是一「明」字，隨感而應，無物不照。這就是「一以貫之」。用我們現在的話說，就是立場、方法決定了，對萬事萬物的看法就不會自相矛盾了。

例四：

王陽明的學說上承陸九淵，對朱熹卻頗有微詞，但也不是全盤否定。況且，這時的王陽明比年輕時要沉穩得多，對朱子的認識也不像以前那樣片面了。同時也不願樹敵太多，所以採用了迂迴批評的辦法。

弟子楊驥問：格物是我儒的基本功夫，為何先生所教明白簡易，人人

懂得；朱子聰明絕世，為何反倒說不清楚？

　　對於這種問題，王陽明當然是很樂意回答的：朱子精神充沛、氣魄宏大，那是一般人比不了的。但他早年就一心想繼往開來，於是在考索著述上用功夫。但當時閱歷尚淺、看事不明，著述中雖然有極佳處，但往往有越說越不明白處。年輕時沒有感覺，到了晚年，才知道自己的學問做倒了。如果他像孔子那樣，先不急於著述，到晚年再來整理自己的思想，就不至於留下如此多的遺憾了。但他知錯就改，這更是世人比不上的。只可惜不久就去世了，致使許多錯處來不及改正。

例五：

　　薛侃對自己的悟性很是自負，因此非常讚賞孔子所說的「上智與下愚不移」，他問老師：上智與下愚為何不可移？

　　王陽明自己有天賦，所以收弟子也講究天賦，但從滁州以後，他比較注重學生的後天努力了。對於薛侃的提問，他說了自己這些年來的感受：上智與下愚不移，並不是不可移，而是不願移。上智者見事準、辦事有效率，他們不願改變自己，這是有主見；下愚者見事遲、辦事缺乏效率，但又不願向別人學習，也不願改變自己，這就是固執。所以孔子說上智與下不移。

例六：

　　一天，王陽明帶着弟子們在花圃除草，薛侃突然歎了口氣說：天地間的事情真是不可理解。為何善者難於培育，而惡者卻難於除去？

　　王陽明說：這是因為對善者沒有好好培育，對惡者也沒有真正鏟除。說完後又覺得言猶未盡，加了一句：這樣看善惡，一起念便錯了。

　　薛侃不解，問道：怎說一起念就錯了？

　　王陽明解釋說：天地之間，花草都是生命，哪裏有善惡之分？只是人要看花，便以花為善，以草為惡。如果一旦要用草，那麼草又成了善者了。所以，事情的善與惡，全是因為人的好與惡所生。

薛侃不服，反問道：如先生所說，世間就沒有善惡之分了？

王陽明並不正面作答，卻自言自語地說：無善無惡者理之靜，有善有惡者氣之動。不動於氣則無善無惡，這才是至善。

薛侃這次有理了，他立即反問：佛教也是無善無惡，先生的意思豈不與佛教一樣？

王陽明喜歡的就是這種弟子，他解釋說：佛教無善無惡，便一切都不管，不可以治天下。聖人無善無惡，只是不以成見去裁量事物，只是一循天理，而不動氣。

薛侃認為老師並沒有說服自己，他重提剛才的問題：既然草不是惡，那就不應除掉。

王陽明又笑了：你這就是佛老的意思了。我常常說，天理就在我心，我心要觀花，而草卻有礙於觀花，這便是不合天理，除去又有何妨？

薛侃有些明白，卻又仍有些糊涂：這樣看來，還是有善有惡。

王陽明笑了笑：雖然有善惡，但這善惡和你原來所說的善惡卻不一樣。善惡不在物，而在於心。心要觀花，花便是善；心要用草，草便是善。所以，善惡全在於心。天理也全在於心。

兜了一個圈子，王陽明回到了自己的理論：我心就是天理，「聖人之道，吾性自足」。

例七：

王陽明教學生的功夫並不是一味死讀書，並不懸空無着落，而是隨時隨地都可以從實踐中體驗到的。

弟子陳九川臥病贛州，王陽明前去探視。陳九川訴說病中難以用功夫，王陽明卻說：「常快活便是功夫。」

陸澄因兒子病重，十分焦急。王陽明告誡說：這正是用功的時候。如果這樣時機放過，平日讀書有何用處？父親愛兒子，這是天理。但天理也有個中和處，過分就是私意了。

例八：

泰和人楊茂又聾又啞，但好學問，往贛州見王陽明。兩人通過書寫和手勢，進行了一次特殊的交談。

王陽明問：你口不能言是非，你耳不能聽是非，你心還能知是非否？

楊茂答：知是非。

王陽明說：如此，你口雖不如人，你耳雖不如人，你心還與人一般。

楊茂一面點頭一面拱手相謝。

王陽明接着說：大凡人只是此心。此心若能存天理，是個聖人的心。口雖不能言，耳雖不能聽，也是個不能言不能聽的聖賢。心若不存天理，是個禽獸的心。口雖能言，耳雖能聽，也只是個能言能聽的禽獸。

楊茂指天扣胸，表示感謝。

王陽明又說：你如今於父母，但盡你心的孝；於兄長，但盡你心的敬；於鄉黨鄰里、宗族親戚，但盡你心的謙和恭順。見人怠慢，不要嗔怪；見人財利，不要貪圖。但在裏面行你那是的心，莫行你那非的心。縱使外面人說你是，也不須聽；說你不是，也不須聽。

楊茂又是點頭又是拜謝。

王陽明說：你口不能言是非，省了多少閑是非；你耳不能聽是非，省了多少閑是非。凡說是非，便生是非、生煩惱；聽是非，便添是非、添煩惱。你口不能說，你耳不能聽，省了多少閑是非，省了多少閑煩惱，你比別人倒快活自在了許多。

楊茂興奮得連連扣胸、指天、跺地。

王陽明最後說：「我如今教你，只是終日行你的心，不消口裏說；終日聽你的心，不消耳裏聽。」（《諭泰和楊茂》）

所有這些，都是王陽明平時的言論，或久經思慮，有備而答；或並無準備，即興說教。如果弟子們聽過之後如過眼煙雲，哪裏還有活生生的陽明之學？所以，這《傳習錄》是不能不整理、不能不編印的。

十六、南贛山中風光好

從正德十三年（1518年）四月平浰頭回師贛州，到正德十四年六月在吉安起兵討伐寧王朱辰濠，其間的一年多時間，是王陽明在江西最為悠閑的一段時間。門人弟子雲集贛州，王陽明領着他們，或議論於巡撫衙門，或講學於濂溪書院。贛州的諸多名勝，也處處留下了王陽明與弟子們的足跡。

贛州的第一大去處是通天巖。通天巖位於贛州西北約二十里處，崗巒起伏，山不高而陡峭，地不大而奧奇。林木繁茂，洞壑幽深，既有懸崖梵宮之興造，又有文人騷客之遺墨。因懸崖上有一天然石洞，石洞上方有一圓孔，直透山頂，可以見天，所以得名「通天巖」。自唐代以來，通天巖便是江南一大名勝。

根據自然分佈和人工開鑿，通天巖分為忘歸巖、觀心巖、龍虎巖、通天巖、翠微巖五大景區。王陽明情有所鍾的是忘歸巖和觀心巖。

忘歸巖實為一塊巨巖，巨巖橫空而出，巖下構成一個方圓幾十平方米的天然石洞。王陽明第一次來通天巖，是在正德十二年（1517年）的夏天。當時福建「山賊」剛剛平定，對桶崗和橫水的用兵也在醞釀之中，王陽明忙中偷閑，帶着弟子們遊覽通天巖。

時值盛夏，贛州城內暑氣逼人。一到通天巖區，便感到暑氣已漸消失。而到忘歸巖，更覺洞中清風徐徐，沁人心肺，果然令人流連忘返。王陽明久在軍旅，難得有此享受，不禁連連喝彩：果然是忘歸巖！弟子們見老師高興，也跟着起哄：如此仙景，先生該作詩留念！王陽明年輕時也是騷客中的領班人物，這時正在興頭，早已技癢，又見弟子們起哄，不覺思如泉湧，張口就是一首五言律詩：

青山隨地佳，豈必故園好？

> 但得此身閑，塵寰亦蓬島。
>
> 西林日初暮，明月來何早？
>
> 醉臥石牀涼，洞雲秋未掃。
>
> 　　　　　　　　　　　　　　（《通天巖》）

　　陪同王陽明遊通天巖的弟子，有不少已是功成名就。他們之中有鄒守益，這是正德六年會試的「會元」，殿試的「探花」，翰林院的編修；有薛侃，這是正德十二年（1517 年）的進士；有被王陽明稱作「小秀才」的歐陽德，這是正德十一年（1516 年）江西鄉試的舉人，因往贛州投師而放棄了會試。還有黃弘綱、何廷仁、楊驥、陳九川等等。這個班子放到北京，足以和當時的翰林院抗衡。

　　在這些弟子中，身份最高的自然是鄒守益。倒不是因為他登科甲早，地位高，而是有自己的主張，見識不凡。後來江右王門的首席弟子，便是這位鄒守益。

　　鄒守益早知老師年輕時以文采著名，但親耳聽老師作詩還是第一次，一時興起，也跟着吟了一首。

　　鄒守益一附和，激起了王陽明的詩興，用鄒守益的韻，應聲也是一首七律：

> 天風吹我上丹梯，始信青霄亦可躋。
>
> 俯視氛寰成獨慨，卻憐人世尚多迷。
>
> 東南真境埋名久，閩楚諸峰入望低。
>
> 莫道仙家全脫俗，三更日出亦聞雞。
>
> 　　　　　　　　（《遊通天巖次鄒謙之韻》）

　　從此，通天巖成了夏秋時期王陽明和弟子們遊覽的絕妙去處，忘歸巖

左側的觀心巖，更被王陽明闢為講學之所。而以「觀心」命名，又是王陽明的匠心獨具。王陽明講學，離不開一個「心」字，所謂「心即理」，「人者，天地萬物之心也；心者，天地萬物之主也。心即天，言心則天地萬物皆舉之矣。」離開心，一切都不存在。認識萬事萬物，都要從「心」開始。所以，這個講學的石洞，便被王陽明命名為「觀心巖」。

用心領悟的道理，不是用語言所能完全表達的，故觀心巖又稱「忘言巖」。而這「忘言」似乎又比「觀心」更為含蓄、更為灑脫，所以在王陽明的筆下，倒更願意稱其為「忘言」：

> 意到已忘言，興劇復忘飯。
>
> 坐我此巖中，是誰鑿混沌？
>
> 尼父欲無言，達者窺其本。
>
> 此道何古今，斯人去則遠。
>
> 空巖不見人，真成面墙立。
>
> 巖深雨不到，雲歸花亦濕。
>
> （《忘言巖次謙之（鄒守益）韻》）

> 幾日巖棲事若何？莫將佳景復虛過。
>
> 未妨雲壑淹留久，終是塵寰錯誤多。
>
> 澗道霜風疏草木，洞門煙月掛藤蘿。
>
> 不知相繼來遊者，還有吾儕此意麼？
>
> （《坐忘言巖問二三子》）

在王陽明與弟子們的討論中，有一段對話一直引起後人的興趣，那就是關於山中花樹的問題。《傳習錄》記載說：

　　先生遊南鎮。一友指巖中花樹問曰：「天下無心外之物，如此花樹在深山中自開自落，於我心亦何相關？」先生曰：「你未看此花時，此花與汝心同歸於寂；你來看此花時，則此花顏色一時明白起來。便知此花不在你的心外。」

　　王陽明在這裏是用人的主觀感知來決定事物的客觀存在，自然有片面處。但即使對此進行指責的人們，也不能不佩服他「一以貫之」的機變。雖然根據《傳習錄》的記載，王陽明和學生的這段對話發生在嘉靖年間的紹興，但贛州的父老們寧願它發生在通天巖，並堅持認為就是在忘言巖的洞口所說。這忘言巖的洞口，正對着一片林木茂盛的山谷。春夏之時，繁花盛開，令人陶醉。

　　雖說是「青山隨地佳，豈必故園好」，但這思鄉之情卻是任何人都免不了的。正德十三年（1518 年）初夏，王陽明回師贛州，途經龍南，竟意外地發現兩處山洞極似自己家鄉的陽明洞，不禁驚喜，遂取名為「陽明別洞」：「回軍龍南，小憩玉石巖，雙洞絕奇，徘徊不忍去，因寓以陽明別洞之號。」並作詩以記：

> 洞府人寰此最佳，當年空自費青鞋。
> 麾幢旖旎懸仙仗，臺殿高低接緯階。
> 天巧固應非斧鑿，化工無乃太安排？
> 欲將點瑟攜童冠，就攬春雲結小齋。
>
> （《回軍龍南三首之二》）

> 陽明山人舊有居，此地陽明景不如。
> 但在乾坤俱逆旅，曾留信宿即吾廬。
> 行窩已許人先號，別洞何妨我借書。
> 他日巾車還舊隱，應懷茲土復鄉閭。
>
> （《回軍龍南三首之三》）

危處

變應

一 、 寧 府 是 非

江西、福建、廣東、湖廣接壤地區的民變雖然被王陽明平定，但江西省會南昌的動亂卻在醞釀之中。

明太祖朱元璋在位的三十一年裏，曾經採取了各種措施，建立了各種制度，以使朱明皇朝千秋萬代，與天地同存。這些措施和制度中，有兩項在推行過程中所遇的阻力最大，但恰恰也是明太祖最堅定不移的，這就是廢除宰相和分封諸王。

朱元璋從小家中貧困，很早就死了父母，所以先給地主做牧童，後來又在寺院做和尚，二十五歲投身於元末農民起義，才娶了妻子馬氏。大兒子朱標出生時，朱元璋已經二十七歲了。有句古話說，打仗全靠父子兵。朱元璋兒子小，便收養了許多義子，用他們去衝鋒陷陣、去監視將領，對於大明皇朝的開創，起了很重要的作用。

但是，打江山的是乾兒子，坐江山的卻是親兒子。只是南京紫禁城的皇位只能容一個兒子繼承，其餘的兒子便得分封到各地，去做諸侯王。

中國歷史上曾經有不少朝代分封過諸侯，但作用卻大不相同。西周的分封諸侯，在很大程度上是一次民族大融合的過程，對於建立起各地區之間的聯繫、對於後來統一的多民族國家的形成，具有重大的意義；西漢的分封諸王，諸侯國開始曾經起到過擴大疆域、拱衛中央的作用，但後來卻尾大不掉，成了分裂和割據勢力；至於西晉分封的諸侯王，從一開始就成了司馬皇朝的掘墓人。

朱元璋投身元末農民起義之後，身邊迅速集結了一批讀書人出謀劃策，他自己也開始讀書識字、學習歷史，這些歷史教訓他是知道的。但他自認為可以通過一些變通的辦法，可以既達到諸侯王拱衛中央的目的，又避免諸侯王尾大不掉的弊病。同時，在其潛意識中，或許還有寧願自家窩裏鬥，也不能讓非朱氏家族的文官武將們分一杯羹的想法。在這種思想的

指導下，明太祖分三批將自己二十六個兒子中的二十四個，即除去長子朱標被立為太子、幼子朱楠早夭之外，其餘的全部分封為王。

被分封的二十四個王中，有一位名叫朱權，是明太祖的第十七個兒子，被封為寧王，封國在大寧，即現在內蒙古自治區寧城縣的大名城。大寧在長城之外，東連遼東，西接宣府，是明初的北方重鎮，有駐軍八萬人，兵車六千乘，所屬蒙古朵顏三衛騎兵驍勇善戰。朱權幾次受命與二哥秦王、三哥晉王、四哥燕王（即明成祖）討伐元朝殘部，以善謀著稱。

明太祖死後，朱標的兒子、皇太孫朱允炆繼位，燕王朱棣起兵「靖難」，奪取了皇位。「靖難」期間，朱棣以詐謀將朱權挾持到北平，朱權麾下銳卒成了朱棣奪取皇位的重要力量，朱棣發佈的文告也有不少出於朱權之手。為了安撫朱權，朱棣許以事成平分天下。但奪取皇位之後，朱棣既不願也不可能兌現諾言，將朱權遷到了南昌。從此，寧王府便設在了南昌。從這一代的恩怨來說，朱棣和他的子孫們是欠了寧王府一筆債的。

第一代寧王朱權本是文武全才，遷封南昌後，受到朝廷的嚴密控制，於是專心舞文弄墨，整天與文人混在一起，寫了《通鑒博論》《家訓》《寧國儀範》《漢唐祕史》《史斷》《文譜》《詩譜》《太和正音譜》等著作。從此，熱衷文學藝術成了寧王府的傳統。

朱權死後，朝廷賜諡「獻」，所以稱「寧獻王」。經靖王朱奠培、康王朱覲鈞，三傳到朱宸濠。宸濠出生於成化十三年（1477 年），弘治九年（1496 年）二十歲時，繼承了王位。寧王府本有文學藝術傳統，宸濠的生母又是歌女出身，宸濠從小耳聞目睹，也有較高的文學修養，所以《明史·寧王傳》說他「善以文行自飾」。既然自以為有些本事，而北京紫禁城裏的皇帝不僅荒唐且欠着自己祖宗的債，這不滿之情自然溢於言表。

中國的讀書人有喜歡參與政治的傳統，所謂「學成文武術，貨於帝王家」。雖然按孟子的說法，應該是「窮則獨善其身，達則兼濟天下」，但心甘情願「窮」一輩子的卻並不多。於是，科舉成了讀書人的第一等大事。

有幸在科舉中成功者，成了讀書人中的在朝派。但科舉的名額有限，絕大多數人還是入不了仕途的。於是經過多次失敗後，棄學經商者有之、以耕讀治家將希望寄託於子孫者有之，但也有人始終放不下一個「達」字，走上了與朝廷對立的道路。

唐朝有位名叫高尚的讀書人，自視為天下奇才，卻總是進不了官場，他發誓，寧為賊死，也不願默默無聞過此一生。於是北走燕雲，成了安祿山的謀主，將個大唐江山攪得天翻地覆。本朝太祖皇帝最初投身農民起義軍，不過是為了活命，後來經李善長、劉基等讀書人左說右勸，說得有了做皇帝的念頭，倒也真的開創了大明帝國。成祖皇帝發動「靖難」，很大程度也是因為有姚廣孝（僧道衍）、金忠、袁珙等讀書人的唆使。

宸濠既然有了不滿於朝廷的意思，自然就有人捧他的場，為他出謀劃策。本來只有一分不滿，非要挑唆得十分不滿。首先為宸濠捧場的是術士李自然和李日芳。二人初見宸濠，便說他的長相奇特，不是一般人物，這也是術士們的慣伎，在他們的口裏，人人都可以被說成是有異徵。接着又告訴宸濠，說他們發現南昌城的東南有天子氣。這南昌城中，除了寧王朱宸濠，還有誰能應這天子之氣？

如果當時在北京的是一位有雄才大略，或者是一位勵精圖治的皇帝，宸濠那顆不安分的心也許會平靜許多。但恰恰在孝宗死後，繼位的是行事荒唐的武宗，而武宗又沒有兒子，這就使得宸濠更多了幾分僥倖。而且，朱棣一支的皇位本來就是從朱標一支奪來的，那麼，宸濠以其人之道還治其人之後，都是太祖皇帝的子孫，也並沒有太多值得指責的。

宸濠先是買通專權宦官劉瑾，恢復了天順時期被削去的王府護衛。但劉瑾死後，護衛又被削除。按明太祖時的規定，王府都設有一到三個護衛，每個護衛五千餘人，既是王府的衛隊，也可在朝廷發生「奸臣」亂政時起兵「靖難」。當年成祖起兵，「護衛」就是基本力量。宸濠要圖大事，這護衛自然是不能少的，所以他又買通吏部尚書陸完和武宗的親信錢寧、

臧賢，恢復了護衛。

　　光有護衛還不夠，宸濠命人聯絡長期在鄱陽湖為盜的吳十三、凌十一等人，讓其招募漁民樵夫、散兵遊勇，以部伍法進行管理，作為預備力量。新建籍退休都御史李士實、安福籍舉人劉養正都是不甘於人下的讀書人，他們幫助宸濠聯絡黨羽、打擊和排斥不肯依附的地方官員。就這樣，又一場朱氏家族內部爭奪皇位的鬥爭緊鑼密鼓地拉開了帷幕。

二、各自唸權經

　　自從有了奪取皇位的念頭，寧王宸濠對江西特別是南昌的地方官員進行了一系列的策反工作，能夠拉攏的則拉攏，拉攏不了的則打擊。曾經出任過江西按察使、後來做到了吏部尚書的陸完，曾任江西鎮守的太監畢真等，成了宸濠的好朋友，後來被指認為「死黨」。

　　但是，明朝自成祖「靖難」之後，宗室中雖然也有過宣德時漢王朱高煦、正德時安化王的起兵發難，但都沒有成功。既然已經入仕，也就很少有人甘冒「謀反」的風險去幹背叛朝廷的事情。所以，儘管宸濠及李士實、劉養正等人費盡心機，從江西省到南昌府以及各縣的官員們都對宸濠採取不合作的態度，按察副使胡世寧、布政使鄭岳、巡按御史范輅及南昌、瑞州知府更不斷向朝廷匯報寧王府的動向。當然，這些官員後來或被宸濠買通朝中權貴，調離江西，或被宸濠私自幽禁。

　　在所有江西官員中，宸濠及其謀士們最忌怕的，還是控制江西上游的南贛巡撫王陽明。劉養正年輕時與王陽明有交往，佩服王陽明的學問見識，王陽明對劉養正也頗為賞識，曾推許其為「吾道學友」。為了拉攏王陽明，劉養正受宸濠的派遣，專程前往贛州。宸濠在南昌的所作所為，王陽明早有耳聞，也知道劉養正已經成了宸濠的親信謀士，所以，對於劉養

正來訪的目的，王陽明心中如明鏡一般。

在接風宴席上，劉養正先是對王陽明平滅「巨寇」的功績讚不絕口，接着又對王陽明的講學大加稱頌。王陽明一面勸酒，一面耐着性子等劉養正轉入正題。

果然，劉養正話鋒一轉，說到了寧王宸濠：寧王尊師重道，有三代賢君商湯、周武的氣度。先生以廓清迷障、恢復聖學真諦為己任，寧王十分欽佩，所以命我前來，一是表示敬重之意，二來想投入先生門下，以求正學。

如果不計較其他因素，光憑劉養正的這番話，以宗室親王之尊而禮賢下士，寧王宸濠也算得上是人傑。況且，當年周文王五次到渭水請姜子牙、劉備三顧茅廬請諸葛亮，不都是為了爭奪天下的人才？從這一點來說，宸濠為了奪取皇位而不惜卑詞厚禮，也並沒有什麼值得指責的。

但在王陽明看來，大明江山的建立已經有一百多年，儘管當今皇帝有諸多的不是，也不忍見藩王覬覦皇位。如果戰爭一發動，有多少百姓要身受戰禍，國家得耗費多少錢糧來收拾殘局？只是寧王如今還並沒有動作，一切公開的舉措也都在朝廷許可的範圍之內。也就是說，宸濠敢不敢公開與朝廷為敵，還要看日後事態的發展。

所以，聽完劉養正的敍說，王陽明只是笑着問道：「寧王捨得去掉王爵，來贛州做我的學生？」當然，說笑歸說笑，宸濠到贛州來自然不現實，就是他想來，按朝廷的制度也是不允許的；王陽明作為封疆大吏，專程去南昌為寧王講學，也不可能。既是為了表示對寧王的尊重，也是為了摸清寧王府的動靜，王陽明決定讓弟子冀元亨隨劉養正一道北上，去寧王府講學。當然，王陽明無論如何也想不到，這個決定竟斷送了冀元亨一條性命，也給自己帶來極大的麻煩。

冀元亨是湖廣武陵人，王陽明貶謫龍場時，他和蔣信不避艱險，前去拜師。除了徐愛、朱節、蔡宗兗三人，冀元亨和蔣信可說是王門最早的

入室弟子。王陽明從龍場東歸為廬陵知縣時，冀元亨又追隨到廬陵。正德
十一年，冀元亨參加湖廣鄉試。最後一場策論，主考官以「格物致知」發
策。「格物致知」是朱熹闡述了一輩子的命題，按明朝科舉規則，考生應以
朱子的觀點答題。但冀元亨卻以老師王陽明的觀點來回答，沒想到考官竟
然將他錄取了。正德十二年（1517 年），王陽明到贛州為巡撫，冀元亨跟
着也到了贛州，和黃弘綱、何廷仁一道，為王門弟子中的「接引師」。

　　這次受師門的派遣，冀元亨來到南昌，與寧王宸濠論學。

　　宸濠聽說冀元亨是王陽明的高足，便想通過他來拉攏王陽明。但是，
當宸濠試着和冀元亨說起「王霸」之業時，冀元亨卻裝着打哈哈。宸濠見
狀，不禁啞然失笑：人說癡人不可理喻，以前不相信；今日見到冀元亨，
我相信了。弟子如此，其師可想而知。但劉養正卻提醒宸濠說：王守仁聰
明絕倫，豈有弟子如此迂腐？我看這冀元亨是假裝糊涂。

　　改日講《西銘》，冀元亨侃侃而談，反覆陳說「君臣大義」。宸濠大吃
一驚，原來此人真的不癡。由「君臣大義」，冀元亨又講到了春秋時期的
所謂「王霸」之業，講到「時」與「勢」的關係。宸濠越聽越是吃驚，此
生豈止是不癡，甚至可說得上是人才難得。但從冀元亨的表現，宸濠也發
現身處贛州上游的這位王陽明是無法拉攏的，但又不能得罪，否則事情更
加難辦，乾脆將冀元亨以禮送回贛州。[1]

1　黃綰《陽明先生行狀》說冀元亨到南昌後，與宸濠議論矛盾。宸濠大怒，將其遣還，並祕密派出殺手，
　打算在路上殺害元亨，但沒有得逞。當時，朝中一直有人利用冀元亨到南昌與宸濠講學一事誣陷王陽明
　與宸濠有瓜葛，所以黃綰在《行狀》中要為王陽明開脫。本書採用黃宗羲《明儒學案》的說法，見卷 28
　《楚中王門學案》。鄭曉《今言》則說王陽明曾面見宸濠：王陽明初見宸濠，佯言售意，以窺逆謀。宴時，
　李士實在坐。宸濠言康陵（指明武宗朱厚照）政事缺失，外示愁歎。士實曰：「世豈無湯、武耶！」陽明
　曰：「湯、武亦須伊、呂。」宸濠又曰：「有湯、武便有伊、呂。」陽明曰：「若有伊、呂，何患夷、齊。」
　自是，陽明始知宸濠謀逆決矣。乃遣其門生舉人冀元亨往濠邸，覘其動靜，益得其詳。於是始上疏請
　提督軍務，言：「臣據江西上流，江西連歲盜起，乞假臣提督軍務之權，以便行事。」意在濠也。司馬王
　晉溪（王瓊）知陽明意，復奏稱王某有本之學、有用之才，今此奏請相應准允，給與旗牌，便宜行事。
　江西一應大小緩急賊情，悉聽王某隨機撫剿，以故濠反，陽明竟得以此權力起擒賊。（卷 4 之 313）

冀元亨回到贛州，訴說所見寧府的情狀，王陽明更加堅信寧府必定出事。但事情將會發展到什麼地步，卻誰也沒有把握。

時間已是正德十四年（1519 年）初。王陽明的父親王華退休之後，將家從餘姚搬到了紹興，這是祖宗以前住過的地方。比起餘姚，紹興地方更大，更繁榮，離省城杭州和南都南京也更近一些。不久前，王陽明收到父親的家書，說祖母岑氏病重，希望王陽明回老家省親。在這之前，王陽明曾經以久病為由，上疏朝廷，請求提前退休，沒有被批准。這不斷請求退休在當時也是時髦，其實是不斷提醒朝廷注意自己。當然也有弄巧成拙的，如果朝中當權者順水推舟，予以批准，那就後悔也來不及了。

正德十四年（1519 年）正月十四日，王陽明再次提出退休的要求。這次的理由有兩條，一是自己長期身體不好，難以再荷重負；二是已經一百歲的祖母病重，自己應該回家訣別。提出這個報告，在王陽明的心中也是矛盾的。一方面，他確實希望輕鬆一下，這幾年在贛州嘔心瀝血，身體更是大不如前；而且，祖母病重，這次不回去，恐怕連面也見不到了。但另一方面，官場險惡，弄不好公文一下來，這一輩子還真就得終老於林下了。

事情也正是如此。當時的吏部尚書是寧王宸濠的死黨陸完，他不希望上游有一個王陽明壓着宸濠。內閣首輔是楊廷和，這是一位難得的幹才，但與兵部尚書王瓊有矛盾，王陽明被他認為是王瓊的人。所以，王陽明的報告一到北京，吏部和內閣的意見是一致的，王陽明勞苦功高，人才難得，應該讓他回家養病，這也是為國家保護人才，加上他祖母病重，聽說這位百歲壽星對孫子極為溺愛，應該在她臨死前讓王陽明回家去陪陪。

但是王陽明身上有「提督軍務」這個職務，所以能否批准他退休還要看兵部的意見。在這個關鍵時刻，王瓊再次表現了他的遠見卓識。他將武選司的主事應典叫來，告訴他：我將王守仁放在贛州，並給他兵符令旗，讓他便宜行事，並不只是為了幾個「山賊」，一旦江西有事，還得仰仗於他。

這時，發生了福建軍士煽動兵變的事情，王瓊以此為理由，駁回了吏部的意見，同時以兵部的名義上了一個題本，並得到批准，讓王陽明往福建處置兵變事宜。這樣，王陽明不但有權調動江西、湖廣、廣東、福建等省交界地區的軍隊，還可調動福建的軍隊。後來的事實證明，王瓊的這一步棋使明政府輕而易舉地渡過了一次難關，也使南方百姓避免了一次可能曠日持久的戰亂。

三、宸濠終於挑起了反旗

寧王府的動靜通過各種渠道傳到北京。御史蕭淮上疏，建議朝廷盡早進行處置，將宸濠逮捕進京。疏下內閣，大學士楊廷和等人認為寧王的「反狀」還不明顯，不宜採取過急行動，但為了防患於未然，擬旨再削寧王府的護衛。這份由內閣起草、以武宗皇帝名義發出的敕旨說：寧府之事，關係宗社大計，「朕念親親，不忍加兵，特遣太監賴義、駙馬都尉崔元、都御史顏頤壽往諭，革其護衛」。

寧王也一直在偵刺朝廷的動靜，負責在京打探消息的寧府間諜林華只知道有御史上疏，建議朝廷將宸濠逮捕進京，卻不知內閣最後擬旨只是革除護衛。賴義一行奉旨出京，北京街頭議論紛紛，都說要將寧王押解赴京。林華急了，晝夜南奔，搶在朝廷使者之前趕回南昌，報告他在北京得到的並不準確的情報。

林華趕回南昌報信的這天，是正德十四年（1519 年）的六月十三日。這天是宸濠四十三歲生日，在南昌的江西官員，從鎮守中官、巡撫、巡按，到都指揮司、布政司、按察司三司，以及南昌府，南昌、新建縣的官員，先後到寧王府祝壽，寧王府喜氣洋洋。但是，林華從北京帶來的消息，特別是聽說派來的使者中有駙馬都尉崔元，宸濠大吃一驚。因為明朝

開國以來有一慣例，即只有對犯罪宗室抄解家屬時，才派遣駙馬。

宸濠立即召集謀士們商議。劉養正雖然只是舉人出身，名列李士實之後，卻是宸濠最信任的頭號謀士。他建議宸濠當機立斷，乘第二天寧府回請鎮、巡及三司官員時，脅迫起事。

第二天，正德十四年（1519 年）六月十四日，寧王府大擺宴席，回請昨天前來祝賀的江西官員。這天來到寧王府赴宴的，以鎮守太監王弘、巡撫都御史孫燧為首，包括巡按御史王金，主事馬思聰、金山，江西布政使梁宸、胡濂，參政王綸、劉斐、程杲，參議楊學禮、許效濂，江西按察使楊璋，副使唐錦、賀銳，僉事師夔、潘鵬、賴鳳，江西都司都指揮許清、馬驥、白昂、郊文等，凡中央派駐南昌及在昌的江西三司長官，都來到寧王府赴宴，並且再次向壽星表示祝賀。

等眾官到齊，幾百名帶刀武士在鄱陽湖大盜吳十三、凌十一等人的統領下，封鎖了所有通道，將眾官員圍在了正中。眾官不明就裏，驚疑不定，卻見宸濠滿臉殺氣，出現在眾人面前。

宸濠將官員們逐個注視了一遍，高聲說道：眾官聽了！當年宦官李廣將民家兒子抱入皇宮，偽稱是柏妃生了皇子。孝宗皇帝受其欺騙，將這小孩立為太子，並繼承了皇位。這偽皇子就是當今的皇上。我太祖太宗得不到親生骨肉的祭祀已經十四年了。我奉太后密詔，起兵討賊。順我者昌，逆我者亡！

就這一番話，驚得官員們目瞪口呆。巡撫江西右副都御史孫燧是王陽明的同科舉人，他在任江西巡撫期間，曾先後七次向朝廷密告寧王府的行跡，但每次送出的情報都被寧王派出的邏哨截獲。按察司副使許逵膽略過人，他多次勸孫燧先下手為強，解決寧王問題。但孫燧總覺得寧王反狀還不明顯，證據還不充分，若輕舉妄動，這離間宗室、誣陷藩王的罪名也是不好承擔的。有了這層顧慮，所以遲遲沒有動手，沒想到全省在南昌的官員今天被寧王一窩端了。

孫燧見眾人被寧王說得呆若木雞，跨上一步，大聲喝道：我是巡撫，若太后有旨，我應該知道，你可將太后懿旨請出，讓我過目。

宸濠早就擔心孫燧、許逵會帶頭發難，如今孫燧果然首先跳了出來。宸濠並不正面回答孫燧的提問，卻厲聲喝道：不用多說！我日內就要往南京登極，你可做好扈駕準備。

孫燧卻不吃這一套，也厲聲喝道：天無二日，民無二主。你放着藩王不做，卻要謀反，是自尋死路，休想讓我為你殉葬！說罷，便向宸濠撲了上去。早有武士一擁而上，將孫燧按住。許逵見狀，從人群中衝了出來，要救護孫燧，也被武士死死按住。

宸濠看了看拚命掙扎的孫燧、許逵，又看了看驚恐萬狀的眾官員，嘿嘿冷笑：你們以為我不敢殺人嗎？

話音未落，許逵便大聲高呼：你能殺我，天子就能殺你！你這反賊，將來必定碎屍萬段、禍滅滿門，你後悔也來不及了！

宸濠大怒，喝令武士將孫燧、許逵拖出王府，殺於南昌惠民門外。凌十一、吳十三等人親自動手，將眾官員捆綁起來。布政司參議黃弘和主事馬思聰奮力抗爭，力竭而死。其餘的不敢反抗，跟着寧王府的謀士、護衛，一齊向宸濠稱呼「萬歲」。按察使楊璋本為江西嶺北道兵備副使，因隨着王陽明東征西討，戰功卓著，升為按察使，這時因為性命攸關，接受了寧王的官職。接受「偽職」的還有布政使梁宸，參政王倫、季斅，僉事潘鵬、師夔等人。王倫更成了寧王的「兵部尚書」，地位僅在李士實、劉養正之下。

四 、 豐 城 脫 險

宸濠在南昌發難之時，王陽明正乘坐官船北上，要往福建處置兵變事宜。

　　兵部的命令是六月初五到贛州的，王陽明六月初九從贛州乘船，順贛江而下。六月十五日，船至豐城縣（今豐城市）界黃土腦。豐城有位浙江寧波籍的吏員首先向王陽明報知了寧王殺死孫燧、許逵，脅迫江西三司官員起兵等事。接着，豐城知縣又證實了這件事情，並說宸濠已經派人沿江而上，要邀擊王陽明。

　　雖說王陽明對寧王的所作所為早有警覺，但猛然聽說寧王已經殺了孫燧、許逵，在南昌公開和朝廷分庭抗禮，也不免大吃一驚。他這次往福建勘平兵變，屬於公事，已經通告江西、福建二省和寧王府。寧王根據王陽明的行程，派人沿途截殺是完全有可能的。

　　王陽明見事情緊急，與同行參謀雷濟、蕭禹商議，豐城地方狹小，兵馬糧餉無法籌集，而且離南昌不過百里之遙，宸濠兵馬朝發夕至，遂決定立即返回吉安，調集軍馬，再與宸濠周旋。

　　宸濠起兵及已經派兵截殺王陽明之事，眾人都是在官船上向王陽明報告的，自然瞞不過船夫。船夫驚惶不定，以逆流無風為理由，不肯開船。後來起了北風，船夫仍是不開船，王陽明大怒，拔劍在手，手起劍落，將船夫首領的一只耳朵砍下，船夫們這才無可奈何，掉轉船頭，逆着贛江，向北緩緩而行。

　　暮色已經撒滿了山川峽谷，王陽明站在船頭，凝視着在東邊山頭上冉冉升起的滿月，多像幼年時期在鎮江金山寺見到的那輪圓月！但時過境遷，王陽明已經無心吟詩賞月了。他望着滾滾北去的江水，船在水中，似乎根本沒有移動，不禁心急如焚。他猛然想起十多年前自己在錢塘江脫險的經歷，得再玩一次金蟬脫殼的把戲。他將自己的想法向雷濟、蕭禹一說，二人拊掌稱好。

　　王陽明命船夫將官船靠近一條漁舟，自己和雷濟等人棄官船、上漁舟，其餘人等在官船虛張聲勢。漁舟借着月色向南急駛而去，官船則大張燈火，在江上緩緩而行。事後王陽明的幕僚龍光曾向陽明弟子錢德洪說起

當時的情形：

> 時師聞變，返風回舟。濠追兵將及，師欲易舟潛遁，顧夫人
> 諸、公子正憲在舟。夫人手提劍別師曰：「公速去，毋為妾母子
> 憂。脫有急，吾恃此以自衛爾！」及退還吉安，將發兵，命積薪
> 圍公署，戒守者曰：「儻前報不利，即舉火爇公署。」時鄒謙之在
> 中軍，聞之，亦取其夫人來吉城，同誓國難。

是當時和王陽明一同從贛州乘船而下的，除了參謀雷濟等人之外，還有幕僚龍光，特別是還有王陽明的妻子諸氏、養子正憲。而此時的諸氏夫人，也表現出女中豪俠的膽氣。當然，官船並沒有被宸濠的護衛追上，王陽明等人乘坐的漁舟，則在當天深夜到了臨江（今江西樟樹）。臨江知府戴德孺這時也得到了寧王佔據南昌、起兵發難的消息，正自擔憂，聽說王陽明到了，不禁大喜，急忙出城迎接，並要求王陽明入城調度。[1]

王陽明見了戴德孺，也十分欣喜，但他有自己的主張。他告訴戴德孺：寧王背叛朝廷，人人都應全力討賊。但臨江位於大江之濱，與省城相距太近，而且當南北道路之衝，不便據守。我將直趨吉安，在吉安調集軍馬，再取南昌。我去之後，這臨江之事仍賴貴府調度。如今國難當頭，萬望不辭勞苦，日夜防守。如有意外，可星夜通報吉安。

戴德孺也是個敢於擔待的人物，他理解王陽明的做法，也相信王陽明的人格才幹，但對寧王下一步的動作卻心中無數。王陽明聽了他的顧慮，沉思片刻，屈指說道：以寧王計，有三個選擇。若出上策，他應直趨京師，

1　《明武宗實錄》卷175說：王陽明奉命往福建勘事，時值寧王宸濠生日，王陽明本打算取道南昌，先賀寧王壽辰，然後再去福建。船遇大風，誤了日期。王陽明船至豐城，得知宸濠發難的消息，棄官船，改乘小舟，想徑回贛州。宸濠聽說王陽明南歸，令人乘船追趕，但沒有追上。吉安知府伍文定也聽說王陽明南歸，急忙帶着三百士卒，乘船在峽江截住了王陽明，勸他一道回吉安起兵，討伐宸濠。

出其不意。如果這樣，國家就危險了。若出中策，則趨南京。如果這樣，大江南北也受其禍害。若出下策，則只是盤踞江西省城。如果這樣，為害較小，勤王之事也較易了。

這既是王陽明個人的看法，也是從豐城到臨江途中，王陽明和雷濟、蕭禹二人商議的共識。

戴德孺聽了，既佩服王陽明的見解，又感到事態嚴重。他勸王陽明立即動身，前往吉安調兵。但王陽明並不忙於登船，他所想的不僅僅是如何儘快調集兵力，平滅宸濠叛軍，而且還得儘快通報各地、及早作好防禦準備，儘快上奏朝廷，調兵進行圍剿。而這一切又都需要時間。因此，還得想辦法打亂宸濠的部署、延緩宸濠的出兵時間。

五、兵 不 厭 詐

王陽明讓戴德孺立即召集書吏，趕寫文告，向各地通告寧王叛亂之事。又寫了幾份假文書，說奉朝廷密旨，已經預先知道寧府將要反叛，如今，巡撫兩廣都御史楊旦、巡撫湖廣都御史秦金，以及南北兩京兵部已分別命將出師，埋伏於要害地區，專等寧王叛兵前來，即行邀殺。又令人招來幾位戲子，讓他們扮作間諜模樣，將這些假公文藏在身上，往宸濠叛軍駐扎地窺測。

這些戲子們果然先後被宸濠的軍隊捕獲，所藏的假公文也被查獲。消息傳開，南昌城內惶惶不可終日，以為官軍就在開往南昌的路上。軍心一亂，加上宸濠和謀士們也心懷疑懼，本來打算一鼓作氣攻取南京，竟然猶豫半個多月，不敢出兵。

真假文書發出之後，王陽明這才告別戴德孺，離開臨江，往吉安而去。船到峽江，卻見上遊來了幾艘船隻，船上旗幡招展，號帶飄揚。王陽

明大吃一驚，難道宸濠斷了我的歸路？

　　駛近一看，王陽明放心了。原來是吉安知府伍文定得到宸濠叛亂、王陽明連夜潛還的消息，帶着三百名軍士，順着贛江而下，前來接應。

　　這伍文定可不是尋常之輩，他和王陽明是同年的進士，字時泰，南直隸霍山縣（今屬安徽）人。雖是讀書人，伍文定卻從小練習武藝，所以臂力過人，弓馬嫻熟，又富有正義感。入仕之後，任常州推官。常州地處江南文化經濟發達之地，民風和王陽明曾經做過知縣的廬陵相似。推官是知府的助手，專管民事糾紛、刑事訴訟，事情繁重。伍文定以自己的精明決斷，扶植良善、打擊豪強，將一個常州府治理得息訟罷爭，被視為「強吏」。後來歷任成都府、嘉興府同知，河南府（今河南洛陽）知府，所任之處，盡是通都大邑。王陽明任南贛汀漳巡撫時，伍文定也以「才任治劇」而調任令人頭痛的吉安知府。到吉安後，伍文定先是平定了境內永豐縣及大茅山的「山賊」，接着又隨王陽明出征桶崗和橫水。

　　宸濠叛亂的消息傳到吉安，人心浮動，有說宸濠已經稱帝的，有說宸濠軍不日即到吉安的，謠言越來越多。有人開始將家財整理，準備外運，還有人呼朋喚友，結伴外逃。伍文定讓官員們四處巡視、安撫人心，又將領頭出逃的一人當眾斬首，吉安的局勢這才逐漸平定下來。伍文定自己則帶着駐軍三百人，往下游迎接王陽明。二人在峽江江中見面，伍文定心中一顆石頭落地，王陽明則是且驚且喜。

　　伍文定命船隻掉頭，直駛吉安。

　　六月十八日，王陽明在伍文定的陪同下，來到吉安。十年前，王陽明曾在吉安府治所在地廬陵縣做了半年知縣，給當地百姓留下了很好的印象。這些年來，王陽明在北京、滁州、南京、贛州講學，吉安的讀書人有不少已經投入王門，經過他們的張揚傳說，加上王陽明在短短的一年時間內，平滅了福建、江西、廣東、湖廣四省「作亂」幾十年的「巨寇」，在吉安、在全國的百姓心中，陽明子王守仁已經不是人而是神了。

來到吉安，王陽明將年輕時學來的並在贛州屢試不爽的謀略全用上了。

王陽明讓參謀雷濟等人連夜趕寫南贛汀漳巡撫屬下南雄、南安、贛州等府調兵的報帖，並命人帶出城外，然後假裝是該府的使者，每日報到吉安知府衙門，並派間諜送入南昌及本省各府，一以動搖宸濠的軍心，一以鼓舞吉安等府居民全力支援起兵平亂。

與此同時，王陽明又與雷濟、龍光等人商議，寫了一份假的迎接京軍的文書。這份假文書的開頭說：「提督軍務都御史王為機密軍務事，准兵部咨，該本部題奉聖旨。」然後便借「聖旨」虛張聲勢：命許泰、張永分領邊軍四萬，從鳳陽等處，陸路徑撲南昌；劉暉、桂勇分領京邊官軍四萬，從徐州、淮安等處，水陸分襲南昌；王守仁領兵二萬，楊旦等領軍八萬，秦金等領兵六萬，各從駐地分道並進，刻期夾攻南昌。這樣虛張聲勢，目的是擾亂宸濠的軍心。因為王陽明仍然在擔心宸濠或直襲北京，或徑取南京，必須讓他多在南昌耽擱一些時間。

寧王宸濠起兵，出謀劃策的是李士實和劉養正，出力賣命的凌十一和吳十三等，必須讓他們相互猜疑。因此，假文書又說：李士實、劉養正等被寧王脅迫，其心並不想背叛，故各有密書寄來；賊將凌十一、吳十三、閔廿四等，因為官府追捕，不得已才藏入寧王府，如今也想洗心革面，得到朝廷的寬赦，故各密差心腹來吉安，希望立功贖罪。可見寧王已是眾叛親離。

這份假文書抄寫了許多份，讓人分頭往南京、合肥等地，去「迎接」從京師發來的官軍。這些文書自然又有不少落入宸濠手中，更增加了他的疑惑。

王陽明覺得這還不夠，又與參謀龍光商議，假寫了一封回報李士實的書信。信中說：老先生的親筆信已經收到，足見老先生報國的本心，本職也才知道所謂老先生「從賊」之事，迫於不得已。老先生雖然身在羅網之中，心卻無時不在為朝廷出力。信中所教的計策，也只有老先生能夠思慮

得到。望老先生嚴守機密，待機而發。不然，不但無益於國，恐怕老先生也要遭濠賊的毒手。昨天凌、閔諸將也遣人密傳消息，說是皆出於老先生與養正兄的開導。

同時，又給劉養正寫了一封同樣的書信。兩信都祕密送到南昌，也故意落入宸濠之手。宸濠將信將疑，而李士實、劉養正卻也相互猜疑。

剛做這些事情時，雷濟有些疑惑，問道：聽說宸濠從小就好陰謀，這些計策瞞得過他？王陽明笑道：我就是因為知道他好陰謀，才用陰謀來欺騙他。雷濟堅持己見：我以為宸濠肯定不會相信。王陽明又笑道：雖然不信，是否會懷疑、會猶豫？雷濟說：懷疑、猶豫是會有的。王陽明拊掌大笑：既然起兵反叛，就要速戰速決。只要他一懷疑、一猶豫，他的事情就完蛋了。

不出王陽明所料，寧王宸濠還沒有出南昌，就被這些亂七八糟的假書信、假情報亂了方寸。等他醒悟過來，最好的時機已經錯過了。[1]

六、吉安起兵，豐城決策

在不斷寫假書信攪亂宸濠部署的同時，王陽明於六月十九日、二十一日連續上疏朝廷，奏報寧王在南昌發難，殺死孫燧、許逵，囚禁官員之事，要求朝廷立即派遣重兵，平滅宸濠之亂。又命人帶着提督南贛汀漳都御史的公文，通告鄰近各省，說是已奉朝廷密旨，討伐宸濠，要求各省巡撫，火速調集軍馬，往江西平亂。

雖然如此，但由於寧王宸濠的封鎖消息，所以當時的形勢對於外界來

1　本節文字，都是根據錢德洪的《征宸濠反間遺事》的記載。據錢德洪說，這些事是親身經歷者、吉水縣退休縣丞龍光告訴他的。所有這些事情王陽明在報捷奏疏中都沒有提及。但錢德洪卻認為，當時如果不用反間計，寧王肯定會即時進兵，後果不堪設想，所以記載下來，以表彰老師的功績。

說，並不是太明朗，王陽明的職務是南贛汀漳巡撫，這次的差遣是往福建平定兵變，江西省城的事情他沒有直接處理的權力。特別是通告各處，假稱已奉密旨，討伐寧王，實在是在鋌而走險。

據嘉靖時歷任都察院都御史、刑部尚書的鄭曉回憶，寧王叛亂時，他正在杭州參加科試，當時江西及鄰近各處都有告急文書發到杭州，但這些文書或者說江西省城有變，或者說江西省城十分緊急，或者說江西巡撫被害，或者說南昌忽然聚集兵馬船隻，都不敢指名說宸濠謀反，只有王陽明傳報，明言江西寧王謀反叛亂，欽奉密旨，會兵征討。[1] 說到這裏，鄭曉不禁感歎，王陽明此舉，實是「不顧九族禍」。[2]

當時各路告急文書不敢明言寧王謀反，一是因為事涉宗室，情況不明，不敢貿然張揚，徒取奇禍；二是武宗行事荒唐、朝綱紊亂，寧王謀事已久，同黨甚多，萬一寧王成為燕王第二，明言者豈不斷了自己的退路？王陽明公然宣稱寧王謀反，已是冒天下之大不韙，而又假稱「欽奉密旨，會兵征討」，更是不留迴旋餘地。雖然仕途閱歷更加豐富了、地位也更高了，但王陽明還是原先那個敢於負責、敢於擔待、不計得失禍福的王陽明。

為了將皇位從燕王後代的手中奪過來，至少是圓第一代寧王朱權與燕王朱棣平分天下的美夢，宸濠做了長期的準備。通過陸完、錢寧等人的路子，宸濠擁有一支達兩萬人的王府護衞。通過凌十一、吳十三、閔廿四等人的搜羅，有近萬江湖亡命之徒依附寧王府。這是他起兵的基本軍事力量。起兵之日，又脅迫南昌及附近駐軍、招募四方遊民，共得六七萬人。到六月底，寧王已建立了一支近十萬人的軍隊。

宸濠和劉養正、李士實等人計議，起事之後立即沿江而下，攻破南京，舉行登極大典，與北京的正德朝廷分庭抗禮，然後發兵北上，奪取中原、進攻北京。但起事之後，卻沒能在豐城解決王陽明，這對宸濠來說是

---

1 鄭曉：《今言》，卷 4 之 304、309。
2 鄭曉：《今言》卷 4。

留下了心腹之患。他一面派人傳檄南贛，招撫王陽明，一面派凌十一等人攻打九江、南康（今江西星子縣），進圍安慶，又令人往浙江，讓原是江西鎮守今為浙江鎮守的太監畢真出兵接應，自己則留在南昌，等待各路回音。

王陽明的一連串假文書，以及王陽明在吉安調兵遣將，不日就要攻打省城的消息，使得宸濠不敢貿然離開南昌。

這時，退休都御史王懋中、評事羅僑，被裁革的兵備副使羅循，在家鄉養病的副使羅欽德、郎中曾直、御史周魯和張鰲山、同知郭祥鵬，在家鄉省親的編修鄒守益、進士郭持平、知縣李中、王思等人，都赴吉安知府衙門，要求為平叛效力。鄰近各縣的軍隊也陸續開赴吉安聽命。人們都勸王陽明立即發兵，進攻南昌。但王陽明卻是按兵不動。

眾人對王陽明的舉動甚是不解，有人問：當初軍馬未備，大人不斷發佈文告說要攻打南昌；如今軍馬齊備，大人卻按兵不動，不知是何道理？

王陽明笑道：此一時，彼一時。宸濠起事之初，各地全無防備，故要虛張聲勢，將其拖在南昌。如今各地已知宸濠叛亂，定會加強防禦，宸濠攻城略地，未必能夠得手。此時我在吉安按兵不動，做出自顧不暇的假象，宸濠急於攻取南京，定會傾巢而出。那時我軍尾隨其後，出其不意，搗其窠穴，宸濠必破。

眾人聽了，齊聲稱好。

宸濠被王陽明拖在南昌半個月，既不見京軍南下，也不見王陽明北上，知道上了當。他不能再等了，所謂兵貴神速，而起兵作亂更需要一鼓作氣。正德十四年（1519 年）七月初一，宸濠留兒子宜春王朱拱樤、王府宦官萬銳等人守南昌，自己帶着八九萬人，乘坐上千艘戰船，浩浩蕩蕩順贛江而下，出鄱陽湖，直撲安慶。

王陽明得知宸濠出了南昌，往安慶而去，立即起兵北上，直撲南昌。

正德十四年（1519 年）七月十五日，王陽明與伍文定領兵來到臨江

府的樟樹鎮（今江西樟樹市），臨江知府戴德孺、袁州知府徐璉、贛州知府邢珣、都指揮余恩、瑞州通判胡堯元、撫州通判鄒琥、浙江安吉通判談諸、新淦知縣李美、泰和知縣李楫、萬安知縣王冕、寧都知縣王天興等，一齊領兵來會。王陽明檢點人馬，共有八萬多人，不禁大喜。自從贛州用兵以來，王陽明一次還沒有帶過這麼多的軍隊。帶兵的雖然沒有著名的大將，且多是文官，但不少曾隨王陽明征戰南贛，指揮他們更得心應手。

王陽明召集眾官員，討論進兵方略。有人建議先取南昌，再順江而下，追擊宸濠。也有人認為，宸濠在南昌經營多年，守備必嚴，強攻南昌，未必能夠得手，聽說宸濠包圍安慶，卻久攻不下，士氣低落，不如棄南昌於不顧，長驅安慶，夾攻宸濠，宸濠既敗，南昌不戰而下。

眾人爭執不下，應該由王陽明拿主意了。他看了看知府、通判、知縣們，文官中他的地位最高。又看看都指揮余恩，按明朝的品級，都指揮使為正二品、同知從二品、僉事正三品，余恩是都指揮同知，比王陽明的右副御史還高一級。雖然這時都指揮已被文官們邈視為「武吏」，實際地位也已在按察司副使乃至僉事之下，但王陽明還是向余恩示意，希望他能說說自己的主意。余恩見王陽明對自己客氣，連忙拱了拱手，又搖了搖手。

王陽明見眾人都看着自己，清了清嗓音，說道：諸位說的都有道理。但本院以為，我軍如棄南昌不顧，順江而下，必與宸濠相持於大江之上。宸濠所部皆多年網羅的死士，久攻安慶不下，正想尋找作戰機會。我軍皆各地招募之士，忠義有餘，訓練不足，千里奔襲，軍士疲勞，與宸濠相持，未必能操勝算。安慶守軍不多，僅能自保，不可能分兵支援。若南昌之敵躡我之後，絕我糧道，我軍腹背受敵，形勢就危險了。

王陽明沉思片刻，接着說：以我之見，還是先攻南昌為好。宸濠志在南京，精銳必定傾巢而出，南昌守備自然虛弱。我軍新近集結，雖然不利於長途奔襲，卻利於速戰，我料南昌可一鼓而破。宸濠得知失了南昌，必然回兵來救，但其時膽氣已喪，我軍以逸待勞，奮而擊之，定能一舉成功。

眾人聽着這番道理，如讀《三國志通俗演義》中的諸葛論兵。當下決定，以吉安知府伍文定為先鋒，立即開拔，直取南昌。

七、端了宸濠的老巢

七月十九日深夜，伍文定帶着先頭部隊抵達南昌廣潤門外。第二天黎明，開始攻城。城中守軍借着滾木、灰瓶、火器、石塊、毒弩，拚死抵抗。

王陽明親自來到廣潤門外，申明軍紀，諸將必須聽鼓聲而進。一鼓附城，二鼓登城，三鼓不克斬其伍長，四鼓不克斬其將。同時，王陽明又將早已寫好的招降書，讓人用弓箭射入城內，以渙散守軍鬥志。

隨着急促的鼓號聲，各路將領身先士卒，冒着箭雨，架起了雲梯。士兵們在將領的督促下，前仆後繼，一鼓作氣登上城牆。守軍早已鬥志渙散，一哄而散。到這天上午，整個南昌城便被佔領。宸濠留下守衛南昌的宜春王朱拱樤及宦官萬銳成了俘虜，宸濠的宮眷們在王府縱火自焚。霎時間，寧王府便被熊熊大火所吞沒，周圍的民居也被燒了不少。王陽明命各官分道救火，安撫居民。

但是，意想不到的事情發生了。這支被王陽明稱為「義師」的部隊，本來就是臨時招募的烏合之眾，也有不少是流落江湖的亡命之徒，一到南昌繁華之地，殺人搶劫也就在所難免。王陽明聞報大驚，深悔自己在下達攻城命令時只強調了「奮勇當先」，卻忽略了「秋毫無犯」。因為他用兵南贛以來，還沒有發生過這類事情。禁止殺掠的號令雖然下達了，但殺掠之事仍在發生。王陽明命衛隊立即出動，將違令者斬了十多人，這才制止了混亂局面。

宸濠正在指揮軍隊運土填壕，準備強攻安慶。突然有探子來報，說是王陽明帶着一幫文官，領兵到了豐城。宸濠聞報大驚，他擔心的就是這個

王陽明。王陽明一到豐城，南昌就危在旦夕了。他讓部隊從安慶解圍，就要回師江西。

被宸濠封為宰相和軍師的李士實、劉養正聽說宸濠要放棄安慶、回師南昌，大吃一驚。二人一經商議，一齊來見宸濠。宸濠正急得六神無主，一見李、劉二人，便高聲嘆道：王守仁乘我東出，到了豐城，這個時候或許已在攻打南昌。南昌一失，我將沒有立足之地。二位先生快快做好準備，我已下達撤圍的命令。

李士實是老資格的二品都御史，他衝宸濠搖了搖頭：大王此舉差矣！大王起兵，利在速戰。當日王守仁逃竄吉安，我二人曾勸大王置其於不顧，立即進取南京。大王中了他的疑兵之計，逡巡南昌半個月。今日既已出了江西，便當破釜沉舟，一往而前，怎能又回師南昌、自亂軍心？

不等李士實說完，宸濠便咆哮起來：一往而前，直取南京？談何容易！這安慶都久攻不下，南京是好取的嗎？如果南京取不下，南昌又丟失，我豈不成了喪家之犬！都是你們這幫書生瞎折騰，今日說我有貴人之相，明日說我有九五之分，才弄到如今這個地步！

劉養正耐着性子開導宸濠：探子說王守仁七月十五日已至豐城，會合各府官軍，我料此時已在攻打南昌。我軍精銳悉出，南昌守備薄弱；王守仁在江西深得人心，待到我軍回到江西，或許南昌已經不保⋯⋯

正議論間，又有消息傳來，王守仁已經攻破南昌，伍文定等領兵出巡鄱陽湖。宸濠一聽，大驚失色。李士實、劉養正也手足無措，只說是南昌擋不住王守仁，沒想到丟失得如此之快。如今之計，也只能乘各處軍馬尚未集結、王守仁在南昌立足未穩之時，回師江西，奪回南昌，然後據險死守，拚個你死我活。否則，王守仁乘勢東進，跟在屁股後面打，那還不真成了喪家之犬？

宸濠這時也冷靜下來，他大吼一聲：不是魚死，就是網破！全軍回師江西，與王守仁決一死戰。他命人將閔廿四、吳十三和凌十一找來，讓他

們帶着一千多死士為前鋒，乘坐快船，偃旗息鼓，偷襲南昌。宸濠知道，危難之時，這些亡命之徒最能發揮作用，他自己則和劉養正、李士實等領着大軍，緊隨其後，以便接應。老巢被人端了，十來萬人馬發瘋一般殺回江西。

八、初戰黃家渡

　　安排停當，閔廿四等人乘着快船，領先而行。剛入鄱陽湖，便遇上伍文定等人所領的船隊。伍文定剛想下令攔截，但臨時招募的烏合之眾，頂不住久在鄱陽湖為寇的寧王府的先頭部隊。閔廿四一聲號令，幾十條快船呼嘯而進，伍文定號令拚命抵擋，且戰且退，退入贛江，命人火速往南昌報信。

　　王陽明正在南昌賑濟軍民、安撫人心，同時繼續集結軍隊，準備出鄱陽湖，與宸濠決戰。聽說伍文定等人已經在鄱陽湖與宸濠的前鋒交戰，兵敗而退，大吃一驚。他沒有料到宸濠回兵竟如此迅速，看來，這宸濠還真是自己從戎以來第一次遇到的勁敵，用兵頗有章法，過去倒是小看了他。但王陽明從小就是目空一切，越是遇上勁敵，他就越是興奮。

　　王陽明命都指揮使余恩領兵數百，增援伍文定，讓他們在正面與閔廿四等人交鋒，徐璉、戴德孺等人則相機策應，左右夾攻。又命人連夜用木、竹趕做幾十萬塊免死牌，說是交戰之日有用，眾人不解其意，但也不敢多問，只得分頭而行。

　　七月二十四日一早，閔廿四領着船隊進逼離南昌僅三四十里的黃家渡，宸濠親領大軍停泊在稍北的樵舍。遠遠望去，風帆蔽大江，連櫓幾十里。兩岸百姓見這氣勢，早已扶老攜幼，逃得無影無蹤。

　　伍文定和余恩奉王陽明將令，順贛江而下，來到黃家渡，正與閔廿四

相遇。閔廿四前日已經打敗過伍文定,見他今日又帶着零零落落的一千來人、幾十條船,不禁有些喪氣。他從小隨着父兄殺人越貨,縱橫江湖幾十年,越是人多,越是熱鬧,越是危急,越是對手強硬,他越是高興,越是覺得有刺激。這伍文定是自己手下敗將,帶的兵又少,閔廿四覺得有些窩火。兩軍一接手,閔廿四不加思索,命令船隊直衝過去。

伍文定和余恩雖然佔據上游,但人少船小,禁不住閔廿四的幾番衝擊,掉轉船頭而退。閔廿四殺得興起,領着船隊就追。但剛剛追出幾里路,便聽得兩岸鼓號之聲連天,無數船隻從兩邊港灣中駛出。原來是徐璉、戴德孺等人在此接應伍文定。他們指揮船隻,向閔廿四的船隊橫撞過去。閔廿四見狀,高興得手舞足蹈,有大仗可打了。但剛要發出號令,自己的船隻卻紛紛後退,有的乾脆掉頭而走。閔廿四和凌十一、吳十三高聲呼喝,但江面上殺聲震天,哪裏聽得清他們的呼喝聲。閔廿四急得連連跺腳,卻仍不明白:他閔廿四固然不怕死,但並不是部下人人都是閔廿四。

所謂兵敗如山倒,船擠船,船碰船,一退就是十來里。閔廿四等人無奈,被自己的船隻挾裹着敗退到八字腦,清點人數,少了一萬多。閔廿四安頓好戰船,帶着主要頭目往樵舍去見宸濠。

宸濠開始聽說閔廿四又打了勝仗,正在追擊官軍,非常高興。回師江西,連連得勝,看來奪回南昌有些希望。自己帶着一幫亡命之徒和烏合之眾,鋌而走險,用以鼓動和維繫人心的,就是將來自己做了皇帝,人人都是開國功臣。這就需要一直打勝仗,而不能打敗仗。當然,當年燕王朱棣奪建文帝的天下,也經常打敗仗,但他那是撿了便宜。建文帝是個書呆子,優柔寡斷,而且效婦人之仁,一面命將出征,一面又說不許殺死燕王,以免讓他背上殺叔叔的惡名。有這道命令,前方怎麼打仗?如果沒有這道命令,燕王早已死過好幾回了,豈有做皇帝的份!今日則不同,前車

之鑒，當今皇帝和大臣們不會讓他宸濠好活。既然挑起了反旗，那就只許打勝仗，不許打敗仗。

正在胡思亂想，閔廿四卻敗了回來。宸濠心中十分惱怒，但表面上卻裝得若無其事。他知道，越是這個時候，越需要有人賣命。李士實、劉養正那班文官只會出歪點子，真刀真槍拚命卻不行。被自己挾持的江西省三司官員，雖然已經稱臣，但那是迫不得已，為了活命，不能指望他們出力。自己留他們，也是為了壯壯軍威，起個榜樣，讓各地的官員都望風歸降。因此，這衝鋒陷陣，還得靠閔廿四、凌十一、吳十三等人。

宸濠看了看滿臉尷尬的閔廿四等人，心中竟然產生一種莫名其妙的快感，想當年這都是一些桀驁不馴的亡命徒，如今在自己面前，竟然如此馴服。打天下靠的是什麼？就是靠天下英雄為我所用。想到這裏，他想起了王陽明，心中不免有些遺憾，又有些恐懼。說到天下英雄，還有誰比得上王守仁的？如果他能為我所用，將厚照小兒的皇位奪過來還不是易如反掌？如果晚幾天起事，派人在豐城將他接入南昌，或者派人在路上將他殺了，今日也可少一個勁敵，說不定已攻下南京。如果攻下了南京，即使不將厚照的天下都奪了，至少也可劃江而治，平分天下，以告慰祖宗在天之靈。但如今，這些後悔都沒有用，只能先和王陽明拚命了。

宸濠挨個拍了拍閔廿四、吳十三、凌十一等人的肩膀，鼓勵說：勝負乃兵家常事，當年漢高祖劉邦與項羽逐鹿中原，大小七十餘仗，每戰必敗。後來垓下一戰成功，建立了漢家四百年江山。本王出師以來，有賴諸位浴血奮戰，所以勢如破竹，連下九江、南康二府，今日小有挫折，又何必記在心上？可早早回船休息，明日與王守仁決一死戰。說着，命人將自己隨船所帶的金銀器物，盡行取出，全部分給將士。

閔廿四等人感激涕零，軍士們齊聲歡呼，「萬歲」之聲響徹雲天。

九、樵舍決戰

王陽明一面讓余恩領兵增援伍文定，一面出奇兵分攻九江、南康，切斷宸濠的退路，自己則親率大軍順江而下，來尋宸濠決戰。

船隊來到黃家渡，正遇上伍文定等人領着得勝之兵回來，兩軍在江上會師，一片歡騰。但王陽明心裏卻非常明白，這只是一次遭遇戰。宸濠初戰失利，來日必然全力攻擊，一場惡戰就要來到了。

七月二十五日，天剛蒙蒙亮，王陽明便領着船隊向下游緩緩進發，迎擊宸濠。這天晴空萬里，但從黎明開始，颳起了北風。水上作戰，靠的是弓箭和火器，而使用弓箭和火器，風向卻至關緊要。人人都熟悉的諸葛亮借東風的故事，說的就是風向。王陽明傳令全軍，架起銃炮，同時準備好救火用具，重申軍令：不遵號令、擅自退卻者斬。忽聽得前方也是鼓號震天，遠遠望去，大江之上密密麻麻，一片白帆，竟和水天融為一體，無邊無際。

伍文定從小膽氣過人，他見宸濠傾巢而出，也為了再洗前日在鄱陽湖的恥辱，揮動號旗，領着船隊當先而行。兩邊的船隊逐漸接近，宸濠借着順風，下令開炮放箭。霎時間，伍文定的船隊便被火光所籠罩。前面幾隻小船掉頭而回，伍文定大吼一聲，將船靠了上去，手起刀落，將率先退卻的兩人砍死。王陽明的護衛船隊隨後趕到，一連砍死了幾十人，終於穩住了陣腳。

伍文定站在船頭，迎着炮火，領先向着敵船衝去。突然，一團火光在船頭炸開，伍文定的頭髮、鬍鬚全被燃着，但他像木雕泥塑一般，巋然不動。王陽明命人擂起戰鼓，全部戰船降下檣帆，士兵們操起木槳，拚命劃動，戰船順着水勢急馳而下。距離一近，兩軍戰船攪在一處，風力便無法借用。

伍文定帶着幾隻戰船，衝入船陣，逼向宸濠的座船。一聲令下，火炮

齊發，宸濠的「龍舟」頓時成了火海。宸濠大驚，座船向下游退去。「龍舟」一退，被宸濠劫持、不得已而歸降的原江西三司官員梁宸、楊璋等也令船隻倒退。閔廿四等正在拚死抗擊，聽得身後一陣嘩亂，回頭一看，卻見大大小小的戰船都在倒退，不知何故，也跟着掉頭而退。王陽明催動船隊奮力衝擊，被殺、被俘的宸濠軍士有兩千多人，落水溺死的不計其數。

　　宸濠在後軍的接應下退回樵舍。他站在船樓之上，極目北望，但見殘船破艇橫滿江面，無數屍體順着江水漂流而下，不禁放聲痛哭。閔廿四等人罵罵咧咧，嚷着要將率先退軍的梁宸等人全都殺死。李士實、劉養正拚命勸慰，說是危難之際，更要上下一心，不應彼此埋怨。

　　宸濠止住哭聲，將殘餘的千餘艘戰船、幾萬軍隊在大江之上結成方陣，然後進了王妃婁氏的船艙。

　　婁氏是廣信府婁諒的孫女。宸濠策劃起兵時，婁氏曾極力勸阻，但宸濠執意不聽。宸濠起兵之後，將嬪妃兒子們盡行帶出，準備在南京舉行登極大典的時候進行冊封，沒想到因為王陽明奪了南昌，又全都帶了回來。

　　宸濠命婁妃將嬪妃們喚來，歎了口氣，說道：我未起兵時，婁妃曾勸我安分守己，不要有非分之想，我沒有聽。本指望奪了厚照小兒的江山，為祖宗雪恥，也讓你們過過皇家的日子。沒想到慮事不周，被王守仁抄了後路。人們都說商紂王因為聽了婦人之言而亡，今日我要說，我因不聽婦人之言而亡。明日我要與王守仁決一死戰，勝則可奪回南昌，然後以此與厚照小兒做個交易，或許可以保得你等的性命；敗則我成賊寇，你們都是賊婦。

　　話未說完，嬪妃們早已哭成一團。婁妃明白宸濠的用意，命人將自己的所有首飾全部取出，交給宸濠。嬪妃們也學着婁妃的樣子，將首飾取出，反正這些都是宸濠給的。有宸濠才有她們，如果宸濠兵敗，正如宸濠所說，她們也都是賊婦，這首飾還有何用？

　　宸濠命人將首飾分給眾將，讓他們再分給軍士們。但人多物少，哪裏

夠分？有的將領乾脆全都入了私囊。

十、「以我家事，何勞費心如此」

七月二十六日，這對宸濠來說是最後的日子。天剛亮，李士實、劉養正照例帶着文官武將們來「龍舟」「朝見」宸濠，宸濠也照例說了一番鼓勵的話。正要下令進軍，忽聽得周圍船上一片喧嘩。宸濠正要命人前去查問，值班武士已手持一塊木板進了「朝堂」。

劉養正從武士手中接過木板，卻見木板的正面赫然寫着三個字：「免死牌」。再看反面，也寫着一行小字：宸濠叛逆，罪不容誅；脅從人等，有手持此板、棄暗投明者，既往不咎。劉養正見了，大驚失色，連忙將木牌呈給宸濠。宸濠見牌，也是大為吃驚，口中不住嘟囔：好個王守仁，以我家事，何勞費心如此。我朱家自己爭奪皇位，你王守仁何苦費盡心機，將我逼上絕路！

宸濠失神地向窗外看去，猛然發現，船外的江面上盡是木板、竹板，軍士們棄刀丟槍，手持木牌，呼朋喚友。見此情狀，宸濠連聲長歎：大勢已去，大勢已去。

李士實連忙提醒他：大王，時已不早，該退朝發兵了。宸濠喃喃而語說：發兵，發兵，哪裏還有兵可發？話音剛落，便聽得上游號炮連天，官軍水陸兩路，一齊殺到。

幾隻火船撞入宸濠船隊的方陣，整個船陣成了火海。宸濠剛要下令撤退，軍士們早已各自乘船，一哄而散。婁妃見狀，領頭投水自盡。嬪妃們也學着她的樣子，紛紛投入水中。宸濠和他兒子、孫子，李士實、劉養正等被宸濠封為太師、軍師、元帥、參贊、尚書、都督、指揮、千百戶等官的幾百人，以及被宸濠脅迫隨軍的江西三司官員，全被官軍俘虜。閏廿四

等人乘亂而逃，卻被官軍在贛江口的吳城追及，或被亂軍所殺，或受傷落湖而死。

寧王宸濠從正德六月十四日起兵，到七月二十六日兵敗被俘，總共才四十二天。但着手準備卻有十多年的時間。只是因為出了個王陽明，宸濠十多年的心機成了泡影。當武士將宸濠押至王陽明帳前，宸濠忍不住又是一陣高喊：「此我家事，何勞費心如此！」王守仁！我朱家自己的事情，何勞你費心如此！王守仁，你仔細想想，我難道不如厚照那荒唐皇帝！

王陽明望了望宸濠，輕輕地搖了搖頭，沒有吭聲。宸濠似乎從王陽明的眼神中發現了一絲希望，又大聲高呼：王先生！懇請你向朝廷說說，留我一條性命，降為庶民，行嗎？

王陽明心中剛剛騰起的一絲同情又被鄙視和厭惡所壓制，他冷冷說道：「有國法在。」說罷，揮了揮手，讓衛士們將宸濠一行押了下去。宸濠一面掙扎，一面高呼：婁妃是婁諒先生的孫女，請看在婁先生的份上，替我收殮她的屍體！聽到「婁諒」二字，王陽明心中猛然一震，婁諒先生與自己有師友之誼，而且，早就聽說婁妃非常賢惠，只可惜嫁給了宸濠。無論是就婁妃而論，還是就自己與婁諒先生的情誼而論，都應該好好收殮她的屍體。[1]

一回頭，劉養正被衛士押着走來。王陽明見了劉養正，心中升起一陣惋惜之意。惋惜之餘，又有些內疚。雖然說人各有志，但自己卻沒有盡到朋友的責任。如果劉養正到贛州時，自己推心置腹地和他講清道理、闡明大義，或許他會幡然醒悟。即使不聽，自己也算是盡了朋友之誼。如今到了這個地步，想和劉養正說些什麼，卻又不知該從何處說起。劉養正見了王陽明，也覺得有滿腹心事，但欲言又止。王陽明揮了揮手：你好好去吧，

---

1 《王陽明全集·年譜二》：「妻為諒女，有家學，故處變能自全。」但婁妃為婁諒長子婁忱長女，為婁諒之孫女。

令堂的後事，我自會替你料理。劉養正點了點頭，大步而去。[1]

十一、皇城鬧劇

江西的戰事已經結束，局勢也逐漸平靜下來，京師北京卻是熱鬧非凡。

這些年來，明武宗正德皇帝朱厚照越來越感到長年住在皇宮的乏味，在邊將江彬、許泰等人的唆使下，今日往宣府巡邊，明日又往大同閱兵；今日在山西農村尋花問柳，明日又在陝西原野賽馬逐兔。正德十二年（1517 年）十月，也就是王陽明用兵橫水、桶岡時，厚照還在山西大同東北部的陽和一帶，親自指揮軍隊和蒙古人打了一仗。

這件事情常常令他興奮不已。多少年來，蒙古人總是在邊境侵擾，守邊將士卻很少敢於主動出擊。他朱厚照以九五之尊，親自衝鋒陷陣，不但擊退了蒙古人的大部隊，還親手殺了一個蒙古武士。讓那些天天要求自己待在紫禁城的文官武將們看看，大明開國以來，可曾有過如此英勇的天子？特別是，從京師北京到太原，再由太原到陝西榆林，然後回京師，往返好幾千里，自己和將士們一樣，騎快馬、負重鎧，頂風冒雪，從來不坐輦車，許多隨行人員都病了，可自己卻是越來越精神。躲在北京只會叨咕

---

1 關於王陽明破宸濠事，傳說甚多，特別是王陽明用反間計，更是眾說紛紜，但王陽明無論是上疏朝廷，還是私人書信，都閉口不談，所以莫辨真偽。王陽明後來的掌門弟子錢德洪根據當事人龍光、雷濟、蔡文等的追述，寫了一篇《平濠記》，文中解說：「按先生有言，孔子修《春秋》，於凡陰謀詭計之事，皆削之以杜奸。故平藩用間，不形於奏，不宣於語，門弟子皆不聞，亦斯意焉。然不着其顛尾，後世將不知反掌取濠之故。雖有忠誠體國之士，或臨事而易視。惟觀其成功者如是，則一切謀計，皆所以濟其忠誠，在他人為陰詭者，在先生為變化，隨時而有以發體國之智慧，雖存之以杜奸，未為不合也。」另據趙善政《賓退錄》載：「劉養正者，少有詞藻，能談性理，自幼與陽明交。陽明重之，曰：此吾道學友也。後赴寧王宸濠聘，許以湯武，濠大喜。陽明在南贛，養正稱之，故極相慕重，饋遺不絕。陽明心知之，而欲藉養正以為間也，亦遣其門人冀元亨往報，以探其所為。濠與養正謂陽明厚己，而不虞義兵之遽起，故敗。養正既擒，陽明令其自殺。後陽明自南昌還，葬養正母，祭之以文，曰：君臣之義，不得私於其身；朋友之情，尚可申於其母。」

「祖宗法度、聖賢道理」的大學士們，你們可敢隨我在萬里邊塞走一趟？

　　正德十三年（1518 年）七月，負責傳達「聖旨」的司禮監太監向負責起草皇帝詔令的內閣大學士們下達了一個皇帝的旨意，立即起草一份詔書，命「威武大將軍鎮國公太師總兵官朱壽」統領三軍巡邊。這個官名、爵號、姓名，大學士們從來沒有聽說過，但他們知道，這又是皇帝的惡作劇。

　　大學士蔣冕正在家中養病，聽說了這件事，又是好笑又是好氣，他給皇帝上了一個奏疏，疏中說，陛下是天地神人、萬事萬物之主，稱天即為天，稱日即為日，誰敢稱陛下為「威武大將軍」？陛下的名字是先皇帝取的，誰敢任意更換、誰敢直呼其名？還有這「鎮國公」，雖然名為「鎮國」，畢竟還是「公」，比王爵也低了一等，豈不是反在藩王之下？因上述各項原因，所以內閣是不能遵旨的。

　　也不知朱厚照是否看了蔣冕的奏疏，反正疏上之後沒有回音。剛過兩個月，「聖旨」又到內閣，仍是原先那件事，另外還加了一句：「歲支祿米五千石。」皇帝自己給自己定俸祿，這不僅是大明開國以來，就是在整個中國歷史上也是第一次，所幸這俸祿定得不是太高，不致使戶部官員過於為難。

　　正德十四年（1519 年）初，不知是皇帝的興趣發生了轉移，還是受身邊那些親信宦官及邊將的挑唆，反正宮中傳來消息，說皇帝在春暖花開之時要巡視江南。如果這個消息屬實，可不是鬧着玩的。山西、陝西地處邊陲，人煙稀少，皇帝再折騰，也不影響國家的大局；這江南卻是國家的財賦重地，一旦鬧起來，就難以收拾。特別是南京、揚州、蘇州，不僅經濟文化發達，而且青樓花巷遍佈，名妓名伶匯集，皇帝正值盛年，又喜歡詞曲彈唱，他這一去，還不和當年隋煬帝下江南相似，國家豈不斷送？

　　內閣首輔楊廷和是文官的首腦，在當時也是唯一可能扭轉乾坤的人物。他得知皇帝想南巡的消息後，作了一次試探，即將皇帝北巡時發給內

閣的「居守敕」上繳，意思是說，如今皇帝已經回來了，可親自處理國家大事，用不着委託內閣「居守」。但皇帝卻將這個「居守敕」又發了下來，說是以後還要經常出巡，「居守敕」就不用上繳了。這道旨意一下，楊廷和確信無疑了，皇帝南巡的消息不會有錯。

楊廷和與內閣同僚們一商議，認為皇帝南巡關係到國家的安危，必須設法制止，於是聯名上了一道奏疏。奏疏不敢說青樓花巷、名妓名伶等事，那樣更容易引起皇帝的興致，只是說，東南是國家財賦所出之地，近年一直遭受水災，加上徭役繁重、民不聊生，供不起大軍經過的費用；另外，運河最近時常斷流，一般漕船尚且難以通過，何況龍舟巨艦，一旦擱淺，路上發生意外，如何處置？

緊接着，六部及其他政府機關的官員，以及六科十三道的給事中、御史，也紛紛上疏，請求皇帝放棄南巡。但皇帝統統不予理睬。一些年輕氣盛的言官被皇帝的這種態度激怒了，他們成群結隊來到皇城左順門外，從辰時一直跪到申時，這在當時叫「伏闕」，其實就是請願。但皇帝仍是不理不睬。皇帝的這種態度激怒了更多的官員，也鼓勵了更多的官員，忠不忠於國家，往往就在這種時候表現出來。於是吏部郎中張衍等十四人、刑部郎中陸俸等五十三人、禮部郎中姜龍等十六人、兵部郎中孫鳳等十六人，以及翰林院的史官、各衙門的屬官，包括王陽明的弟子太常博士陳九川、日後被王陽明聘請為濂溪書院主席的翰林院修撰舒芬等在內，一共幾百名官員同一天分頭上疏，眾口一詞，皇帝不能南巡。

臣子可以效忠，君主也有脾氣。正德皇帝朱厚照本想仍然對文官們的上疏請願不予理睬，但經不住身邊親信們的煽動，他也動怒了。我是皇帝，天下人都是我的僕人，哪有主人的行動受僕人干預的！經親信們的挑選，厚照下令，一○七個言辭激烈的中下級官員們統統到午門外罰跪，你們不是喜歡「伏闕」嗎？一天不夠，讓你們連跪五天！

　　這一〇七個官員每天清晨便戴着枷鎖從家中步行來到午門，傍晚再戴着枷鎖步行回家，成為北京街頭一大奇觀。其實，朱厚照的性格中更多的倒是惡作劇，他要等着這些官員們承認錯誤，等着他們向自己求饒。但幾天過去，這些官員卻沒有一個求饒的。朱厚照覺得自尊心受到了挑戰。到第五天，也就是官員們罰跪的最後一天，朱厚照下令，這一〇七個官員，每人廷杖三十。打完之後，將舒芬等四人貶謫出京，其餘一〇三人停發六個月的俸祿。舒芬這次被打得奄奄一息，但一得到貶往福建市舶司為副使的公文，立即裹創就道，一時傳為美談。舒芬一到福建，便接到了王陽明請他到贛州的鈞牌。

　　這次廷杖官員的事情發生在正德十四年三月二十五日。十天之後，即四月初五日，朱厚照覺得這口怨氣還沒有出夠，加上聽江彬等人說，那些受了杖傷關在錦衣衛大獄中的官員仍在商議如何勸阻皇帝南巡。朱厚照一怒之下，又令將陳九川等三十九人從獄中拖出，在午門外行刑，各打四十或五十廷杖。霎時間，午門再次變成了刑場。監刑的司禮監太監一聲令下，錦衣衛校尉齊聲呼喝，將受刑的三十九名官員拖翻在地，舉杖便打。這一次由於江彬等人的吩咐，所用刑杖更重，校尉們的呼喝聲，官員們的慘叫聲，響徹雲霄，也令厚照一陣心驚。事後太監回報，說是三十九人中，有八人當場死於杖下，另有一人氣息奄奄，眼見也活不成了。

　　聽到這些，皇帝朱厚照心中不免也是一陣內疚，這些人自己一個也不認識，他們十年寒窗，幾度考場，好不容易弄了個一官半職，本指望光宗耀祖，可如今卻命喪黃泉，他們何苦與自己作對？這對他們有何好處？朱厚照想不通，但一個英雄惜英雄的奇怪念頭卻在他腦中閃過，不管怎麼說，原來文官中也有不怕死的，好漢子！他決定惡作劇到此收場，也暫時放下了南巡的打算。

　　但過了不久，宸濠作亂的消息傳來，重新挑起了朱厚照南下的興致。

十二、漁陽鼙鼓動地來

正德十四年（1519 年）四五月間，北京街頭紛紛傳言，說在南昌的寧王宸濠收買朝中權貴、恢復寧府護衛，又網羅死士及無行文人，有謀反之心。江彬等人因與錢寧爭寵，向朱厚照告發錢寧與宸濠的勾結。內閣大學士楊廷和等也擔心寧府會鬧出事來，經厚照同意，在六月初命太監賴義、駙馬都尉崔元等人往江西警告宸濠，並削除寧府護衛。由於情報的錯誤，宸濠於六月十四日提前發難，南昌於是成了「賊巢」。

七月十三日，宸濠起兵的準確消息報到了北京，文武百官大吃一驚。早就有傳聞說寧王謀反，今日終於反了，來者必然不善。大家聚集在午門外，議論紛紛。猛聽得兵部尚書王瓊大喝一聲：諸位不必驚慌，前日我力排眾議，讓王守仁去做南贛巡撫，又給他兵符令旗，今天正可派上用場。有王守仁在上游，宸濠被擒，只在早晚之間。

人人都知道王瓊有才，但他那副盛氣凌人的德性卻令人受不了。加上他與大學士楊廷和有矛盾，所以雖然不少人認為他說得有道理，卻沒有人附和。王瓊自討沒趣，也不再吭聲。

出乎官員們的意料之外，正德皇帝朱厚照聽說宸濠起兵叛亂，卻大為振奮。他做太子時就喜歡舞刀弄槍，喜歡和御馬監的養馬勇士比賽角力；做了皇帝之後，身邊聚集了一批剽悍的邊將和武士，天天比武，天天論戰，總覺得生不逢時，沒趕上天下大亂。他相信，如果生當元末，自己也能和太祖高皇帝那樣，與陳友諒大戰鄱陽湖，與群雄逐鹿於中原。他也相信，如果父親多生幾個兒子，自己被封在外藩，也定能像太宗文皇帝那樣，起兵「靖難」，奪取天下。但自己偏偏生在太平之世，生在帝王之家，偏偏父親只生了自己一個獨子，順理成章便做了皇帝。

一聽說宸濠反了，朱厚照猛然想到，宸濠在南昌，南昌就是當年鄱陽湖大戰的始發地；宸濠起兵，必定也是乘大船進入鄱陽湖。誰說夢想不能

成真，這一次真可以圓大戰鄱陽湖的夢了。長年跟隨厚照的邊將們也個個摩拳擦掌，立功的時刻到了。說實話，和蒙古人打仗太危險，那是拎着腦袋玩命；可這平定叛亂，卻是如貓戲鼠，到時按首級受賞，人人都加官晉爵，這可是千載難逢的機會，宸濠宸濠，可得好好謝謝你。

一面是皇帝童心又起，要嘗嘗打大仗、平定藩王叛亂的滋味，一面是邊將們的不斷唆使，加上本來就想去江南走走，朱厚照決定，御駕親征。他讓司禮監傳旨：宸濠謀反，上逆天道，下悖祖宗，着令總督軍務威武大將軍鎮國公朱壽統領各鎮軍馬，前往征剿。命安邊伯朱泰為威武副將軍、前部先鋒。命內閣按這個意思擬旨。

聽着這道旨意，大學士們又是一陣苦笑，不管是多麼嚴重的事情，讓這位皇帝一攪和，便成了兒戲。威武大將軍鎮國公的頭上又加了一頂帽子：總督軍務。而且還多了一位「威武副將軍朱泰」，這朱泰便是許泰，因為朱厚照認他做乾兒子，所以賜姓朱，許泰也就成了朱泰。

當年宣宗皇帝曾經御駕親征，平定漢王高煦的叛亂。所以，皇帝親征平叛在本朝是有先例的，大學士們想阻攔也阻攔不住，只得在文字上做些無用文章：皇帝親征，是奉行天討，誰敢說差遣？又有誰敢稱「威武大將軍」？聽說宸濠謀反，傳檄各地，便是以皇上失政為借口，這「威武大將軍」是哪裏的政令？

內閣拒不擬旨，朱厚照也不在乎，他將內閣一分為二，命楊廷和、毛紀居守京師，自己帶着另外兩個大學士梁儲、蔣冕，以邊將許泰為副將軍，太監張永、張忠提督軍務，點起京軍、邊軍數萬人，浩浩蕩蕩離開京師，殺奔江南而來。

大軍八月二十二日離開京師，四天後即二十六日到涿州。從北京到江西本應從通州經運河南下，但朱厚照卻選擇了走旱路。這是一條奇怪的路線，原因卻十分簡單，提督軍務的御馬監太監張忠是涿州人，他想請皇帝到自己家中看看，讓家鄉的父老們知道自己在皇帝面前有多大的面子。

　　類似的事情在明朝並不少見。當年英宗皇帝去大同抵御瓦剌，回軍時本可從南路經蔚州入關，但卻走了北路，打算經宣府、懷來入關，卻連續遭受瓦剌的襲擊，最後兵潰土木堡。當時所以要改變路線，是因為司禮監太監王振是蔚州人，他怕幾十萬大軍路過蔚州時踩壞家鄉的莊稼，所以臨時勸英宗改變路線。雖然一是故意繞道去自己的家鄉、一是故意繞道不經過自己的家鄉，而原因卻都是當權太監為了自己的考慮。

　　但是，事情的發展令皇帝朱厚照和他的親信們大為沮喪。大軍離開北京的第二天，王陽明的報捷文書就到了。大學士楊廷和儘管與兵部尚書王瓊有矛盾，而王瓊又是王陽明的舉主，但楊廷和見到王陽明的報捷書仍是十分高興，及時平滅叛亂，國家又避免了一次危機，百姓也減輕了許多苦難。同時，有了王陽明的報捷書，便有勸阻皇帝回師北京的理由。楊廷和命人騎快馬追趕皇帝，將報捷文書送到了涿州，並且請求皇帝立即返回北京，既然叛亂已經平定，就沒有必要再帶着幾萬人南下了。隨駕來到涿州的大學士梁儲和蔣冕也力勸厚照回師。

　　王陽明的捷報和楊廷和的請求，令一心想在鄱陽湖上展示雄才大略的朱厚照和迫切想立戰功的將領們十分不快。這王陽明簡直是多管閑事，他是南贛汀漳巡撫，便應該待在贛州。朝廷讓他去福建處理兵變，從贛州往汀、漳，再去福州，道路要近得多，他因何要兜個圈子跑到豐城去？是了，聽說王陽明早與宸濠有勾結。宸濠的首席謀士劉養正就和王陽明關係密切，劉養正到過贛州，王陽明的弟子冀元亨也去過南昌，這顯然是互通情報的。宸濠的生日在六月十三日，王守仁六月十五日到豐城，如果不是去給宸濠拜壽，時間哪會有如此巧合？而且，如果不是相互之間有協議，宸濠敢放着王陽明在吉安傾巢而出攻打安慶、讓王陽明撿現成的便宜？

　　所有這些疑問加在一起，構成了一種猜測，並且進而成為一種判斷：王陽明本來就參與了宸濠叛亂的陰謀，只是看到形勢不利，才從背後向宸濠插一刀，成了平叛的英雄。這個思路一形成，繼續南下又成了必要，不

過不是去平宸濠之亂，而是去追查王陽明與宸濠的勾結。

當然，人人心裏都明白，猜測歸猜測，判斷歸判斷，卻幾乎不可能是事實。因此，繼續南下的真正目的，從朱厚照來說，是實現他本來就有過的到江南玩玩看看的願望，而就太監和邊將們來說，卻是為了和王陽明搶功、到江南來發財。君臣在繼續南下的大方向上是一致的，於是將王陽明的報捷文書和楊廷和的勸駕奏疏留中不發。朱厚照一聲令下，經過一天的急行軍，八月二十七日大軍便到了保定。[1]這是朱厚照在山西、陝西巡邊時經常玩的把戲，有時遊山玩水，一天溜達二三十里，有時放馬狂奔，一天急行軍一二百里，看看身後，衞士們氣喘吁吁、零零落落，他才高興。

十三、荒唐皇帝荒唐事

由於從涿州到保定這段路走得太急，朱厚照決定在保定休整幾天。當地官員聽說皇帝來了，既緊張又高興。其實，朱厚照那種行為荒唐、遇事胡來的性格也有可愛之處。至少，他不端架子，為人隨和，沒有那麼多的繁文縟節，遇上他高興，得罪了也沒關係，運氣好的話，有他一句話就可平步青雲。

保定是京師北京的南大門，設有巡撫保定等府都御史一員，駐真定。聽說皇帝到了保定，本任巡撫伍符專程從真定趕來，帶着巡按御史、管糧

---

1 夏燮《明通鑑》卷 48 有一條「考異」。「考異」說：《實錄》不載厚照發京師至涿州的日期，只是說「戊子至保定」，因此，中間可能有脫漏；又北京到涿州僅一百四十里，五天才到，恐怕太慢，而涿州到保定有二百多里，一天即到，似乎又太快了。不但是夏燮，當時的人們也多有不解。說《實錄》有脫漏，是夏燮寫《明通鑑》時沒有見到比較全的《實錄》，今日流行的臺灣中央研究院校勘本《明實錄》，厚照八月二十二日（癸未）離北京、二十六日（丁亥）到涿州、二十七日（戊子）到保定，都非常清楚。而從北京到涿州的一百四十里走了四天，其實是等張忠回家佈置「接駕」；從涿州到保定的二百里，頭天啟程第二天就到，或者是朝發夕至，則是因為見到王陽明的報捷文書後搶時間，只要弄清其中緣由，其實並不難理解。

主事及本地官員一道，擺設筵宴，為皇帝和京中權貴們接風。

這伍符素以海量著稱，據說是斗酒不醉。朱厚照喜歡的就是這種人，要打就打個人仰馬翻，要喝就喝個罐底朝天。他自信酒量過人，又擅長猜拳行令，一高興，便逼着伍符和他鬥酒，江彬等人也在一旁起哄。伍符儘管有酒量，卻不敢和皇帝鬥，所以開始一味推讓，但經不起江彬等人的鼓搗，也不敢過於抹朱厚照的面子，只得勉強從命。

伍符從小以喝酒見長，是在酒肆中摔打滾爬過來的，猜拳行令本是他的專長，為人又死心眼，雖然開始也有些提心吊膽，但幾巡過去，酒興一來，便忘了對方是皇帝。他口中行令，手中出拳，連連得勝。江彬等人平日總是輸給朱厚照，今日見有人替他們出氣，便在一旁喝彩鼓勁。

朱厚照被連灌幾大盅，急得汗也下來了。他見猜拳不是伍符的對手，便提出改猜拳為抓鬮。豈知運氣不好，抓鬮也輸得一塌糊塗。他看了看伍符，只見他搖頭晃腦，正自得意，真想拎起酒壇砸了過去。但厚照喝酒講究酒德，所謂賭場無父子，酒場無君臣，喝不贏是不能發脾氣的。

江彬旁觀者清，見朱厚照連連敗陣，伍符步步進逼，歡喜之餘，猛然醒悟，不能讓皇帝太丟面子。他不斷向伍符使眼色，但伍符卻錯會了他的意思，越來越得意。江彬見狀不好，急中生智，假裝醉酒，向伍符猛撞過去。伍符沒有留意，被江彬撞倒在地，江彬順勢倒在他身上。眾人哄然大笑聲中，江彬咬着伍符的耳朵，小聲說道：書呆子，該輸啦！

江彬聲音雖小，伍符聽來，卻是晴空霹靂。他既久經酒場，也擅長演戲。只見他晃晃悠悠從地上爬起來，繼續抓鬮，但和剛才卻判若兩人，每抓必輸。朱厚照見形勢好轉，高興得大呼小叫。伍符連着輸了十來次，也連着喝了十來盅，最後乾脆手提酒罈就灌，口中還連呼「痛快」。厚照一腳踏上板凳，豎起拇指，朝着伍符連聲稱讚：好漢子，有種！君臣盡歡而散。

在保定休整了幾天，大軍於九月初七日來到了運河沿岸的大都會臨清

（今山東境內）。在整個明代和清代的前中期，臨清是運河沿岸也是中國境內最繁華的城市之一。南來北往的船隻，鱗次櫛比的商肆，笙歌悠揚的青樓，人聲鼎沸的茶館，樂得朱厚照手舞足蹈。

當地官員不知皇帝突然駕臨，慌了手腳。一下子來了好幾萬人，要吃要喝要住，哪裏來得及準備，就連招待皇帝的宴席，也顯得過於草率。江彬等人不滿意，到處挑毛病，朱厚照卻滿不在乎，只是假裝不高興地吼了一聲：你們怎敢如此慢待於我！說罷，竟狼吞虎咽起來。

隨行有位名叫黎鑒的太監，親戚在山東做官，因貪贓得罪，官府正在索賠贓款。黎鑒見巡撫山東都御史王翊也來臨清陪駕，靈機一動，便想用山東官府的銀子來為他的親戚填補贓款。他將王翊叫到一邊，要王翊給他一個面子。在黎鑒看來，這件事情只要一提出，王翊沒有不答應的道理，哪個地方官敢得罪宦官，何況是隨皇帝一同出巡的宦官？又有哪個官員不想拉拉宦官的關係，以圖日後的升遷？何況這關係還是主動送上門的。

沒想到這王翊是個錚錚鐵漢，不等黎鑒說完，雙眼一瞪，倒將黎鑒嚇了一跳。黎鑒將自己的意思說完，王翊卻只從牙縫中迸出兩個字：不妥。任憑黎鑒如何威逼利誘，王翊就是不從。兩人聲音越來越大，吵得不可開交。爭吵聲打斷了厚照的酒興，他皺皺眉頭，喝道：怎麼回事？

黎鑒理虧，連忙爭辯，說是王翊侮辱了自己。王翊正要分辯，厚照卻擺了擺手：不用說了，定是你黎鑒有求於王翊，人家不答應，你便和人家爭吵起來。你們這些人的事情瞞得過我？王翊是好官，別為難人家了！王翊聽了，感動得熱淚直流，連呼「萬歲」。但這件事就算這樣過去了，黎鑒也沒有受什麼責備。

在臨清一玩就是二十天，正要起程南下，朱厚照猛然覺得身邊還少了些什麼。原來，這次離開京城時，他本來想帶劉姬同行。這劉姬是朱厚照出巡大同時遇上的紅顏知己，色藝俱佳。關於她和厚照一見傾心的事情，曾演繹出一台著名的戲劇，叫《遊龍戲鳳》。朱厚照用後妃的禮儀將劉姬

接到北京，留在豹房陪駕。朱厚照一生玩弄過的女性不計其數，唯獨與這劉姬情誼深長。他從旱路離京南行，劉姬不習鞍馬，無法同行，於是從頭上拔下一根簪子，送給皇帝，見物如見人，同時也作為信物。如果朱厚照由旱路改水路，便以此簪召劉姬，劉姬見簪而行。當然，這也是女人籠絡男人的常用辦法。

朱厚照出北京，過盧溝橋時縱馬馳騁，不慎將簪子失落。富有天下而失落一根簪子，本來算不了什麼，但厚照卻命人三番五次來回尋找，幾乎將一座盧溝橋清洗了一遍，卻怎麼也找不到。他大發了一頓脾氣，無奈之下，繼續南行。

到臨清之後，改旱路為水路，朱厚照立即命人去北京接劉姬。他在臨清一住就是二十天，大概為的就是等劉姬。九月二十二日，接劉姬的人回來了，劉姬卻沒有接到，說是不見簪子不從命。朱厚照將來人大罵了一通，接着又笑了，劉姬就是這樣令人疼愛。什麼不見簪子不從命，明明是在撒嬌嘛！他讓江彬等人統領軍隊，自己卻帶着親信衞士，駕起一隻快船，向北直駛而去。幾百里水路，船到通州張家灣，已是九月底了。朱厚照將船停在張家灣等待，命人星夜往北京接劉姬。劉姬聽說皇帝親自到了張家灣，大吃一驚。她只不過是想向皇帝撒撒嬌，沒想到皇帝竟然單舸來迎，要是在路上有個三長兩短，後果不堪設想。劉姬這次也不要信物了，她匆匆來到張家灣。朱厚照正在張家灣翹首以待，一見劉姬，樂得直蹦。

快船載着厚照和劉姬，悠悠然開往臨清。許多天不見皇帝的蹤影，江彬等少數幾個親信又硬是知情而不說，文官武將們急得團團轉。眼看九月已過，十月也過去十來天，皇帝才重新出現在臨清。劉姬沒來過臨清，這一玩又是十來天。十月二十二日，朱厚照下令，大軍沿運河繼續南下。望着浩浩蕩蕩遠去的船隊，巡撫山東都御史王翊長長地鬆了一口氣：皇上聰明絕頂，可哪裏像做皇帝的樣子！

十四、叛王宸濠成了奇貨

　　皇帝在臨清盤桓，軍隊卻不能長駐，太監和邊將們更是迫不及待，他們南下為的是搶功、是奪財，自然想儘快趕到江南。特別是這些年寧王不斷向京師權貴行賄，送來的全是見所未見、聞所未聞的奇貨。可以想象，還有多少珍寶存在寧王府，如果晚了一步，這些珍寶豈不便宜了他人？

　　為着這些目的，提督軍務太監張忠和安邊伯、「威武副將軍」、厚照的乾兒子朱泰（即許泰）在到臨清的第二天就領着數千禁軍，日夜兼程，過揚州、入長江，逆水而上，直趨南昌。另一位提督軍務的太監張永也領着兩千人馬，沿運河來到浙江，駐杭州。九月中旬，皇帝還在臨清等劉姬，這兩路人馬卻已對江西南昌形成夾擊之勢。

　　王陽明此時在南昌，真感到度日如年。冒着滅門之禍，辛辛苦苦平定了宸濠，卻不斷有消息傳來，說朝廷懷疑自己暗通宸濠，只是怕成不了事，才在吉安起兵。又有消息說，許泰、張忠等人因自己在奏疏中指責朝中權貴庇護宸濠，懷恨在心，又怕宸濠面見皇帝，供詞會牽連他們，所以千方百計要奪取宸濠，堵住他的嘴巴。也有消息說，皇帝早知宸濠有謀反之心，所以忍而不發，是想等他公開起兵後，親自將他擒獲，卻被自己誤了大事，因此，張忠等人的意思是，將宸濠放了，讓他重整軍馬、收拾戰船，在鄱陽湖和皇帝再打一仗。還有消息說，京中傳聞，說寧王府中珍寶堆積如山，被自己縱容軍士搶劫一空，最後竟然一把火燒了王府，以消滅罪證，如此等等，不一而足。

　　王陽明需要的是準確消息，皇帝現在到了哪裏？張忠、張永兩路來江西，他們又到了哪裏？怎樣才能見到皇帝？如果二張趕在皇帝之前到江西，強要宸濠，該怎麼辦？這些消息還難以打聽明白。如果在京師，有王瓊為自己提供消息，但一出京師，這消息來源就難以保證了。真是急死人。王陽明覺得，有生以來，還沒有哪件事情如此讓自己一籌莫展。

　　所謂「山重水復疑無路，柳暗花明又一村」，準確的消息終於及時送到了。王陽明年輕時候的朋友、如今已是南京兵部尚書的喬宇一直在關注宸濠事件，他為王陽明在短期內平定宸濠之亂而喝彩，又為王陽明的兩難處境而擔心。由於南京兵部尚書提督軍務，是南都實際上的最高統治者，所以張忠等人一入南直隸，其行軍路線和日程便在喬宇的掌握之中。

　　九月十一日，王陽明在得到張忠等人將沿長江直撲南昌、張永等人沿運河進據杭州的消息後，權衡利弊，立即將宸濠一干人犯裝入囚車，離開南昌，親自押往杭州。二張之中，張忠與許泰等人關係密切，曾在皇帝面前極力對自己進行詆毀；張永本是以劉瑾為首的「八虎」之一，但為人比較顧全大局，而且與張忠、許泰等人存在矛盾，兩害之中取其輕。與其在江西坐以待斃、讓宸濠落入張忠等人之手，不如直趨浙江，將宸濠交給張永，並爭取讓他在皇帝面前替自己說話。

　　一路上緊趕慢趕，經過進賢、東鄉、貴溪，來到廣信，正與廣信知府敘話，有人來報，說是有錦衣衛千戶手持「威武大將軍」的令牌，追取欽犯宸濠。王陽明大吃一驚：來得真快！原來王陽明離開南昌剛兩天，張忠和許泰所派的前鋒部隊便到了南昌，聽說王陽明已押着宸濠往浙江「迎駕」，領兵官也是吃了一驚，一路上餐風露宿，為的就是要宸濠，沒想到仍然晚了一步，想點齊軍馬追趕，卻人困馬乏，只得先派出一位錦衣衛千戶，持「威武大將軍」的令牌，前去滯留王陽明，大軍休整後，再去追趕。

　　王陽明先讓知府取出五兩銀子慰勞千戶，那位千戶久在錦衣衛辦事，大把大把收受賄賂，哪裏將這五兩銀子放在眼裏，一怒之下，拒絕收受。王陽明見狀，急忙迎出，拉着千戶的手，一個勁地誇獎：我在正德初為劉瑾所害，下錦衣衛大獄，上上下下都很熟悉，卻沒有發現一位像你這樣輕財重義的。那五兩銀子是我讓給的，禮輕情重，你堅持不收，令我感動，又十分慚愧。我沒有其他特長，但於文字頗有心得，改日定要好好寫篇奏疏奏明皇上，讓滿朝文武及錦衣衛堂上官知道你的為人。

　　錦衣衞千戶聽着王陽明半哄半嘲的話，臉漲得通紅，追取宸濠的話也無法出口，只得告辭而去。王陽明擔心在錦衣衞千戶之後，還有後援，下令立即啟程，往杭州進發。

十五、面見「張公公」

　　過玉山、常山、富陽，前面就是杭州和紹興的分岔路口。繼續向東北而行，大約八十來里，便是杭州；折而往東，也只有一百五十里路，就到紹興。家鄉近在咫尺，祖母去世已經幾個月了，死前沒能看上一眼，王陽明一直心中難過。之所以六月中旬前往福建戡平兵變，不走雩都、長汀，卻走吉安、豐城，本意就是想先看看祖母的葬地，然後再去福建。沒想到出了宸濠的事情，回家省親不成，反倒被人說是去給寧王祝壽。

　　王陽明抬頭向東望去，錢塘江的那邊，浙東大地一片蔥郁，這是自己從小生活的地方，那裏有祖父、祖母和母親的墓地，有年過七十的父親，有在家鄉講學的弟子們。

　　但處境危難，形勢萬變，說不定一天之內就有災難降臨。王陽明咬咬牙，命令車隊繼續向杭州進發。大約就在正德皇帝朱厚照乘單舸北上迎接劉姬的同時，王陽明押着宸濠一行到了杭州。

　　杭州自己來過不止一次，雨中漫遊西湖、靈隱喝醒僧人、假裝落水脫險，等等，往事歷歷在目。王陽明來不及經意這些年來杭州和西湖的變化，徑直來到鎮守太監的開府衙門。浙江鎮守太監畢真曾經鎮守過江西，與宸濠關係密切，所以宸濠起事，也派了專人通知畢真。但畢真見形勢不對，不敢貿然響應，並且銷毀了罪證。張永這次來浙江，既為王陽明，也為了監視畢真，所以就在鎮守中官衙門辦公。

　　張永雖然也對張忠、許泰等人的一些作為不滿，但更知道皇帝性格。

皇帝這次南下，一是巡遊江南，二是想和宸濠真刀真槍地拚殺一場。這個意思皇帝自然不便說出口，但張永跟着他二十來年，卻是心領神會。所以，在對宸濠的處理上，張永和張忠又是一致的，希望王陽明將宸濠放了，讓皇帝玩玩打仗的遊戲。王陽明快到杭州時，已經派人給張永送信，但張永卻派人前去阻攔，讓王陽明返回江西，沒想到王陽明卻徑直來到了鎮守府。

王陽明讓門衛通報張永，自己帶着一行人在府外等候。有關這位老資格太監的傳說，王陽明聽過不少，自己在北京任職時也時常見到，卻並無往來。

張永是北直隸保定府新城縣（今高碑店市）人，因家中貧窮，父母託人將其送入宮中，做了小內使。張永從小喜歡舞槍弄棒、摔跤角力，成了正德朱厚照做太子期間的親信宦官。朱厚照即位之後，曾經提督過京軍神機營，並多次督軍宣府、大同、延綏，抵禦蒙古，在「八虎」之中以知曉兵事著稱。雖然名在「八虎」之列，但張永為人卻比較正直，看不慣劉瑾等人的作威作福。於是和劉瑾有了矛盾。劉瑾見他不聽自己的使喚，便在朱厚照面前說他的壞話，要將他貶黜到南京去做「淨軍」。張永聽到消息，立即去見朱厚照，說劉瑾誣陷自己。朱厚照命人將劉瑾找來，當面對質。一見劉瑾，張永怒從中起，掄拳便砸。論打架，出身「鐘鼓寺」的劉瑾絕不是「御馬監」的張永的對手，被張永追得團團轉。朱厚照看得有趣，連呼帶叫，最後誰也不追究，讓二人喝酒消除矛盾，但二人的矛盾卻更加深了。

正德五年安化王叛亂時，張永和都察院右都御史楊一清統領京軍前去平叛，雖然還沒有到寧夏，叛亂已經平定，但張永對招撫餘黨卻是有功的。回師北京後，又與楊一清定計鏟除了劉瑾。由於這些功勞，他的兩個兄弟都被封為伯爵，自己則想傚照永樂、宣德時七次下西洋的鄭和的故事，進封侯爵。這件事由當時的兵部尚書何鑒上疏提出，但遭到內閣的反

對。張永無奈，也上疏求免。已經是吏部尚書的楊一清因勢利導，讚揚張永主動辭去封賞。面對外廷的一片喝彩聲，張永轉怒為喜，名聲也更好了。

正是基於對張永的這些了解，王陽明才決定直趨杭州，將宸濠交給他。在府門外等了老半天，衛士終於出來了，說是提督公公今日不見客人。說罷，又加了一句：張公公讓王大人回江西去。王陽明一路上也在猜測，張永將以什麼樣的態度來會見自己？但萬萬沒有想到竟是如此。[1]

王陽明為人雖然隨和，卻是有脾氣的，而且從小到大從來沒有怕過誰。這些年來專心「聖學」，對自己的行為加以約束，處理任何事情都顯得有分寸，所以人們已經好多年沒見他發脾氣了。但這一次卻不同，到處都聽得到有關自己的謠言，張忠、許泰又存心找自己的岔子。自己倒霉是自己找的，誰要自己總是多管閑事？但那些隨自己出生入死的將士也要因自己的倒霉而蒙受不白之冤。放一個宸濠本不是大事，諒他也起不了多大風浪，也不敢再起風浪。但幾萬京軍乘機擁入江西，這老百姓還怎麼過日子？

王陽明命人將關押宸濠的囚車看管好，自己則挺身向府內走去。衛士剛想阻攔，王陽明大喝一聲：我見張公公有機密大事，誤了事情，你們哪個擔得起責任！衛士早就聽說過王陽明的大名，見他雖然身體瘦弱，卻氣勢逼人，連忙退在一邊，有曉事的趕忙在前面帶路。

來到中堂，不見張永的影子，王陽明也不多問，高聲呼喊：我是王守仁！有國家大事來與張公公商議！為何躲着不來見我！

張永雖然不讀書不識字，對文官卻自有看法。他贊同當今皇上的說法，文官中也是良莠不齊，十人之中，好人只有三四個，壞人倒有六七

1　明代沿前代舊例，尊稱有身份的太監為「公公」。關於王陽明見張永之事，何良俊《四友齋叢說》另有一種說法：陽明自言，與寧藩戰於鄱陽湖，部署已定，初亦不甚張。但罪人既得，而聖駕忽復巡遊。上意叵測，為之目不交睫者數夕。二中貴至浙省，陽明張燕於鎮海樓。酒半，撤去梯，出書簡二篋示之，皆此輩交通之跡也，盡數與之。二中貴感謝不已。返南都，力保陽明無他。遂免於禍。若陽明持此挾之，則禍且不測。此之謂推赤心置人腹，誠而不動者未之有也。（卷六《史二》）

個。他佩服和他共事過的楊一清，佩服像內閣首輔楊廷和那樣有膽有識有擔待的文官，看不起那些只會鑽營、見了宦官矮三分的文官。而對這位人稱「陽明子」的王守仁，卻是帶着幾分敬畏。他躲着不見王陽明，既是不願接受宸濠，給自己惹麻煩，也是有些怕見，但內心又有些想見。

對於王陽明十幾年前曾因上疏而下錦衣衛大獄，並捱了三十廷杖貶謫龍場，張永並不在意。本朝自太祖朝以來，誰也數不清楚有多少官員捱過板子。就在不久前，還有一百多名官員在午門受廷杖，當場死了八九人。

對於王陽明近年來聚眾講學，弟子遍天下，張永也沒有太多在意。文人講學，猶如武人練兵，沒有什麼值得大驚小怪的。但是全國的讀書人都在對王陽明的講學說三道四，張永倒覺得王陽明了不起，還沒有哪一個武人能讓天下同行說三道四的。

對於王陽明精通佛道、諳熟養生術、能預測未來的傳聞，張永則是大感興趣。宦官是身殘之人，本世是沒有指望的，卻希望來世有個好出身，所以大多信仰佛教，張永也不例外。王陽明懂佛法，那倒是同道中人。

尤其令張永不解的是，王陽明是文人，卻能領着一班未經訓練的烏合之眾，滅南贛「巨寇」、平宸濠之亂，而且，將善後事情處理得井井有條。張永捫心自問，要領着京師勁旅和宸濠在鄱陽湖上拚命，自信還是打得贏的；但要自己領着一幫文官捕快去和宸濠搏鬥，心裏卻有些發怵。至於一年之內平定南贛山區的積年「巨寇」，張永則自知力不能及，也相信天下沒有第二人能做得到。

這王陽明到底何許人也，竟然有如此大的能耐，不管什麼事情，只要經他的手，怎麼沒有辦不成的？以前在京師無緣結交，如今王陽明找上門來了，自己卻躲着不見，算什麼英雄好漢？

張永整了整衣冠，來到中堂，王陽明眼睛不方便，還在大聲呼叫。張

永仔細打量着這位「陽明子」，五十來歲的年紀，清清瘦瘦的身材，臉色微黑，略顯疲憊，眼睛近視，卻炯炯有神，一部黑中帶白的大鬍子，一直拖到前胸。張永點了點頭，和自己想象中的王陽明沒有太大的區別。他衝王陽明拱了拱手：王大人好大的嗓門，將我的耳朵都震聾了。

王陽明定睛一看，眼前站着一位壯士，虎背熊腰，雙目如電，年紀和自己差不多，卻是氣定神足。是張永！七八年過去了，張永卻和以前自己在京城見到的一樣，幾乎沒有什麼變化。所謂英雄惜英雄，二人一見面，尚未答話，卻已經有了幾分相互信任。

王陽明搶上幾步，拱手笑道：守仁無禮，望公公恕罪。

落座之後，王陽明開門見山：正德以來，江西百姓先遭「流寇」之禍，繼受宸濠荼毒。大亂之後，繼以旱災，窮困已極。若京軍邊軍齊至江西，供應之費不下億萬。催逼之餘，必然逃竄山谷，相聚為亂。以往有暗助「山賊」、明投宸濠者，尚是受其逼迫，今為窮困所激，其亂必大於以往。皇上久離京師，如有奸黨窺測，乘機煽動，天下必成土崩瓦解之勢。那時再想收拾殘局，恐怕就不容易了。守仁有鑒於此，才冒死前來杭州，面見公公，陳說利害。望公公在皇上面前，相機勸導。如此，則江西百姓幸甚，大明江山幸甚，守仁雖禍滅九族，也無怨言。

聽着王陽明侃侃而論，張永也被感動了。他站起身來，沉思片刻，緩緩說道：我此次隨駕而出，也是怕群小壞事，想在皇上身邊左右調護，希望不要發生大亂，並不是為了和他們爭功，也不是想與你為難。皇上雖然英明，卻往往隨着性子做事。只有因勢利導，順着他的性子來，事情才好挽回。否則他一動怒，群小從中挑唆，事情就不好辦了。

王陽明聽罷，深以為然，將宸濠付於張永看押。自己則暫住西湖畔的淨慈寺，等候張永的消息。

十 六 、 楊 一 清 排 解 煩 難

　　將宸濠交給了張永，王陽明一顆提着的心算是落了地。張永的地位高於張忠、許泰、江彬，有他在皇帝面前替自己說話，張忠等人或許掀不起大浪。

　　自從正德十二年初往贛州赴任以來，兩年多的時間過去了，披星戴月，歷寒經暑，為了朱姓江山，耗盡心血，反倒落了個裏外不是。王陽明脾氣又上來了，管他春夏與秋冬，就在這淨慈寺住下去。

　　有道是「樹欲靜而風不止」，形勢的發展不容王陽明在杭州長住。消息傳來，皇帝一路遊山玩水，已經到了揚州。而且，風聲越來越緊，張忠、許泰已經前往江西，江彬等人則仍在皇帝面前散佈對自己的不滿。王陽明在淨慈寺住不下去了，絕不能坐以待斃。他離開杭州，直趨鎮江，打算由鎮江渡江，前往揚州，面見皇帝。

　　曾經為張永出謀劃策鏟除劉瑾的楊一清，如今就住在鎮江。正德五年（1510 年）王陽明從廬陵縣知縣任上到京師求職時，楊一清是吏部尚書。湛若水讓黃綰通過喬宇的關係，請楊一清將王陽明留在京師，於是才有大興隆寺中的三人會。應該說，王陽明還欠了楊一清的人情債。另外，張永與楊一清關係密切，王陽明既然結交了張永，到鎮江就更應去見楊一清。當然，其中或許還有更為重要的原因，那就是在形勢尚不明朗、皇帝對自己還心存疑慮的時候，沒有得到皇帝傳召而直赴「行在」，是否恰當。王陽明對此心中無底，而能夠為他拿主意的，只有楊一清。

　　楊一清從小就才學出眾，被時人視為「奇童」，舉薦為「翰林秀才」，十四歲中舉人，成化八年，即王陽明出生的那一年就中了進士。但事實證明，楊一清並不只是「秀才」，而是當時大明朝官員中公認的第一位乾才。他出將入相，歷任多處巡撫都御史，做過吏、戶二部尚書，多次處理令人頭痛的陝西馬政和西北邊務，又和張永一道處理安化王叛亂的善後事務，

尤其是定計誅滅權閹劉瑾，使文官們得以揚眉吐氣。當時，只要有重大事件難以解決，總是要請楊一清出馬。楊一清不但通達政務，為人也特別豁達，獎掖後進，不遺餘力。所以，人們都將他比做唐朝賢相姚崇。

前些年，因為張永一度失勢，楊一清也受到牽連，告假還鄉，在鎮江閑住。雖說是閑住，這位老資格的政治家和軍事家卻一直在關注朝廷的所有動作以及國家發生的一切事情。他對王陽明這些年來大肆張羅講學有些不滿，但對王陽明在極短的時間內就掃平南贛「山賊」，並將善後事項處理得井井有條極為欽佩。而王陽明最近在一個多月的時間內解決了宸濠，更使楊一清刮目相看，頗有「後生可畏」之感。

王陽明以晚輩的身份叩見楊一清，免不了要恭維一番，然後向他請教進退之計。楊一清見王陽明謙恭誠懇，對自己非常尊重，心裏也暗自得意。他扳起手指，一字一頓地說：這些年來，伯安以講學名震海內，學問固然是大有進步，老夫也是自愧不如，但這名聲一大，毀者譽者也在所難免。特別是弟子中有人借師門招搖過市，也給你添了不少麻煩。所謂「樹大招風，名高招忌」，人們在皇帝面前說你的壞話，也就不足為怪了。伯安志氣遠大，難道還用得着與這些小人計較？成大事者應有大的胸懷，伯安胸中難道還容不下這些小事？ [1]

就這一席話，說得王陽明有些坐不住了。他一向以「聖賢」為目標，也以「聖賢」自居，自以為可以處變不驚、臨事不亂，沒想到事到臨頭，特別是在處理人際關係上，卻總是免不了意氣用事。他暗暗稱讚：果然姜是老的辣。其實，真正受得起這句話的「老姜」卻並不多，眼前這位可謂當之無愧。

---

1 關於王陽明因講學而招致的非議，本書已有多處論及。清人朱彝尊曾發表過一番議論：「陽明子功烈、氣節、文章，皆居第一，時多講學一事，為眾口所訾。善夫西坡先生之言也，曰：『陽明以講學故，毀譽迭見於當時，是非幾混於後世，至謂其得寧邸金，初通宸濠，策其不勝而背之。此謗毀之餘唾，不足拾取。』斯持平之論乎。」見上海古籍版《王陽明全集》卷 33 所錄日本《陽明學報》第一五七號載蓬景軒編《姚江雜纂》。

楊一清並不在意王陽明臉上的變化，繼續說道：為今之計，伯安絕不能甩手不問江西事，否則，一旦被許泰等人弄出亂子，這罪名還不是要你擔着？另外，皇上今在揚州，雖與鎮江只有一江之隔，但「天高皇帝遠」，只要沒有旨意，不要說一江之隔，就是隔着奉天殿一個門檻，也見不着。因此，伯安也不能在這君臣尚有隔閡的時候去見皇上。

聽到這裏，王陽明忍不住了，他急切問道：那我還得立即返回江西？

楊一清笑道：伯安見識過人，原也用不着我多說。你急着想見皇上，是擔心江彬等人仍會在皇上面前說你的不是。但彼一時此一時。張永已去揚州見皇上，有張永替你做主，我料江彬也無可奈何。為今之計，是伯安你要即刻回南昌，穩住局面，等候張永的消息。據我之見，以張永的為人和能耐，不久當會給伯安一個交代。

正說話間，門子進來，說是「張公公」派人過江發話，皇上已有旨意，着令吏部命王大人巡撫江西。楊一清聽了，衝着王陽明一笑：如何？我說張永不會讓伯安失望的。[1]

事情至此，王陽明不得不佩服楊一清的料事如神，真所謂「山外有山、人外有人」。他告別楊一清，登上快船，逆水而上，經湖口入鄱陽湖，往南昌而來。

十七、安撫京軍

這年十一月，王陽明從鎮江回到南昌。還沒有進南昌城，便感到氣氛不對頭。自從九月十一日離開，已是兩個月了。王陽明前腳走，許泰、張忠的先頭部隊後腳就到。接着，許泰、張忠也到了。進駐南昌的京軍、邊

---

1 《明史·宦官傳一》說：王陽明將宸濠交付張永後，又押着宸濠一同返回江西，張永在南昌住了數旬，督促張忠等一同返回南京。此據《年譜》。

軍有上萬人。人人都以為寧王府珍寶山積、江西人腰纏萬貫。誰知一進南昌，找到寧王府，見到的只是一堆尚有餘燼的廢墟。再看看以「南疆昌盛」得名的南昌城，街道並不寬敞，市面並不繁榮，百姓並不富裕。

京軍和邊軍官兵中也有讀過書的，他們都記得，早在七八百年前的唐代，王勃就盛讚過江西，盛讚過南昌，說這裏「物華天寶，人傑地靈」。他們雖然沒有到過江西，沒有到過南昌，但他們相信王勃所說的是真實的。因為他們確實見到，京師的大小衙門中，江西人實在太多；每三年一次的科舉考試，朝廷給江西的名額也最多。官員多，讀書人多，說明江西是有錢的。而且，這些年來寧王大車小車地給京中權貴們送禮，他府中會沒有銀子？

但是，他們所見到的和他們原來所想象的距離實在太遠，太令人難以置信，那麼銀子到哪裏去了？寧府真是寧王的妃子和奴婢們在南昌城被攻破時放火自焚時燒的？即使如此，真金不怕火煉，絲綢綾羅會被火燒掉，金錠銀塊火是燒不化的，為何也全無蹤跡？答案只有一個，那就是王陽明和他的部下瓜分掉了。南昌的百姓就真的那麼窮？他們也不相信，肯定是聽說京軍、邊軍要來而故意裝出來的。

辛辛苦苦不遠萬里而來，就是想滿載而歸，如今卻竹籃打水，什麼也沒見着，能叫士兵們不憤怒？這憤怒既發到王陽明身上，也發到南昌百姓身上，當然，帶着他們來南昌並且向他們許過願的許泰、張忠，也少不了要捱罵。

許泰、張忠更是怒火燒胸。他們想奪宸濠，宸濠卻被王陽明搶先一步給了張永；他們想到南昌來發財，但當地的大官小官全向他們擺出苦臉。特別是吉安知府伍文定，他苦臉倒是不擺，卻擺出一副打架的姿態。許泰、張忠打了一輩子架，除了蒙古人，還沒有見過像伍文定這麼狠的，下令將伍文定捆綁起來。伍文定是不怕死的主，破口大罵：我們冒滅族之禍，為國家平滅大賊，何罪之有？你們是天子的心腹，卻專程跑到南昌來

找茬，陷害忠義，這不是為反賊報仇嗎？將來天子明白是非，定要將你們斬首！

當然，冤有頭、債有主，南昌百姓也好，大小官員也好，伍文定也好，背後都是因為有個王守仁。所有的賬都該找王守仁算。要算賬就徹底算，得將他和反賊宸濠拴在一起才好。宸濠既被王陽明送走，許泰、張忠便往南昌獄中審訊宸濠的親信人等，嚴刑逼供，非要他們說出王陽明和宸濠交結的證據。最後，終於知道了王陽明曾經派弟子冀元亨往寧王府論學。

許泰、張忠大喜，冀元亨就在南昌，立即被抓了起來。但任憑百般拷訊，冀元亨都矢口否認老師曾經和宸濠之間有密謀。許泰命人架起火爐，用烙鐵煎烤。重刑之下，冀元亨被折磨得死去活來，但許泰、張忠卻什麼證據也沒有得到，只得將他押赴京師，希望錦衣衛的專職用刑人員能把冀元亨的口撬開。

等王陽明趕回南昌，冀元亨已在押往京師的途中。聽說了許泰、張忠等人在南昌的所作所為，王陽明心中充滿激憤。但他是江西全省的最高統治者，不能因一時之怒而因小失大。許泰、張忠現在還是皇帝身邊的紅人，暫時還不能過於刺激他們，只要他們抓不到自己的把柄，也對自己無可奈何。因此，為今之計，是穩住南昌和江西的大局。京軍、邊軍大多是無賴之徒，軟硬不吃，但人心都是肉長的，只要有耐心，不怕他們不服。通過與逃亡貴州的中原流民和囚犯，以及南贛「山賊」謝志珊等人打交道，王陽明相信自己有征服無賴們的辦法。

南昌居民聽說王陽明回來了，都以為有了靠山；京軍、邊軍聽說王陽明回來了，都以為找到了債主。王陽明則不緊不慢，每日往巡撫衙門處理公務，得便則或往街市勸慰市民，或往軍營看望士兵。至於許泰、張忠，見面則寒暄一二，不亢不卑。士兵們在許、張等人的挑唆下，見了王陽明，或口出不遜，或故意擋道，王陽明卻從不計較，充耳不聞，熟視無睹。

天氣漸漸寒冷，王陽明說服南昌城內居民，在農村有住房的，都暫

時搬到農村住一段時間，將城裏的住房空出，讓京軍、邊軍居住過冬。消息傳出，士兵們大為感動。許泰、張忠知道王陽明是在收買人心，極力制止，不許士兵們搬進民居。

王陽明又命人曉諭百姓，說京軍、邊軍長年遠離家鄉，都是為了百姓安居樂業。如今來到南昌，雖然南昌不富裕，但也不能讓士兵們受寒捱餓。各家各戶如遇士兵們有難處，都要盡力幫助解決，如力不能及，也要告知官府，讓官府解決。消息傳開，士兵們又是一陣感激。

北方人到南方，水土不服，王陽明將南昌及附近的郎中、大夫集中起來，替有病的士兵免費看病開藥。士兵中偶有因病、因傷死亡的，王陽明都命人準備棺木，予以安葬。在路上遇見安葬士兵的隊伍，王陽明總要停車下馬慰問。

天長日久，士兵們有了新的看法。不管王陽明出於何種用心，但總是「愛我」。於是，京軍、邊軍不僅再也沒有人謾罵、衝撞，相反，見了王陽明，都恭恭敬敬高呼「王都堂」。

但是，上萬士兵長住南昌，實在是個負擔，又不能明着趕他們走。王陽明心中一動，冬至就要到了，這是傳統的祭祀亡靈的節日，可以讓南昌百姓在這天哭祭亡靈。冬至這天，南昌城內的大街小巷、城外的村頭道口，到處白幡招展。在平滅宸濠的戰鬥中，雙方有幾萬人喪生，有的是「從逆」而死，有的是「赴義」而亡，親屬們都在冬至日祭祀亡靈，幾十里內哀聲遍地。京軍、邊軍久離故土，觸景生情，也悲不自禁，紛紛要求返回家鄉。

許泰、張忠覺得再在南昌待下去也不是辦法，想向王陽明敲詐一些錢財了事。他們一起來到巡撫衙門，也不遮掩，張口問道：寧府富甲天下，這些財物都到哪裏去了？

王陽明見他們終於不追問自己與寧府的瓜葛，而是追問寧府的財物，心中暗自發笑。但江西百姓久遭兵禍，又遇旱災，加上這幾個月供應上萬

軍隊的糧餉，哪裏還有餘財打發這些無賴？當下正色說道：寧府確實富甲天下，但都是宸濠為了反叛朝廷而準備的。他用這些財物盡行賄賂京師權貴，買通他們做內應。如果朝廷讓二位來查處，本院定當盡力相助。

宸濠賄賂朝中權貴，自然少不了許泰、張忠。如果真的進行查實，這罪名就難以擔當。二人本來想，不追究與宸濠交結，就是放王陽明一馬，他是明白人，應該懂得這個意思，弄些錢來，就可化敵為友。沒料想王陽明並不就臺階而下，卻假裝糊涂，反守為攻，許、張二人猝不及防，無言以對，只得訥訥而去，但這口氣總是要出的。

這天，許泰、張忠終於要「班師」了，王陽明帶着在南昌的江西三司及各府官員前來章江門碼頭送行。許泰、張忠一見這幫袍服整齊的文官就來氣，特別是見到王陽明笑容可掬地和自己的將領們話別，怎麼看怎麼是假象，是偽君子。

許泰忍不住了，排開人群，來到王陽明面前，拱了拱手：王都堂，幾個月來，多有打攪。今日一別，不知何日再會。用你們文人的話說，送君千里，終有一別。我戎馬一生，不會作詩，只會騎馬射箭；王都堂雖是文人，卻用兵如神，聽說十五歲時還單人匹馬，在居庸關外追過胡兒，可見也精通武藝。今日告別，來點新名堂，我與王都堂比比箭法，如何？

說罷，也不等王陽明說話，張忠已令人豎起了箭靶。許泰彎弓搭箭，朝王陽明笑道：三箭皆中，才是真朋友；如有一箭不中，便是假惺惺的偽君子。哪有如此劃分君子、小人的？如果別人讓你許泰立馬作三首詩，作不出便是偽君子，你該如何？許泰當然不管這些，話音剛了，三支箭流星趕月般地直射靶心。等眾人回過神來，只見三支箭一齊擠在了靶心，站在稍遠處，便分不出這是三支箭了。在場的無論是許泰帶來的軍人，還是王陽明帶來的官員，連同被許泰扣留過的伍文定，都齊聲喝彩。

許泰樂呵呵地走近王陽明，將自己的雕弓和三支羽箭塞給他，將原話又重說了一遍：王都堂，你是我京、邊兄弟的真朋友還是假朋友，就看這

三箭了。說罷，讓在一旁。

　　王陽明接過弓箭，看了看靶心，又看了看排列整齊的京軍和邊軍士兵。見到許泰射出的三支箭，王陽明倒是平添了幾分敬意。難怪這許泰能在皇上面前得寵，被皇帝收為乾兒子，光這手箭法，恐怕天下也沒有幾人比得上。他誠心誠意地向許泰拱了拱手，笑道：將軍這樣的神箭，本院還真是第一次見到。要比，不僅我比不過，就是今日在場的所有人，也沒有比得上的。但將軍說過，只要能射中靶子，我就是京軍和邊軍兄弟的真朋友，我想是不會讓諸位失望的。

　　聽了王陽明這番話，人人都有些緊張，大家都知道王陽明目光近視，這些年來，身體也一直不好，人們只知道他能講學，卻不知道他還能射箭。一旦射不準，豈不自討沒趣？許泰更是驚訝，王陽明真會射箭？伍文定向前靠了靠，想替王陽明射這三箭，射箭是他的拿手好戲。但王陽明搖了搖頭，示意他退下。

　　但見王陽明左手持弓，右手取出第一支箭，搭在弦上，兩眼向前看，極力認準靶位。然後回過頭來，也衝許泰笑了笑：獻醜了！說罷，再次認準箭靶，弓弦響處，箭如流星，正中靶心。

　　「好！」全場頓時沸騰起來。京軍、邊軍的隊伍中歡聲雷動，喝彩聲比剛才許泰射箭時還要響亮。

　　接著，第二箭、第三箭也射在箭靶上，雖然不像第一箭那樣正中靶心，與許泰三箭連續發射，令人目不暇接，更不可同日而語。但這三箭由王陽明射出，卻比許泰的神箭更令人興奮。

　　許泰滿臉尷尬，嘿嘿乾笑：想不到，想不到，原來王都堂也精通此道。佩服，佩服，是真朋友。說罷，率先上船。

　　望著升滿風帆的船隊漸漸遠去，王陽明的心情依然沉重。許泰、張忠在南昌一無所獲，恐怕不會就此罷休，也不知二人會在皇帝面前說些什麼。是禍躲不過，由他去吧！

十八、禍福之間

　　帶着滿腹的怨恨，許泰、張忠來到南京面見皇帝。經過張永的反覆陳說，皇帝朱厚照本來已經將王陽明的事情放下了。其實，這位正德皇帝還從來沒有長時間地忌恨任何人，也沒有任何人值得他長時間地忌恨。當初他對王陽明惱火，是因為王陽明平滅宸濠的報捷文書不但成了大學士勸他回北京的借口，而且使他失去了一次打仗的機會。

　　如今離開京師已近半年，大學士們想管也管不到。況且，到了揚州、南京，他的興趣已經發生了轉移。揚州從隋唐以來就是著名的煙花之地。隋煬帝為了遊揚州，硬是開出了一條「山陽瀆」，留下了千古風流故事。李白的一首《黃鶴樓送孟浩然之廣陵》，再一次將揚州的名聲傳播天下：

　　　　故人西辭黃鶴樓，煙花三月下揚州。
　　　　孤帆遠影碧空盡，惟見長江天際流。

　　風流才子杜牧於揚州情有獨鍾，連續寫下了多首有關揚州的詩：

　　　　雨過一蟬噪，飄蕭松桂秋。
　　　　青苔滿階砌，白鳥故遲留。
　　　　暮靄生深樹，斜陽下小樓。
　　　　誰知竹西路，歌吹是揚州。

　　　　　　　　　　　　　　　　　　　　（《題揚州禪智寺》）

　　　　青山隱隱水迢迢，秋盡江南草未凋。
　　　　二十四橋明月夜，玉人何處教吹簫？

　　　　　　　　　　　　　　　　　　　　（《寄揚州韓綽判官》）

娉娉裊裊十三餘，豆蔻梢頭二月初。

春風十里揚州路，捲上珠簾總不如。

（《贈別》）

落魄江湖載酒行，楚腰纖細掌中輕。

十年一覺揚州夢，贏得青樓薄幸名。

（《遣懷》）

　　朱厚照在做太子的時候，就極愛詩詞戲曲。做了皇帝之後，此性依然不改。但在宣揚「存天理、滅人欲」的明代，皇帝的行為也受着多方面的限制。當年仁宗朱高熾也喜歡寫幾首「遣懷」之類的詩，大學士楊士奇見了十分不以為然。他勸導仁宗，天子應以天下事為重，不應該熱衷於這種「小技」。

　　朱厚照卻不然。他所處的時代是一個由禁錮走向開放的時代，他所特有的性格是不受約束的性格。他從來沒有想過要做「明君」，也從來沒有真正將「天下事」放在心上。他喜歡我行我素，受不了大學士們的嘮叨，便跑到宣府、大同、太原、榆林去。去了之後，不是在邊境找蒙古人打仗，就是穿街過巷，尋花問柳。即使回到北京，他也不去皇后的坤寧宮，而是另選一個住處，稱為「豹房」。豹房中有力氣過人、武藝超群的勇士，有插科打諢、唱腔高亢的戲子，更有色藝俱全、善解人意的妓女。這次隨他南下的「劉姬」，便是妓女中的領班。

　　揚州妓院號稱天下第一，妓女也比別處另有一番風情。[1]所以杜牧才有「十年一覺揚州夢，贏得青樓薄幸名」的名篇。朱厚照來到揚州，早已陶醉於春風十里的青樓之中。楊一清勸王陽明不要去揚州，其中一個難言的理

1　關於揚州妓女與妓院，胡忌先生《揚州「瘦馬」論考》一文作了十分精彩的敍述。見《揚州大學文化史研究所輯刊》第一輯，江蘇古籍出版社 1998 年版。

由，便是不讓王陽明驚醒了皇帝的揚州夢，自討沒趣。

在揚州住了將近一個月。正德十四年（1519 年）十一月二十六日，皇帝的船隊到了南京。比起揚州，南京更令武宗開心。昔日的帝都，如今已是天下第一繁華之地。巍峨挺拔、蜿蜒起伏的紫金山，突兀而起、俯瞰大江的獅子山，情意纏綿、如泣如訴的莫愁湖，茶樓鱗次、酒館櫛比的夫子廟，處處都令武宗皇帝流連忘返。特別是那畫舫相連笙歌悠揚的秦淮河，入夜之後，彩燈點點，密如繁星。微波盪漾的河面上，晚風送來遠處的鶯歌燕語：

> 煙籠寒水月籠沙，夜泊秦淮近酒家。
> 商女不知亡國恨，隔江猶唱後庭花。

這詩，這歌，朱厚照太熟悉了。太宗皇帝也不知錯亂了哪根神經，放着如此絕好之地不要，卻將都城搬到了北京。太宗可將都城搬到北京，我為何不可將都城又搬回南京？雖然都城沒有搬，但朱厚照這次在南京一住就是十個月，有如此良辰美景，如果不是許泰、張忠來到南京，他又哪裏記得起還有個王守仁？

雖然許泰、張忠不斷嘀咕，但朱厚照對王陽明的事已經不感興趣，加上有張永左右回護，許泰等人也沒有得到太多的便宜。一天，許泰又提到王陽明，說在南昌聽到不少議論，都是關於王陽明與宸濠勾結的事。朱厚照不信，許泰出了個主意，建議皇帝讓王守仁來南京，如果他不敢來，那就是心中有鬼。朱厚照覺得這樣有趣，傳旨讓王陽明速來南京「見駕」。

在這之前，許泰曾多次假傳皇帝的命令，讓王陽明來南京。但王陽明有張永這條內線，每次都不予理睬。所以許泰認定王陽明這一次也不會來。沒想到張永這邊已命人通知王陽明，王陽明得知這次的「聖旨」是真的，連夜起程。同時命人先往南京，向皇帝報告自己的行程。

朱厚照聽說王陽明已經啟程，樂哈哈地嘲弄許泰：如何？你說王守仁不敢來，他這不來了？但這荒唐皇帝也頗有心計，他令人傳旨阻止王陽明，到了什麼地方就在什麼地方等待新的旨意，並暗中窺測王陽明的行蹤。

王陽明一路上也在盤算見了皇帝該說些什麼，未曾想剛到蕪湖，便被南京來的使者攔住，說皇帝讓他原地待命。王陽明不知何故，只得在蕪湖棄舟登陸。閑着無事，乾脆再去一趟九華山，就住在寺院之中，反正寺中僧人也都是故人。一住就是半個月，倒也悠閑自在。

皇帝派來的使者和王陽明告辭之後，假裝返回南京，半路上卻又掉轉船頭，在蕪湖停泊，探聽王陽明的動靜。得知王陽明每日只在寺院看書，或與僧人們論道，從不與官府接觸，回到南京後如實稟告。武宗聽了，連連點頭：這王守仁果然是學道之人，哪裏會去勾結宸濠？別再為難他了，讓他回江西去吧！許泰沒料到表面上大大咧咧、嬉笑怒罵的皇帝還有這種心計，再在他面前搬弄是非已無濟於事了。

但是，王陽明心裏沒底，帶着種種疑慮，回到江西。先是來到坐落於廬山南麓南康府所在地星子縣的開先寺，留下了這樣一塊石刻：

> 正德己卯六月乙亥，寧藩濠以南昌叛，稱兵向闕，破南康、九江，攻安慶，遠近震動。七月辛亥，臣守仁以列郡之兵復南昌，宸濠擒，餘黨悉定。當此時，天子聞變赫怒，親統六師臨討，遂俘宸濠以歸。於赫皇威！神武不殺，如霆之震，靡擊而折。神器有歸，孰敢窺竊。天鑒於宸濠，式昭皇靈，嘉靖我邦國。正德庚辰正月晦，提督軍務都御史王守仁書。

看不出任何怨言，一切歸功於朝廷。

刻石之後的第二天，王陽明來到廬山南麓的白鹿洞書院。白鹿洞始建於南唐，卻因朱熹在此講學而享譽天下。這裏有朱熹當年講學之處，有

朱熹立下的《白鹿洞書院教條》，有陸九淵親自來到白鹿洞書院、請朱熹
為兄長陸九齡撰寫墓誌銘的故事，有朱熹請陸九淵為白鹿洞書院的學生講
課、自己親自聽課的故事。朱、陸之爭固然是事實，前輩學者的風範，卻
令人欽佩。王陽明在白鹿洞書院徘徊良久，或許多有感悟。

　　在此後的一段時間裏，王陽明以江西巡撫的身份，坐鎮南昌，出巡臨
江、吉安，遊禪宗青原系的祖庭青原山淨居寺，經泰和，當年六月，來到
闊別了整整一年的贛州，一路探視民間疾苦，一面與當地學者討論學術，
心裏卻裝着還在南京的皇帝，於九月回到了南昌。

十九、給皇帝面子

　　轉眼已是正德十五年（1520 年）夏天，皇帝仍然住在南京。張永派人
傳來口信，希望王陽明能重新寫一個平定宸濠之亂的告捷疏，疏中務必順
着皇帝的性子，稱他為「大將軍」，要將平定宸濠歸功於皇帝的「廟算」。
王陽明感激張永的關照，但要重上這樣一個告捷疏，卻覺得有些為難。

　　平定宸濠之亂已整整一年了，此時再上告捷疏，豈不荒唐？而且，皇
帝自己封自己為「鎮國公」，自己任命自己為「大將軍總兵官」，已在朝野
上下引起軒然大波。如果自己順着皇帝的性子，稱他為「大將軍」，將如
何面對輿論？

　　上年七月三十日，王陽明在平定宸濠之亂後，曾經連續上了兩份奏
疏。第一份題名《江西捷音疏》，是用快馬送出的，報告江西的戰亂已經
平息，寫得非常簡單。第二份題名為《擒獲宸濠捷音疏》，詳細報告了起
兵平亂的經過，以及文武官員們在平亂中的功績。兩份《捷音疏》送出
之後，聽說皇帝仍在調動軍馬，準備南巡，於是又於八月十七日上了一道
《請止親征疏》。

　　兩個《捷音疏》都在皇帝離開京城不久便先後送到北京，而《請止親征疏》則是直接送到「行在」的。但從時間來看，皇帝很可能是見到第一道《捷音疏》時匆匆離京的。只是當時人們尚不知道江西的事情已經平息。雖然兩個《捷音疏》都被皇帝扣着「留中不發」，也就是不發給有關部門處理，但動亂已定、宸濠被俘這樣的大事是不可能長期隱瞞的。

　　既然江西已經沒有戰事，皇帝帶着幾萬人馬南下便完全沒有必要。但皇帝卻不但已經離京，而且繼續南下，並在南京住了下來。這裏既有對江南繁華之地的留戀，也有無法向京中文武交代的因素。雖說這位正德皇帝完全可以不顧忌這些，但他也是極愛面子的角色。

　　為了給行事荒唐卻又極愛面子的皇帝一個面子，讓他早日離開南京、回到北京，以免節外生枝，王陽明決定，不計較輿論可能對自己的指責，再上告捷疏。仍然是那句老話：「成大事者不計小節，不恤人言。」

　　正德十五年（1520 年）七月十七日，也就是平定宸濠之亂整整一年後的《再上江西捷音疏》中，王陽明將原先謊稱的「奉旨起兵」，統統說是實有其事；同時，將實際上已是馬後炮的皇帝旨意，說成是在宸濠起事之前就已經下達的命令。因此，這次平定宸濠之亂，完全是按照皇帝的旨意行事的，所以應該歸功於皇帝。但王陽明在疏中還不能稱皇帝為皇帝，而要按皇帝的意思寫成「總督軍務威武大將軍總兵官都督府太師鎮國公」，於是《重上江西捷音疏》有了這樣的開頭：

　　　　照得先因宸濠圖危宗社，興兵作亂，已經具奏請兵征剿。間蒙欽差總督軍務威武大將軍總兵官都督府太師鎮國公朱鈞帖，欽奉制敕。內開：「一遇有警，務要互相傳報，彼此通知，設伏剿捕，務俾地方寧靖，軍民安堵。」

　　光是穩住皇帝還不夠，還有皇帝身邊的一幫親信，一個也不能遺漏：

又蒙欽差總督軍門發遣太監張永前到江西查勘宸濠反叛事情，安邊伯朱泰、太監張忠、左都督朱暉，各領兵亦到南京、江西征剿。續蒙欽差總督軍務威武大將軍總兵官後軍都督府太師鎮國公朱統率六師，奉天征討，及統提督等官司禮監太監魏彬、平虜伯朱彬（即江彬，賜姓朱）等，並督理糧餉兵部左侍郎等官王憲等，亦各繼至南京。

皇帝看了這個《捷音疏》，自然非常高興，他不但師出有名，而且運籌帷幄，決勝千里。宸濠反狀不明時，他已經安排了一個王守仁在江西。宸濠叛亂之後，他又在不動聲色之間，讓王守仁將宸濠收拾掉。當年太祖皇帝收拾陳友諒，尚要親冒矢石；宣宗皇帝平定漢王高煦，也要親臨樂安州。今日，正德皇帝平定叛藩宸濠，只需發佈幾條敕令、安排個把官員，事情就辦好了。至於「總督軍務威武大將軍總兵官都督府太師鎮國公」親領大軍南下，那更是神來之筆，自古以來，有哪個皇帝想得出來？

謊言說順了口，自己也以為是真的。正德皇帝朱厚照正是帶着這種自欺欺人的愉快心情，在收到王陽明的《重上江西捷音疏》後，於這年閏八月初八日，在南京舉行了盛大而別開生面的「受俘」儀式。

這天近午時分，南京郊外的演兵場上，旗幡招展。京軍、邊軍、南京駐軍，排成陣勢，盔明甲亮。王陽明的好友、南京兵部尚書喬宇，手持令旗，站在閱兵臺上，裝模作樣地扮演自己也覺得好笑的角色。

喬宇看了看排列整齊的隊伍，將手中令旗一揮，早已準備好的炮手燃響了號炮，霎時間，鼓角齊鳴，大陣的西南角上閃開了一條大道，一將拍馬持槍，衝入陣中。這員將領有不少人見過，他就是不久前由張永械送而來的叛王朱宸濠，不知為何成了這樣的裝束。

人們正在猜疑，喬宇又將令旗一揮，鼓角響處，大陣的東北角也閃開了一條大道，一將頭戴紫金衝天冠，手舞金背大砍刀，也衝入陣中。在他

身後，一員彪形大漢手持大纛旗，旗上繡着一行大字「總督軍務威武大將軍總兵官太師鎮國公」，中間是一個更大的「朱」字。來將正是大明當今天子正德皇上。眾軍齊呼「萬歲！」

　　正德皇帝一個亮相，在眾軍雷鳴般的喝彩聲中，舞刀撲向死老虎朱宸濠。宸濠見皇帝向自己撲來，做了一個挺槍而刺的假動作。皇帝閃身讓過，輕舒猿臂，抓住宸濠的腰帶，大喝一聲，拖離戰馬。又是一聲大吼，將宸濠摔在演兵場上。演兵場上歡聲雷動。

　　早已準備好的武士衝上前去，將宸濠繩捆索綁，裝入囚車之中。隨着喬宇的令旗的揮動，眾軍又是一陣歡呼。至此，「受俘」儀式結束。[1]

　　四天之後，正德皇帝結束了為時一年零一個月的南巡，在龍江碼頭乘船離開了南京，返回北京。喬宇站在碼頭，望着漸漸消失在夜幕之中的船隊，無可奈何地搖了搖頭。

　　皇帝是風光了，不管是真是假，他算是實現了自己親手擒獲宸濠的願望。但王陽明卻因為上了那道違心卻又是顧全大局的奏疏，特別是在奏疏中順着皇帝的性子，稱其為「總督軍務威武大將軍總兵官都督府太師鎮國公」，身前及死後都受到那些恪守「祖宗法度」的正統派官員的責備。

二十、王艮拜師

　　皇帝離開南京北歸。王陽明那顆一直懸着的心終於算是放下來了。一天，正與門人弟子在巡撫衙門論學，門子來報，說是有泰州王銀先生在門外求見。此時的王陽明，以學術功業名揚天下，幾乎每天都有遠道而來的求學者，聽了門子的報告，照例說了聲「有請」，便又與眾人論學不止。

1　毛奇齡：《武示外傳》。

一抬頭，見門子匆匆忙忙又走了進來，問道：王銀先生為何不見？門子笑道：此人是個癡漢。他頭戴古冠，身穿五顏六色的古服，手中端着木片，口中唸唸有詞，也不知說些什麼。進到中門便站住了，說是未見主人，不進中堂。

王陽明聽門子如此訴說，心中詫異，連忙起身，和弟子們來到中門。果見一人峨冠博帶，雙手端着一塊木片，神情古怪卻恭恭敬敬地站在門外。王陽明衝那人一拱手：遠客到此，迎接來遲，失敬失敬！那人一躬到地，自報家門：泰州草民王銀，久聞陽明先生大名，特來相會。

王陽明將王銀請入中堂，正要讓座。王銀卻徑自往主席走去，坐在了王陽明的座椅上。弟子中有人就要呵責，王陽明卻擺了擺手，在側席坐下。

一陣寒暄過後，王陽明問道：先生所戴是何冠？

王銀回答：是有虞氏的古冠。

王陽明又問：先生所穿的是何服？

王銀應聲答道：是老萊子的古服。

眾門人聽了，又是可笑又是憤怒。有虞氏是舜的號，傳說舜生性至孝，不管父母如何虐待他、兄弟如何虧待他，他都不怨不怒，最後終於感動了父母兄弟。由於他有這樣的氣度，又辦事能幹，所以堯將王位讓給了他。老萊子是春秋時楚國人，也是個孝子，七十多歲了，為了讓父母開心，穿着五彩斑斕的衣服，學着小孩的步子，故意摔跤，然後假裝哭泣，逗得父母直樂。

王銀這身打扮來見王陽明，而且手中捧着一塊木片作簡笏，一方面表示自己的誠意，另一方面卻是故示傲氣。

王陽明微微一笑：那你是要學老萊子啊？

當然。王銀答道。

王陽明接着問道：那你為何只學着穿他的衣服，而不學他在堂上假裝摔倒，掩面啼哭？

王銀聽了，心中一驚：這王守仁果然有學問，名不虛傳。我有備而來，反倒落了下風。不覺將屁股挪了挪，只坐在椅子的一個角上。

但王銀又是不肯輕易服輸的人，他將自己平生所悟的道理，與王陽明反覆詰難。眾弟子越聽越吃驚，這王銀確非尋常之輩，他的見識，他的辯才，恐怕除了老師，還無人能讓他心服口服。

王銀是襟懷坦蕩的人。經過反反覆覆的辯駁，服氣了。他起身倒地而拜：先生論致知格物，簡易直截，非我所及也。願為弟子，聽從先生教誨。

王陽明連忙站起身來，將王銀扶起，笑道：先生見識學問，也令我大開眼界。這拜師之事，先生還是慎重些好，以免將來後悔。

王銀回到館驛，一字一句地回憶與王陽明的問答和詰難，果然有些後悔。王陽明固然學問精湛，但議論之間，也並非沒有漏洞，怎能輕易服輸呢？一個晚上，輾轉反覆，將自己的道理又仔細演繹了一遍，自信或許可以駁倒王陽明。

第二天一早，王銀求見。王陽明笑着問道：先生是否又有賜教？

王銀也笑了起來：昨日確實有未盡之言，想再向先生求教。

王陽明讚賞地點了點頭：先生可說是不輕易盲從。

又是一天的反覆辯駁，王銀終於信服了，這王門弟子今天是做定了。他再次向王陽明行弟子禮，感歎道：我過去以飾情抗節為高，其實只是矯情於外。先生的學問精微淵深，得之於心。這才是真正的聖人之學。

王陽明連忙將他扶起，也不無感歎：過去我擒獲宸濠，覺得毫不費力；今日要說服你，卻是頗費心智。只是你的學問淵源我一概不知，是否可略說一二？

王銀見王陽明問起，長歎一聲，但眉宇之間，一股桀驁之氣又油然而生。

王銀是揚州府泰州安豐場人。安豐場是明代著名的鹽場，王銀父親是鹽場的灶丁。明朝的戶口分為民戶、軍戶、匠戶、灶戶等等，灶戶便是煮

鹽戶，子孫世襲為灶丁，不得隨意改籍或從事其他職業。按明初的法律，灶丁生產的食鹽不得私自出售，全由政府控制，統一賣給商人。故鹽戶不但人身自由受到限制，而且生產條件極差、收入極其微薄。成化、弘治以後，隨着商品經濟的發展，政府對食鹽的控制有所放鬆。鹽戶在完成了國家下達的產鹽指標後，生產的「餘鹽」可自行銷售。這樣，不少鹽戶又成了小鹽商。王銀的父親也具有這樣的雙重身份，既是灶丁，又是鹽商。

在科舉制盛行的時代，人人都希望自己的子弟通過讀書應試，進入官場，這樣便可改變門第，由被統治者一躍而為統治者。王銀的父親也將改變門第的希望寄託在兒子身上。王銀七歲時，就被送入私塾讀書。但王銀見父親每日起早摸黑地操勞，天寒地凍之日，也赤着雙腳在鹽池取鹵煮鹽，到十一歲時，他堅決不再上學了。從此，凡官府有差役，都是王銀代父親充役，父親出外經商，王銀也跟隨前往。

隨着年齡的增大，王銀也能下池煮鹽，或獨自外出經商了。但與父輩以及世世代代的灶戶們不同，王銀無論到哪裏，都要帶着書本，遇有讀書人，就虛心請教，反覆商討。他天賦極高，又極愛思考，總是見人所未見、發人所未發，不但和讀書人討論學問不再有對手，就是煮鹽經商，遠近也無人比得上。於是學問也大了、家境也富了，並且，憑着自己的學問和家境，開始為當地百姓排憂解難。

由於日思夜想地體驗「聖賢」的學問，夢想自己也成為「聖人」。王銀告訴朋友，說他在二十九歲時做了一個夢，夢見天塌了下來，壓在大地上，也壓在自己身上，成千上萬的人奔走呼號，求人救助。王銀奮力振臂，竟然將天舉了起來，救了億萬人的性命。抬頭一看，由於這一塌，日月星辰都錯亂了位置，他覺得好笑，一一將其失正歸位。做完這些事情之後，已經累得汗流如雨，內心卻陡然空明洞徹。一覺醒來，覺得以往參解不透的事物，這時都在自己的意念之中。於是，王銀開始用「心」來體驗萬物，同時，也教人以「心」體驗萬物，開始了他的講學生涯，農夫漁父、

商販工匠，都知道有王銀先生，名聲傳遍江北。

名聲一大，王銀身上的傲氣也就更大了，行為更加怪僻。他按照《禮經》，自製了一頂「五常冠」、一套深色大氅、一條比常人寬大得多的腰帶，又用毛竹製作了一塊比官員們上朝時所用的笏板大得多的笏板，然後，穿着這身服裝，出沒在城市鄉村。每到一地，觀者如潮。知道的佩服的捧為聖賢，不知道的不以為然的視之為怪物。王銀對此都不屑一顧，反正自我感覺良好：我說的是堯該說的話，行的是堯該行的事，怎能不穿堯所穿的衣服？

有位名叫黃文剛的吉安人路過泰州，正遇王銀講學，見他那身打扮，覺得好笑，便也擠在人群中聽講。一聽卻大吃一驚，這王銀所講的道理，和他在南昌聽陽明先生所講的極其相似。等講學結束，黃文剛來見王銀，問他與王陽明是否有師承關係。王銀聽黃文剛說到王陽明，不禁茫然。他與真正的學者接觸很少，也沒有到過大地方，王陽明名聲遍天下，王銀竟然沒有聽說過他的名字。

好奇心盛，王銀當天便啟程，前來南昌見王陽明。一來想看看王陽明到底是何許人，二來想與王陽明分個高低，他不相信這個世上還有人的悟性能超過自己。當然，為了給自己留個退路，王銀換了一套裝束，堯冠換成了舜冠，堯服換成了老萊子服，手中的笏板也換了一塊略小的。

聽完王銀的訴說，王陽明和弟子們笑得前俯後仰。王陽明對這位早已開宗立派的弟子更是刮目相看。他替王銀改了名，去掉「金」旁，只剩「艮」字，叫「王艮」，又取了字，叫「汝止」。「艮」為八卦中的一卦，代表山，巍然挺拔，不依不附，這符合王銀的性格；但也要有所收斂，應適可而止，所以叫「汝止」。從王陽明給王銀取的名和字來看，他是讚賞王銀獨立思考；但對於王銀身上所表現出來的過多的野性，王陽明也打算要有所修剪和矯正。

從此，在王陽明的弟子中，在明代乃至整個中國的思想史上，多了一

位與眾不同的人物，這個人物便是王艮；多了一個獨一無二的學派，這個學派就是王艮開創的泰州學派。一百多年後，黃宗羲在他的《明儒學案》中不無感慨地說：「陽明先生之學，有泰州、龍溪而風行天下，亦因泰州、龍溪而漸失其傳。」泰州指王艮與他的泰州學派，龍溪指王陽明後來的一個弟子王畿及其開創的學派。[1]

王艮之入王門，無論是對於王陽明本人還是對於王學的傳播，都具有重要的意義。在王陽明過去的講學中，學生盡皆讀書人；自從王艮入王門之後，王陽明的學說開始面向最底層的民眾，而在與來自另外一個世界的王艮的切磋之中，王陽明自己也獲益不小。

二十一、始揭「致良知」

由於王陽明的原因，這個時候的南昌，聚集着一批著名學者。有在贛州時就開始追隨王陽明的「小秀才」歐陽德，有在正德十四年因為力諫武宗南巡而被廷杖並謫官的翰林院修撰舒芬、吏部員外郎夏良勝、禮部主事萬潮、太常博士陳九川，有號稱「新建三魏」的魏良弼、魏良政、魏良器兄弟，等等。一段時間，南昌成為王陽明學說信奉者向往的聖地。

不管是舒芬、萬潮，還是新建三魏，還都是官道上的人物，溫文爾雅。但後來來了個王艮，於是三教九流接踵而至。當地官員開始感到有些不安，巡按御史唐龍、提學僉事邵銳都是恪守朱學的正統派，他們勸說當地的讀書人少與王門弟子來往。唐龍更勸王陽明停止講學，謹慎交友，同時對王陽明正在提倡的一個新命題即「致良知」予以質疑。

---

1 關於王艮的事跡，詳見《明儒學案》和《明史》的有關記載。另見方志遠：《關於明代泰州學派王艮「艮」字讀音的思考》（《光明日報》2013 年 2 月 20 日）、《關於明代泰州學派王艮「艮」字讀音的再思考》（《光明日報》2013 年 5 月 23 日）

　　從王陽明講學開始，官場和學界已經是毀者、譽者紛紛紜紜，對自己、對自己的學說的不同看法，王陽明這些年來聽得已經不算少了，他自然仍堅持自己的意見：我認為「良知」確實人人皆有，只是學者未能真正體會，才甘心隨波逐流。假如有人已經認清了這一點，誠心誠意來求學，我怎能忍心閉口不談？況且自古以來，尋找有真才實學者，都是像淘沙取金一樣。取金者雖然都知道所淘十有八九是沙，但有誰因為不願陶沙而連金也不取呢？

　　當然，對於王陽明的這些道理，有人聽得進去，也有人聽不進去。王艮、舒芬聽後心悅誠服，邵銳、唐龍卻不以為然。這也叫見仁見智，不可勉強。但不管邵銳、唐龍們如何反對，王陽明的一個信念卻越來越清晰。他在給得意門生鄒守益的信中說：

> 近時四方來遊之士頗眾，其間雖甚魯鈍，但以「良知」之說略加點掇，無不即有開悟，以是益信得此二字真吾聖門正法眼藏。（《與鄒謙之》）
>
> 近來信得「致良知」三字，真聖門正法眼藏。往年尚疑未盡，今自多事以來，只此良知無不具足。譬之操舟得舵，平瀾淺瀨，無不如意。雖遇顛風逆浪，舵柄在手，可免沒溺之患矣。（《年譜二》）

　　在南昌、吉安、贛州的這些日子，王陽明講學時每每論及的，就是這個「良知」和「致良知」。首先提出「良知」的是孟子。《孟子》的《盡心上》說：「人之所不學而能者，其良能也；所不慮而知者，其良知也。」孟子在這裏提出了兩個並列的概念：良能和良知。「良能」是人與生俱來的能力，「良知」則是人與生俱來的感知和見識。

　　但王陽明則排去「良能」，只提「良知」。因此，他所說的「良知」比孟子所說的「良知」有更大的包容性，其實是對「心」的闡述和發揮。或

者說，王陽明這時提出的「良知」，就是過去所提出的「心」。王門弟子錢德洪在《傳習錄》中記載了王陽明後來所說的一段話：「聖人只是順其良知之發用，天地萬物，俱在我良知的發用流行中，何嘗又有一物超乎良知之外，能作得障礙？」將這段話裏的「良知」換成「心」，也是完全說得通的。

而「致良知」，則是將《大學》中的「致知」與「良知」相結合。《大學》有一段非常著名的話：

> 古之欲明明德於天下者，先治其國；欲治其國者，先齊其家；
> 欲齊其家者，先修其身；欲修其身者，先正其心；欲正其心者，
> 先誠其意；欲誠其意者，先致其知。致知在格物，物格而後知至，
> 知至而後意誠，意誠而後心正，心正而後身修，身修而後家齊，
> 家齊而後國治，國治而後天下平。

這段話是宋儒程頤、朱熹「格物致知」說的基本依據，王陽明只需要它的前半截，而不需要它的後半截。但這後半截又是人人皆知的，抹也抹不掉，只能進行處理，重新作解釋。這也是中國哲學家們慣用的手法，聖賢的話是沒有錯的，錯就錯在後人的理解上。中國古代訓詁學發達，與此不無關係。

王陽明告訴弟子們：《大學》所說的「格物」，「格」的意思是「正」，是使不正的物歸於正；而物也是有所屬的，是心之物、意之物、知之物。因此，物其實就是「事」：「物者事也，凡意之所發必有其事，意所在之事謂之物。」

有了這些說明，「致良知」的理論框架就大體上構成了。「良知」是每個人與生俱來的本性，人性本善，所以人知本良，只是由於生活於混混沌沌的世界，本來的善性和良知都被掩蓋了、泯滅了。聖人之學，就是幫助人們恢復被掩蓋、被泯滅的善性和良知。

　　當然，王陽明在江西的這段時間裏，對於「致良知」這一將「先聖」的學說與自己的實踐相結合的新命題，尚在思考和切磋之中，許多細節還要留在日後去闡發、去完善。[1]

　　錢德洪等人在《陽明年譜》中有這樣一段記載：

> 　　是年（正德十六年），先生始揭「致良知」之教。先生聞前月十日，武宗駕入宮，始舒憂念。自經宸濠、忠、泰之變，益信「良知」真足以忘患難，出生死。所謂考三王，建天地，質鬼神，俟後聖，無弗同者。乃遺書（鄒）守益曰：「近來信得『致良知』三字，真聖門正法眼藏。往年尚疑未盡，今自多事以來，只此良知無不具足。譬之操舟得舵，平瀾淺瀨，無不如意，雖遇顛風逆浪，舵柄在手，可免沒溺之患矣。」

　　根據這個說法，王陽明「始揭致良知」發生在正德十六年（1521 年）為江西巡撫期間。有學者指出，王陽明「始揭致良知」的時間應該更早一些，當在正德十五年（1520 年）六月至八月從南昌到贛州的路上，或者就在贛州。但這個看法是有問題的。提出「良知」和「始揭」、「致良知」是兩回事。

　　正如後來黃綰所說，「良知」並不出於王陽明，而是出自於孟子。《孟

1　時至今日，人們對於王陽明關於「致良知」等命題的探索，仍然是從哲學的角度去闡釋、去挖掘。其實，中國古代任何哲學命題，都是與社會實踐密切相關的。明朝從成化、弘治以來，社會經濟格局和人們價值觀念都發生了巨大的變化。上自最高統治者皇帝，以及貴戚、宦官、文臣、武將，下至平民百姓，乃至販夫走卒、奴婢童僕，都在追逐生活的奢靡，逐名於朝，逐利於市，社會道德墮落，社會風氣頹廢。人人都在咒罵社會，都在指責他人，但人人又都在毀壞道德，在損人利己。凡有識之士，都在尋找進行社會改良的途徑。武宗一死，大學士楊廷和就主持了對勳貴、宦官的清算，革除正德時期的種種積弊，實質上是在中央進行社會改良。王陽明在這前後提出「致良知」，其實是想在人們的觀念中進行一次社會改良。如果人人都恢復自己被掩蓋、被泯滅的良知，都從自身做起，都按道德和法律的要求辦事，豈不是比行政命令更為有效？

子·盡心篇》說:「人之所不學而能者,其良能也;所不慮而知者,其良知也。」王陽明繼承了孟子的這一廉潔。所以說:

良知者,孟子所謂「是非之心,人皆有之」者也。是非之心,不待慮而知,不待學而能,是故謂之良知。是乃天命之性,吾心之本體,自然靈昭明覺者也。凡意念之發,吾心之良知無有不自知者。(《大學問》)

「良知」二字,王陽明一直在倡導、一直在提醒。《傳習錄一》載:徐愛向王陽明請教「止至善」,王陽明答曰:

知是心之本體,心自然會知。見父自然知孝,見兄自然知弟,見孺子入井自然知惻隱。此便是「良知」,不假外求。若良知之發,更無私意障礙,即所謂充其惻隱之心而仁,不可勝用矣。

是「良知」二字,王陽明在徐愛生前已經指出,而徐愛於正德十三年(1518年)去世,「良知」之說不需要等到正德十五年(1520年)。又《傳習錄三》載:正德十年(1515年)乙亥,陳九川見王陽明於龍江(南京),王陽明答曰:

耳、目、口、鼻四肢,身也,非心安能視、聽、言、動?心欲視、聽、言、動,無耳、目、口、鼻四肢,亦不能。故無心則無身、無身則無心,但指其充塞處言之,謂之身;指其主宰處言之,謂之心;指心之發動處,謂之意;指意之靈明處,謂之知;指意之涉着處,謂之物。只是一件。意未有懸空的,必着事物。故欲誠意,則隨意所在某事而格之,去其人欲而歸於天理,則「良知」之在此事者無蔽而得致矣。此便是誠意的功夫。

由此看來,王陽明在正德十年(1515年)為南京鴻臚寺卿的時候,就不但和陳九川說過「良知」,而且說到「良知之在此事者無蔽而得致矣」,「致良知」的意思也不由自主而發。但這只是「無意識」的流露。到正德

十六年（1521 年），則是「有意識」的「揭示」，並且成為王陽明學說中的一個極其重要，甚至可以稱之為「核心思想」的命題。從此，王陽明對人言說，不僅僅是說良知，更是要求人們也要求自己「致良知」，要把被私欲泯滅的「良知」光明起來，並且指導自己的行為。

而對於「良知」的真正認識，卻也在「始揭」「致良知」的過程中，也就是在經歷了平宸濠之亂、特別是在應對正德皇帝及其佞倖之後。所以王陽明說：

> 吾「良知」二字，自龍場已後，便已不出此意，只是點此二字不出，於學者言，費卻多少辭說。今幸見出此意，一語之下，洞見全體，真是痛快，不覺手舞足蹈。學者聞之，亦省卻多少尋討功夫。學問頭腦，至此已是說得十分下落，但恐學者不肯真下承當耳。

又說：

> 某於「良知」之說，從百死千難中得來，非是容易見得到此。此本是學者究竟話頭，可惜此體淪埋已久。學者苦於聞見障蔽，無入頭處。不得已與人一口說盡。但恐學者得之容易，只把作一種光景玩弄，孤負此知耳！

但是，王陽明的擔心後來成為事實，自從「良知」成為王陽明的「口頭禪」之後，人們理所當然地也視之為王陽明的「核心思想」，但更多的卻是將其作為「光景」、「把玩」。這就雖然「知」與「行」的結合，要「知行合一」，要「致良知」。所以，王陽明的偉大貢獻，不僅僅在於他把早已泯滅的「良知」說重新發掘出來，更提出「知行合一」、「致良知」。

第七章

遠離

政治中心

的日子

一、皇恩浩蕩

正德皇帝朱厚照於正德十五年（1520年）閏八月離開南京，乘船經儀真、鎮江、揚州、寶應，一路上泛舟捕魚，倒也興致盎然。九月中來到淮安府的清江浦，住在宦官張揚家中。清江浦一帶當年是著名的水鄉澤國，附近的寶應、白馬等湖更是泛舟、捕魚的好去處。九月十五日，朱厚照遊興大發，獨自駕着一條小舟，在運河西岸的積水池用網捕魚。一年前的這個時候，他曾駕着快船從臨清直駛通州，迎接「劉姬」。所以，泛舟乃是他的拿手好戲。當然，雖說是皇帝獨自泛舟，水性好的侍從也駕着小舟跟隨。否則，萬一有了差錯，哪個負得起責任？

能在運河獨自泛舟，朱厚照自然不將這小小的積水池放在眼裏。他左撒網、右甩鉤，興奮不已。不料樂極生悲，一個不留神，重心失去控制，小舟也失去平衡，翻了個底朝天，朱厚照被船倒扣在水中。跟在後面小船上的侍從們正在為皇帝的表演喝彩，沒想到風雲突變，嚇得手足無措，直到池邊的侍從們不斷高喊，船上的侍從才清醒過來，接二連三地跳入池中，手忙腳亂地將皇帝從水中救出。侍從首領怕皇帝丟面子，連忙高喊：皇上是真龍天子，今日奴才們可開了眼，見到真龍戲水了！眾侍衛也一齊歡呼起來。但這條「真龍」卻連嚇帶冷，半天說不出話來，就此一病不起。

這年的十二月十日，朱厚照拖着病體回到了離開一年半的北京紫禁城，第二年即正德十六年（1521年）三月十三日，永遠離開了這個世界，當時才三十歲。大臣們根據他生平表現，為其立了一個廟號：「武宗」。

武宗朱厚照死時沒有兒子，也沒有兄弟，大學士們根據「父死子繼、兄終弟及」、由近及遠的繼承慣例，並且經皇太后同意，將朱厚照的一位堂弟——十五歲的興王朱厚熜，從湖廣安陸請到京城，做了皇帝，這就是後來廟號為「世宗」的嘉靖皇帝。

正德十六年（1521年）六月十六日，一道詔書到了南昌。原來，世宗

朱厚熜在安陸的時候，就對王陽明產生了由衷的敬佩之心，一個熱衷於講學的書生，竟然在一年之內平定江西、福建、廣東、湖廣四省邊境結寨數十年的「巨寇」、又在短短一個多月的時間裏平定籌劃了十多年的寧王宸濠之亂，他很想見識這位既以講學聞名天下，又能領着一些烏合之眾盡打勝仗的「陽明子」。所以，即位之後，朱厚熜立即讓內閣擬了一道旨，發往江西，讓王陽明立即進京：

> 以爾昔能剿平亂賊，安靖地方，朝廷新政之初，特茲召用。
> 敕至，爾可馳驛來京，毋或稽遲，欽此。

話雖不多，卻可以看出世宗朱厚熜的拳拳求賢之心。王陽明見了這道旨意，自然是強烈地感受到一個新時期的來臨。剛剛去世的正德皇帝朱厚照是那樣荒唐，那樣將國家大事當兒戲；而當今皇上卻是這樣求賢若渴，這樣汲汲於治。

在明朝，沿水、陸官道設有驛站，負責傳遞公文，並為過往官員提供食宿。水驛備有快船，陸驛備有車馬，但這些交通工具只是為那些奉特旨的官員準備的。王陽明這次是奉特旨進京，而且，「敕旨」明確要求他「馳驛來京」。這種待遇在當時並不多見。王陽明預感自己的才能將會有更為廣闊的施展空間，自己的學說將會有更加寬大的講壇。弟子們也群情激動，老師進京，大家都跟着沾光。

六月十六日見到敕旨，王陽明二十日就啟程了。從南昌到北京，應該順贛江入鄱陽湖，由湖口進入長江，再經揚州沿運河北上。正德五年秋天，王陽明在廬陵知縣的任上得知劉瑾倒臺，便是從這條路去北京的。但這一次，雖然皇帝讓他「馳驛」去京，王陽明還是選擇了另一條路線。

祖母去世已經兩年，父親的身體也一直不好，從正德十四年（1519 年）六月二十一日，到正德十五年（1520 年）閏八月，王陽明已經四次上疏

朝廷，請求回紹興省視，但一次也沒有被批准。在那些日子裏，許泰、江彬、張忠等人一直在發難，王陽明的處境十分艱險。所以儘管正德十四年（1519 年）十月因押送宸濠到了杭州，離紹興只有百里之遙，但王陽明卻不能在沒有得到朝廷允許的情況下回到家鄉。

從杭州回南昌後，一度聽說父親病危，王陽明想棄官而歸，後來聽說父親病情已有好轉，才打消了這個念頭。為此，門人周仲還取笑老師說：「先生思歸一念，亦似著相。」因為王陽明一貫教導學生，不管遇上任何事情，都要冷靜，都要喜怒不形於色，要「不著相」。但一聽說父親病危，就想棄官而歸，這就是「著相」了。王陽明聽了周仲的話，自己也笑了：此相怎能不著？

如今新君繼位，召自己進京，可見形勢已經好轉。王陽明覺得應該先去家鄉看看，所以，沒有「遵旨」取近道進京，而是繞道先去浙江老家。為此，王陽明向皇帝上了一道《乞便道歸省疏》：

> 臣自兩年以來，四上歸省之奏，皆以親老多病，懇乞暫歸省視，實皆出於人子迫切之至情。而其時復以權奸當事，讒嫉交興，非獨臣之愚悃無由自明，且慮變起不測，身罹曖昧之禍，冀得因事退歸，父子苟全首領於牖下，故其時雖以暫歸為請，而實有終身丘壑之念矣。
>
> 既而宗社有靈，天啟神聖，入承大統，革故鼎新，親賢任舊，向之為讒嫉者皆已誅斥略盡，陽德興而公道顯。臣於斯時，固已欣然改易其退遁之心矣……
>
> 顧臣父既老且病，頃遭讒構之厄，危疑震恐，洶洶朝夕，常有父子不及相見之痛。今幸脫洗殃咎，復睹天日，父子之情，固

思一見顏面，以敘其悲慘離隔之懷，以盡菽水歡欣之樂。況臣取
道錢塘，迂程鄉土止有一日。此在親交之厚，將不能已於情，而
況父子天性之愛，重以連年苦切之思乎？

　　故臣之此行，其冒罪歸省，亦情理之所必不容已者。然不以
之明請於朝而私竊行之，是欺君也；懼稽延之戮，而忍割情於所
生，是忘父也。欺君者不忠，忘父者不孝。世固未有不孝於父而
能忠於其君者也。故臣敢冒罪以請。伏望皇上以孝為治，範圍曲
成，特寬稽命之誅，使臣得以少伸烏鳥之私……

　　王陽明已經好多年沒有寫過這樣既動感情又較為輕鬆的奏疏了。他相
信自己的這個奏疏不但不會有「稽延之戮」，反會感動皇帝。當時的北京，
新繼位的皇帝和元老重臣們正在為皇帝父親的稱號討價還價，王陽明的弟
子中多有在北京任職的，對這一動態不會不通報。自己盡人子之情，與皇
帝盡為子之道，無論是情感上，還是倫理上，都是相通的。

二、人算不如天算

　　便道歸省的奏疏發出之後，王陽明從南昌啟程，前往紹興。想到就
要和離別四五年的父親見面，想到就要在祖母的墳上盡哀，想到就要去京
師朝見新繼位的皇帝，想到又要在京師重新開啟自己的學術與事功，王陽
明雖然表面上平靜，心中卻早已「著相」。用他自己的話，「此相安能不
著」？弟子們從他的《歸懷》詩中，也可心看出老師那顆雖然被嚴嚴實實
裹住，卻在劇烈跳動的心：

行年忽五十，頓覺毛髮改。

四十九年非，童心獨猶在。

世故漸改涉，遇坎稍無餒。

每當快意事，退然思辱殆。

傾否作聖功，物睹豈不快？

奈何桑梓懷，衰白倚門待。

　　過去的四十九年，由於朝綱紊亂，王陽明的才幹、學問並未被人們充分認識，但「學為聖賢」的初心、為國家效力的抱負始終不改。在這四十將過、五十來臨的時候，隨着新天子的繼位，世道將要改變了，自己也將有更大的作為了。這是何等歡快的事情！當然，樂極易生悲，遇上再高興的事情，也不能忘記可能來臨的變化。接到「聖旨」，本應日夜兼程趕赴京師，但思鄉之情不容自己。這次進京，皇帝必然會有重要差遣，遠隔千山萬水，也不知何時能回故鄉。更何況，過去朝廷讓自己升任南京太僕寺少卿、出任南贛巡撫，自己總是一次又一次上疏推辭，並且都要「枉道」回家鄉歸省。這次一見到旨意，便連滾帶爬即刻進京，不去「便道」省親，不但從感悟上說不過去，也徒給他人以口舌。

　　但是，有道是「人算不如天算」，又說是「瞬息萬變」。就在王陽明的《乞便道歸省疏》發出之後，應該是皇帝召王陽明進京的敕書尚在路上，京師的情況就已經發生了變化。

　　當時在內閣為大學士的是楊廷和、蔣冕、毛紀，三人都是恪守朱學，與王陽明有學術上的分歧。而且在他們的印象中，王陽明屬王瓊的人。曾任兵部尚書、時為吏部尚書的王瓊，這時已經在與內閣的鬥爭中失敗，被坐以「交結近侍律」論死罪，因為功勞大、屬「八議」之條，所以免去死

罪，發配戍邊。[1]如果逼走一個王瓊，又招來一個王守仁，豈不自己和自己過不去？

而且，王陽明的事功、學問，舉朝上下無人比得上，如果他來北京，該將他放在什麼位置上？更何況，當時的北京正在醞釀着一場重大的鬥爭。大學士們和新皇帝之間就皇帝生父的稱號問題，正在進行反反覆覆的論戰。如果來了一個王陽明，豈不是加大了皇帝的力量？

功高不賞，在中國幾乎已成鐵律，明代也是這樣。明太祖廢除宰相之後，從永樂開始有了內閣。但在內閣擔任大學士的，除了楊一清等極少數有解決實際問題的才能和功績的，其他幾乎全是能寫漂亮文章、能說傳統道德的翰林院秀才。越是功勞大、越是能幹實事的，越是難進內閣。

王陽明這時所受到的待遇也是這樣。儘管皇帝想見王陽明，並且下了敕書，但大學士們卻有對付皇帝的經驗和理由。他們讓科道官出面向皇帝打報告，說是眼下正值武宗死後的「國喪」期間，朝廷革故鼎新，一切都還沒有理出頭緒，特別是舊君去世、新君即位，已經花去了很多經費，如果這時將王守仁召到北京，必然要對他以及跟隨他平定宸濠之亂的官員和士兵進行犒賞，戶部一時間哪裏拿得出那麼多的銀子？不如先讓他暫留南昌，等到朝廷理出一點頭緒之後，再召他進京，論功封賞。

十五歲的皇帝朱厚熜是因為武宗既無兒子又無兄弟，才從外藩召到京城，做了皇帝的。他四月到京師，而召王陽明進京的敕書六月就到了南

1　洪武三十年所定的《大明律》，在「罪名」中有「交結近侍官員」條，外廷官員如定了這條罪，按律論死刑，只是不屬「決不待時」即立即處決，而是「秋後處決」。同時，明朝的法律又沿用歷代法典，有「十惡」、「八議」的原則。「十惡」為謀反、謀大逆、謀叛、惡逆、不道、大不敬、不孝、不睦、不義、內亂；「八議」為親、故、功、賢、能、勤、貴、賓。所犯的罪如果不在「十惡」之中，而犯罪的人又屬「八議」的範圍，死罪可以免死，其他的罪也都可以減輕或免除。王瓊做了多年的官，在「八議」中至少佔了「功」、「勤」兩條，而「交結內侍官員」又不屬「十惡」之條，所以可以免死。其實，在明代中後期，隨着宦官權力的擴大，官員們尤其是高級官員們要鞏固地位，要在仕途上繼續走下去，沒有不與宦官「交結」的。所謂「交結內侍官員」的罪名和其他許多罪名一樣，只是用於對付那些在權力鬥爭中的失敗者。

昌，這速度是夠快的了。但皇帝也有他的難處。其一，剛剛即位，皇位還遠沒有鞏固，也沒有形成自己的班子；其二，在內閣辦事的楊廷和等人都是自己能做皇帝的「恩人」，如果不是他們的決策，這皇位到底由誰來坐還不得而知；其三，皇帝的父親是藩王，繼承的卻是皇位，大學士們想讓皇帝改稱自己的生父為「皇叔父」，稱已故正德皇帝的父親弘治皇帝為「皇父」，皇帝不同意，這時正在哀求大學士們，讓自己「盡孝」。

由於如此種種原因，對於人事的安排，皇帝不能不聽從大學士們的意見。所以，王陽明剛到紹興，就接到以皇帝名義發來的第二道敕旨，說是要他先不忙到京師來，等待「後命」。這「後命」到底是什麼？王陽明不清楚，但已經感覺到情況發生了變化。

就在這前後，朝廷在人事上有一系列新的變動。本來排名僅次於楊廷和的大學士梁儲，因與楊廷和等人關係不協調，被勸說退休，內閣成了楊廷和的一統天下；王瓊下獄，接着戍邊，接替他的是禮部尚書石瑤，這是楊廷和夾袋中的人物；其他五部尚書及都察院都御史，也都安排了人選。況且，以王陽明的功勞，只能安排在內閣或吏、兵二部尚書的位置上。不久，石瑤受命專掌內閣誥敕，這是內閣的替補職務，下一步就是大學士了。接替石瑤的是王陽明的老朋友、南京兵部尚書喬宇。看來，朝廷為王陽明準備的位置，只剩下喬宇留下的南京兵部尚書了。

果然不出王陽明之所料，正德十六年（1521 年）七月二十八日，朝廷發了新的敕旨，命王陽明為南京兵部尚書。十多天後，王陽明回紹興省親的要求也得到了批准。這樣，王陽明進京任職之事便成了泡影。

三、不給待遇的「新建伯」

儘管這樣，王陽明平定宸濠的事情朝廷總得有個交代，潑在王陽明身

上的那些濁水總該進行洗刷。況且，王陽明的一個弟子冀元亨因被許泰、張忠等人構陷，一直囚禁在北京錦衣衛大牢之中，雖然經過王陽明多次移文都察院及各部，以及言官們極力辨冤，世宗即位後下令放其出獄，卻終因病重死於獄中，朝廷至今沒有下令給予撫恤。

所有這些事情，都壓在王陽明的心中，功夫修煉得再好，又怎能不「著相」？但他要等待，等待當權者們的下一個動作。

正德十六年（1521 年）十一月初九日，朝廷終於對平定宸濠之亂的有功人員做了一次封賞。受到封賞的有原南京兵部尚書喬宇、南京守備太監黃偉等等。吉安知府伍文定在此之前已升任江西按察使，這次再升都察院左副都御史，去北京赴任。王陽明則因首功，封為「新建伯」。

朝廷在批覆吏、兵二部對王陽明封賞的制敕中是這樣說的：

> 江西反賊剿平，地方安定，各該官員，功績顯著。你部裏既會官集議，分別等第明白。王守仁封新建伯，奉天翊衛推誠宣力守正文臣，特進光祿大夫柱國，還兼南京兵部尚書，照舊參贊機務，歲支祿米一千石，三代並妻一體追封，給與誥卷，子孫世世承襲。正德十六年十二月十九日，准兵部吏部題。[1]

雖然說是「各該官員，功績顯著」，但除了伍文定之外，跟隨王陽明起兵平叛的其他人員，一個也不在封賞之列，對於受冤致死的冀元亨也無一字提及。就是王陽明的這個「新建伯」，雖然說是「歲支祿米一千石」，卻並不兌現，實為空頭支票；而按明朝的規矩，凡是封了爵位的，都要授予「鐵券」，但王陽明這個「新建伯」卻並沒有鐵券。

1　四部備要本《陽明全書》及上海古籍本《王陽明全集》的《年譜》中，均說是「還兼兩京兵部尚書」，誤。今據《實錄》及王陽明的《辭封爵普恩賞以彰國典疏》和《再辭封爵普恩賞以彰國典疏》改為「還兼南京兵部尚書」。

從平定宸濠至今已整整兩年，武宗在世時，尚可說是「權奸」阻格；如今新君繼位，又該如何解釋？王陽明有些憤怒了，也顧不得「著相」不「著相」了給皇帝上了一道措辭雖然婉轉，態度卻十分強硬的《辭封爵普恩賞以彰國典疏》。在這個奏疏中，王陽明提出了四條理由，要求朝廷收回授予「新建伯」的成命。這四條理由是：

一、宸濠謀反，準備了十多年，伺機而發，但一個多月就被平滅了。這是上天的意思，讓宸濠之亂開啟當今皇帝的「神聖」，而不是人力所能做到的。所以，自己不能貪天之功為己有。

二、在宸濠叛亂之前，朝廷對其已有察覺，並做了預防性安排。自己之所以能夠在上游控制形勢，正是這種安排的結果。當時朝中運籌帷幄的是大學士楊廷和等，具體調度的則是兵部尚書王瓊等。朝廷要賞功，應該先賞他們。

三、宸濠發難之初，聲勢浩大，人心疑懼，連遠在京師的許多近幸都為宸濠做內應，而江西府州縣官們卻不為其利所誘，不為其威所懼，一呼百應，起而平叛。如果沒有他們的響應和殊死搏鬥，要在短時期內平定宸濠之亂是不可能的。所以，如果論功，首先應該封賞他們。接着，王陽明開列了一大批跟隨自己平叛的有功人員。希望朝廷論功行賞。並且，再次為冀元亨病死獄中訟冤，要求朝廷給個公道。

四、自己世受國恩，又受命提督軍務，雖然粉身碎骨，也報答不了朝廷的恩典，平定宸濠之亂，只是做了作為臣子應該做的事情。加上近年以來，憂病交加，心力交瘁，無法勝任劇務；父親又久病在身，命在旦夕，也無法在這時離家赴任。

在這四條理由中，第一、四條是挑不出毛病的。第二條和第三條的不滿情緒就十分明顯了。所謂朝廷在宸濠叛亂之前就有了預防性安排，說大學士楊廷和等人只是一個幌子，主要是為王瓊鳴冤叫屈；開列一大串有功人員名單，則是在指責朝廷虧待了功臣。而且，雖然疏中反覆推辭接受爵

位，但在楊廷和等人看來，也顯然是埋怨朝廷所給的待遇太低。

特別王陽明疏中的最後幾句話，更引起朝中當權者們的極大不滿：「夫殃莫大於叨天之功，罪莫甚於掩人之善，惡莫深於襲下之能，辱莫重於忘己之恥。四者備而禍全，故臣之不敢受爵，非敢以辭榮也，避禍焉爾已。」

對於王陽明提出的不滿，京中的大學士們也無法反駁，於是做了軟處理：晉封王陽明的父親王華、祖父王倫、曾祖父王傑三代，都是新建伯。當然，除了可以在墓碑上多刻一行字外，這些並無實際意義。

但這兩個詔書對於王陽明的父親王華來說，卻來得正是時候。

第一個詔書送到紹興王家時，正值王華七十七歲生日，親戚朋友都來祝壽。王陽明被封為新建伯，這當然是喜上添喜。不管是否給鐵券、給年祿，明朝除了追隨太祖打天下的開國功臣之外，因軍功被封為伯爵的文官還只有兩位，一位是正統時征討雲南麓川的王驥，另一位是成化時領兵端了「套虜」老巢的王越，王陽明是第三位。人們都向王華表示祝賀，王陽明也強忍心頭的不快，向父親敬酒。

但是，壽星王華卻和平常一樣，仍然是那樣平和、那樣淡泊，而且多了幾分超脫。等到客人離去，父親皺着眉頭對兒子說：自正德十一年（1516年）冬至今，我父子已有五年未能見面。開始你在江西平寇，日夜勞瘁，但那是你的職責，我雖然擔心你的身體，卻無話可說。後來宸濠起兵作亂，傳說你已經死了，卻並沒有死；又聽說你在吉安起兵平叛，人人都以為事情難辦得很，竟然讓你輕而易舉辦成了；再後來權奸構陷，前後兩年，人人都為你擔心，卻又化險為夷。這些實在是天意，不是人力可以辦得到的。如今新君即位，給你穹官高爵，濫冒封賞，我父子又得團聚，人人都以為這是我王家的榮光。但盛者衰之始，福者禍之基，人以為榮，我以為懼也。

第二個詔書送到時，王華雖然已在彌留之際，神智卻顯得特別清醒，他催王陽明兄弟出門迎接使者，聽清了晉封三代的「旨意」，這才瞑目而逝。

父親去世，兒子得在家中「守制」三年，每年以九個月計，共二十七

個月。這是漢唐以來形成的制度，也是明朝的規矩。朝中的當權者們應該感到鬆了一口氣，至少在這二十七個月中，他們不必為安置王陽明的事情而費心。

四、王學從此大明於天下

父親的去世，也為王陽明除去了與京師當權者們理論是非的煩惱。榮辱毀譽，聽其自然。

轉眼已是嘉靖二年（1523 年），每三年一次的科舉會試照常在這年二月舉行。這一科會試的主考官是大學士蔣冕和掌制誥吏部尚書石瑤，不知是出於何種用意，他們在最後一場所出的「策論」題，竟然要求考生對心學作出評論。

企圖通過考試題來對當代學者的學說進行評價或抨擊，在明朝已經不是第一次了。正德十一年八月湖廣鄉試，主考官曾以「格物致知」發策，要考生發表議論。王陽明的弟子冀元亨參加鄉試，直抒師說，考官見了試卷，反倒覺得他有真知灼見，予以錄取。

但那是鄉試，而且「格物致知」取於《大學》，所以並未產生太大的影響。會試則不同，全國各地兩千多名考生齊聚北京，試題考的是什麼，一個月內就傳遍全國；而且，本朝以朱學為本，策試題偏偏問的是心學，這就明顯是別有用心。

參加這次會試的王門弟子為數不少。餘姚籍弟子王珊見了策論題，非常氣憤，擲筆而起，離開了考場。人們為他因此而失去當年的入仕機會感到惋惜，王珊坦然笑道：我寧可一輩子不做官，也不能昧着良心說師門的

不是。人們聽了，連連讚歎。[1] 另外幾位王門弟子歐陽德、王臣、魏良弼等人在答卷中理直氣壯地闡發師門學說，不知何故，他們竟然被錄取了。[2]

王陽明在浙江的弟子錢德洪也參加了會試，落第而歸。回到紹興來見老師，錢德洪並沒有為自己的失敗而歎息，卻為師門遭受的不公正待遇而憤慨。沒想到老師問明原委之後，卻大為高興，「聖學從茲大明矣！」錢德洪奇怪了：「時事如此，何見大明？」王陽明笑道：「吾學惡得遍語天下士？今會試錄，雖窮鄉深谷無不到矣。吾學既非，天下必有起而求真是者。」我的學說只是在弟子中宣講，不可能讓天下人都知道。如今會試以我的學說命題，天下舉子無論是者非者，不是都知道了我的學說嗎？如果是我之說，必將代我傳播；即使非我之說，也將起而攻之。這樣一來，豈不是會試考官們存心幫我宣揚聖學？

錢德洪聽罷，恍然大悟。京師中那幫自作聰明的朱學的衛道士們、大學士們，本想借着手中的權力扼制王學，沒曾想反倒成了王學的傳播的推進人。

五、說謗

不僅是大學士們，就是曾經被王陽明視為最志同道合的湛若水，也對王陽明的學說越來越不滿了。

王華去世之後，正在南京國子監為祭酒的湛若水專程到紹興祭奠。按當時浙江的規矩，自家子弟在服喪期間應該素食一百天，但對於前來祭奠

1　但也就是這位王珊，後來做了湖廣辰州府同知，卻因為侵吞軍餉而被處以絞刑。見《明儒學案》卷 28 《楚中王門學案・孝廉冀齋先生元亨傳》。

2　此據《陽明年譜》。另據《明史》卷 207《楊名傳附黃直傳》：「黃直，字以方，金溪人，受業於王守仁。嘉靖二年會試，主司發策極詆守仁之學。（黃）直與同門歐陽德不阿主司意，編修馬汝驥奇之，兩人遂中式。」是除了歐陽德、王直等人之外，黃直也是「直抒師說」者。而歐陽德與黃直的中式，與馬汝驥有關，可見主考、同考官對於王學的態度並不一致。

的客人則烹鮮割肥，以示禮貌，其中也不乏競奢擺闊的意思。王陽明對此予以裁革，只允許有客人遠道而來時才上一兩道葷食。湛若水是廣東人，對浙江的風俗不了解，見菜中有葷，十分不滿，卻不便明說。回到南京後，湛若水專門致書王陽明，予以指責。王陽明知道湛若水是醉翁之意不在酒，他是借葷菜為題，批評自己的學術觀點。但是，王陽明不想因為爭執而擴大二人之間的分歧，所以只是裝糊塗，就事論事表示歉意，卻不作解釋。

錢德洪後來回憶，湛若水在南京時，還專門致書王陽明，要就「良知」、「天理」的同異進行討論，但王陽明並不答覆。弟子們對此表示不理解，王陽明向弟子們解釋：與湛先生討論良知與天理，必須假以時日。如有幾個月的時間，在不經意中因事而發，是可以和他消除歧見的。但如果在書信中反覆陳說，不但事情說不清楚，還會引起爭端，徒讓好事之人看笑話，這是我不願意看到的。

但是，由於王陽明後來奉旨往廣西，並病死在回鄉的途中，紹興一別，竟然是二人的永別，自然也沒有機會當面討論良知、天理了。

在弟子們看來，不管湛若水怎樣致書挑戰，與老師之間也是君子之爭，但小人們反對王學、攻擊老師，卻完全是別有用心。

因為一直到王陽明在紹興守制期間，仍然有人在宸濠的事情上對王陽明進行誣陷。巡按江西監察御史程啟元和戶科給事中毛玉先後上疏，提出了六條疑問，以證明王陽明與宸濠有瓜葛：一是宸濠在給他人的書信中，有「王守仁也好」的話；二是王陽明曾經派弟子冀元亨去見宸濠；三是王陽明查勘福建兵變事取道豐城，實為去南昌給宸濠祝壽；四是王陽明在吉安起兵，全是因為退休都御史王懋中和知府伍文定的激勸；五是王陽明攻破南昌時，縱容士兵燒殺淫掠；六是宸濠本無能耐，只需一個知縣的力量，就可將其擒獲，王陽明卻因此而獲新建伯的爵號。

這些事情和當年許泰、張忠對王陽明的誣陷別無二致，不能不使王門

弟子們憤慨。正在南京任刑部主事的陸澄寫就一份《辨忠讒以定國是疏》，逐條進行駁斥。消息傳來，王陽明立即給陸澄寫信，提醒陸澄「無辨止謗」，讓陸澄多從自身行為的檢點做起，不與時俗較短長。當然，對於自己的學說，特別是「致良知」，王陽明卻是絲毫不動搖：

> 致知之說，向與惟浚（即陳九川）及崇一（即歐陽德）諸友
> 極論於江西，近日楊仕鳴來過，亦嘗一及，頗為詳悉。今原忠、
> 宗賢二君復往，諸君更相與細心體究一番，當無餘蘊矣。孟子
> 云：「是非之心，知也。」「是非之心，人皆有之。」即所謂良知也。
> 孰無是良知乎？但不能致耳。《易》謂：「知至，至之。」知至者，
> 知也；至之者，致知也。此知行之所以一也。近世格物致知之說，
> 只一「知」字尚未有下落，若「致」字工夫，全不曾道着也。此
> 知行之所以二也。（《與陸原靜（澄）二》）

追隨王陽明在紹興的弟子們，也對老師所受到的誹謗表示不滿。王陽明見眾人憤憤不平，笑道：諸君可說說其中的緣故。

平日大家在一起，就沒有少討論這一問題，只是當着老師的面不好說而已。今日既然老師讓大家說，於是便七嘴八舌地說開了。有人說是因為老師的功勞太大、爵位太隆，引起人們的嫉妒，是忌嫉之謗；有人說是因為老師的學問影響越來越大，剝得宋儒體無完膚，引起恪守舊學者的反對，是學術之謗；還有人說是因為天下慕名求學者越來越多，不免泥沙俱下，良莠難齊，有人借師門招搖撞騙，引起人們的不滿，這可以說是誤解之謗。

王陽明一面聽，一面點頭，最後才說話：諸君所言，都有道理。但我認為卻將最要緊處遺漏了。

眾人一聽愕然：還有要緊處？

王陽明笑道：當然還有。我在到江西之前，還有鄉愿的意思。到江西之後，特別是近年以來，只相信良知的真是真非，從不遮掩躲閃，做了個狂者。於是天下人都說我行不掩言。其實我只是依良知而行，如此而已。

弟子們都知道老師年輕的時候做事不依規矩，曾引起不少非議。但是，自從貶謫到龍場，悟出「聖人之道，吾性自足」後，處處檢點，不與物忤。平日教導弟子，也是強調靜坐默思的功夫，不以物喜、不以己悲，善惡不為念、是非不介懷，怎麼他自己倒成了狂者？這「狂者」和「鄉愿」又該作何解釋？

王陽明見弟子們疑惑不解，繼續說：所謂鄉愿，是以忠信廉潔見取於君子，以同流合污無忤於小人。也就是說，與君子相交，則忠信廉潔，於是君子們也將我視為君子；與小人相處，則同流合污，不自持清高，以避免他們的忌恨。但如此一來，既是獻媚於君子，也是獻媚於小人，本心已受到破壞，不是聖人之道。

「鄉愿」是媚世，那麼「狂者」又當如何？王陽明解釋說：狂者則志存古人，一切紛囂俗染，都不足以累其心，猶如鳳凰翱翔於太空，只要一經意，便是聖人。但由於未經意，所以有疏闊處，行事也從不掩蓋。然而正是因為沒有掩蓋，這心也就未壞，致聖人反倒容易了。

在王陽明看來，取媚於世，雖然可以得到好的名聲，其實是在遠離聖人之道；只憑自己的良知行事，不行掩飾，雖然往往得不到人們的理解，乃至是受到誤解，反倒離聖人更近了。如果稍事經意，達到「中行」，那麼就進入聖人的意境了。如此解釋，雖然不免有些自嘲，但得意之處也已溢於言表。自古以來，從堯、舜、禹、湯、文、武，到周公、孔子、孟子，哪一個聖人不是被人飛短流長？

對於這番解釋，王陽明頗為得意，所以在給黃綰和薛侃等人的信中，反覆提到自己的這個觀點，說是「頗覺有所警發」。

六、「儒佛老莊皆吾之用，是之謂大道」

王陽明早年曾醉心於佛老，後來逐漸感覺到佛老之非，所以在杭州靈隱寺喝醒了僧人。貶謫龍場時，有人向他問起長生之術，他開始是避而不答，後來則以自己的經歷陳說佛老長生之無稽。但是，隨着時間的推移，特別是對自己的學說有了更多的體會之後，王陽明對於佛老又有了新的看法。

嘉靖二年（1523 年）十一月，刑部尚書林俊致仕，回福建莆田老家，路過杭州，渡錢塘江來見王陽明。林俊是成化十四年（1478 年）的進士，比王陽明的父親王華還早一科，在成化、弘治、正德三朝及嘉靖初，林俊都以持正敢言、不避嫌疑著稱。王陽明對林俊十分敬重，聽說他以七十多歲的高齡，枉道來見自己，連忙帶着幾個弟子前往蕭山迎接。二人在蕭山浮峰寺中住了下來，談起時事，林俊不勝感慨，鼓勵王陽明發揚學術，不負初志。王陽明也是感歎萬分。

送走林俊，在回往紹興的船上，弟子張元沖想起一個自己這些天來一直無法勘破的問題，便問老師：「二氏與聖人之學所差毫釐，謂其皆有得於性命也。但二氏於性命中着些私利，便謬千里矣。今觀二氏作用，亦有功於吾身者，不知亦須兼取否？」

這是一個十分敏感的問題。從陸九淵開始，人們就將心學視為「禪學」。王陽明在重刻《象山文集》的序文中，還專門對此做出了自己的解釋。雖然在事實上，從唐代以來，儒、佛、道三家便開始有了合流之勢，而所謂的「禪宗」，本就是佛教的中國化產物。但正統的儒學家如韓愈、朱熹等，或者對佛學一直取批評態度，或者小心謹慎地劃清與禪學的界限。明代成化、弘治間有位著名的學者陸容，津津樂道地說了一個儒者與僧人的對話。僧人吹噓道：「儒教雖正，不如佛學之博。如僧人多能讀儒書，儒人不能通釋典是也。」儒者反擊：「譬如飲食，人可食者，狗亦能食

之；狗可食者，人決不食之矣。」[1]從這個記述中，也可以看出正統士大夫對佛老的態度。

反對王學的人們中，也有不少是因為將王學視為禪學。有不少年輕人向王陽明問學，還要先打聽王學是否真的有別於禪學。直到王陽明平定宸濠之後，江西巡按御史唐龍仍當面對王學提出過質疑；王陽明回故鄉餘姚祭祖，錢德洪想入王門，當地也有人以學王陽明說與朱子不合，以及王陽明過去曾經出入於佛老而行阻止。錢德洪暗中觀察了一段時間，才下決心拜王陽明為師。

張元沖向王陽明請教，措辭是十分謹慎的。他一面繼承師說，認為由於佛道在關於「性」與「命」的解釋上與儒學所差只在毫厘之間，只是因為過於強調出世，與儒學強調的入世恰恰相反，才最終相差千里；另一方面，卻試圖否認這個「千里」，提出佛老有助於「聖學」，有益於「我身」，不應予以排斥，而應該兼容並蓄。

但是，王陽明的問答卻大大出於張元沖的意料：

> 說兼取便不是。聖人盡性至命，何物不具？何待兼取？二氏之用，皆我之用。即吾盡性至命中完養此身，謂之仙；即吾盡性至命中不染世累，謂之佛。但後世儒者不見聖學之全，故與二氏成二見耳。譬之廳堂，三間共為一廳，儒者不知皆我所用，見佛氏，則割左邊一間與之，見老氏，則割右邊一間與之，而己則自處中間，皆舉一而廢百也。聖人與天地民物同體，儒、佛、老、莊皆吾之用，是之謂大道。二氏自私其身，是之謂小道。（《年譜三》）

1　陸容：《菽園雜記》卷4。

這席話，令張元沖興奮不已。老師的胸懷實在是博大無邊，老師的學問實在是深不可測，原來儒、佛、道本是一體，只是被後儒們分割開了。經過這樣一解釋，強行區分儒學與佛、老的區別，便是多餘的了。特別是老師的最後一句話，更使張元衝和同行的弟子升騰起一股前所未有的自豪與責任感：「聖人與天地民物同體，儒、佛、老、莊皆吾之用，是之謂大道。」

其實，接下去應該還有一句話，儒學歧視佛、道，強分彼此，同樣也是小道。只有王學才是大道。這大概是王陽明表現最「狂」的一番言論，他已經認為自己的學說不僅僅是繼承了孔孟儒學，而且包羅了佛學和道學，儒、佛、老、莊，皆為我用，都是王學的構成部分。在王學的體系中，儒、佛、道不是相互排斥，而是相互依存，不分彼此。[1]

七、門人萬象

王陽明在紹興守制期間，也是王學大盛之時。自從正德十二年（1517年）初赴贛州出任南贛汀漳巡撫，到嘉靖元年二月父親去世，五年時間裏，先是鏖戰南贛、安撫地方，接着是起兵吉安、浴血樵舍，再接下來便是應付朝中佞倖、權貴以及朱學衛道士們沒完沒了的攻擊。雖然也忙裏抽閑與門人弟子們談學問，但畢竟需要思考、需要對付的雜事太多。如今，

1　黃宗羲《明儒學案・泰州學案一》說：「泰州、龍溪時時不滿其師說，益啟瞿曇之祕而歸之師，蓋躋陽明而為禪矣。然龍溪之後，力量無過於龍溪者，又得江右為之救正，故不至十分決裂。泰州之後，其人多能以赤手搏龍蛇，傳至顏山農（名鈞，山農為字，吉安人）、何心隱（原名梁汝元，吉安永豐縣人）一派，遂復非名教之所能羈絡矣。」其實，用不着王畿、王艮之「躋」，陽明自己已經承認儒與禪並無本質區別。而王艮的弟子王棟則說：「天生我師（指王艮），崛起海濱，慨然獨悟，直超孔、孟，直指人心，然後愚夫俗子，不識一字之人，皆知自性自足，自完自足，不暇聞見，不煩口耳，而二千年不傳之消息，一朝復明。」除了王艮一人，誰也不在他眼裏。王畿、王艮、王棟的個性，其實與王陽明極其相似，而其目空千古，也一似王陽明。

父親去世了，自己賦閑了，正好清理清理思想。

　　許多著名弟子，如鄒守益、薛侃、王艮、魏良器、黃弘綱、何廷仁等，這時都追隨王陽明來到紹興。後來在浙江王門中執掌門戶的餘姚錢德洪、山陰王畿，這時也先後投入王陽明門下。

　　正德十六年（1521 年）九月，王陽明由紹興到故鄉餘姚祭掃祖墳。這一去，引起了一位縣學秀才的關注。這位秀才就是錢德洪。錢德洪字洪甫，號緒山，早就聽說了王陽明的大名，想往江西投師。但父輩們都知道王陽明早年的個性，也知道他沉溺於佛老，怕錢德洪誤入歧途，故而進行阻撓。如今王陽明回到了故鄉，錢德洪暗自進行觀察。幾天下來，錢德洪信服了：這才是真正的大宗師。錢德洪辦事踏實，沉得住氣，一旦決定了的事，就要做到底。他不顧家人的反對，帶兩個侄子錢大經、錢應揚以及朋友鄭寅、俞大本，一起投入王門。聽說為人最穩重的錢德洪也拜王陽明為師，當地又有范引年、徐珊等 70 來人投入王門。

　　當時入師門需要有人引薦，錢德洪是由王正心引薦的。而王畿則是經魏良器引薦。繼薛侃、黃弘綱、何廷仁等人之後，魏良器從南昌開始也成了王門的「接引師」。[1]

　　隨王陽明到紹興後，魏良器發現有一落魄不羈的秀才，雖然就住在老師家附近，卻從不來聽講，見到王門弟子來來往往，便背地唾罵。魏良器覺得此人很有意思，主動與他接近，知道他姓王名畿，字汝中，與王陽明本是同宗。一天，王畿見魏良器與同門投壺雅歌，且飲且唱，有些詫異，便問魏良器：腐儒們也會玩這種遊戲？魏良器笑着回答：我等為學，雖然講究性命天理，其實並不迂腐，也不固執。你心存偏見，所以不知其中的

1　按：黃宗羲《明儒學案》卷 19《主事何善山廷仁傳》說，王陽明在贛州時，「師旅旁午，希臨講席，先生（即何廷仁）即與中離、藥湖諸子接引來學」。「中離」是薛侃的號，「藥湖」則為魏良器的號。同卷《處士魏藥湖先生良器傳》則說良器「洪都從學之後，隨陽明至越」，魏良器並非在贛州入王門，自然也不可能在贛州即「接引來學」。

樂趣。王畿聽後，有些觸動。嘉靖二年（1523 年），王畿參加會試，名落孫山，狂妄之心也有所收斂。在聽了王陽明的幾次講學之後，覺得很合自己的脾性，後悔沒有早入王門，經魏良器的引薦，也成了王門弟子。

錢德洪和王畿，後來都成為王門的「接引師」，又稱「教授師」。錢德洪因辦事踏實、恪守師說，成為王陽明在浙江的掌門弟子。但他的見事較遲、處事不夠果斷的毛病也比較明顯，所以魏良器總是告誡他：「心要灑脫。」王畿悟性極強，卻又有些散漫疲杳、玩世不恭，魏良器也總是告誡他：「心要嚴謹。」但所謂稟性難移，後來錢德洪雖然讀書勤奮，但缺乏創見，只能守着師門的方寸，不敢越雷池一步。王畿則四處講學，足跡踏遍南北兩京及江西、浙江、湖廣、福建，將王陽明學說中的近「禪」的成分和「狂」的意境推向極致，致使人們說他「直把良知作佛性看，懸空期個悟，終成玩弄光景」，甚至說他在王門，是「操戈入室」。[1]

但是，不管性格如何，錢、王二人對於師門的忠誠卻是一般無二。嘉靖五年，兩人會試雙雙成功，只要參加接下來的等額殿試，便是進士了。但當時的「當國者」費宏、石瑤等人都對王學有偏見，錢、王二人一商議，放棄殿試，以示抗議，然後結伴而歸。嘉靖八年初，王陽明在南安病逝。當時二人正準備赴京直接參加這一屆的殿試，聞訊後又放棄殿試，前往江西奔喪。

王陽明與一般的學者不同，他不只是能講學、能在講學中發人心智，而且不排斥事功，在南贛巡撫、江西巡撫任上的所作所為，特別是平滅四省「山賊」、平定宸濠叛亂，顯示出他非同尋常的行政才能和軍事才能。他在學術上和事功上，都是當之無愧的第一人。不管朝中當權者們怎樣排擠他，不論守舊派學者怎樣攻擊他，不管社會輿論怎樣看待他，他都成為年輕學者們崇拜的偶像。想在學術上有所造就的，想在仕途上有所作為

1　黃宗羲《明儒學案·師說》：「王門有心齋、龍溪，學皆尊悟，世稱『二王』。心齋言悟雖超曠，不離師門宗旨。至龍溪，直把良知作佛性看，懸空期個悟，終成玩弄光景，雖謂之操戈入室可也。」

的，都向往着一個名字，那就是王陽明；都向往着一個地方，那就是浙江紹興。於是，到紹興去，找王陽明去，成了學子們的夢想和行動。從全國各地來到紹興的學者也就越來越多，有關於王陽明和弟子們論學的趣事也越來越多。

例一：

浙江海寧縣（今海寧市）有位名叫董澐的老儒，字復宗，自號羅石，以擅長作詩聞名江湖。嘉靖三年（1524 年），六十八歲的董澐來到會稽，聽說王陽明正與門人弟子會講於山中，便前去觀摩。王陽明見是長者，又問明是董澐，連忙迎接。董澐也不客氣，昂然上坐。

二人談論了一天一夜，董澐的傲氣收斂起來，坐位也不知不覺地挪到了下首。會講之後，董澐與王門弟子何秦交流感想：我見過不少談論學問的人，個個道貌岸然，其實學無根柢、支離破碎，如木偶人一般；而其中的卑劣之輩，則爭權奪利，爾虞我詐，哪裏會去真心做學問？我以為如今已無學問可談，今日聽了陽明論良知，如夢方醒。我如果不入陽明門下，可謂虛度此生了。

何秦受董澐之託，向老師陳說董澐想要入王門的意思。王陽明連連搖手：這哪裏能行，哪有學生比老師年長十多歲的？但董澐決心已定，不入王門誓不罷休，最後終於遂願。原來的那幫詩友取笑他：你這麼一大把年紀，又何苦要找個老師來管束自己？董澐笑道：我這是從吾之所好。到今日我才真正脫了苦海，你們還想將我拖回去嗎？告訴你們，我另取了一號，叫「從吾道人」！從此，這位比王陽明大十五歲的老人成了王門最年長的弟子。

例二：

眼見四方求學者越來越多，紹興府知府南大吉也坐不下去了。南大吉字元善，號瑞泉，陝西渭南人，是正德六年（1511 年）的進士。恰恰這一年王陽明以吏部驗封司主事任會試同考官，南大吉所在考場的試卷，正

是由王陽明初評。所以，南大吉中進士也可以說是由王陽明錄取的。嘉靖初，南大吉任紹興府知府，成了王陽明的「父母官」。他多次聽王陽明講學，又反覆進行驗證，終於覺得領悟到了「人心自有聖賢，何必他求」的道理，於是也拜王陽明為師。

後來南大吉入京接受朝覲考察。朝中權貴忌恨王學，又惱怒南大吉處處給王陽明講學以方便，並且自己也在紹興開辦稽山書院，親自講學，借故將其罷官。

回到陝西老家之後，南大吉又辦起了書院，仍舊講學不輟。他致書王陽明，深以不能再追隨門下為憾，至於罷官之事，則根本不予提及。王陽明見信，不禁讚歎：南大吉才真算得上是「朝聞夕死」的志士！

例三：

在所有的門人中，王陽明最器重而又最放心不下的，還是那位王艮。

王艮隨王陽明到紹興，也成了教授師，心中有些得意，但又意猶未盡，總覺得自己有責任將王學傳遍宇內，於是向王陽明請教孔子所乘車輛的規制。

王陽明見他問孔子車制，想起第一次見面時他戴的有虞氏冠、穿的老萊子服，不覺好笑。誰知王艮從這笑聲中感覺到了鼓勵，回到老家，翻閱古書，創製了一輛蒲輪車。他逢人便說，當年孔子周遊列國，乘坐的就是這種車子。

他駕着這輛車，一路招搖，來到京師北京。京師有位老人頭天夜裏夢見一條無頭黃龍，騰雲駕霧，來到崇文門。一覺醒來，便往崇文門，想看看夢中所見是真是假，剛巧遇上王艮駕車而來。於是一傳十、十傳百，京城轟動，人們都將王艮視為怪物。一打聽，這怪物又是王陽明的弟子，攻擊王學的人們添油加醋，誹謗之聲又喧囂塵上。京師同門，力勸王艮稍事收斂。王陽明聽到消息，傳書王艮，立即回紹興。

王艮回來了，王陽明心中又是生氣，又是好笑。這個弟子悟性極高，

又極有個性，但意氣太盛，做事太離奇，必須殺殺他的性子。王艮回紹興後，天天跪在老師的家門口請罪。王陽明進進出出，視而不見。到第三天，王陽明出門送客，見王艮跪在門旁，仍然不予理睬。王艮高聲嚷道：弟子知錯了！王陽明見了他那副模樣，覺得好笑，但仍不理。

和客人道別之後，王陽明徑自向書房走去，沒想到王艮跟在後面，當庭跪倒，大聲叫道：孔子對人不過分責備！王陽明聞言，猛然一驚，自己對這位已經闖出了極大名頭的弟子確實有些過於苛責了，急忙返身，將王艮扶起。

王艮不僅自己隨王陽明到紹興，而且將九歲的兒子王襞也帶到紹興。王襞繼承了父親的天賦和稟性，很得王陽明的喜愛，在紹興一住就是二十年。王艮去世後，王襞繼而成為泰州學派的掌門，來往於各地，以講學為業。王艮喜歡乘車，王襞則喜歡坐船；王艮喜歡入城市，王襞則喜歡到鄉村。每到一地，引吭高歌，弟子們也歌聲相和，一時傳為佳話。

八 、 陽 明 教 法

從贛州開始，對於初入門的年輕弟子，均先由何廷仁、黃弘綱、魏良器、薛侃等弟子執教，到紹興後，又有錢德洪、王畿為「教授師」。但對於已經有了功名而來拜師的弟子，王陽明自然要親自執教，採用的仍然是「啟發式」，也可以說是時時暗藏「禪機」。

這天，南大吉來見老師，請教說：我臨政處事，多有過錯，先生為何無一言相責？

王陽明問道：你有何過錯？

南大吉一五一十地訴說起來。王陽明聽完，點點頭說：這些我都說過了。

南大吉仔細想了想，搖搖頭：先生沒有說過。

王陽明又問：那你為何知道這些錯？

南大吉認真地說：是良知告訴我的。

王陽明笑道：良知難道不是我說的嗎？

南大吉恍然大悟，大笑而去。

過了幾天，南大吉又來請教：我的行為有錯，尚可以改過自新；但如果我心有病，那該如何？

王陽明這一次不繞彎子了，告訴他：以往心鏡未開，可以藏垢；如今心鏡已開，塵埃就無處躲藏了。這正是入聖的契機，好自為之吧！

紹興府會稽縣的季本，是正德十二年（1517 年）的進士。寧王宸濠叛亂時，季本正在福建建寧府推官的任上，帶着本府的捕快機兵，扼守分水關。當時鄉試日期臨近，巡按福建御史請季本立即趕赴省城福建為考試官，這是很榮耀的事情，但季本卻不應聘，他認為此時平定宸濠才是最大的事情。後來因上疏言事，由御史貶謫為廣東揭陽縣主簿，路過紹興，入了王門。王陽明自己就曾經因為上疏言事而被貶謫龍場，所以也理解季本此刻的心情，帶着他遊覽鑒湖，又設便宴餞行。

季本一直對王陽明所說的「戒慎不睹、恐懼不聞」弄不明白，借着吃飯的機會向老師請教。但王陽明並正面作答，而是舉舉手中的筷子，問道：這筷子你看得見嗎？

季本點了點頭：看得見。

王陽明又將筷子藏到桌子下面：還看得見嗎？

季本搖了搖頭：看不見了。

那麼你知不知道下面有筷子？

知道。

王陽明笑了笑，不再說話了。

當着眾同門的面，季本不好多問，散席之後，私下問當時也在場的黃綰。黃綰含含糊糊地回答說：這就是常睹常聞的意思。

季本仍是不明白，在浙江往廣東的路上，翻來覆去地想，終於想通了。原來，常常見到的事情，不用親眼所見，也可以說是見了；常常見到的事情，不用親耳所聞，也可以說是聽見了。所以，自己該做什麼、不該做什麼，難道需要別人提醒嗎？別人不提醒，自己不是也應該「戒慎」和「恐懼」嗎？

王陽明的這套教導弟子的辦法，從滁州時就開始用了。錢德洪將這作為「聖人立教」的方法：「聖人立教，只指揭學問大端，使人自證自悟；不欲以峻言隱語，立偏勝之劑，以快一時聽聞，防其後之足以殺人也。」因為學生提出的問題總有其特定的時間和背景，如果解答過於具體，易成為教條，時過境遷，將貽禍無窮。所以，王陽明只能告訴學生解決問題的原則，讓他們自己去琢磨。

當然，對於不同性格的學生，王陽明也有不同的態度。王畿曾見過兩位同門，一位資性警敏，王陽明故意漠視他，屢問不答；另一位行為不羈，為鄰里所不齒，王陽明卻與他講論整天。王畿覺得不可理解，請教老師。老師告訴他，第一位雖然資性警敏，卻太多心計。如果對他冷漠，或許有所悔改；如果對他表示器重，恐怕只會助長其惡習。第二位雖然曾經狂妄放蕩，但現在已有悔悟之心，所以需要因勢利導，將他的狂妄放蕩引導到做善事，這力量便不可小看了。

九、京中爭論大禮議

就在王陽明賦閑紹興、遠離政治的期間，北京城內卻是熱鬧非常。

明世宗嘉靖皇帝朱厚熜由藩王入繼大統的時候，只有 15 歲，而且體弱多病，但個性卻極強，且極有主見。

　　當初朱厚熜由大學士梁儲、駙馬都尉崔元等從安陸藩邸迎到了北京，尚未進城，便和以楊廷和為首的朝中當權派發生了第一次衝突。

　　楊廷和等人在起草「遺詔」，以及在向皇太后即武宗朱厚照的母親請旨迎接朱厚熜時，都是說迎請「嗣君」。所以，朱厚熜是根據「兄終弟及」的原則繼位的。但在朱厚熜抵達距離北京幾十里的良鄉時，禮部尚書毛澄在楊廷和的支持或授意下，卻安排以「皇太子」的禮儀迎接朱厚熜，不但規格降低了，而且要朱厚熜認死去的武宗厚照的父親為父親，朱厚熜對此極為不滿。他讓陪同進京的原興王府長史袁宗皋傳話：遺詔是要我嗣皇帝位，並不是要我來做皇太子的。

　　朱厚熜的話是有道理的，禮官們不敢做主，請示大學士楊廷和。楊廷和很乾脆，命人回話，希望按禮部安排好的禮儀辦，由東安門進城，暫住文華殿，等待登極的日子。東安門是皇城的側門，文華殿是皇太子讀書的地方。楊廷和的意思十分清楚，皇太子的禮儀不變。

　　大學士強硬，朱厚熜更強硬。他威脅說，如果以皇太子的身份進紫禁城，他寧可仍回安陸去做藩王。如果真是這樣，事情就嚴重了。楊廷和一面命人向皇太后陳說事情緣由，請太后示下，一面繼續勸說朱厚熜，雙方僵持不下。但是，朱厚熜理直氣壯，而楊廷和向太后陳述，其實是在為自己找臺階。

　　太后的旨意下來了。從武宗朱厚照去世至今，皇位已經空了三十七天，不能再空下去了，太后催促楊廷和立即安排新皇帝進城即位。楊廷和只得順着臺階下，讓禮部在郊外三次上表「勸進」，請朱厚熜進城繼位。朱厚熜則三次推辭。等到禮部第四上表，朱厚熜厚接受的「勸進」。當然，這是新君繼位前都要例行的官樣文章，以表示謙虛。如果皇帝也不做，你來北京幹嗎？

　　擇日不如即日。接受勸進表後，朱厚熜以新君的身份從皇城的正門大

明門進北京，先拜過武宗的靈位，又拜過皇太后，然後來到奉天殿，登上了皇帝的寶座。大學士們在與新君鬥爭的第一個回合中敗下來。

接着，新皇帝和以內閣為首的朝中當權派就自己生父興王朱祐杬的尊號等問題，進行了長達三四年的反覆爭論。這場被稱為「大禮議」的爭論，以爭「禮」開始，以爭「權」告終，成為明代政治史上著名的大事件。當時的官員無論是在朝還是在野，幾乎全都捲入到這場鬥爭之中。

大禮議所議的「禮」，看上去只是圍繞世宗朱厚熜的父親興王朱祐杬的尊號，以及朱厚熜對生父的稱呼等問題，但爭論雙方的理論依據、前朝慣例，卻具有「選擇性」。以楊廷和為首的朝臣們主張，朱厚熜應該稱武宗的生父孝宗朱祐樘為「皇考」即皇父，而稱自己的生父興王朱祐杬為「皇叔父」。他們所依據的是程頤的學說；而支持皇帝的臣子們則主張，朱厚熜理所當然應該稱生父朱祐杬為「皇考」、稱孝宗朱祐樘為「皇伯父」，也就是說，即使是帝王，也應該認自己的親生父親為父，這才符合最基本的人情，並為天下為人子者做出表率。他們所依據的，或者直接是王學，或者是受王學的影響。

在「大禮議」之前的十八年，即弘治十七年（1504 年）時，王陽明以刑部主事身份主持山東省的鄉試，他出了五道「策問」題，讓考生們議「國朝禮樂之制」。而他所擬的第一道標準答案開篇就說：

> 聖人之制禮樂，非直為觀美而已也，固將因人情以為之節
> 文，而因以移風易俗也。夫禮樂之說，亦多端矣，而其大意，不
> 過因人情以為之節文，是以禮樂之制雖有古今之異，而禮樂之情
> 則無古今之殊。⋯⋯後世之言禮樂者，不本其情，而致詳於形器
> 之末，是以論明堂，則惑於呂氏《考工》之說；議郊廟，而局於
> 鄭氏王肅之學；鐘呂紛爭於秬黍，而尺度牽泥於周天，紛紛藉藉，
> 卒無一定之見，而禮樂亦因愈以廢墜。是豈知禮樂之大端，不過

因人情而為之節文者乎？ [1]

　　王陽明在這篇標準答案中反覆強調的是，禮樂的根本在於合乎人情。「大禮議」中的皇帝朱厚熜和他的支持者們所持的觀點，和王陽明十八年前提出的這個觀點如出一轍。嘉靖五年（1526 年），王陽明在給弟子鄒守益的信中對這一觀點進行了更加顯易的解釋：

　　　　蓋天下古今之人，其情一而已矣。先王制禮，皆因人情而為之節文，是以行之萬世而皆準。其或反之吾心而有所未安者，非其傳記之論闕，則必古今風氣習俗之異宜者矣。此雖先王未之有，亦可以義起，三王之所以不相襲禮也。若徒拘泥於古，不得於心，而冥行焉，是乃非禮之禮，行不著而習不察者矣。後世心學不講，人失其情，難乎與之言禮。然良知之在人心，則萬古如一日。苟順吾心之良知以致之，則所謂不知足而為屨，我知其不為蕢矣。（《寄鄒謙之二》）

　　皇帝朱厚熜及其支持者們的主要論點，便是聖人之禮要順乎人情，而楊廷和為首的朝臣們則是強行割斷皇帝的父子之情。所以，王陽明這段

1　此據上海古籍版《王陽明全集》卷 22《外集四・山東鄉試錄序附山東鄉試錄》。《山東鄉試錄》的試題細目是：《四書》三道：所謂大臣者以道事君不可則止，齊明盛服非禮不動所以修身也，禹思天下有溺者由己溺之也、稷思天下有飢者由己飢之也；《易》二道：先天而天弗違後天而奉天時，河出圖洛出書聖人則之；《書》二道：王懋昭大德建中於民、以義制事、以禮制心、垂裕後昆、予聞曰、能自得師者王，繼自今立政其勿以憸人曹人同盟於清丘，楚子蔡侯陳侯許男頓子沈子徐人越人伐吳；《禮記》二道：君子慎其所以與人者，心好之身必安之、君好之民必欲之；《論》一道：人君之心唯在所養；《表》一道：擬唐張九齡上千秋金鑒錄表；《策》五道：一議禮樂，二議佛老，三議立志為學，四議風俗與治道，五議經世治國之道。錢德洪作《年譜》說，試題一出，人們便立即看出王陽明是以「經世」為學問之本。而從「所謂大臣者以道事君不可則止」、「能自得師者為王」、「人君之心唯在所養」等題，以及策論中所表現的傾向，則反映了王陽明的一貫性格。

話，實際上是在為皇帝及其支持者們提供理論依據。

十、斬不斷的瓜葛

但是，王陽明不僅沒有直接上書支持皇帝，而且也不在任何公開的場合發表自己的意見。就是弟子們寫信請教，他也避而不答。

在這次「大禮議」中，公開支持皇帝的多是一些中下級官員，他們是：張璁、桂萼、席書、方獻夫、霍韜、黃綰、熊浹、黃宗明。[1]這八人幾乎人人都與王陽明有瓜葛，而方獻夫、黃綰、黃宗明，更是王門高足。

方獻夫是王陽明的早期弟子，也是第一位以上司的身份向王陽明納贄的弟子。嘉靖元年夏天，在西樵山中讀了十年書的方獻夫進京任職，在路上聽說京師正議「大禮」，他憑着自己對「先王」之禮的理解，草就了一份奏疏。奏疏一開始就說：「先王制禮，本緣人情。君子論事，當究名實。竊見近日禮官所議，有未合乎人情、未當乎名實者。一則守《禮經》之言，一則循宋儒之說也。臣獨以為不然。」這段議論，與王陽明十八年前所擬的鄉試策論答案、四年後給鄒守益的信中所說的觀點，如出一轍。這道奏疏經桂萼代上，方獻夫成了和張璁、桂萼齊名的議禮功臣。

黃綰本是京師大興隆寺中三人會的成員，後來正式入王門為弟子。大禮議時，黃綰為南京都察院的經歷，他在奏疏中從另一個方面支持皇帝：武

---

1 《明史·黃綰傳》說：「嘉靖四年七月席書將輯大禮集議，因言，近題請刊佈，多係建言於三年以前，若臣書及璁、萼、獻夫、韜，所正取者不過五人。禮科右給事中熊浹、南京刑部郎中黃宗明、都察院經歷黃綰、通政司經歷金述、監生陳雲章、儒士張少連及楚王、棗陽王二宗室外，所附取者不過六人。」是最初支持世宗的只有五人，後來增加到十一人，另外還有兩個宗室。但金述以下的幾人影響並不大，其實是八人。《明世宗實錄》卷八二載，張璁在嘉靖六年十一月上疏世宗：「臣本書生，偶因一得之愚，誤蒙聖眷，相繼登進。臣約會桂萼、方獻夫、霍韜、黃綰、熊浹五人……」因席書在嘉靖五年已去世，所以張璁在最初的五人中除去了席書而換上熊浹。而王世貞作《嘉靖以來首輔傳》在張璁傳後附了「以大禮貴者凡七人」，這七人便是桂萼、席書、方獻夫、霍韜、黃綰、熊浹、黃宗明。

宗皇帝繼孝宗之統已有十六年，如果按禮部的說法，讓陛下稱孝宗為父、繼孝宗之統，則武宗的廟號就應取消；這樣一來，不但是陛下與父親興王之間的血緣斷了，就是武宗和父親孝宗之間的血緣也斷了。黃綰的奏疏雖然沒有直接說到「人情」、但內容仍包含着「人情」，與王陽明的思想也是一脈相承的。世宗見到這個奏疏，非常高興，立即下到禮部，讓他們討論。

　　黃宗明字誠甫，是浙江寧波府鄞縣（今鄞州區）人。正德八年（1513年）春夏，王陽明任南京太僕寺少卿回餘姚省親時，黃宗明入了王門，接着去杭州參加鄉試。王陽明臨別贈言說：「誠甫之足，自當一日千里，任重道遠，吾非誠甫誰望邪！」（《與黃誠甫書》）可見對他的器重。後來黃宗明中了正德九年的進士，做了南京兵部主事、員外郎。

　　張璁是浙江永嘉人，二十五歲中舉人，但此後連續七次會試，連戰連敗。就在張璁心灰意懶打算放棄的時候，有一位自稱懂得相術的御史鼓勵他，說霉運已經結束，三年之內必定可以中進士；再過三年，一定能「驟貴」，前程不可限量。友人的鼓勵給了他一線希望，張璁奮力進行最後的一搏，竟然在第八次科舉也就是正德十五年（1520年）二月的會試中式，本來三月要進行殿試，但由於正德皇帝當時還在南京，皇帝不到場，殿試就沒法舉行。從南京回北京的路上，正德皇帝朱厚照在淮安落水，一病不起，所以一直沒有對這一批進行殿試。直到嘉靖皇帝即位後，才在正德十六年（1521年）的五月，推遲了一年另兩個月之後，補行殿試。於是，這一榜的進士們便不是正德皇帝朱厚照的「門生」，而是嘉靖皇帝朱厚熜的「門生」。張璁就是嘉靖皇帝第一批門生中的一個。

　　就在朱厚熜孤軍作戰，在為着自己父親的名分、為着自己皇帝的名分，與以楊廷和為首的大臣們反覆辯駁時，張璁這個比皇帝大三十多歲的老門生、「觀政進士」，卻憑着自己通曉古今禮制，義無反顧地上了一道「辨禮疏」，旗幟鮮明地站在皇帝一邊，向以楊廷和為首的滿朝的大臣們進行宣戰。這是嘉靖皇帝在「大禮議」中得到的第一個支持的聲音。張璁被

楊廷和掌控的吏部外放到南京，做了南京刑部主事。

張璁被楊廷和排斥到南京時，桂萼是南京刑部主事，和在南京任職的陽明弟子黃綰、黃宗明成為「同志」，南京成了「議禮」的中心。四人連名上疏，請世宗尊孝宗為「皇伯考」，尊父親興王為「皇孝恭穆獻皇帝」。他們認為，只有這樣，才是照顧到了皇帝的父子之情。

席書對王陽明應該說是有知遇之恩的。王陽明貶謫龍場時，席書提學貴州，幾次到龍場與王陽明論學，並請王陽明主席貴陽書院，自己則與諸生一樣，以師禮待陽明。他與王陽明的關係，實在師友之間。大禮議時，席書為南京兵部侍郎，他的基本觀點是「世無二道，人無二本」，當今皇帝只能有一個父親，那就是興獻王。

霍韜與方獻夫是同鄉，也是廣東南海縣人（今佛山南海區），正德九年（1514 年）的會試考了第一名。但他效法方獻夫，以回家鄉完婚為理由，在西樵山中讀書，直到七年後世宗朱厚熜即位，才出任兵部職方司主事。雖然霍韜與王陽明沒有師生之誼，但關係也不比一般。大禮議剛起時，霍韜是最早致書向王陽明請教的。

雖然不管是對於霍韜，還是對於接着致書的席書、黃綰、黃宗明，王陽明都一概不作明確答覆，但其傾向卻十分明顯。

王陽明的一位弟子陸澄說，他本來是支持楊廷和一派的，但後來請教老師，老師說了三句話：「父子天倫不可奪，禮臣之言未必是，張、桂之言未必非。」於是恍然大悟，從此支持議禮派。王陽明在嘉靖六年（1527年）給霍韜的信中也說，當初霍韜、席書、黃宗明、黃綰等人致書問大禮議時，自己因在守制期內，不便過問朝政，又為避嫌畏謗，所以沒有明確表態，但「心喜其說」。

十一、左順門事件與碧霞池賦詩

嘉靖三年（1524年）八月中秋夜，王陽明在紹興天泉橋大宴門人。宴席散後，王陽明獨坐碧霞池旁。明月之下，碧霞池水一平如鏡，王陽明卻是心潮如湧。北京發生的一切，弟子們都會及時向他通報。

就在上月的十五日，在已經退休的大學士楊廷和的兒子、翰林院修撰楊慎及吏部侍郎何孟春等人的倡導下，包括六部、六科、十三道、翰林院、大理寺、通政司等衙門在內的二百二十九名官員一齊跪在奉天門東側的左順門外，向皇帝請願示威，要求皇帝在關於父親尊號的問題上讓步。

這種大規模的官員請願行為最早發生在憲宗成化年間，當時曾經逼得憲宗重新修改了錢太后的葬禮。後來在正德時，為了阻止武宗南巡，官員們又進行了跪闕請願，雖然很多官員捱了廷杖，有的還因此而喪生，但畢竟延緩了武宗的南巡時間。

這是第三次了。嘉靖皇帝朱厚熜聽說幾百個官員跪在左順門，有些吃驚，讓司禮監太監傳旨，勸官員們回去。但官員們表示，皇帝不讓步，他們就一直跪下去。請願從辰時持續到午時，世宗兩次命司禮監傳旨，官員們就是不退。

嘉靖皇帝朱厚熜的脾氣上來了，雖然這年他只有十八歲，但個性卻比堂兄正德皇帝朱厚照、祖父成化皇帝朱見深強得多，他見司禮監太監勸說無效，命錦衣衛校尉將翰林學士豐熙、給事中張翀等八名為首的官員逮捕下獄，並命其他官員立即散去。但真正為首的其實是楊慎及翰林院編修王元正，他們見皇帝下令動手抓人，也急了，搶上幾步，將左順門擂得山響，其他官員則大聲哭喊，打門聲和哭喊聲連成一片。朱厚熜在皇城中越聽越煩惱，再次下令，命錦衣衛校尉將吏部員外郎馬理等一百三十四人下獄，其餘的強行驅散。

兩天後，朱厚熜對所有參加請願的官員進行處理。四品以上的官員

俱奪俸，五品以下的廷杖。旨意一下，一百八十多名官員被拖到午門外用刑，其中十七人或被當場打死，或後來因傷重不治而死。幾天之後，楊慎、王元正等七人再次被拖到午門廷杖，因為有人揭發，七月十五日那天，本來官員們已經散去，是這七人將群臣攔回請願的。

在這些捶打的官員中，有不少是朱學的衛道士。楊慎是楊廷和的兒子，正德六年（1511 年）的狀元，他在上疏中公開宣稱：「臣等與（桂）萼輩學術不同，議論亦異。臣等所執者程頤、朱熹之說也。」豐熙也以篤好朱學聞名，馬理更是關中朱學的泰斗。曾經是王陽明的好友，後來視王陽明為「霸儒」的崔銑，這時正任南京國子監祭酒，得知消息後立即上疏，要求赦免請願的官員，也被免官。[1]

這個事件被後來的歷史學家們稱為「左順門事件」。以此為轉折點，朱厚熜的支持者們在「大禮議」中，以皇帝的最高權力為後盾，一步一步取得勝利。但他們在道義上卻受到指責，最急進的張璁、桂萼，以及黃綰、陸澄也被輿論目為「小人」。王陽明在這一問題上的態度更加隱晦，就「禮」而言，他支持皇帝朱厚熜及議禮諸臣；但從「道」而言，卻不能不佩服楊慎等人的錚錚鐵骨，從他們的身上，王陽明看到了當年的自己。

黃宗羲《明儒學案》說，王陽明所以在大禮議問題上不公開發表意見，是因為知道張璁是小人，不願被他壞了自己的名聲。這一猜測並不符合事實。王陽明擔心的，並非是被張璁等人壞了名聲，而是不願與所有當時被輿論認可為「君子」的人們為敵，是不願謗上加謗。何況，在左順門捶打的官員中，也有他的弟子萬潮、王思、應良等人，王思還因傷重而亡。他不贊成用高壓和暴力來解決「禮」問題。左順門事件發生的一個月後，王陽明留下的幾首詩，也流露出了他的一些真實想法：

---

1 業師歐陽琛教授《王守仁與大禮議》（載《新中華半月刊》第二十卷第七期）、鄭克晟教授《王陽明與嘉靖朝政治》（載臺灣《明史研究專刊》第十一期）都對王陽明與大禮議的關係問題作了精湛論述。

一雨秋涼入夜新，池邊孤月倍精神。

潛魚水底傳心訣，棲鳥枝頭說道真。

莫謂天機非嗜欲，須知萬物是吾身。

無端禮樂紛紛議，誰與青天掃宿塵？

（《碧霞池夜坐》）

萬里中秋月正晴，四山雲靄忽然生。

須臾濁霧隨風散，依舊青天此月明。

肯信良知原不昧，從他外物豈能攖。

老夫今夜狂歌發，化作鈞天滿太清。

（《月夜二首》之一）

處處中秋此月明，不知何處亦群英？

須憐絕學經千載，莫負男兒過一生。

影響尚疑朱仲晦，支離羞作鄭康成。

鏗然舍瑟春風裏，點也雖狂得我情。

（《月夜二首》之二）

　　不管怎樣，隨着皇帝在「大禮議」中的節節勝利，以楊廷和為代表的正德時代的當權派迅速退出了舞臺。由於人們的興奮點在「大禮議」，所以朝中也沒有太多的人對已經淡出政治的王陽明說三道四，所以，王陽明感到，這麼多年以來，還從來沒有這樣輕鬆過。而朝中形勢的變化，也使他看到了自己復出的希望。

　　但還是那句老話，人算不如天算。

　　雖然楊廷和等人相繼去位，但先後接替首輔位置的費宏、楊一清，雖然與王陽明沒有過節，楊一清還在王陽明最困難的時候伸出援手，但他們

同樣不願意與一位年齡比自己輕、資格比自己淺，但威望卻遠比自己高的人物共事。而通過大禮議得到皇帝重用的兩個關鍵人物張璁和桂萼，有着更加強烈的權力欲。他們在一時還無法進入最高決策圈的時候，推出老資格的楊一清，一旦時機成熟，便一腳將楊一清踢開，接着二人之間又展開了權力爭奪。所以，他們也不願意讓資格比自己深得多、功勞比自己大得多、威望比自己高得多的王陽明壓在頭上。

嘉靖皇帝朱厚熜這時需要的，是在大禮議中旗幟鮮明的支持者，特別是需要地位高、名氣大的支持者。朝中的大官們都依附於楊廷和，這就需要地方大吏尤其是留都南京方面的支持。從地位上說，提督軍務、南京兵部尚書是南京的最高行政長官，而擔任這一職務的，就是王陽明。雖說正在守制之中，但君辱臣死，君父在危難之際，理應挺身而出。平日你那麼喜歡說，到處講學，此時怎麼一聲不吭？據說是為了避嫌疑，但你以一人之力與天下相抗，硬是要將朱熹和陸九淵的舊賬翻過來，這就不怕嫌疑了？張璁以一個觀政進士的身份，桂萼也不過是南京刑部主事，尚且敢於與楊廷和對抗，相比之下，王陽明的不表態太讓皇帝失望了。

而嘉靖皇帝朱厚熜，正是一位恩怨分明、特別會記仇的君主。

在所有的議禮新貴中，張璁是第一個公開支持皇帝、與楊廷和對抗的。嘉靖皇帝一見張璁的奏疏，感激得聲音也顫抖：「此論出，吾父子獲全矣！」[1]在以後的將近二十年裏，儘管張璁多次得罪過皇帝，但皇帝每次都表現了出奇的大度。何良俊《四友齋叢說》記載，張璁做大學士時，進宮辦事，太監們見了都要拱手致意；後來夏言做大學士，和太監相互拱手；到了嚴嵩做大學士時，則向太監們拱手了。奴才都是看主人的顏色行事，太監們對張璁客氣，是因為皇帝對他不比一般。

對於自己本來寄予厚望、關鍵時刻卻一言不發的王陽明，皇帝也是牢

---

1 《明史》卷 196《張璁傳》。

記在心的。嘉靖三年（1524 年）四月，王陽明二十七個月的「守制」期滿，按慣例應恢復原來的職務或安排新的職務，但將近一年過去了，朝中卻一無動靜。門人方獻夫、黃綰是議禮的新貴，多次上疏，要求朝廷起用王陽明。席書當時為禮部尚書，更極力推薦王陽明入閣：「生在臣前者見一人，曰楊一清；生在臣後者見一人，曰王守仁。」又說：「天下事定亂濟時，非守仁不可。」但楊一清是入閣了，王陽明卻仍不見起用。雖然各種資料都說是首輔費宏從中阻撓，但起決定作用的應該是皇帝自己，他可以將楊廷和等人一個個罷官，可以將張璁、桂萼、席書、方獻夫、黃綰等人統召到北京，如果他要用王陽明，不要說一個費宏，就是一百個，也阻止不了。

十二、晚年得子

　　既然朝廷繼續讓自己賦閑，王陽明也就乾脆在紹興閑住下去。

　　嘉靖四年（1526 年）正月，王陽明的妻子諸氏去世了。諸氏從弘治元年（1488 年）嫁給王陽明，至今已是三十八個年頭，沒有留下子女，也似乎沒有給王陽明留下太多的懷念。王陽明的詩文中，沒有一篇是專為妻子寫的。王門弟子錢德洪作《陽明年譜》，說到諸氏去世，只用了兩句話：「嘉靖四年（1526 年）正月，夫人諸氏卒；四月，附葬於徐山。」門人黃綰作《陽明行狀》，則只用了一句話：「配諸氏，參議養和公諱某女，不育。」沒有記載任何生平事跡及遺言。

　　儘管諸氏不育，但王陽明卻直到她死後，才娶了繼室張氏，而這時的王陽明已是五十四歲了。五十四歲對於許多人來說還是壯年，但對於王陽明，卻已到風燭殘年。兩年半後，王陽明將有一次艱難的廣西之行；而四年後，他的生命就要走到盡頭。所以，諸氏的此時去世，對於作為王華一支長子的王陽明來說，實在太為重要了。諸氏去世後的不到兩年，即嘉靖

五年（1526 年）十二月十二日，繼室張氏為王陽明生下了兒子正聰。[1] 晚年得子，為人生一大幸事，王府上下一片歡騰，弟子們也為老師高興：原來是諸氏不能生育，老師才是真男子！王華的兩個朋友誠齋、六月，也喜出望外，作詩慶賀。王陽明振奮之餘，也作了兩首詩，既為答謝，也為抒懷，其得意之情，溢於言表：

> 海鶴精神老益強，晚途詩價重圭璋。
> 洗兒惠兆金錢貴，爛目光呈奎井祥。
> 何物敢云繩祖武，他年只好共爺長。
> 偶逢燈事開湯餅，庭樹春風轉歲陽。
> 自分秋禾後吐芒，敢云琢玉晚圭璋。
> 漫憑先德餘家慶，豈是生申降嶽祥。
> 攜抱且堪娛老況，長成或可望書香。
> 不辭歲歲臨湯餅，還見吾家第幾郎？

所謂有人歡喜有人愁。正聰的出生，王陽明高興，弟子們高興，王家的世交們高興，正聰的生母張氏自然也高興。但王陽明的養子正憲，特別是正憲的父母、王陽明的堂兄弟們，卻未必高興。王陽明已被朝廷封為「新建伯」，雖然眼下處境微妙，但兒子襲爵是跑不掉的。如果沒有正聰的降生，日後襲封「新建伯」便是正憲，正聰一出生，根據嫡子繼承的制度，「新建伯」便是正聰的了。家庭的糾紛王陽明在世時尚不明顯，但王陽明一去世，矛盾便立即激化了，致使王陽明的弟子們要專門成立一個機構，來

---

1 《陽明年譜》記：嘉靖五年，「十一月庚申，子正億生。」「先生初命名正聰，後七年壬辰，外舅黃綰因時相避諱，更今名。」但嘉靖五年十一月並無「庚申」日。按《陽明全書》卷 20 所載王陽明答六月、靜齋二老詩，其序說：「嘉靖丙戌十二月庚申，始得子，年已五十有五矣。」是正聰的出生是在嘉靖五年十二月庚申，庚申為十二月十二日。《年譜》誤記。

處理財產的繼承以及其他問題。

　　關於這方面的問題，錢德洪編《陽明年譜》曾有多處記載：王陽明去世之後，「其家鄉惡少遂相煽，欲以魚肉其子弟。胤子正億方四齡，與繼子正憲離仳竄逐，蕩析厥居。」當時方獻夫以武英殿大學士掌吏部事，升同門刑部員外郎王臣為浙江按察司僉事，分巡浙東道，處理先師的家事。而黃弘綱則與黃綰、錢德洪、王畿、王艮等人商議，讓正聰與黃綰的女兒定親。黃綰當時為南京禮部侍郎，由他來做正聰的監護人。就在王臣等人將正聰轉移去南京的路上，仍有「惡少」跟蹤。王臣等人假說共分正聰的財物而歸，這些「惡少」才散去。而王臣卻因「分金」的事情被罷官。黃綰在所撰《陽明先生行狀》中也說：「予以女許公之子，蓋憫其孤而撫之。」

　　黃宗明代表諸門人立了《處分家務題冊》：

　　　　先師陽明先生夫人諸氏，諸無出，先生立從侄正憲為繼。嘉靖丙戌，繼室張氏生子名正聰，未及一歲，輒有兩廣之命，當將大小家務處分詳明，託人經理。殘幾一載，家眾童僮不能遵守，在他日能保無悔乎？

　　　　宗明等因送先生葬回，太夫人及親疏宗族子弟四方門人俱在，將先生一應所遺家務逐一稟請太夫人與眾人從長計處，分析區畫，以為閑家正始、防微杜漸之原。寫立一樣五本，請於按察司僉事王、紹興知府洪，用印鈐記。一本留府，一本留太夫人，正憲、正聰各留一本，同志一本，永為照守。

　　　　先生功在社稷，澤被生民，道在宇宙，人所瞻仰。其遺孤嫠室，識與不識無不哀痛，況骨肉親戚、門生故舊，何忍棄之負之哉！凡我同事，自今處分之後，如有異議，人得與正，毋或輕貸。

門人薛侃又有《同門輪年撫孤題單》：

先師陽明先生同祖兄弟五人：伯父之子曰守義、守智，叔父之子曰守禮、守信、守恭。同父兄弟四人，長為先師，次守儉、守文、守章。先師年逾四十，未有嗣子，擇守信第五男正憲為嗣，撫育婚娶。嘉靖丙戌，生子正聰，明年奉命之廣，身入瘴鄉，削平反亂，遂嬰奇疾，卒於江西之南安。

凡百家務，維預處分，而家眾欺正聰年幼，不知遵守。吾儕自千里會葬，痛思先師平生憂君體國，拳拳與人為善之心，今日之事，宜以保孤安寡為先，區區田業，非其所重。若後人不體，見小失大，甚非所以承先志也。

及稟太夫人及宗族同門戚里，僉事汪克章、太守朱克，酌之情禮，參以律令，恤遺孤以弘本，嚴內外以別嫌，分炊食以防微，一應所有，會眾分析，具有成議。日後倘復恩典承襲，亦有成法。正聰年幼，家事立親人管理，每年輪取同志二人兼同扶助，諸叔侄不得參擾。……

如果王陽明當年沒有收養義子之事，或許沒有如此多的麻煩。

十三、說「良知」

人人都說王陽明晚年專說「致良知」，王陽明自己也多次說過，他一生講學，只是「致良知」三個字。但王艮卻說，王陽明開始是說「致良知」，後來只說「良知」二字了。[1]

明末大儒劉宗周曾經論說王陽明一生的學問所在：

---

1 黃宗羲《明儒學案》卷 22《泰州學案一》載王艮學生王棟的「語錄」：「先師云：『明翁初講致良知，後來只說良知，傳之者自不察耳。』」

先生之學，始出詞章，繼逃佛老，終乃求之《六經》而一
變至道。世未有善學如先生者也。是謂「學則」。先生教人，吃
緊在去人欲而存天理，進之以知行合一之說，其要歸於致良知，
雖累千百言，不出此三言為轉注，凡以使學者截去之繞，尋向上
去而已。世未有善教如先生者也。是謂「教法」。而先生之言良
知也，近本之孔、孟之說，遠溯之精一之傳，蓋自程、朱一線中
絕，而後補偏救弊，契聖歸宗，未有若先生之深切著明者也。是
謂「宗旨」。(《明儒學案‧姚江學案》)

劉宗周是真知陽明者。所謂「去人欲而存天理」、「知行合一」、「致
良知」，其實是王陽明在不同階段教學生的用功方法，當然，也表現了王
陽明不斷對自己的學說進行總結的過程。在北京及滁州、南京時期，王陽
明講的主要是「去人欲而存天理」；在贛州時，王陽明講的主要是「知行合
一」；而在南昌，王陽明開始講「致良知」。從中可以看出王陽明對「心」
這一本體的步步逼近。而在紹興守制的幾年時間，越到後來，王陽明確實
越來越只講「良知」了。可以說，只是到這時，王陽明才真正完成了他的
「王學」體系的建立。

「去人欲而存天理」，遠不如直接「存天理」來得便捷；知然後行，也
不如真知即是行、不行不謂知的「知行合一」更接近良知；「致良知」只是
一種功夫，「良知」才是本體。從這個角度來看，王艮是真正體會到了老師
學說的不斷深入和達到極致。

在紹興期間，王陽明寫了不少有關直敘「良知」的詩，但很少有說「致
良知」的：

良知即是獨知時，此知之外更無知。

誰人不有良知在，知得良知卻是誰？

知得良知卻是誰？自家痛癢自家知。

若將痛癢從人問，痛癢何須更問為？

（以上《答人問良知二首》）

綿綿聖學已千年，兩字良知是口傳。

欲識渾淪無斧鑿，須從規矩出方圓。

不離日用常行內，直造先天未畫前。

握手臨歧更何語？殷勤莫愧別離筵。

（《別諸生》）

珍重江船冒暑行，一宵心話更分明。

須從根本求生死，莫和支流辯濁清。

久奈世儒橫臆說，競搜物理外人情。

良知底用安排得？此物由來自渾成。

（《次謙之韻》）

堯舜人人學可齊，昔賢斯語豈無稽？

君今一日真千里，我亦當年若舊迷。

萬理由來吾具足，六經原只是階梯。

山中盡有閑風月，何日扁舟更越溪？

（《林汝桓以二詩寄次韻為別》之一）

爾身各各自天真，不用求人更問人。

但致良知成德業，謾從故紙費精神。

乾坤是易原非畫，心性何形得有塵？

莫道先生學禪語，此言端的為君陳。

（《示諸生三首》之一）

人人有路透長安，坦坦平平一直看。

盡道聖賢須有祕，翻嫌易簡卻求難。

只從孝弟為堯舜，莫把辭章學柳韓。

不信自家原具足，請君隨事反身觀。

（《示諸生三首》之二）

又有《心漁歌為錢翁希明別號題》：

有漁者歌曰：「漁不以目惟以心，心不在魚漁更深。北溟之鯨
殊小小，一舉六鰲未足歆。」「敢問何如其為漁耶？」曰：「吾將
以斯道為網，良知為綱，太和為餌，天地為舫。絜之無意，散之
無方。是謂得無所得，而忘無可忘者矣。」

「良知」是天地萬物之綱，而這個綱，就在人們的心中。先聖的經典
《六經》，只是達到「良知」的階梯，而聖學的精髓，只在「良知」二字。

大約從嘉靖三、四年（1524 — 1525 年）開始，王陽明對弟子們也已
不大說「致良知」，而只是強調「良知」：

　　良知是造化的精靈。這些精靈，生天生地，成鬼成帝，彼從
此出，真是與物無對。人若復得他完完全全，無少虧欠，自不覺
手舞足蹈，不知天地間更有何樂可代。（《傳習錄下》）

對於「良知」和「致良知」的關係，王陽明也作了明確的闡述，「良知」
是本體，致良知則是「工夫」：

　　天地間活潑潑地，無非此理，便是吾良知的流行不息。致良
知便是必有事的工夫。此理非惟不可離，實亦不得而離也。（《傳
習錄下》）

第八章

最後的

行程

一、朝廷終於記起了王守仁

嘉靖六年（1527年）六月初六日，兵部派出的使者帶着公文來到紹興王家。公文說，兩廣未靖，命王守仁以南京兵部尚書總制軍務，速往廣西，督同巡撫兩廣都御史姚鏌等勘處。

這個公文來得十分突然。

自從嘉靖元年（1522年）七月以來，除了曾經有過一次並未實施的召王陽明進京謝恩的旨意之外，朝廷的使者已經整整五年沒有進過王家的門。儘管不斷有人推薦王陽明做兵部尚書、總督三邊、提督京營，也不斷有人推薦王陽明入閣做大學士，甚至有人認為，朝廷想要有所作為，非用王陽明不行。但所有這些建議，只能使朝中當權者們對王陽明更加忌諱。

王陽明也曾經密切關注過北京發生的一切大事，但既然朝廷早已將自己忘得一乾二淨，或者說，既然當權派忌諱自己過問朝廷的事情，也就懶得操這份心了。這倒應了中國的那句老話：「飛鳥盡，良弓藏；狡兔死，走狗烹。」王陽明由於遠離權力中心，又小心謹慎，對朝中的一切事情不置一詞，這才勉強保住只是被「藏」而未遭「烹」。

這次朝廷派使者到紹興來取弓驅狗，是因為又出了飛鳥和狡兔。廣西是瑤、僮（即壯族）等少數民族的集居地，又是明朝政府首批推行「改土歸流」的地區。各少數民族及其首領之間，少數民族與漢民之間，土著居民與明朝地方政府之間，一直存在着一些釐不清的關係，存在一些在當時難以解決的矛盾，所以總是難以安寧。

田州地處廣西西南（今廣西田陽縣境），漢代的時候屬交阯郡（治所在今越南河內市的西北），唐朝屬邕州（治所在今廣西南寧市）。從宋代開始，設立了田州。不管是唐代的邕州還是宋、元、明的田州，均屬「羈縻州」，由當地的土司岑氏管理。這岑氏是東漢開國名將岑彭的後裔，應該

說也是大有來頭的家族。[1]

從嘉靖二年（1523 年）開始，田州各土司又相互攻伐。明朝在兩廣的地方官趁機發兵，利用土司間的矛盾，殺死田州府土知府岑猛及其長子，然後向朝廷告捷，並要求就此廢除田州的土官、改設漢人流官。改土歸流是明初以來就在少數民族地區推行的一貫政策，但這一政策一直遭到當地少數民族首領的反對，加上缺乏相應的民族政策，所以總是出現反覆。

嘉靖六年（1527 年），岑猛餘部盧蘇、王受等人乘着官軍鬆懈，以岑猛未死相號召，並揚言在交阯借兵二十萬，於是一呼百應，不但攻佔了田州府城，而且攻佔了思恩府城（今廣西武鳴縣），聲勢浩大，明軍損兵折將，巡撫都御史姚鏌一籌莫展。

當時明朝在內閣主持事務的是楊一清。楊一清本來和王陽明關係不錯，正德十五年（1520 年），王陽明就是因為聽從了楊一清的勸說而放棄到揚州去面見武宗皇帝，從而取得了主動。但黃綰為了推舉老師入閣，在上疏中卻得罪了楊一清。楊一清將這股怨氣轉到了王陽明身上，成為繼費宏之後王陽明入京的重要阻力。如今廣西出了事，無法收拾，當權者們才開始想起定南贛、平宸濠的王陽明。

黃綰是浙江黃巖縣人，張璁是浙江永嘉縣人，黃巖、永嘉，二縣相鄰，黃綰、張璁關係密切。黃綰當時是南京刑部員外郎，張璁則是兵部左侍郎，地方有軍情，推選提督軍務官是兵部的責任。黃綰致書張璁，說廣西的事情除了我老師王陽明，誰也辦不了。張璁對王陽明的才幹本來就十分欽佩，加上這次只是用王陽明去打仗，便拉着桂萼一道向楊一清和皇帝舉薦，於是有了兵部六月初六日派員到紹興的事情。

對於這裏面的關節，王陽明當時自然不清楚。宸濠的事情已憑空給他

---

1 鄺露《赤雅·土司世胄》說：「土司惟諸岑最強，胄出岑彭，畫像雲臺，精應列宿，佈星祭神，威擬王者，世為外臣。」同書《岑家兵略》則說：「岑氏兵法，七人為伍，每伍自相為命，四人專主擊刺，三人專主割首，所獲首級，七人共之。」

造成了極大的麻煩，弟子冀元亨還因此無辜喪生；新君即位已經五六年了，但朝中對自己的猜疑和誹謗仍然沒有明確的態度；自己雖說是徒有虛名，但畢竟還有個「新建伯」的頭銜，而跟着自己平亂的有功人員，卻至今仍在受到排斥。這兩年因為爭論大禮，京師的無聊官員對自己的誹謗才少了一些。自己晚年得子，正可享受遲到的天倫之樂，況且幾百名弟子雲集紹興，盛況空前。雖然時時以「聖賢」自居，但王陽明畢竟也是人，他不願意再去為朱姓皇帝忙忙碌碌、疲於奔命了。

如果說十多年前黃綰通過喬宇走楊一清的路子將王陽明留在北京，是幫了王陽明的大忙，那麼這一次黃綰通過張璁走楊一清的路子派王陽明去廣西，卻實在是幫倒忙。

見到兵部的公文之後，王陽明立即上疏，反覆陳說自己重病在身，無法勝任兵甲的勞頓，請求朝廷收回成命，給姚鏌以時日，讓他充分發揮才幹，並且推薦南京工部尚書胡世寧、刑部尚書李承勛自代。

這份《辭免重任乞恩養病疏》送到北京時，黃綰已升任北京光祿寺的少卿。他的消息極其靈通。據說嘉靖皇帝看了王陽明的奏疏後，對大學士楊一清說：如果姚鏌仍在廣西，王守仁是絕不肯赴任的。知臣莫若君，一點不錯。皇帝雖然沒有見過王陽明，卻深知他的脾氣。他辦事是不希望有人從中插一竿子的。但皇帝顯然又不明白王陽明此時的真實心情。為了讓王陽明儘快去廣西，皇帝命內閣草旨，令姚鏌提前退休。同時再次下旨，催王陽明立即啟程。這個旨意是內閣傚照皇帝的口氣寫的：

> 卿識敏才高，忠誠體國。今兩廣多事，方藉卿威望，撫定地方，用舒朕南顧之懷。姚鏌已致仕了，卿宜星夜前去，節制諸司，調度軍馬，撫剿賊寇，安戢兵民，勿再遲疑推諉，以負朕望。還差官鋪馬齎賚文前去，敦取赴任行事。（《陽明先生行狀》）

黃綰並不就此甘心，他直接上疏皇帝，為王陽明及追隨王陽明平定宸濠的江西官員功高不賞而鳴冤叫屈。黃綰的這個《明軍功以勵忠勤疏》措辭激烈：

> 今日陛下操柄之失，莫此為甚。他日無事則可，萬一有事，將誰效用哉？況守仁學原性命，德由忠恕，才優經濟，使之事君處物，必能曲盡其誠，尤足以當薰陶、備顧問。以陛下不世出明賢之資，與之浹洽講明，天下之治，生民之福，豈易言哉！前者言官屢薦，故尚書席書、吳廷舉，今侍郎張璁、桂萼皆薦之，曾蒙簡命，用為兩廣總制。臣謂總制寄止一方，何若用之廟堂，可以贊襄謀議，轉移人心，所濟天下矣。

皇帝看了黃綰的奏疏，並未生氣，而是下到內閣議處。這時張璁也進了內閣。雖然這次是他推薦王陽明「總制兩廣」，但對於王陽明的入閣，他的態度卻與楊一清是一致的。二人經過商議，共同給皇帝上了一個揭帖。揭帖說，王陽明固然有才，但性格有些怪癖，喜歡穿戴古時的衣帽、發表駭人聽聞的見解，難以被人們接受，不適宜在內閣辦事，只可用為兵部尚書。而在張璁之後正積極鑽營入閣的桂萼，得知黃綰推薦王陽明，更加暴跳如雷，如果王陽明入閣，豈不擋了他的道路？[1]

楊一清、張璁、桂萼是當時在皇帝面前最能說得上話的大臣，加上皇帝仍然對王陽明在大禮中不措一詞耿耿於懷，王陽明入閣之路就完全被封閉起來了。

---

[1] 按明朝制度，在京各衙門的題本、奏本都從皇城奉天門東的左順門投入，經內府文書房登記後上呈皇帝，然後發給有關部門處理。惟內閣大學士們在奏本、題本之外，對於國家機密大事及不便擴散的事項，可另具「揭帖」封進，直達御前。這也是明代內閣的一種特權。

二、「天泉證道」

朝廷第二個詔旨又到了：王守仁以原官南京兵部尚書兼都察院左都御史，提督兩廣、江西、湖廣四省軍務。後來，又讓他兼任兩廣巡撫。而且，不僅讓原任兩廣巡撫姚鎮致仕，就是正在廣西的鎮守太監鄭潤和總兵官朱麟，也被停止該管事務。在當時的明朝，由朝廷派出的欽差大臣，還沒有比這權力更大、地位更高的了。王陽明懂得事君的道理，事情到這個份上，不能再推辭、再耽擱了。

這時的紹興，已成為全國的講學中心，常年聚而不散的弟子有三四百人。遠遠近近的寺觀都住滿了，常常是幾十個人擠在一處，晚上輪流睡覺，歌聲通宵達旦。一到王陽明講學時，幾百人前後左右環繞而坐。為了講學的方便，王陽明在嘉靖三年建了稽山書院，仍是容不下日漸增多的求學者。嘉靖四年（1525 年）十月，弟子們又在紹興城西門內自行籌建了陽明書院。另外，每個月的初一、初八、十五、二十三，在王陽明的老家餘姚龍泉寺還有定期聚會。幸虧何廷仁、黃弘綱、王艮、魏良器、魏良政、錢德洪、王畿等人長年住在紹興接引、教授，薛侃、歐陽德、鄒守益、陸澄等人也時時往來，相與講學。有他們照料，王陽明也算是放心了。

對於老師的復出，弟子們自然是高興。但老師的兩廣之行，肯定又是曠日持久。錢德洪和王畿是王陽明在紹興時收的弟子，雖然入門時間不長，卻已顯示出在王門的地位。但二人性格稟賦卻大不一樣，王畿機敏善辯，錢德洪踏實持重，因而對於師門的教訓也就有不同的理解。

嘉靖六年（1527 年）九月初七日，錢德洪和王畿一起來到張元沖的船上，討論為學的宗旨。

王畿首先提出疑問：先生有四句教言：「無善無惡是心之體，有善有惡是意之動，知善知惡是良知，為善去惡是格物。」但我看未必是不易的法言。

錢德洪是師門學說的堅決恪守者，一聽王畿對師學提出疑問，立即感

到有些緊張，連忙問道：此話怎說？

王畿解釋說：如果心是無善無惡的心，那麼，意也應該是無善無惡的意，知也是無善無惡的知，物也是無善無惡的物。如果意有善惡，那麼心也應該有善惡。

錢德洪不同意王畿的解釋，他認為：心體是與生俱來的，原本無善無惡，但人生下來之後，就會染上各種習性，於是就有了善惡之念頭。為善去惡，正是恢復原來的本體。

二人各執己見，誰也無法說服對方，於是一起來見老師。

王陽明已定在次日啟程前往兩廣，所以來訪的客人特別多。直到夜分，客人才陸續散去。王陽明正想就寢，聽說錢德洪和王畿在門外等候，有些詫異，連忙出來詢問。一聽說他們在爭論四句教，不禁一喜：我正希望二位有此一問。

王陽明與二人一起來到住宅附近的天泉橋上，讓二人再將各自的意見說一遍。聽完之後，王陽明笑了：朋友中還無人對這四句教提出看法。你二人的見解，其實正好相輔相成，卻不能因各持己見而相病：汝中（王畿）應用德洪的功夫，德洪應悟汝中的本體。

錢德洪本以為自己是在捍衛師說，沒想到老師各打五十大板。他對此表示難以理解。

王陽明解釋說：入我王門的有兩種人。一是利根之人，一是中根以下之人。人心的本體原是明瑩無滯的，是個「未發之中」。利根之人可直接從本源上領悟到心的本體，這就是功夫。中根以下之人本體受了習性的蒙蔽，所以先應為善去惡，等功夫熟透之後，才可明盡本體。

王陽明見二人若有所思，繼續說道：汝中之見，是我這裏接引利根人的法門；德洪之見，卻是我這裏接引中根人的法門。二者不偏不廢、相取為用，這樣，中根上下的人都可在我王門得道。世上利根之人極其難得，連顏子、明道都不敢承當，如果只依汝中之見，豈不將他二人也拒之門

外？人生在世，少有不染習性的，如果不教他們在良知上做為善去惡的功夫，一切都不着實處，只去懸空想個「本體」，豈不養成了一個「虛寂」？

聽了老師這番話，錢德洪覺得自己的感悟有了依託，王畿則不禁有些自得。王陽明再次叮囑說：我這四句話是一個整體，不可分割：無善無惡是心之體，有善有惡是意之動，知善知惡是良知，為善去惡是格物。這不是小事，所以不能不對你二人說破，切不可失了我的宗旨。

但是，叮嚀歸叮嚀，二人卻各有自己的認識。特別是王陽明這一去竟成永訣，沒有機會再行切磋，二人便根據各自的才性和理解，對師門的學說進行解釋，從而導致了日後浙江王門的分化。[1]

三、大 學 問

據錢德洪說，在紹興期間，凡是初入門的弟子，都以《大學》《中庸》的首章相傳授，以展開王學的宗旨。錢德洪等人期望將老師對於《大學》《中庸》首章的解讀記錄下來，讓弟子們誦讀，但王陽明不同意，說這必須是「口口相傳」，才能真切，「若筆之於書，使人作一文字看過，無益

---

[1] 由於後來王畿將王學中疏狂空虛的「禪」性推向極致，而其理論依據又是王陽明「天泉證道」中的四句教，所以王學的正統派便極力修正乃至否定「天泉證道」的真實性。關於這一點，侯外廬、邱漢生、張豈之三先生主編的《宋明理學史》（人民出版社版）下卷第二編作了精湛的辨析。又，《年譜》一面說王陽明「九月壬午發越中」，一面又說，初八日錢德洪和王畿共赴張元沖舟中論學，發生爭執，由於第二天王陽明就要啟程，所以二人在當天晚上向王陽明請教，於是有「天泉證道」一事。壬午日為嘉靖六年九月初八，又王陽明在嘉靖六年十二月初一日的《赴任謝恩遂陳膚見疏》中，說自己於九月初八日扶病起程。可見，《年譜》記「天泉證道」在九月初八是錯誤的，應該是在九月初七日。但鄒守益記「天泉證道」之事卻與《年譜》不同，不是「天泉」證道，而是「富陽」證道：陽明夫子之平兩廣也，錢、王二子送於富陽。夫子曰：「予別矣，盍各言所學。」德洪對曰：「至善無惡者心，有善有惡者意，知善知惡是良知，為善去惡是格物。」畿對曰：「心無善而無惡，意無善而無惡，知無善而無惡，物無善而無惡。」夫子笑曰：「洪甫須識汝中本體，汝中須識洪甫功夫，二子打併為一，不失吾傳矣。」（《明儒學案·江右王門學案一·東廓論學書》）

矣」。但是，隨着出師廣西的日子越來越近，當面向學生講授的機會也越
來越少，王陽明在錢德洪等人的請求下，和他們做了一次問答式的授課。
由於是對《大學》的問答，所以被錢德洪冠名為「大學問」，王陽明則稱
之為「大學或問」。

　　錢德洪對自己的這一舉措十分得意，認為這是老師學術中最為寶貴的
遺產：

　　　　《大學問》者，師門之教典也。學者初及門，必先以此意授，
　　使人聞言之下，即得此心之知，無出於民彝物則之中，致知之
　　功，不外乎修齊治平之內。學者果能實地用功，一番聽受，一番
　　親切。

　　儘管錢德洪此舉也是試圖打造自己作為王門「嫡傳」弟子的形象，但
對於保留王陽明對自己學說的總結性闡釋、對於構建起陽明學說的體系，
卻具有重要的意義。由於文字淺顯易懂，為了不損害願意，全文摘錄於下：

1. 關於「大學」

　　　　曰：「《大學》者，昔儒以為大人之學矣。敢問大人之學何以
　　在於『明明德』乎？」
　　　　陽明子曰：「大人者，以天地萬物為一體者也，其視天下猶
　　一家，中國猶一人焉。若夫間形骸而分爾我者，小人矣。大人之
　　能以天地萬物為一體也，非意之也，其心之仁本若是，其與天地
　　萬物而為一也。豈惟大人，雖小人之心亦莫不然，彼顧自小之
　　耳。是故見孺子之入井，而必有怵惕惻隱之心焉，是其仁之與孺
　　子而為一體也；孺子猶同類者也，見鳥獸之哀鳴觳觫，而必有不

忍之心焉，是其仁之與鳥獸而為一體也；鳥獸猶有知覺者也，見草木之摧折而必有憫恤之心焉，是其仁之與草木而為一體也；草木猶有生意者也，見瓦石之毀壞而必有顧惜之心焉，是其仁之與瓦石而為一體也；是其一體之仁也，雖小人之心亦必有之。是乃根於天命之性，而自然靈昭不昧者也，是故謂之『明德』。小人之心既已分隔隘陋矣，而其一體之仁猶能不昧若此者，是其未動於欲，而未蔽於私之時也。及其動於欲，蔽於私，而利害相攻，忿怒相激，則將戕物圮類，無所不為，其甚至有骨肉相殘者，而一體之仁亡矣。是故苟無私欲之蔽，則雖小人之心，而其一體之仁猶大人也；一有私欲之蔽，則雖大人之心，而其分隔隘陋猶小人矣。故夫為大人之學者，亦惟去其私欲之蔽，以自明其明德，復其天地萬物一體之本然而已耳；非能於本體之外而有所增益之也。」

王陽明在這裏提出了一組對應關係，「大人」與「小人」，而非「君子」與「小人」。既是為了回答學生關於「大人」的提問，也是避免涉及自稱為「君子」的「世儒」。王陽明在這段關於「大人」和「明明德」的應答中，揭示出了一個人們刻意迴避的事實，那就是在「吾心」與「天地萬物」的關係上，「大人」和「小人」其實沒有什麼區別。無論是「大人」還是「小人」，見到小孩落井、見到鳥獸哀鳴、見到草木摧折、見到瓦石毀壞，都會有憫恤惋惜之心，這是與生俱來的「仁心」，這就是「明德」。在這一點上，商湯和夏桀、周文王和商紂王，也沒有什麼區別。那麼，「大人」與「小人」的區別在哪裏？在於「小人」之「仁心」、之「明德」被私欲所遮蔽，故「間形骸而分爾我」。所以，必須去其遮蔽，復其「仁心」、「明」其「明德」即「明明德」，才能通向「大人」的境界，那就是「以天地萬物為一體」、「視天下猶一家，中國猶一人」。所以，所謂的「明明德」，

和「致良知」其實是一脈相承的。正如王陽明後面所說，在他的思想體系中，所謂的「明德」，就是「良知」；所謂的「明明德」，就是「致良知」。

2. 關於「親民」

> 曰：「然則何以在『親民』乎？」
>
> 曰：「明明德者，立其天地萬物一體之體也。親民者，達其天地萬物一體之用也。故明明德必在於親民，而親民乃所以明其明德也。是故親吾之父，以及人之父，以及天下人之父，而後吾之仁實與吾之父、人之父與天下人之父而為一體矣；實與之為一體，而後孝之明德始明矣！親吾之兄，以及人之兄，以及天下人之兄，而後吾之仁實與吾之兄、人之兄與天下人之兄而為一體矣；實與之為一體，而後弟之明德始明矣！君臣也，夫婦也，朋友也，以至於山川鬼神鳥獸草木也，莫不實有以親之，以達吾一體之仁，然後吾之明德始無不明，而真能以天地萬物為一體矣。夫是之謂明明德於天下，是之謂家齊國治而天下平，是之謂盡性。」

「明明德」是「立」天地萬物一體之「體」，這是最為根本的；而「親民」，則是「達」其天地萬物一體之「用」。這就是中國古代思想家的「體」與「用」的關係，「體」不立，則「用」不端；「用」不行，則「體」不顯。在一定意義上，體立在於用，不用不謂體。所以，這個「體」與「用」的關係，又與「知行合一」一脈相承。「用」表現在哪裏？表現在「親民」，只有「親民」，才是「明明德」、才是「致良知」。而「親民」的過程，又是「天地萬物一體」的過程：親己之父，及人之父，及天下人之父，己之「仁」遂和己之父、人之父、天下人之父融為一體。「孝」如此，「悌」也如此，君臣、夫婦、朋友的關係都是如此。所以，「親民」又是「百姓不親之親」，是一視同仁的親。但是，不能因為標榜以天地萬物為心而獨不及

己、獨不及己父，那就是刻意而不合人情，王陽明對此是不提倡了。

3. 關於「止至善」

曰：「然則又烏在其為『止至善』乎？」

曰：「至善者，明德、親民之極則也。天命之性，粹然至善，其靈昭不昧者，此其至善之發現，是乃明德之本體，而即所謂良知也。至善之發現，是而是焉，非而非焉，輕重厚薄，隨感隨應，變動不居，而亦莫不自有天然之中，是乃民彝物則之極，而不容少有議擬增損於其間也。少有擬議增損於其間，則是私意小智，而非至善之謂矣。自非慎獨之至，惟精惟一者，其孰能與於此乎？後之人惟其不知至善之在吾心，而用其私智以揣摸測度於其外，以為事事物物各有定理也，是以昧其是非之則，支離決裂，人欲肆而天理亡，明德、親民之學遂大亂於天下。蓋昔之人固有欲明其明德者矣，然惟不知止於至善，而騖其私心於過高，是以失之虛罔空寂，而無有乎家國天下之施，則二氏之流是矣。固有欲親其民者矣，然惟不知止於至善，而溺其私心於卑瑣，是以失之權謀智術，而無有乎仁愛惻怛之誠，則五伯功利之徒是矣。是皆不知止於至善之過也。故止至善之於明德、親民也，猶之規矩之於方圓也，尺度之於長短也，權衡之於輕重也。故方圓而不止於規矩，爽其則矣；長短而不止於尺度，乘其劑矣；輕重而不止於權衡，失其準矣；明明德、親民而不止於至善，亡其本矣。故止於至善以親民，而明其明德，是之謂大人之學。」

王陽明指出：「明德」的本體，就是「良知」。這是自然而然的「天性」，不容增損。一有增損，即是「私意小智」，就是刻意為之，這就不

是「善」了。王陽明認為，「至善」是一個極限、一個尺度、一個規矩，是明德、親民的極限、尺度和規矩。如果超過這個極限、這個尺度、這個規矩，那就等於任意方圓、任意長短，就是沒有規矩、沒有尺度，這個「善」、這個「明德」、這個「良知」，就將走向它的反面。用我們現在的話來說，就是「過猶不及」，就是「真理前進一步即是謬誤」。如何來考量它的「過」與「不過」，就是人的本性、人的常情，所以，一旦越過了人的本性、人的常情，就越過了「至善」的極限，就突破了規矩和尺度，這樣的明德、這樣的親民，就帶有私欲、包藏私利，也就不是王陽明、不是「大人」所認為的「明德」和「良知」了。

4. 關於「知止而後有定 ……」

　　曰：「『知止而後有定，定而後能靜，靜而後能安，安而後能慮，慮而後能得』，其說何也？」

　　曰：「人惟不知至善之在吾心，而求之於其外，以為事事物物皆有定理也，而求至善於事事物物之中，是以支離決裂，錯雜紛紜，而莫知有一定之向。今焉既知至善之在吾心，而不假於外求，則志有定向，而無支離決裂、錯雜紛紜之患矣。無支離決裂、錯雜紛紜之患，則心不妄動而能靜矣。心不妄動而能靜，則其日用之間，從容閑暇而能安矣。能安，則凡念之發，一事之感，其為至善乎？其非至善乎？吾心之良知自有以詳審精察之，而能慮矣。能慮則擇之無不精，處之無不當，而至善於是乎可得矣。」

　　這是王陽明的一貫認識，「至善」自在我心，當向內心「求」；不是在事事物物上「格」，而是一以貫之的「格」。

5. 關於「物有本末 ⋯⋯ 」

曰：「物有本末：先儒以明德為本，新民為末，兩物而內外相對也。事有終始：先儒以知止為始，能得為終，一事而首尾相因也。如子之說，以新民為親民，則本末之說亦有所未然歟？」

曰：「終始之說，大略是矣。即以新民為親民，而曰明德為本，親民為末，其說亦未為不可，但不當分本末為兩物耳。夫木之幹，謂之本，木之梢，謂之末，惟其一物也，是以謂之本末。若曰兩物，則既為兩物矣，又何可以言本末乎？新民之意，既與親民不同，則明德之功，自與新民為二。若知明明德以親其民，而親民以明其明德，則民德親民焉可析而為兩乎？先儒之說，是蓋不知明德親民之本為一事，而認以為兩事，是以雖知本末之當為一物，而亦不得不分為兩物也。」

王陽明以「明德」為體，以「親民」為用，二者是體與用的關係，卻不是本與末的關係。猶如「知」與「行」，知行是合一的，只有體用之說，也無本末之分。

6. 關於「致知」「格物」或「格致」功夫

曰：「古之欲明明德於天下者，以至於先修其身，以吾子明德親民之說通之，亦既可得而知矣。敢問欲修其身，以至於致知在格物，其工夫次第又何如其用力歟？」

曰：「此正詳言明德、親民、止至善之功也。蓋身、心、意、知、物者，是其工夫所用之條理，雖亦各有其所，而其實只是一物。格、致、誠、正、修者，是其條理所用之工夫，雖亦皆有其名，而其實只是一事。

「何謂身心之形體？運用之謂也。何謂心身之靈明？主宰之謂也。何謂修身？為善而去惡之謂也。吾身自能為善而去惡乎？必其靈明主宰者欲為善而去惡，然後其形體運用者始能為善而去惡也。故欲修其身者，必在於先正其心也。然心之本體則性也。

「性無不善，則心之本體本無不正也。何從而用其正之之功乎？蓋心之本體本無不正，自其意念發動，而後有不正。故欲正其心者，必就其意念之所發而正之，凡其發一念而善也，好之真如好好色；發一念而惡也，惡之真如惡惡臭；則意無不誠，而心可正矣。然意之所發，有善有惡，不有以明其善惡之分，亦將真妄錯雜，雖欲誠之，不可得而誠矣。故欲誠其意者，必在於致知焉。

「致者，至也，如云喪致乎哀之致。《易》言『知至至之』，『知至』者，知也；『至之』者，致也。『致知』云者，非若後儒所謂充廣其知識之謂也，致吾心之良知焉耳。良知者，孟子所謂『是非之心，人皆有之』者也。是非之心，不待慮而知，不待學而能，是故謂之良知。是乃天命之性，吾心之本體，自然靈昭明覺者也。凡意念之發，吾心之良知無有不自知者。其善歟，惟吾心之良知自知之；其不善歟，亦惟吾心之良知自知之；是皆無所與於他人者也。故雖小人之為不善，既已無所不至，然其見君子，則必厭然掩其不善，而着其善者，是亦可以見其良知之有不容於自昧者也。

「今欲別善惡以誠其意，惟在致其良知之所知焉爾。何則？意念之發，吾心之良知既知其為善矣，使其不能誠有以好之，而復背而去之，則是以善為惡，而自昧其知善之良知矣。意念之所發，吾之良知既知其為不善矣，使其不能誠有以惡之，而覆蹈而為之，則是以惡為善，而自昧其知惡之良知矣。若是，則雖曰知

之，猶不知也，意其可得而誠乎！

「今於良知之善惡者，無不誠好而誠惡之，則不自欺其良知而意可誠也已。然欲致其良知，亦豈影響恍惚而懸空無實之謂乎？是必實有其事矣。故致知必在於格物。物者，事也，凡意之所發必有其事，意所在之事謂之物。格者，正也，正其不正以歸於正之謂也。正其不正者，去惡之謂也。歸於正者，為善之謂也。夫是之謂格。《書》言『格於上下』，『格於文祖』，『格其非心』，格物之格實兼其義也。良知所知之善，雖誠欲好之矣，苟不即其意之所在之物而實有以為之，則是物有未格，而好之之意猶為未誠也。良知所知之惡，雖誠欲惡之矣，苟不即其意之所在之物而實有以去之，則是物有未格，而惡之之意猶為未誠也。

「今焉於其良知所知之善者，即其意之所在之物而實為之，無有乎不盡。於其良知所知之惡者，即其意之所在之物而實去之，無有乎不盡。然後物無不格，而吾良知之所知者無有虧缺障蔽，而得以極其至矣。夫然後吾心快然無復餘憾而自謙矣，夫然後意之所發者，始無自欺而可以謂之誠矣。故曰：『物格而後知至，知至而後意誠，意誠而後心正，心正而後身修。』蓋其功夫條理雖有先後次序之可言，而其體之惟一，實無先後次序之可分。其條理功夫雖無先後次序之可分，而其用之惟精，固有纖毫不可得而缺焉者。

「此格致誠正之說，所以闡堯舜之正傳而為孔氏之心印也。」

這一大段文字，其實萬變不離其宗，仍然是在說「良知」的體與用，同時也為「四句教」的「無善無惡」、「有善有惡」、「知善知惡」、「為善去惡」做了鋪墊。

　　《大學》被程頤稱為學術的「初階」，所以王陽明授業，也從《大學》開始，其中有自己關於「良知」、關於「親民」等等的新說，也有對程朱學說的繼承，在某種意義上說，王陽明通過「大學或問」，一方面是系統闡述自己的觀點，一方面也是在彌合與程朱學說的關係，對於後來王學為官方所推崇及王陽明本人的入祀孔廟，具有一定的意義。

四、詞章國裏重遨遊

　　嘉靖六年（1527）九月初八日，王陽明告別了妻子張氏和不到一歲的兒子，告別了家鄉紹興，踏上了他曾經多次走過的由浙江通向江西的道路。他將沿着富春江、衢江，經富陽、桐廬、衢州到常山，經草坪驛到江西玉山、上饒，然後再在上饒登船，由信江經鉛山、弋陽、貴溪、餘干直趨南昌。

　　在給朝廷的報告中，王陽明說自己於九月初八日「扶病起程，沿途就醫，服藥調理，晝夜前進」，無奈時值秋旱，船行艱難，直到這年十一月二十日，才到兩廣巡撫的駐節地廣西梧州。這扶病起程是真的，也確實沿途就醫、服藥調理，但說「晝夜前進」，卻並非事實。

　　王陽明離開紹興西行，錢德洪、王畿一路隨行，遊吳山、履月巖，直送到桐廬。桐廬位於富春江的西岸，風景秀麗。縣城以西三十里處，臨江的富春山有一巨石突兀而出，俯瞰大江，相傳這就是東漢隱士嚴光嚴子陵的「釣魚臺」。正德十四年秋，王陽明在危疑之中押着叛王宸濠由此路過，觸景生情，頓生歸隱之意，所以將宸濠交付張永之後，便避居淨慈寺。

　　轉眼已是九個年頭，自己賦閑也已整整六年，再次來到釣臺之下，王陽明不禁感慨萬千。他即興作了一首《復過釣臺》詩：

憶昔過釣臺，驅馳正軍旅。

十年今始來，復以兵戈起。

空山煙霧深，往跡如夢裏。

微雨林徑滑，肺病雙足胝。

仰瞻臺上雲，俯濯臺下水。

人生何碌碌，高尚當如此。

瘡痍念同胞，至人匪為己。

過門不遑入，憂勞豈得已。

滔滔良自傷，果哉末難矣。

雖然說品德高尚的人應該像嚴子陵那樣，不必為身外之事忙忙碌碌，但真正的「至人」，又怎能只顧自己而不念同胞的死活？這首詩的後面加了一段附記：

正德己卯獻俘行在，過釣臺而弗及登。今茲復來，又以兵革之役，兼肺病足瘡，徒顧瞻悵望而已。書此付桐廬尹沈元材刻置亭壁，聊以紀經行歲月云耳。嘉靖丁亥九月廿二日書，時從行進士錢德洪、王汝中，建德尹楊思臣及元材，凡四人。

雖說是九月初八日啟程，但十多天過去，離開紹興不過才二百來里路。[1] 或許是身體一時尚不適應路途的勞頓，或許是多年以來沒有離開過紹興、餘姚方寸之地，遊興正濃。離開桐廬之後，王陽明明顯加快了行程，

---

[1] 錢德洪在《陽明年譜》中記王陽明於九月丙申日到衢州。丙申日為九月二十二日，而據《復過釣臺》詩的附記，這天王陽明正在桐廬。桐廬距衢州水路三百里，王陽明不可能同一天既在桐廬作詩，又逆水行舟三百里到衢州。《年譜》全文照錄了《復過釣臺》詩及附記，但附記中用以「記經行歲月」的關鍵一句，「嘉靖丁亥九月廿二日書」，卻被刪去，不知何故。

但一路上仍是興致極高。

這一天來到了江西廣信府。廣信對王陽明來說是難以忘懷的。四十年前，王陽明在南昌完婚後回餘姚，途經廣信，看望名儒婁諒，懂得了聖人可學而至的道理。但後來平宸濠之亂，王陽明沒有能夠保護婁諒先生的孫女、寧王妃婁氏，一直覺得對不住婁老先生。二十年前，王陽明貶謫龍場，元宵夜途經廣信，在舟中與廣信蔣知府秉燭夜談。如今，婁先生早已仙逝，蔣知府也久無音訊，但好友汪俊、汪偉兄弟就住在離廣信不遠的弋陽。

大禮議時，汪俊為禮部尚書，汪偉是吏部右侍郎，都是楊廷和的支持者，汪偉還參加了伏闕請願。二人先後被皇帝罷官，回老家弋陽養老。雖然因學術上的分歧，二汪後來與王陽明關係疏遠，但年輕時的情誼卻無論如何也忘不了。

汪偉聽說王陽明船過弋陽，趕來相見，汪俊卻託病不出。王陽明見了汪偉，自是一番感歡。他讓汪偉帶回兩首七絕，以表示對汪俊的懷念，但對於汪俊借故不見，也不免要戲要一二：

> 見說新居止隔山，肩輿曉出暮堪還。
> 知公久已藩籬撤，何事深林尚閉關？
>
> 乘興相尋涉萬山，扁舟亦復及門還。
> 莫將身病為心病，可是無關卻有關。
>
> （《寄石潭二絕》）

詩的前面，王陽明寫了一個小序。小序說：

> 僕茲行無所樂，樂與二公一會耳。得見閑齋（汪偉的號），

固已如見石潭（汪俊的號）矣。留不盡之興於後期，豈謂樂不可
極耶？聞尊恙已平復，必於不出見客，無乃太以界限自拘乎？奉
次二絕，用發一笑，且以致不及請教之憾。

從這兩首詩及詩前小序，令人想起年輕時意氣風發、嬉笑怒罵的王陽
明。即使成了大宗師，他性格中幽默、詼諧的情趣仍是不改。

這年十月，王陽明來到南昌。南昌父老早已將這位陽明先生視為神
明，城裏城外，到處是頂香而立的居民，填途塞巷，王陽明乘坐的轎子無
法通行，最後竟被居民們從頭頂上傳到都司衙門。王陽明深深為南昌父老
的這種情誼所感動，到都司衙門後，他先接見要見他的百姓。百姓們從東
門進自從西門出，從上午辰時開始，直到下午未時，仍是人流不息。有
人從西門出來後，又從東門進去，再看看這位與常人並無太大區別的陽明
子、新建伯。

南昌民眾的這種熱情，王陽明在自己的家鄉也從未見過。他用詩句記
下了自己的感受：

> 南浦重來夢裏行，當年鋒鏑尚心驚。
> 旌旗不動山河影，鼓角猶傳草木聲。
> 已喜閭閻多復業，獨憐饑饉未寬征。
> 迂疏何有甘棠惠，慚愧香燈父老迎。

（《南浦道中》）

告別南昌父老，王陽明登舟南行。前面就是豐城黃土腦。正德十四年
六月十五日，就是在這裏得知宸濠在南昌發難的消息。那時宸濠已經派船
邀擊，王陽明得了北風之便，又用了金蟬脫殼之計，才得以脫險，回想起
來，仍是心有餘悸：

一上高原感慨重，千山落木正無窮。

前途且與停西日，此地曾經拜北風。

劍氣晚橫秋色淨，兵聲寒帶暮江雄。

水南多少流亡屋，尚訴征求杼軸空。

（《重登黃土腦》）

　　儘管早已是名滿天下的學問大師，儘管王陽明自己也曾經揚言：「使學如韓、柳，不過為文人；辭如李、杜，不過為詩人；果有志於心性之學，以顏、閔為期，非第一等德業乎！」（《明儒學案・浙中王門學案二》）但興致一來，仍免不了要舞文弄墨。

　　王世貞和錢謙益分別是明後期和明末清初最著名的文學家，也都對明朝詩文的作者進行過評點，且多中要害，但對王陽明的評價卻大不相同。王世貞對王陽明極為欽佩。他告訴別人：我時時見王陽明鄉人及其行兵地，都說王陽明智不可測，如有神助……他的學說雖然與朱子有異同，但也灑然可喜，且得之於自己長年感受。至於弟子們分門植黨，必以為勝朱氏，卻並非陽明之罪。為人能像王陽明那樣雄爽豪達，不鑿不蹈，能發所獨見，確實難能可貴。但是，對王陽明的詩文，王世貞卻是頗多非議。

　　王世貞在《明詩評》中是這樣評價王陽明的：「新建雄略蓋世，儁才逸群，詩初銳意作者，未經體裁，奇語間出，自解為多，雖謝專家之業，亦一羽翼之儁也。」「蹶步暮年，如武士削髮，縱談玄理，傖語錯出，君子譏之。」是前而非後，贊成不加雕琢、未經體裁的王陽明。但是，在《讀書後》中，王世貞卻說：「伯安之為詩，少年時亦求所謂工者，而為才所使，不能深造而衷於法。晚節盡舉而歸之道，而尚為少年意所累，不能渾融而出於自然。其自負若兩得，而幾所謂兩墮者也。以世眼觀之，公甫（陳獻章的字）固不如；以法眼觀之，伯安瞠乎後矣！」這裏連王陽明前期的詩文也一概否定。

　　錢謙益在清初編了一部《列朝詩集》，這是當時明詩的總集。他是這樣評價王陽明的：「先生在郎署與李空同（李夢陽）諸人遊，刻意為詞章，居夷以後，講道有得，遂不復措意工拙。然其俊爽之氣，往往湧出於行墨之間。」錢謙益所贊成的，也是王陽明那股不刻意追求、出自天然的俊爽之氣，這一點與王世貞在《明詩評》中的看法相近。但與王世貞不同的是，錢謙益倒是更為欣賞王陽明在龍場之後的詩。

　　其實，雖然王陽明年輕時期追求過辭章的華美，但無論是年輕時期還是步入中年以後，他憑借的都是那股與生俱來的俊逸之氣。越是不加雕琢，這股氣就越是表現得淋漓盡致。他的詩文與他的為人行事一樣，是不能用章法來裁量的。

五、學問與事功並無二致

　　豐城以南，經臨江、吉安、龍泉、贛州、南安，一路上都是故地重遊，父老、諸生迎來送往。在南安棄舟登陸，翻過大庾嶺，進入廣東地界。由湞水、北江、西江，王陽明於嘉靖六年（1527 年）十一月二十日，來到兩廣巡撫的開府地廣西梧州。

　　勤於思考、行由知出是王陽明的習慣。儘管他將自己的學說稱作「心學」，宣稱「心外無物」、「心外無事」，宣稱「知行合一」，但他從來就沒有排斥過物和事，沒有排斥過「行」。恰恰相反，他幾乎任何時候都不憑空討論理論，都要求從具體的物和事來闡釋自己的學說。

　　湛若水因不滿「良知」說，致書論戰，王陽明卻不應戰。弟子們感到憤憤不平，王陽明告訴他們：「此須合併數月，無意中因事指發，必有沛然融釋處耳。若恃筆札，徒起爭端。」和湛若水討論這一問題，需要有較長

的時間聚在一起，在似不經意中，從細微的物事中得出共同的結論。[1]

有學生向王陽明請教「知行合一」，說《中庸》的「博學」、「篤行」分明是兩件事。他告訴學生，博學只是事事學着存此天理，篤行只是學而不已；事事學存天理，此心就沒有落空的時候。有學生對他說的「心即理」表示不理解，他告訴學生：「此心在物則為理。」他所說的「心」是不離開事物的心，是處處用心。用心去觀察，用心去分析，用心去體驗。所以他看問題總是比別人深，比別人遠，比別人周到，比別人更接近事物的本質。（《傳習錄》下）

有一個流傳廣泛的故事。這個故事說王陽明在江西時，有一屬官，因長期聽他講學，便說，先生的學說真是好，只是我因簿書訟獄繁難，沒有功夫跟着先生學。王陽明聽後覺得好笑：

> 我何嘗教爾離了薄書訟獄，懸空去講學？爾既有官司之事，便從官司的事上為學，才是真格物。如問一詞訟，不可因其應對無狀，起個怒心；不可因他言語圓轉，生個喜心；不可惡其囑託，加意治之；不可因其請求，屈意從之；不可因自己事務煩冗，隨意苟且斷之；不可因旁人譖毀羅織，隨人意思處之：這許多意思皆私，只爾自知，須精細省察克治，惟恐此心有一毫偏倚，杜人是非，這便是格物致知。薄書訟獄之間，無非實學；若離了事物為學，卻是着空。

我何嘗教你離了簿書訟獄去懸空講學？你既有官司之事，便應從官司的事上為學，那才是真正格物。事功和學術，並無二致。不落在實處的學問，並非真學問。

1　黃宗羲：《明儒學案》卷 11《浙中王門學案之一》。

　　而且，王陽明特別反對擺出高人一等的架勢訓人。

　　一天，王陽明與弟子王畿等人閑坐聊天。天氣炎熱，王陽明命弟子們用扇子，一位初入門的弟子連忙站起身來，說是「不敢」。

　　王陽明笑了：聖人之學，從來不是如此束縛人、讓人忍受不了的。不要故意做出道學的模樣。

　　王畿也插話說：《論語》中孔子與曾點言志一章說的也是這個道理。

　　王陽明點了點頭，繼續說：從這一章看，真正的聖人是何等寬洪包容的氣象！老師問眾弟子的志向，弟子們都一一作答，曾點卻飄飄然若無其事，不但不答，反倒去鼓起瑟來。這是何等狂態。等到回答時，又不按老師的要求，盡是自己的狂言。如果老師不是孔子，而是程頤，早就斥罵起來了。但孔子不但不罵，反倒稱讚他，這是何等氣象！由此可見，聖人教人，不是用一把尺子裁量所有的學生，而是因人施教。如是狂者，便從狂處成就他；如是狷者，便從狷處成就他。何況人與人稟性才情各不一樣，又哪裏是一把尺子裁量得了的！

　　他自己不擺「聖人」的架子，也要求學生不擺架子。

　　嘉靖五年（1526 年）會試，錢德洪和王畿雙雙中式，但不滿於當國者攻擊王學，一商議，放棄了廷試，與會試下第的黃弘綱、張元沖一齊回到紹興。見了老師之後，眾人說起一路上與人講學，有願意聽的，也有不願意聽的。

　　王陽明問道：你們可否知道為何有人不願聽？

　　錢德洪等人認為這是一個再簡單不過的問題，不願意聽的當然是一些腦子不開竅的人。但王陽明不是這樣看，他認為是錢德洪等人還沒有放下架子：「你們擺着一付聖人的架勢去與人講學，人家見到聖人來了，都害怕，於是都走了。你們應該將自己看作是愚夫愚婦，才可以去與人講學。」（《傳習錄下》）

　　王陽明是這樣教人的，也是這樣勵己的。在他看來，學問和事功是相

通的。沒有脫離事功的憑空學問，也沒有背離學問的盲目事功。他是以做
學問的辦法去做具體的政務、軍務，又在政務、軍務中提煉學問。而且，
他在任何場合下都可以與「愚夫愚婦」談得來，因此，在任何場合中都可
以從「愚夫愚婦」的口中，得知真實的情況。

六、平定田州，只在談笑之間

　　由於有這套不恥下問的功夫，王陽明初到梧州，就已經將田州岑猛事
情的前因後果厘出了頭緒。在嘉靖六年（1527 年）十二月初一日的《赴
任謝恩遂陳膚見疏》中，王陽明提出，瑤民、僮民的鬧事，既有其自身對
政府法令的漠視，也有地方官處置的失措，而且主要原因還在於後者。所
以，他對前任姚鏌等人動輒採用武力、從而導致矛盾激化進行了尖銳的批
評，他認為：

　　一、岑猛父子作亂，很大程度上因為當時任事的官員調度失宜，又千
方百計敲詐勒索所致。

　　二、就算岑猛父子有罪，帶頭作亂者也不過幾人。岑猛父子既然已被
誅殺，就應該安撫好那些跟着鬧事的無知瑤民、僮民。但任事官員卻想斬
盡殺絕，致使又有盧蘇、王受之亂。

　　三、盧蘇、王受並不是一貫為惡者，本可進行安撫，但任事官員又想
憑武力將其制服。於是不顧上萬瑤民、壯民的死活，也不顧竭盡兩廣的財
力、物力，調動三省軍隊，幾千里內兵連禍結，男不得耕，女不得織。

　　四、既然已經調動軍隊，就應速戰速決，卻又佈置失當，致使我軍雖
然人多勢眾，卻兵無鬥志。兩年之中，所用狼兵、達兵、土兵、漢兵不下
數萬，所費銀兩不下數十萬，卻仍奈何不了盧蘇、王受。

　　五、以前田州及思恩只設土官，每年須出土兵幾千人聽朝廷調遣，岑

猛就曾往江西幫助平定「山賊」。自從廢土官、設流官，無土兵可調，朝廷反要征調幾千民兵，以防土人反覆。特別是田州與交阯接鄰，深山絕谷之中，瑤民、壯民結寨而居，少則百人，多則上千。如果以土官治土民，還可借其兵力，為朝廷屏障；如果盡殺其人，改土歸流，等於自撤藩籬。

根據上述理由，王陽明向朝廷提出了一個以撫代剿、土流並用的方案 [1]，為了保證自己的方案得到朝廷的批准，他又分別給大學士楊一清及在京中的弟子黃綰、方獻夫去信打招呼。

對楊一清，王陽明在信中不便多言，只是感謝他的「知己之愛」，以取得支持。而在給黃綰和方獻夫的信中，王陽明明確表示：思恩、田州之事，本來無關緊要，只是從前張皇太過，後來就難以收拾，所謂生事則事生，如此而已。如果朝廷同意疏中所說的以撫為主，土流並設，事情就好辦多了，也省得多有殺傷。對於民變，無論是漢民的民變還是少數民族的民變，王陽明的一貫主張，是能不殺人則決不殺、能少殺人則決不多殺。

不出王陽明所料，他的奏疏下到兵部，兵部尚書王時中立即提出了五條理由，予以駁斥。但由於事先給楊一清打了招呼，又有已經是禮部尚書的方獻夫和詹事府少詹事兼侍講學士黃綰的疏通，內閣替皇帝起草批覆：「王守仁才略素優，論奏必有所見。但未經詢謀僉同，恐非定論，令與鎮巡等官熟計以聞。其應施行者，亦許以便宜從事。」 [2]

雖然說「恐非定論」，但仍「許以便宜從事」，其實就是批准。有了這道批覆，王陽明可以按自己的意圖辦事了。其實在得到朝廷批覆之前，王陽明就已經將行營搬到潯州（今廣西桂平），遣散了前任巡撫從各地調來

1 《明史·王守仁傳》說：「詔守仁以原官兼左都御史，總督兩廣兼巡撫。」又說：「守仁在道，疏陳用兵之非，且言思恩未設流官，土酋歲出兵三千，聽官征調。既設流官，我反歲遣兵數千防戍。」云云。按嘉靖六年七月初七日皇帝給王陽明的「敕諭」，是「特命爾提督兩廣及江西、湖廣等處地方軍務」。是王陽明為總督四省軍務，而不僅僅是兩廣。而王陽明疏陳用兵之非，是在抵達梧州開府之後，而不是「在道」。（參見《陽明全書》卷 14《赴任謝恩遂陳膚見疏》、《奏報田州思恩平復疏》。

2 《明世宗實錄》卷 86，嘉靖七年三月乙未。

的幾萬軍隊，只留下幾千湖廣永順、保靖地方的土兵，而且下令解甲休息。

盧蘇、王受等人鬧事本來就是迫不得已，官軍大兵壓境，巡撫等官為了挽回自己的面子，非欲置之死地而後快。盧蘇等人求生不能、求降不得，只得負隅頑抗。官軍竟然也奈何他不得。自從聽說王陽明總督四省軍務，領兵進剿，盧蘇等人十分緊張，都知道這位「陽明子」來者不善。以前大帽、桶崗、橫水、浰頭「山賊」鬧騰了三十年，但在一年之內，竟然被王陽明逐個剿滅；寧王朱宸濠為了奪取皇位，苦心經營了十多年，結果在一個多月裏，就被王陽明即刻收拾。後來消息傳來，說王陽明這次到廣西，知道瑤民、壯民鬧事實出無奈，已經上奏朝廷，並且得到批准，要進行招撫。蘇受等人開始不信，等見包圍他們的軍隊都先後調離，蘇受等不能不相信了。

嘉靖六年（1527年）十二月二十六日，王陽明將行營搬到了離田州、思恩更近的南寧府（今廣西南寧），盧蘇、王受也派頭目黃富等來到南寧，一面向王陽明訴苦，表示願意受撫，一面也想探探虛實。王陽明讓來人傳話，如果盧、王二人果然誠心受撫，就應該敢於承擔責任，親自到總督衙門來認罪。

盧蘇、王受召集大小頭目商議，如果繼續與官兵對抗，恐怕沒有好結果。但這位王總督曾經有過誘殺浰頭首領池仲容的行為，誰能保證他不用對付池仲容的手段對付自己？因此，也不能不心存疑懼。只是朝廷招撫的消息已經傳遍廣西，部下議論紛紛，人心浮動，不挺身而出也不行了。左思右想，也顧不得許多，將能夠招來的部屬，統統帶到南寧去。嘉靖七年（1528年）正月二月二十七日，各路頭目陸陸續續到齊了，一共有七萬多人。盧蘇、王受命眾人都在南寧城外駐扎，他們二人則進城去，要看總督如何處置。

王陽明聽說盧蘇、王受將部屬駐扎在城外，心中暗自發笑，越是這樣，越是說明心虛。但二人能夠挺身而出，進到南寧，卻也不失為英雄好

漢。王陽明將二人召到大堂，一條一條歷數他們的罪行。二人一邊聽，一邊不住口地認錯。王陽明早已決定不用武力，並要借助盧、王二人安撫地方，但他們領頭鬧事卻也不能不有所懲罰，否則，一有事情、一受委屈就扯旗造反，天下哪裏還有太平？王陽明命武士將二人拖翻在地，就在大堂上施以杖刑，然後宣佈，以往的事情一筆勾銷，盧蘇、王受立即釋放。

盧蘇、王受萬萬也想不到，領頭鬧了幾年事，致使官府折兵耗餉，受一頓棍棒就算了結，不禁千恩萬謝，感激涕零。王陽明同他們一起出城，安撫部眾。七萬多瑤、僮民眾，聽說官府赦免了他們，歡聲雷動。

王陽明讓盧蘇等人遣散部眾，各回原來的居住地，等候朝廷的處理。自己則召集幕僚，商議擬定送往朝廷的奏疏。在嘉靖七年（1528 年）二月初二日的這份名為《奏報田州、思恩平復疏》的報告中，王陽明陳述了招撫盧蘇、王受的經過，分析了用兵的十條禍害、招撫的十大便利。根據這些分析，王陽明提出了善後措施。根據多年的經驗，王陽明認為這善後的妥當與否，比用兵或招撫更為重要。處理得當，可以有相當時間的太平；處理不當，也許自己前腳離開廣西，大亂後腳就要發生。

朝廷的批文很快就下到了南寧。根據王陽明的建議，將田州府改名為田寧府，設流官知府。在八甲地區另設土官田州，由岑猛的小兒子岑邦相暫領州事，等有功於朝廷之後，再升知州。又設十九個土官巡檢司，讓盧蘇、王受等人任巡檢。田州及巡檢司土官均受流官知府的節制。同時，思恩府也採用流官知府統馭土官知州的辦法。[1]

破山中賊易，破心中賊難，這是王陽明在贛州時得出的結論。田州的「山中賊」是受了招撫，但「心中賊」卻不是靠招撫可以做得到的。王陽明將在廣東揭陽縣任主簿的弟子季本調到南寧，主持敷文書院；又因來南寧遊學的福建生員陳大章通曉禮儀，讓他在府學中專門教學生的禮儀。田州

---

1 但在王陽明去世之後，林富為巡撫，對王陽明的這些設置作了一些調整，廢除了田寧府，將田州遷回原址，見《明史》卷 45《地理志六》；卷 318《廣西土司二》

府學缺乏生源，王陽明命廣西按察司提學官動員其他地區的學生來田州讀書，官府給予優厚的待遇。同時，「心中賊」並非只存在於「山中賊」的心中，更加存在於各級官員的心中，王陽明告誡廣西各地漢族官員，要克制心中的私欲，要廉潔奉公，善待各族民眾。要希望通過這些辦法，在廣西少數民族地區推行教化，安定一方。

七、襲破八寨，又是功高遭忌

就在明朝政府的注意力集中於田州、思恩的時候，有幾股力量更大的瑤民，正以大藤峽、八寨為據點，四出活動，劫掠州縣。

「大藤峽」位於今天廣西桂平西北約六十里處，與三百年後「太平天國」「首義」的金田村只有一山之隔，明朝屬廣西布政司的潯州府桂平縣（今桂平市）。當時的「大藤峽」泛指包括今日沿柳江——黔江——潯江一線的柳州、象州、武宣、桂平、平南、貴縣、藤縣、梧州等地，東西數百里長、南北上百里寬的瑤族和壯族居住區。

「八寨」是指明代思吉、周安、落洪、古卯、羅墨、古缽、古憑、都者等八個瑤民村寨，都在今天廣西永福縣境，明朝則屬廣西布政司桂林府古田縣，在大藤峽以北三百多里。

大藤峽和八寨地區與田州、思恩一樣，從唐宋以來就屬羈縻州縣，土司土官實際上就是大大小小的酋長頭目。一方面，隨着階級分化的加劇，各峒各寨內部的階級矛盾也趨於激化；另一方面，隨着中央政府在這些地區推行的改土歸流政策以及漢民的遷入，漢官、漢軍、漢民欺壓當地土著居民也導致了民族矛盾的激化。明朝建立以後，這些地區一直沒有安寧過，其中有因民族壓迫而導致的民族鬥爭，也有因官府包括漢官和土官對瑤民、壯民的剝削而引起的階級鬥爭，還有土司土官即少數民族的酋長頭

目挑起的民族仇殺。

當今嘉靖皇帝的祖父成化皇帝剛即位的時候，發生了大藤峽瑤民的鬧事。瑤民們攻城池、殺官吏、放囚犯、搶財物，所過之處，玉石俱焚，整個廣西東部和廣東西南部地區幾乎都遭到洗劫。當時朝廷派都御史韓雍領兵二十萬，搗毀了大藤峽，並將「大藤峽」改名為「斷藤峽」。但時隔不久，瑤民們又一度攻陷了潯州府。八寨瑤民更是兇猛，而且擅長製造利鏢毒弩。成祖永樂時期，鎮守廣西的總兵官韓觀曾經調動幾萬軍隊進剿，也無功而還。

王陽明這次以南京兵部尚書、都察院左都御史總督四省軍務，又兼着巡撫兩廣，雖然朝廷只是要他處置田州、思恩的盧蘇、王受，但平定大藤峽、八寨瑤民鬧事也理所當然在其職責之中。

不知是早有成算，還是突然間心有靈犀，王陽明在遣散盧蘇等部和遣返湖廣土兵時，令廣西布政使林富、副總兵張佑，帶着右江官兵及盧蘇的田州、思恩土兵直取八寨，令廣西布政司參議汪必東、按察司副使翁素及僉事張賜，帶着左江官兵及湖廣永順、保靖土兵直取大藤峽。這次軍事行動是在遣散土兵的煙幕下進行的，所以極為隱祕。大藤峽和八寨的瑤民根本沒有想到官兵會突然襲擊，猝不及防，被殺三千多人，大小據點都被官兵摧毀。到嘉靖七年（1528 年）七月，一個月的時間，令官府頭痛了一百多年的八寨及大藤峽鬧事瑤民，竟然被王陽明這樣輕而易舉地平滅了。

平田州、思恩，平大藤峽、八寨，兩次行動都出乎人們的意料之外。朝廷讓王陽明總督四省軍務，是要對田州、思恩用兵進「剿」，沒想到王陽明卻用了「撫」；大藤峽、八寨折騰已久，朝廷對這兩個地方的用兵已沒有信心，只是極力「撫」，沒想到王陽明卻用了「剿」。而且無論是撫是剿，都沒有另外調動一兵一卒，也沒有向朝廷索要一分一毫的軍餉。這在明朝又是上百年沒有聽說過的事情。

消息傳開，朝野上下都驚異無比，這難道是真的？莫非王陽明在欺瞞

朝廷、糊弄百姓？嘉靖皇帝頭一個覺得不可信。他親筆寫了手詔給內閣，詢問王陽明是否誇大其詞，並問及王陽明的學問是否真像反對者所說的那樣，實為「偽學」。兵部對此事也不相信，所以對王陽明為將士請功的要求遲遲不作答覆。戶部也不相信，表示要對王陽明提出的增設州縣的報告進行勘覆。

但是，實權派人物，楊一清、張璁和桂萼，完全相信廣西的事情是真的，只是出於各自的打算，表現也就各不相同。

首輔楊一清心如明鏡，他自己就精通兵法，加上有「總制三邊」的經歷，虛者實之，實者虛之，這是用兵的常道，也正符合王陽明的性格。但是，黃綰在奏疏中對他的不恭敬，一直使他耿耿於懷，父債子償，徒債也得師償。楊一清恨黃綰，也就連帶恨上了王陽明。所以他對皇帝提出的疑問，不置可否。

新任吏部尚書桂萼當初是被張璁拖着推薦王陽明的，如今王陽明在廣西立了大功，桂萼覺得有些不自在。他希望自己在各方面能夠超過張璁，於是向王陽明傳話，讓王陽明借平定大藤峽和八寨的餘威，出兵奪取交阯。王陽明沒有理睬。桂萼惱羞成怒，攻擊王陽明「征撫兩失」。

唯有張璁顯得非常大度。他不住口地稱讚黃綰向他推薦王陽明是知人，並且心悅誠服地表示：今日才知王公無人可及。但楊一清和桂萼決心要封住王陽明進京的道路，張璁也就不再多事了。

對於當權者們的態度，王門弟子黃綰、方獻夫以及霍韜等人大為不滿。霍韜當時已是詹事府詹事兼翰林院掌院學士，當權派的這種態度，不禁拍案而起，他給皇帝上了一道長達三千字的《地方疏》，為王陽明鳴不平：

> 諸瑤為患積年，初嘗用兵數十萬，僅得一田州，旋復召寇。
> 守仁片言馳諭，思、田稽首。至八寨、斷藤峽賊，阻深崖絕岡，

國初以來未有輕議剿者，今一舉蕩平，若拉枯朽。議者乃言守仁受命征思、田，不受命征八寨。夫大夫出疆，有可以安國家、利社稷，專之可也。況守仁固承詔得便宜從事者乎？守仁討平叛藩，忌者誣以初同賊謀，又誣其輦載金帛。當時大臣楊廷和、喬宇飾成其事，至今未白。夫忠如守仁，有功如守仁，一屈於江西，再屈於兩廣，臣恐勞臣灰心，將士解體，後此疆圉有事，誰復為陛下任之？[1]

對於霍韜的質問，皇帝只是批了三個字：「知道了。」皇帝到底是知道了王陽明在廣西的勞苦和功業，還是知道了王陽明的學術本為正道，或者是知道了霍韜在為王陽明打抱不平、在指責自己賞罰不明，卻沒有人能知道。除了派一位在當時微不足道的行人馮恩去兩廣獎勵王陽明、招撫田州盧蘇外，朝廷再也沒有下文。而此時的王陽明，身體已經十分虛弱。

八、最後的行程

嘉靖七年（1528 年）九月初八日，王陽明在廣州迎接朝廷派來的使者行人馮恩。這時他已臥病一個月了。

馮恩是南直隸松江府華亭縣人，嘉靖五年（1526 年）的新進士，朝廷派他到兩廣去嘉獎王陽明，可見對王陽明在廣西的所作所為並不重視。但是，對馮恩來說，此行卻是一種機緣。他是王學的信徒，又極具個性，有一股捨身赴義的氣概，所以後來得了「四鐵御史」的雅號。[2] 到廣州後，宣

1　這段文字引自《明史·王守仁傳》，屬《明史》作者的節錄，《陽明全書》卷 38 收錄了全文。

2　《明史·馮恩傳》載，馮恩因言事得罪，朝審時起立不屈，力斥當權者誤國。當他被押出長安門時，北京市民觀者如堵，稱其為「四鐵御史」，即口如鐵、膝如鐵、膽如鐵、骨如鐵。

讀完朝廷的旨意，馮恩要求入王門，成了王陽明的關門弟子。

在這段時間裏，最令王陽明感到意外而又激動的是，當乘舟從廣西東返時，船夫突然指着眼前的一片沙灘說道：這裏叫烏蠻灘，又叫伏波廟前灘。王陽明一聽「伏波」二字，不覺眼前一亮。四十多年前自己從居庸關回北京時，曾經夢見過自己拜謁漢伏波將軍馬援的廟，還在夢中寫過一首詩，至今歷歷在目。沒曾想人到暮年，還真的路過馬援廟。他命船夫將船靠岸，在侍從的攙扶下，來到破舊不堪的馬援廟。廟雖然破舊，廟中所塑的馬援像卻和自己四十多年前在夢中見到的一樣，不禁大為驚訝：人生多少事情，竟是這樣難以捉摸。

　　四十年前夢裏詩，此行天定豈人為！
　　徂征敢倚風雲陣，所過須同時雨師。
　　尚喜遠人知向望，卻慚無術救瘡痍。
　　從來勝算歸廊廟，恥說兵戈定四夷。

　　樓船金鼓宿烏蠻，魚麗群舟夜上灘。
　　月繞旌旗千嶂靜，風傳鈴柝九溪寒。
　　荒夷未必先聲服，神武由來不殺難。
　　想見虞廷新氣象，兩階干羽五雲端。

（《謁伏波廟二首》）

　　到廣州後，王陽明抱病去了一趟廣州以東的增城，祭祀五世祖王綱。

　　王綱擅長文學，見識過人，元末明初時在浙東一帶頗有名氣。劉基年輕時將其視為師友，後來又將他推薦給了明太祖。那時王綱已經年近七十，卻精神爽朗、應對敏捷，明太祖很是高興，讓他做了兵部郎中，後來又升為廣東參議，往潮州安撫百姓。

到潮州後，王綱不用一兵一卒，只帶上自己十六歲的兒子彥達，駕着一隻小船，尋訪故老，安撫潮民。幾年一直不得安寧的潮州，竟然從此太平無事。但王綱在回廣州途經增城時，卻落入一群海盜之手。海寇們逼着王綱做他們的頭目，王綱不從，竟被殺害。

王綱死後，當地官府在他遇害的地方建廟祭祀。事情過去了一百多年，這裏早已是牌毀廟塌。如今王陽明巡撫兩廣，是廣東、廣西兩省的最高長官，增城地方當局重建了王綱廟，作為對上司的效忠，並將王陽明請到增城祭祀。

王陽明抱病來到增城，在王綱的牌位前勉強盡禮。除了一線血脈，王陽明對這位先祖不可能有太多的情感。倒是路過增城湛若水的故居，更激起王陽明無限的思念。

他在這裏留下了平生最後的兩首詩：

> 我聞甘泉居，近連菊坡麓。
> 十年勞夢思，今來快心目。
> 徘徊欲移家，山南尚堪屋。
> 渴飲甘泉泉，飢餐菊坡菊。
> 行看羅浮雲，此心聊復是。

（《題甘泉居》）

> 我祖死國事，肇禋在增城。
> 荒祠幸新復，適來奉初蒸。
> 亦有兄弟好，念言思一尋。
> 蒼蒼蒹葭色，宛隔環瀛深。
> 入門散圖史，想見抑膝吟。
> 賢郎敬父執，童僕意相親。

病軀不遑宿，留詩慰殷勤。

落落千百載，人生幾知音？

道通著形跡，期無負初心。

（《書泉翁壁》）

雖然因為學術上的分歧，王陽明和湛若水這些年來連書信也通得很少，但年輕時和湛若水的友情、湛若水對自己的啟發，王陽明卻是畢生也難以忘懷的。

九、「此心光明，亦復何言」

從增城回到廣州，王陽明的身體極度虛弱，正在度過他一生之中的最後時光。紫禁城裏的皇帝在霍韜等人的奏疏上不管批下多少次「知道了」，但這件事他是不知道的，後來知道了也又是一個不相信。

襲破八寨、大藤峽之後，王陽明在向朝廷報捷的同時，也向朝廷陳訴了自己的病情，希望朝廷讓他回家鄉治病，並推薦原廣西布政使、現任鄖陽巡撫林富接替自己的職務。但將近三個月過去了，卻未見朝廷的批文。

嘉靖七年（1528 年）十月初十日，王陽明給皇帝寫了此生最後一道奏疏《乞恩暫容回籍就醫養病疏》：

臣自往年承乏南贛，為炎毒所中，遂患咳嗽之疾，歲益滋甚。其後退伏林野，雖得稍就清涼，親近醫藥，而病亦終不能止。但遇暑熱，輒復大作。去歲奉命入廣，與舊醫偕行，未及中途，而醫者先以水土不服，辭疾歸去。是後，既不敢輕用醫藥，而風氣益南，炎毒益甚。今又加以遍身腫毒，喘嗽晝夜不息，心

惡飲食，每日強吞粥數匙，稍多輒又嘔吐。

　　當思恩、田州之役，其時既已力疾從事。近者八寨既平，議於其中移衛設所，以控制諸蠻，必須身親相度，方敢具奏，則又冒暑興疾，上下嚴谷，出入茅葦之中。竣事而出，遂爾不復能興。今已興至南寧，移　舟次，將遂自梧（州）道廣（東），待命於韶（州，今廣東韶關）、雄（南雄）之間……惟陛下鑒臣一念報主之誠，固非苟為避難以自偷安，能憫其瀕危垂絕不得已之至情，容臣得暫回原籍就醫調治，幸存餘息，鞠躬盡瘁，以報陛下，尚有日也。

　　這道奏疏的主要部分是真實的，但說「今已興至南寧，移臥舟次，將遂自梧道廣，待命於韶、雄之間」卻不是事實。

　　二十天之前，也就是九月二十日，王陽明還上了一道《獎勵賞賚謝恩疏》。在這個《謝恩疏》中，王陽明明明寫着這樣一段話：「本年九月初八日，該行人馮恩賚捧敕書並前項彩幣銀兩等項，到於廣州府地方奉迎入城，當除望闕謝恩、欽遵收領外，臣時臥病牀褥，已餘一月，扶疾興伏，感激惶懼，顛頓昏眩，莫知攸措。」他不可能在十月十日之前又返回到南寧去。

　　而在九月底給養子正憲的信中，王陽明也說：「八月廿七日南寧起程，九月初七日已抵廣城。病勢今亦漸平復，但咳嗽終未能脫體耳。養病本北上已二月餘，不久當得報。即逾嶺東下，則抵家漸可計日矣。」又說：「我至廣城已逾半月，因咳嗽兼水瀉，未免再將息旬月，候養病疏命下，即發舟歸矣。」

　　可見，王陽明從八月二十七日離開南寧，九月初七到廣州，便一直在廣州等待朝廷的旨意。但是，十月初十日的奏疏送出去又是一個多月，仍然沒有朝廷的消息。當然，朝廷即使有答覆，也不會這麼快，不要說是往

返路途遙遠，就是朝發夕至，朝廷也要對王陽明奏疏的真偽程度進行核實。

　　不過這也難怪朝廷。自從出仕以來，在王陽明給朝廷的奏疏中，幾乎每次都要說自己身體不好，都要說自己力不從心。但每次他又出人意料之外地將事情辦得那麼漂亮、那麼圓滿、那麼令人嫉妒。不僅如此，每次還都有閑暇時間與人講學。這哪裏像是有病？分明又是在向朝廷要挾。而且，這一朝天子嘉靖皇帝是不好糊弄的，楊一清、張璁、桂萼也都是個個精明過人。他們要看王陽明下一步如何動作。

　　但王陽明這時已不願考慮朝廷將會如何答覆他的請求，他也沒有時間去等待朝廷的答覆。在家鄉紹興和餘姚，還有那麼多的弟子在等他回去，在等他為他們解惑答疑，他也有許多新的想法要和弟子們切磋。

　　十一月中，王陽明覺得咳嗽稍微好了一些，但兩腳卻無法站立。他擔心再拖下去咳嗽會繼續加重，甚至覺得，再拖下去自己未必能夠回到老家和妻子團聚，便不等朝廷的批覆，徑自啟程北歸。廣東布政使王大用是王陽明的學生，他親自用船將老師送到南雄，然後又護送老師棄舟登陸，翻越大庾嶺，前往南安府。

　　南安府的推官周積也是王陽明的弟子，他已為老師安排好了繼續北上的船隻。王陽明上了船，又是一陣劇烈的咳嗽。周積看着瘦骨嶙峋、氣喘不已的老師，心中一陣難過，眼淚情不自禁就下來了。王陽明向他擺了擺手，問道：「你近來學問可有進步？」周積止住悲聲，一五一十說起自己在南安推官任上處理過的事務。他知道，老師從來就不主張拋開事功論學問。王陽明一面聽，一面點頭，他為這個弟子對自己學說的理解而高興。

　　嘉靖七年十一月二十九日（1528 年 1 月 9 日），王陽明乘船來到南安府的青龍鋪。昨天昏昏沉沉地睡了一整夜，今天早上他覺得精神似乎比昨天要好些，但侍立在艙內的周積等人卻感到情形不妙。周積問道：先生可有交代？王陽明搖了搖了：「他無所念，平生學問方才見得數分，未能與吾黨共成之，為可恨耳！」說罷，強睜雙眼，嘴角動了動。周積趕忙俯下身

子，問道：「老師想說什麼？」

王陽明微微笑道：「此心光明，亦復何言？」

周積雙目流淚，俯下身去，想拍拍老師還有什麼話要交代。但見老師雙目緊閉，已經走到了生命的盡頭。[1]

十、千古毀譽，聽其自然

王陽明去世的消息通過信使傳到北京，最先得知這一消息的當權者是吏部尚書桂萼。這是一位睚眥必報、爭強鬥狠的人物，無論是在臺上還是臺下，王陽明所表現出來的不冷不熱、不亢不卑的態度，都使桂萼感到難以容忍。王陽明雖然已經去世，桂萼仍然不依不饒，劾其「擅離職守」。嘉靖皇帝朱厚熜竟然也認為王陽明不等批覆便自行離任，是蔑視朝廷，命群臣議罪。朝廷的這種表現，實在是太不近人情了，也令人心寒。

由桂萼主持的廷議對王陽明的一生作了如下的「蓋棺定論」：

> 守仁事不師古，言不稱師。欲立異以為高，則非朱熹格物致知之論；知眾論之不予，則為《朱熹晚年定論》之書。號召門徒，互相倡和。才美者樂其任意，庸鄙者借其虛聲。

---

1 關於王陽明在南安去世，當時有許多傳說，而以鄺露《赤雅》所載最具代表性。傳說南安有一老僧，在王陽明到南安前的幾天突然在寺中密室坐化。王陽明從廣東北歸到南安，來到寺中，卻見這位容貌猶生的老僧身旁的牆上有幾句偈語：「五十七年王守仁，啟吾鑰，拂吾塵，問君欲識前程事，開門即是閉門人。」王陽明這年正是 57 歲，見了偈語，不禁愕然，幾天之後便去世了。而王陽明的最終遺言，錢德洪的《陽明先生年譜》載：「此心光明，亦復何言？」黃綰的《陽明先生行狀》則載：「他無所念，平生學問方才見得數分，未能與吾黨共成之，為可恨耳！」這兩段話其實都與王陽明臨終時的處境和心情相符，所以同錄之。

傳習轉訛，背謬彌甚。但討畬賊，擒獲叛藩，功有足錄。宜免追
奪伯爵以彰大信，禁邪說以正人心。（《明史‧王守仁傳》）

「廷議」有所保留地肯定了王陽明的事功，卻全面徹底地否定了王陽
明的學說，稱之為「邪說」、「偽學」。根據廷議的結論，再加上自己的認
識，嘉靖皇帝保留了王陽明生前「新建伯」的爵號，但子孫後代不得世襲，
至於功臣死後朝廷應該給予的優恤等等，也一概免去。

朝廷有朝廷的標準，輿情有輿情的公論。所謂「公道在人心」，與朝
廷的冷漠形成鮮明對照的是，王陽明輿櫬所過之處，南安、贛州、吉安、
臨江，百姓遮道，哭聲震地；因學術觀點而與王陽明有芥蒂的退休大學士
費宏、禮部尚書汪俊，也趕到貴溪迎候輿櫬。弟子錢德洪、王畿剛剛離開
紹興，準備北上赴京參加會試，得知老師逝世的消息，決定放棄會試，一
面訃告同門，一面掉頭而西，經富陽、桐廬、衢州、常山、玉山、上饒，
與王陽明養子正憲一道，在江西弋陽迎候王陽明的輿櫬。嘉靖八年（1529
年）二月四日，王陽明的輿櫬抵達紹興。

從這以後，一直到嘉靖八年（1529 年）十一月十一日落葬，前來憑
弔的人們絡繹不絕。他們之中，有王陽明的生前好友湛若水、伍文定、劉
節、龍光等；有廣西、廣東、江西、浙江等省，紹興、杭州等府，山陰、
會稽、餘姚等縣的官員。門人之中，已是大學士的方獻夫，以及黃綰、歐
陽德、鄒守益、魏良弼、薛侃、王臣、黃宗明、翁萬達、陸澄、萬潮、應
良等，紛紛從各地趕來憑弔。多的時候，同一天抵達紹興的竟然有上百
人。不少友人和弟子從江西一直將輿櫬護送到紹興，接着又在紹興操辦
喪事。

黃綰再一次表現出為捍衛師門不惜兩肋插刀的義氣。他在疏中歷數王
陽明的四大功：平寧王宸濠叛亂、平閩粵贛邊境「山賊」、招撫廣西「夷
民」、襲破八寨及大藤峽瑤民據點。又將王陽明的學說歸結為「三大要」：

一為「致良知」，「致知」之說出於孔子，「良知」之說出於孟子，是繼承先聖之說；二為「親民」，「親民」出於《大學》舊本，是先聖的真傳；三為「知行合一」，這是發展先聖的學說，號召人們言行一致。最後，黃綰慷慨陳詞：

> 是守仁之學，弗詭於聖，弗畔於道，乃孔門之正傳也。可以終廢其學乎？然以（桂）萼之非守仁，遂致陛下失此良弼，使守仁不獲致君堯、舜，誰之過與？臣不敢以此為（桂）萼是也。況賞罰者，御世之權。以守仁之功德，勞於王事，乃常典不及，削罰有加，廢褒忠之典，倡黨錮之禁，非所以輔明主也。守仁客死，妻子孱弱，家童載骨，藁埋空山，鬼神有知，當為惻然。（《年譜三》）

皇帝朱厚熜念議禮之功，沒有和黃綰計較，卻也不予以理睬。

中國古代政治的一大弊病是皇位的終身制，這種制度直接造成了政策的僵化。任何政治積弊，只要皇帝不死，便無法革除；任何冤假錯案，只要皇帝不死，便不得平反。在這種政治體制下，皇帝的短命和新陳代謝的加速，有時倒是幸事。但嘉靖皇帝儘管身體不好，卻硬是活了六十歲，做了整整四十五年皇帝，成了明朝亨年僅次於太祖、成祖，在位時間僅次於神宗的長壽君主。因此，王陽明的這樁公案也硬是被壓了四十年，不讓翻身。但王學卻在全國範圍內迅速傳播。

嘉靖九年（1530 年）五月，門人薛侃及董澐、劉侯等人，在杭州城南十里王陽明曾經遊歷過的天真山，建起了一座可容納一百多人住宿的書院，以宣傳王學。鄒守益、歐陽德、方獻夫等人在書院興建時，專程從北京、南京等地趕來，親自搬磚運瓦。

嘉靖十一年（1532 年）正月，由大學士方獻夫發起，兵部侍郎黃宗

明，翰林編修歐陽德、程文德、楊名，六科給事中戚賢、魏良弼、沈謐，南京禮部侍郎黃綰，以及錢德洪、王畿等王門弟子四十多人，在皇帝和當權派們的眼皮底下京師慶壽山房集會，相互激勵，共倡師學。

嘉靖十二年（1533年），已為南京國子監司業的歐陽德，與同門季本、許相卿、何廷仁、黃弘綱、劉陽、錢德洪等，或聚會於南京僧寺，或開講於南京國子監，王學的信徒們聞風而至。

嘉靖十三年（1534年），鄒守益在南京國子監祭酒任上致仕，與同門劉邦采、劉文敏等在安福建復古、復真、連山書院，合原先劉邦采所創的「惜陰會」，為四鄉會，宣傳王學。春秋二季則一齊往吉安青原山，舉行大會。

此後，凡有王門弟子或再傳弟子為官或為鄉紳的地方，無不建立書院及祠堂，既祭祀王陽明，又傳播王學。《陽明年譜》《陽明文錄》，以及《朱子晚年定論》《山東甲子鄉試錄》等單篇文稿也一再印行。特別是王艮在泰州及江北廣大地區聚眾講學，硬是鬧騰出了一個泰州學派。而歐陽德等人則利用主持南北兩京國子監的機會，公開宣講王學。

嘉靖三十二、三十三年間（1553—1554年），王陽明的再傳弟子、聶豹的學生徐階以大學士職務之便，與歐陽德、聶豹等人講會於北京靈濟宮，王門弟子上千人齊集北京，聲勢浩大。而對於這一切，嘉靖皇帝竟然也是開一只眼閉一只眼。他此時一心一意地製作青詞，與上天對話，希望上天讓他延年益壽，人間的事情就多一事不如少一事了。但王陽明要恢復名譽，還得在這位嘉靖皇上仙逝之後。

嘉靖四十五年（1566年）十二月，嘉靖皇帝終於去世了，廟號為「世宗」。繼承皇位的是他的第三個兒子裕王載坖，主持朝政的則是徐階。就像當年武宗去世後由楊廷和主持革除正德年間的積弊一樣，世宗一去世，在徐階的主持下，便對嘉靖年間的積弊進行革除。

引導先帝醉心於齋醮的道士們都被法司收審，所有的齋醮設施一概拆

除；因提意見而被先皇治罪的臣子們都官復原職，死者優待家屬，那位以罵皇帝而著名的戶部主事海瑞，也當即從獄中釋放；嘉靖時的政令，有不利於國家和百姓者，統統予以廢除；百姓拖欠的嘉靖四十三年（1564年）以前的田賦雜稅均予免除，下一年的田賦也只需交納一半。

隆慶元年（1567年）五月，皇恩終於撒向了王陽明的靈魂。這時，方獻夫、黃綰、黃宗明、薛侃、鄒守益、歐陽德等早期王門弟子已先後去世，但耿定向、王好問、辛自修等人卻仍在科道任職。他們聯名上疏，為王陽明頌功。根據吏部和禮部會議的結果，徐階代表皇帝起草了一篇文告，對王陽明的學問、事功乃至性格都進行了全面褒揚：

> 原任新建伯南京兵部尚書兼都察院左都御史王守仁，維岳降靈，自天佑命。爰從弱冠，屹為宇宙人豪；甫拜省郎，獨奪乾坤正論。身瀕危而志愈壯，道處困而造彌深。紹堯、孔之心傳，微言式闡；倡周、程之道術，來學攸宗。蘊蓄既宏，猷為丕著；遺艱投大，隨試皆宜；戡亂解紛，無施弗效。閩、粵之箐窠盡掃，而擒縱如神；東南之黎庶舉安，而文武足憲。爰及逆藩稱亂，尤資杖鉞淵謀。旋凱奏功，速於吳楚之三月；出奇決勝，邁彼淮蔡之中宵。是嘉社稷之偉勛，申盟帶礪之異數。既復撫夷兩廣，旋至格苗七旬。謗起功高，賞移罰重。爰遵遺詔，兼采公評，續相國之生封；時庸旌伐，追曲江之歿恤，庶以酬勞。茲贈特為新建侯，諡文成，錫之誥命……永為一代之宗臣，實耀千年之史冊。（《誥命》）

明朝文臣以軍功封伯爵的，只有王驥、王越和王陽明三人，王驥為靖遠伯，王越為威寧伯，王陽明為新建伯，但死後追贈為侯的只有王陽明一人。諡號為「文成」的，在王陽明之前只有劉基一人。劉基的諡文是「修

治班制，安民立政」，王陽明的謚文則是「勤學好問，安民立政」。[1]

到萬曆十二年（1584 年），在皇帝的親自過問和大學士申時行等人的堅持下，王陽明的牌位被搬進了孔廟，從祀孔子，稱「先儒王子」，成為明代欽定的四位大儒之一，另外三位是薛瑄、胡居仁和陳獻章。

申時行等人在奏疏中對當時的一些輿論進行了慷慨激昂的抨擊。有人說王學是偽學，申時行認為這是不懂王學所致，不屑與辯。有人說王陽明自立門戶，申時行認為，王陽明說「致知」出於《大學》，說「良知」出於《孟子》，是光大聖學，而非自立門戶；如果說光大聖學是自立門戶，則宋儒張載、周敦頤、程顥、程頤及朱熹等人也是自立門戶。有人說王學是禪學，申時行認為，禪學的宗旨是外倫理、遺世務，而王陽明的氣節、文章、功業，近世名臣均不能望其項背，世上哪有如此禪學？有人說崇王學必然廢朱學，申時行引用神宗皇帝的話進行反駁：「王守仁學術，原與宋儒朱熹互相發明，何嘗因此廢彼？」

主持朝政的大學士申時行特別讚賞王陽明的學問和事功並重、讚賞他「知行合一」：

> 大抵近世儒臣，褒衣博帶以為容，而究其日用，往往病於拘曲而無所建樹；博覽洽聞以為學，而究其實得，往往狃於見聞而無所體驗。習俗之沉錮久矣。今誠祀（王）守仁、（陳）獻章，一以明真儒之有用，而不安於拘曲：一以明實學之自得，而不專於見聞。斯於聖化，豈不大有裨乎！[2]

國家需要的是像王陽明這樣腳踏實地、有真才實學、有抱負有作為、能夠安民立政的「真儒」，而不是只知坐談立論、炫耀見識，只知寬衣博

1　王世貞：《弇山堂別集》卷 71《謚法二》。

2　參見《王陽明全集》卷 40《〈明儒王子陽明先生傳（邵廷采）〉》。

帶、搬弄學問，只知上古三代而遠離現實的腐儒。

其實，官方的褒貶從來就只能左右一時的輿論，而不能代表永久的人心。王陽明在生的時候就不在意人言的飛短流長，死後更不會去計較官家的褒貶譽毀。王陽明留給當世的，是他的文章和功業，這是需要官方欽定的；而留給後世的，則是他那雄爽橫放、不鑿不蹈的獨特個性，是他那卓然獨立、自尊無畏的凜然氣節和批判精神。這卻是官方不願認可卻與世俱存的。

王陽明年表

成化八年（1472 年）1 歲
九月三十日生於浙江餘姚，母鄭氏，初名「雲」。

成化十二年（1476 年）5 歲
五歲不言語，遇術士「點破」，改名「守仁」，開口說話。

成化十七年（1481 年）10 歲
父親王華中狀元，授翰林院編修。

成化十八年（1482 年）11 歲
隨祖父北上，賦詩金山寺。

成化十九年（1483 年）12 歲
在北京上里塾。長安街上遇相士，開始有了「做聖人」的念頭，讀朱
熹的書，並且取竹「格物」，百思不得其解，大病一場。

成化二十年（1484 年）13 歲
母親鄭氏去世。其父為會試考官，隨父入場，品評考卷的高下。

成化二十二年（1486 年）15 歲
出遊居庸關，詢「夷」情、逐「胡」兒，開始有「經略四方」之志。
回京後便想上疏朝廷，陳述自己對國家大事的看法，被父親制止。

弘治元年（1488 年）17 歲

七月，往江西南昌完婚，夫人諸氏。新婚之夜，在鐵柱宮與道士論養生，次日才回。

弘治二年（1489 年）18 歲

十二月，與夫人諸氏離開南昌回餘姚，途經廣信，謁名儒婁諒，知「聖人可學而至」。

弘治三年（1490 年）19 歲

祖父王倫去世。

弘治五年（1492 年）21 歲

八月，浙江鄉試中舉。開始熱衷於詞章，並為宋儒格物之學。

弘治六年（1493 年）22 歲

二月，會試下第，不以為恥。歸餘姚，結詩社龍泉山寺。

弘治九年（1496 年）25 歲

第二次會試，下第。留居京師。開始學習兵法。按朱熹的教導，循序漸進地讀書，仍是不得要領。苦思得病，於是有入山修道的想法。

弘治十二年（1499 年）28 歲

第三次會試，名列第二，殿試列二甲第七名進士。觀政工部，督造威寧伯王越墓。星變，上疏陳邊務八事。

弘治十三年（1500 年）29 歲

授刑部雲南司主事。

弘治十四年（1501 年）30 歲

錄囚江北，多所平反。遊九華山，遇道士蔡蓬頭，訪地藏洞異人。

弘治十五年（1502 年）31 歲

回京覆命。對「泛濫於詞章」進行反思，宣稱「焉能以有限精神為無用之虛文」。告病回餘姚。筑室陽明洞，自號「陽明子」，學導引術。自稱能預知未來，同時「悟佛老之非」，認為佛老「播弄精神」、「斷滅種性」。

弘治十六年（1503 年）32 歲

遊西湖，勸僧人還俗。

弘治十七年（1504 年）33 歲

返京。八月，主考山東鄉試，所出試題均與國計民生相關。九月，改任兵部武選司主事。

弘治十八年（1505 年）34 歲

倡言「先立必為聖人之志」，開始講學，被人認為是立異圖名。與湛若水一見定交。

正德元年（1506 年）35 歲

十二月，因上疏言事得罪宦官劉瑾，下詔獄，杖三十，謫貴州龍場驛為驛丞。

正德二年（1507 年）36 歲

夏，取道浙江往龍場。到杭州，疑劉瑾派人行刺，潛入商船，遇風颺到福建。翻越武夷山入江西，再往南京與已是南京吏部尚書的父親告別。

往餘姚辭別祖母。妹婿徐愛及朱節、蔡宗兗等三人請為門人。

正德三年（1508 年）37 歲

春，到龍場謫所。先在茅屋、石洞中棲身，後當地居民為其構筑木屋，取名「龍岡書院」。「龍場悟道」，以為：「聖人之道，吾性自足，何事他求！」

正德四年（1509 年）38 歲

受貴州提學副使席書之聘，主席貴陽書院。致書徐愛，論「知行合一」：「知是行的主意，行是知的功夫。」

正德五年（1510 年）39 歲

三月，至江西吉安，為盧陵知縣，興利除弊。十一月進京，與湛若水、黃綰會於大興隆寺，相與講學，門人漸多。十二月，升南京刑部四川司主事。

正德六年（1511 年）40 歲

正月，調吏部驗封司主事。與王輿庵、徐成之論朱、陸之學，開始公開揚陸貶朱。二月，為會試同考官。十月，升吏部文選司員外郎。這年，吏部郎中方獻夫入王門。湛若水出使安南，大興隆寺的三人會解體。

正德七年（1512 年）41 歲

三月，升吏部考功司郎中。十二月，升南京太僕寺少卿，與徐愛同舟南下，論《大學》宗旨。

正德八年（1513 年）42 歲

二月，回餘姚歸省。五月，與徐愛等遊四明山，借登遊山水，「點化同志」。十月，至滁州上任。門人日進。

正德九年（1514 年）43 歲

五月，至南京，任南京鴻臚寺卿。門人中已有「發高論而背師教者」。

正德十年（1515 年）44 歲

立堂弟守信之子正憲為後。

正德十一年（1516 年）45 歲

九月，升左僉都御史，巡撫南贛汀漳等處。十月，回餘姚歸省。

正德十二年（1517 年）46 歲

正月十六日至贛州。路過萬安時，撫散災民。在贛州等地行「十家牌法」，選練民兵。二月，駐軍上杭，平定福建漳州民變。五月，立兵符，重新編練軍隊。奏設福建平和縣。六月，奏請疏通鹽法，又對南贛稅關進行調整，以鹽稅、商稅補充軍費。九月，改授提督南贛汀漳等處軍務，給旗牌，得便宜行事。十月，平江西橫水、桶崗民變。閏十二月，奏設江西崇義縣。

正德十三年（1518 年）47 歲

正月，殺浰頭流民領袖池仲容等人於贛州祥符宮。三月，平廣東浰頭民變。四月，在贛州等地立社學。五月，奏設廣東和平縣。六月，升左副

都御史。七月，刻古本《大學》及《朱子晚年定論》，全面清算朱學。八月，弟子薛侃等在贛州刻《傳習錄》。當時，弟子集聚贛州，著名者有歐陽德、鄒守益、何廷仁、黃弘綱等。九月，修濂溪書院，贛州成了講學中心。十月，行《南贛鄉約》。這年，徐愛病逝。

正德十四年（1519 年）48 歲

正月，以祖母病危，疏請致仕。六月，奉敕勘處福建兵變。行至豐城，聞寧王宸濠在南昌發難，返還吉安。七月，與吉安知府伍文定等起兵，攻取南昌，並在樵舍生擒宸濠，平定叛亂。八月，武宗自稱「威武大將軍鎮國公總兵官朱壽」，領京軍南下，駐南京；宦官張忠、張永分兩路往江西。九月，將宸濠押至杭州面見張永。十一月，奉敕巡撫江西，遂返南昌，撫安京軍。

正德十五年（1520 年）49 歲

從正月到九月，巡視江西各地。七月，重上《江西捷音疏》。八月，為弟子冀元亨訟冤。閏八月，武宗離開南京返京，江西形勢趨於穩定。九月，王艮赴南昌，入王門。

正德十六年（1521 年）50 歲

正月，始揭「致良知」之教。三月，武宗病逝。四月，世宗繼位。五月，集門人於白鹿洞講學。六月十六日，奉詔入京，乞便道歸省，二十日離開南昌。得旨改升南京兵部尚書參贊機務，並允許歸省。八月，至紹興。九月，至餘姚省祖墳，錢德洪入王門。十二月，封新建伯。

嘉靖元年（1522 年）51 歲

二月，父親王華去世，從此在紹興守制，專一講學。弟子黃弘綱、何廷仁、魏良器、魏良政、薛侃、鄒守益、王艮、錢德洪、王畿、劉文敏、劉邦采等皆追隨左右。紹興知府南大吉入王門。門人大進。京中謗聲騰起，不為之動，聲稱：「無辯止謗。」

嘉靖二年（1523 年）52 歲

二月，會試，以「心學」出題，弟子徐珊不答而出，歐陽德、王臣、魏良弼直抒師說。十一月，在舟中與弟子張元沖論佛老孔子：「儒佛老莊皆吾之用，是之謂大道。」

嘉靖三年（1524 年）53 歲

正月，開稽山書院。八月，宴門人於紹興天泉橋、碧霞池。當時京中大禮議起，門人黃綰、黃宗明及席書、霍韜皆致書請教，不答。十月，門人南大吉續刻《傳習錄》。

嘉靖四年（1525 年）54 歲

正月，夫人諸氏卒。六月，守制期滿，禮部尚書席書力薦入閣：「生在臣前者見一人，曰楊一清；生在臣後者見一人，曰王守仁。」吏部尚書廖紀推為三邊總督。均不報。九月，歸餘姚省祖墓，定每月初一、初八、十五、二十三，在餘姚龍泉寺中天閣講學。十月，門人於紹興城西郭門內光相橋東立陽明書院。

嘉靖五年（1526 年）55 歲

八月，巡按福建監察御史聶豹至紹興，自稱「晚生」，後入王門。十二月，繼室張氏生子，取名「正聰」。

嘉靖六年（1527 年）56 歲

五月，命以南京兵部尚書兼左都御史，總制江西、湖廣、廣東、廣西四省軍務，出征廣西。九月，「天泉證道」。離開紹興，經浙江、江西、廣東，十一月到廣西，開府梧州。

嘉靖七年（1528 年）57 歲

二月，撫平思恩及田州民變。七月，襲破八寨及大藤峽各瑤民據點。十月，以病重疏請解職，不等朝命，發舟東歸。十一月二十九日辰時，病逝於江西南安青龍鋪舟中。

參考文獻

（明）王守仁：《王陽明全集》，吳光、錢明、董平、姚廷樞編校，上海古籍出版社 1992 年編校本。

（明）王守仁：《陽明全書》，中華書局《四部備要》本。

（明）王守仁：《王文成公全書》，商務印書館《四部叢刊》本。

《明太祖實錄》，臺灣「中央研究院」校勘本。

《明太宗實錄》，臺灣「中央研究院」校勘本。

《明仁宗實錄》，臺灣「中央研究院」校勘本。

《明宣宗實錄》，臺灣「中央研究院」校勘本。

《明英宗實錄》，臺灣「中央研究院」校勘本。

《明憲宗實錄》，臺灣「中央研究院」校勘本。

《明孝宗實錄》，臺灣「中央研究院」校勘本。

《明武宗實錄》，臺灣「中央研究院」校勘本。

《明世宗實錄》，臺灣「中央研究院」校勘本。

《明穆宗實錄》，臺灣「中央研究院」校勘本。

《明神宗實錄》，臺灣「中央研究院」校勘本。

《明會典》，中華書局校勘本。

《明史》，中華書局標點本。

《史記》，中華書局標點本。

《漢書》，中華書局標點本。

（明）陳子龍等：《皇明經世文編》，中華書局影印本。

（清）傅維鱗：《明書》，《叢書集成初編》本。

（清）谷應泰：《明史紀事本末》，中華書局標點本。

（清）黃宗羲：《明儒學案》，中華書局標點本。

（清）談遷：《國榷》，中華書局標點本。

（清）查繼佐：《罪惟錄》，浙江古籍出版社標點本。

（清）《御批通鑒輯覽》，《四庫全書》本。

（清）夏燮：《明通鑒》，中華書局標點本。

（宋）歐陽修：《歐陽修集》，中國書店 1986 年版。

（宋）蘇軾：《蘇東坡集》，中國書店 1986 年版。

（宋）朱熹：《晦庵集》，《四庫全書》本。

（宋）朱熹：《四書章句集注》，《四庫全書》本。

（宋）陸九淵：《象山全書》，中華書局《四部備要》本。

（明）朱元璋：《洪武全書》，黃山書社標點本。

（明）朱承爵：《存餘堂詩話》，《叢書集成初編》本。

（明）楊慎：《升庵詩話》，丁福保《歷代詩話續編》本，中華書局
1983 年版。

（明）都穆：《南濠詩話》，《歷代詩話續編》本。

（明）王世貞：《藝苑巵言》，《歷代詩話續編》本。

（明）王世貞：《明詩評》，《叢書集成初編》本。

（明）王世貞：《國朝詩評》，《叢書集成初編》本。

（明）王世貞：《弇州山人續稿》，《四庫全書》本。

（明）王世貞《名卿續記》，《紀錄彙編》本。

（明）王世貞：《弇山堂別集》，中華書局標點本。

（明）顧起綸：《國雅品》，《歷代詩話續編》本。

（明）陸容：《菽園雜記》，中華書局標點本。

（明）都穆：《都公譚纂》，《叢書集成初編》本。

（明）王錡：《寓圃雜記》，中華書局標點本。

（明）王鏊：《守溪筆記》，《紀錄彙編》本。

（明）黃瑜：《雙槐歲鈔》，《叢書集成初編》本。

（明）陳洪謨：《繼世紀聞》，中華書局標點本。

（明）余繼登：《典故紀聞》，中華書局標點本。

（明）唐龍：《漁石集》，《叢書集成初編》本

（明）鄭曉：《今言》，中華書局標點本。

（明）陸粲：《庚巳編》，中華書局標點本。

（明）何良俊：《四友齋叢說》，中華書局標點本。

（明）羅洪先：《念庵集》，《四庫全書》本。

（明）徐渭：《青藤書屋文集》，《叢書集成初編》本。

（明）錢德洪：《平濠記》，《叢書集成初編》本。

（明）耿定向：《先進遺風》，《叢書集成初編》本。

（明）王士性：《廣志繹》，中華書局標點本。

（明）李翊：《戒庵老人漫筆》，中華書局標點本。

（明）顧起元：《客座贅語》，中華書局標點本。

（明）鄒元標：《願學集》，《四庫全書》本。

（明）唐樞：《國琛集》，《叢書集成初編》本。

（明）朱國楨：《湧幢小品》，中華書局標點本。

（明）于慎行：《谷山筆麈》，中華書局標點本。

（明）沈德符：《萬曆野獲編》，中華書局標點本。

（明）趙善政：《賓退錄》，《叢書集成初編》本。

（明）包汝輯：《南中見聞》，《叢書集成初編》本。

（明）鄺露：《赤雅》，《叢書集成初編》本。

（明）劉若愚：《酌中志》，《叢書集成初編》本。

（清）錢謙益：《牧齋初學集》，商務印書館《四部叢刊》本。

（清）錢謙益：《列朝詩集》，上海三聯書店影印本。

（清）錢謙益：《列朝詩集小傳》，上海古籍出版社標點本。

（清）孫承澤：《天府廣記》，北京古籍出版社標點本。

（清）顧炎武：《天下郡國利病書》，商務印書館《四部叢刊》本。

（清）顧炎武《日知錄》，黃汝成《日知錄集釋》，上海古籍出版社影印本。

（清）王士禎：《池北偶談》，中華書局標點本。

（清）朱彝尊：《靜志居詩話》，人民文學出版社 1990 年版。

（清）毛奇齡：《西河文集》，《四庫全書》本。

（清）錢泳：《履園叢話》，中華書局標點本。

（清）紀韻：《四庫全書總目提要》，中華書局影印本。

（清）趙翼：《廿二史札記》，中華書局標點本。

（清）昭槤：《嘯亭雜錄》，中華書局標點本。

（清）潘永因：《宋稗類鈔》，書目文獻出版社 1985 年版。

（清）陳田：《明詩紀事》，上海古籍出版社標點本。

黃雲眉：《明史考證》，中華書局 1980 年版。

李洵：《明清史》，人民出版社 1956 年版。

鄭克晟：《明代政爭探源》，天津古籍出版社 1988 年版。

湯綱、南炳文：《明史》上冊，上海人民出版社 1985 版。

李洵：《（明）正德皇帝大傳》，遼寧教育出版社 1993 年版。

侯外廬等：《宋明理學史》，人民出版社 1987 年版。

陳鼓應等：《明清實學思潮史》，齊魯書社 1989 年版。

李澤厚：《中國古代思想史論》，人民出版社 1986 年版。

楊國榮：《王學通論——從王陽明到熊十力》，上海三聯書店 1990 年版。

陳來：《有無之境——王陽明哲學的精神》，人民出版社 1991 年版。

陳來：《宋明理學》，遼寧教育出版社 1992 年版。

杜婉言、方志遠：《中國政治制度通史·明代卷》，人民出版社 1996 年版。

田守真：《明散曲紀事》，巴蜀書社 1996 年版。

楊國榮：《心學之思——王陽明哲學的闡釋》，三聯書店 1997 年版。

錢明：《儒學正脈：王陽明傳》，浙江人民出版社 2006 年版。

錢明：《王陽明及其學派論考》，人民出版社 2009 年版。

陳正顯：《心運時務：正德時期（1506 — 1521）的王陽明》，（臺北）花木蘭文化出版社 2010 年版。

方志遠：《（明）成化皇帝大傳》，遼寧教育出版社 1994 年版。

方志遠：《明代國家權力結構及運行機制》，科學出版社 2008 年版。

（美）牟復禮等：《劍橋中國明代史》，中國社會科學出版社 1992 年版。

（日）岡田武彥：《王陽明與明末儒學》，上海古籍出版社 2000 年版；重慶出版社 2016 年版。

（日）岡田武彥：《王陽明大傳：知行合一的心學智慧》，重慶出版社 2015 年版。

歐陽琛：《王守仁與大禮議》，《新中華半月刊》第二十卷第七期。

鄭克晟：《王陽明與嘉靖朝政治》，臺灣《明史研究專刊》第十一期。

譚佛佑：《王陽明「主貴陽書院」辨正》，《貴州文史叢刊》1987 年第 1 輯。

程宜山：《王守仁「知行合一」說新探》，《中國哲學史研究》1988 年第 2 期。

陳來：《王陽明與陽明洞——王陽明越城活動考》，《孔子研究》1988 年第 2 期。

方爾加：《禪宗對陽明心學的影響》，《中國哲學史研究》1989 年第 1 期。

張顯清：《試論王陽明心學的歷史作用》，《孔子研究》1990 年第 2 期。

屠承先：《陽明學派的本體功夫論》，《中國社會科學》1990 年第 6 期。

錢明：《第五次中日聯合王陽明遺跡考察紀要》，《浙江學刊》1994 年

第 5 期。

　　王路平：《王陽明謫居龍場遺跡考錄》，《孔子學刊》1994 年第 2 期。

　　李明德：《王陽明的破山中賊與破心中賊》，《孔子學刊》1995 年第 3 期。

　　胡忌：《揚州「瘦馬」論考》，《揚州大學文化史研究所輯刊》第一輯，江蘇古籍出版社 1998 年版。

　　廖心一：《劉瑾「變亂舊制」考略》，《明史研究論叢》第三輯，江蘇古籍出版社 1985 年版。

　　（日）荒木見悟：《陽明學評價的問題》，《中國哲學史研究》1986 年第 3 期。

　　（美）李傑臣：《王陽明朱熹格物觀差異之討論》，《中國哲學史研究》1988 年第 3 期。

附一：

明朝百年啟示錄

一

　　中國歷史上，有兩個朝代我認為需要特別加以關注。一個是西漢，一個是明朝。

　　民國時期的明清史專家孟森從「道義」的角度出發，說漢朝和明朝「得國最正」。理由是，漢高祖劉邦和明太祖朱元璋，都沒有任何家庭背景，都沒有入仕前朝為臣，全憑着自己的人格、本領和運氣，投身於農民戰爭，前者推翻了「暴秦」、後者驅逐了「胡虜」，建立起漢人的王朝。這是孟森先生的思考角度。

　　我的認識是，無論是漢朝還是明朝，都是發育比較完整的朝代，它們都有一個比較長時間的自我發育過程，有一個主要通過社會內部的變化從凋敝走向繁榮而後又步入衰落、衰亡的過程。歷史學最基本的功能，是為現實提供借鑒。所以司馬光編撰的那部偉大歷史著作，就取名為《資治通鑒》。而他的前輩司馬遷寫《史記》，宗旨則是「究天人之際、通古今之變」。我正是從這個角度出發，認為漢、明這兩個朝代特別需要我們關注，特別需要認真加以研究。

　　西漢建立之後，經過對呂氏勢力的制裁，其實是通過一場宮廷政變，進入正常的發展軌道。又通過對異姓藩王和同姓藩王的打擊，建立起比較完整的中央集權國家體制。在經歷了「文景之治」和漢武帝的開疆拓土後，

西漢進入強盛。但在這個過程中，各種社會矛盾、社會問題也逐漸積累、逐漸暴露，並且迅速發展。

十分有趣的是，當時的統治者幾乎都看到了這些問題，都在試圖解決這些問題。偉大的漢武帝甚至低下高貴的頭，向全國人民下「罪己詔」，並且相應調整了各方面的政策。但是，問題並沒有得到解決，社會矛盾繼續發展。於是，在陰陽五行說的推導下，上演了一場「禪讓」的喜劇，由王莽建立「新」朝，取代漢朝。這是當時的「有知之士」為解決社會矛盾共同開出的藥方。他們希望通過更換招牌的方式，讓劉氏漢朝做替罪羊，避免天下大亂，以維護既得利益者的利益。

但是，這個事情沒有做成功，反倒是王莽成了劉氏的替罪羊。綠林、赤眉起義，推翻了新莽，由劉秀建立了東漢，代表着漢朝的「中興」。「王莽改制」遂成歷史笑柄。平心而論，後人其實沒有任何理由嘲笑王莽以及和他一起演出這場大戲的人們。因為他們的大方向是對的，他們的目的是為着解決社會矛盾，只是沒有認清社會的癥結所在，沒有把事情做好。因為社會問題積累得太深，而所有的既得利益者又都不願意放棄自己的利益。這就不是僅僅可以靠改革、靠改良可以解決的了，必須通過一場革命，通過一次大的破壞，重新建立起新的社會秩序、重新分配社會利益。

明朝建立之後，經過明太祖的「重典」治理、經歷了成祖的「靖難」（其實是一場擴大了的宮廷政變），又經過短暫的「仁宣之治」，國家也進入正常的發展軌道。儘管有一個「土木之變」，五十萬明軍土崩瓦解，英宗被蒙古人俘虜，但並沒有從根本上損傷明朝的元氣。恰恰相反，明朝正是從這個時候開始，逐漸進入到多元化社會。

明朝多元化社會的主要特徵是：一、社會價值標準由單一的官本位向仕途、財富、精神文化多元標準演變，從而導致官道、商道、精神文化的相互滲透。二、北京集政治、經濟、文化多元中心於一體的地位受到嚴峻挑戰，蘇州－南京上升為新的文化中心，蘇州、松江、江西、浙江形成大

經濟中心；經濟中心和文化中心相互依託，與政治中心北京分庭抗禮。三、由政府意志主導社會思潮，演變成思想家、文學家、在野「清流」派的思想及小說戲劇所表現的價值觀構成多元化的社會思潮；四、隨着西方近代勢力的滲入，中國傳統「天朝」中心的理念開始受到挑戰，「師夷之長技」在晚明成為先進知識分子為解救王朝危機開出的新藥方。

從世界近代化演進的過程看，多元化社會的形成是時代進步的表現。但在中國歷史上，與多元化社會共生的，總是因財富積累而導致貧富不均、因國家承平而導致因循守舊、因自由過度而導致的規矩喪失、因社會開放而導致渙散動盪，以及國家主導作用的日漸缺失和對外防禦能力的急劇下降。中國歷史上大凡有一定規模並且持續相當時間的朝代，大抵上都在一遍又一遍地演繹着這個樂極生悲的故事。由於統治時期相對較長，使得明朝將這個故事演繹得更為充分，因而也更具有典型意義。

如果把明朝作為一個個案，那麼，這個個案向我們顯示的是：不是通過改朝換代，而是在一個政府的統治下，社會多元化和社會轉型是如何在經濟、文化發展的推動下，在與政治權力相互作用下自發地產生。而在這個社會多元化的過程中，國家主導作用是如何逐漸弱化並最終缺失，致使社會多元化沒有能夠使明代社會轉型到更高的發展階段，卻導致了社會渙散和國家敗亡？是哪些因素導致明朝政府在多元化社會形成之時「以不變應萬變」，並一步步陷於被動？

二

明代從洪武至正統時期（1368 — 1449，明朝的前 80 年），雖然也有過「小陽春」，但大抵上屬嚴峻冷酷的時期。經過元末長時間的全國性戰爭，社會經濟遭受嚴重的破壞。經濟需要復蘇，社會需要穩定，國家權力

強勢控制社會。在此期間，曾經發生過明太祖的嚴懲貪官、濫殺功臣，以及對與明朝持不合作態度的文人實施打擊；也發生過明成祖在「靖難之役」後對建文舊臣的持續鎮壓，還發生過明英宗時期對小說、戲曲的禁止。而且，在洪武、永樂兩朝，通過強制性遷徙，將農民起義時期的「殺富濟貧」演繹為「奪富濟國」。在實施打擊的同時，重開科舉，招攬讀書人，徵求廣泛的社會支持。從此，科舉成為軍功之外通向仕途的「正道」。這可視為明朝君主集權制國家建立後，民眾對政權認同的重要標誌。在當時，誰能考取進士、誰的官做得大，誰就有價值。所以，讀書人的出路只盯住一條：舉業。這才是最有效最體面特別是最符合國家意志的脫貧道路和展示自我價值的方式，「仕途」和「官本位」也成了民眾公認、國家倡導的最基本的社會價值標準。

正統至成化時期（1436 — 1487 年，50 年，距明朝建立約 70 — 120 年），嚴峻冷酷的政治氣氛開始化解。隨着社會經濟的漸次復蘇，社會財富開始積累，各地城市趨向繁榮，人們對物質財富的佔有慾變得強烈起來，統治者的構成也由流氓無產者演變成了社會財富控制者，國家權力對民眾的控制開始鬆解。於是出現了第二種價值標準，財富。誰能夠看準時機發財，那也是本事。於是，棄學經商開始大量出現。這種價值標準的發生及被社會逐漸認同，成為明代社會經濟發展特別是商品經濟發展的重要動力。正是在這種價值標準的推動下，徽商、晉商、江右商、閩商、粵商等「十大商幫」以及其他地域性商人活躍起來，並影響中國五百年的經濟社會發展。在這個過程中，當國家財政和國家救濟發生困難時，明朝政府開始向「富人」尋求幫助，並通過授予「義民」、「冠帶榮身」等榮譽稱號，以及給予國子監的入學資格，作為獎勵或交換。這既可以視為國家承認私人財產合法化的標誌，也可視為社會財富得到國家和社會認可的重要契機。從此，明朝進入仕途、財富雙重社會價值標準的時代。

成化至正德時期（1465 — 1521 年，60 年，距明朝建立約 100 — 150

年），隨着國家的長治久安和經濟的持續發展，文化消費的需求也逐漸加強，人們對精神的享受有了更多的追求。在這方面，上層與下層、貴族與大眾有着共同的喜好和需要，用馬克思的話說，「人所固有的我無不具有」。大眾需求推動了上層需求、上層需要刺激着下層需求，文化產品、精神產品與物質產品一道，構成明代社會的基本需求和財富來源。於是，第三種價值體系開始出現：「文化」。不少讀書人通過詩文、書畫、民歌時曲、說唱詞話、通俗小說，不少能工巧匠、名醫名卜，以及精通或粗通堪輿、星相、占卜、房中術、黃白術等各種術數的人們，通過他們的技藝，獲得了社會地位、政治身份或經濟收益。而成化、弘治、正德三朝發生的「傳奉官」，弘治、正德、嘉靖年間發生的「山人」，成為顯示這一社會價值標準的典型現象。[1]

多重價值標準的依次出現及並存，標誌着明代多元化社會的開始形成。然而，明代多元化社會的形成，不僅僅表現在仕途、財富、文化三種價值標準的並存，還表現在至嘉靖、萬曆時期，已經形成了三大中心的並存：政治中心北京、經濟中心蘇松江浙及周邊地區、文化中心南京 — 蘇州。

明朝遷都北京，以南京為留都，本用以控制江南，這個政治目的確實達到了。但與此同時，卻生產出了一個文化「異己」。南京和蘇州，本來分別是朱元璋和張士誠兩個政治對手的統治中心，朱元璋以軍事力量摧毀了張士誠，蘇州卻以文化力量征服了南京，並和南京一起，成為明代中後期的文化中心。而其依託，則是以蘇松杭嘉湖為核心，以徽州、揚州、常州、鎮江、紹興、寧波為外圍，包括南直江南地區及浙江、江西、福建、湖廣在內的大經濟圈。這個經濟圈大致相當於南宋的主要統治區，是當時中國經濟的命脈所在。經濟中心與文化中心聯為一體，一方面支持作為政治中心的北京，另一方面又對北京構成經濟上和文化上的壓制。北京固然

1　參見拙稿：《「傳奉官」與明成化時代》《「山人」與晚明政局》，分載《歷史研究》2007 年第 1 期、《中國社會科學》2010 年第 1 期。

可以憑借國家權力進行政治統治，南京和蘇州則可以利用它的文化力量凝聚人氣、營造氣場，更以大江南的經濟實力為基礎，在文化層面上俯視北京。而且，經濟越是發達、社會財富越是積累、社會越是趨於多元化，文化的影響力也越是壓制政治的影響力。

明代多元化社會的形成，是與社會需求的多元化特別是社會財富控制的多元化相伴而來的。景泰以後特別是成化以後，擁有社會財富或者說擁有一定數量可供自由支配財富的，已經不再限於皇室、藩府、富商及各級政府衙門。作為個體的各級各類官員、吏員，包括文職、職官和宦官，以及他們的家屬、部屬，大大小小的商人、手工業者、農民，僧寺、道觀的各層人物，乃至樵夫漁父、販夫走卒各色人等，雖然程度不一樣，卻在以各種方式成為社會財富的擁有者，因而同時也可能成為文化產品、精神產品的購買者。明廷此時已經很難通過國家強制的手段而只能通過社會動員或出賣功名的方式來獲得社會財富，這也直接導致了物質財富和精神產品對國家權力的挑戰乃至干預。

這可以說是明代建立一百年前後所發生的多元化社會進程的基本狀況。但是，隨着多元化社會的繼續演進，問題也隨之產生。

三

第一，三重價值標準相繼出現的過程，也是三重價值體系相互滲透的過程。國家權力的控制者開始積極尋求社會財富、尋求文化地位，社會財富的控制者也積極尋求國家權力的傾斜和保護、同時尋求獲得文化地位，文化產品的創造者同樣在謀求政治權力、謀求社會財富。社會的多元化侵蝕着傳統道德的底線，腐敗痼疾開始持續侵蝕着明代官場並愈演愈烈。王守仁倡導的「問道德者不計功名，問功名者不計利祿」，正是為解決這一

問題提出藥方。但這一倡導幾乎沒有得到任何響應，明朝政府也幾乎沒有任何針對性的防範措施，更沒有建立起各種社會角色保持相對獨立性的體制。這成為明代多元化社會重復歷代所發生的故事、偏離正常軌道的開端。而此時的王門學者包括王守仁本人，以及後來的東林黨人，也沒有能夠承擔起道德實踐者的責任。不僅如此，竟然鬧出大學士誤解「拔一毛而利天下」贈語的笑話。[1]

　　第二，社會的多元化推動着社會思潮的多元化，國家的輿論引導機制難以建立，政府的影響力日漸消退。明代自成化、弘治以後，也就是隨着文化成為社會價值標準，以南京、蘇州及江南地區為主要發源地，思想家、文學家、在野「清流」派官員，以及小說、戲曲、歌謠等形形色色的文學作品，逐漸成為社會輿論的主要策動者和表現形式，並推導着社會思潮的多元化。但是，這些社會思潮及其推導者是可以不對後果承擔責任的。顧憲成和王錫爵關於「廟堂是非」和「天下是非」的討論，集中反映了在社會思想多元化過程中「國家認同」或「政府認同」出現的危機。[2]除了動用暴力，明廷對社會輿論、社會思潮的挑戰完全沒有應對辦法，直接導致了信任危機和思想渙散。這一狀況在中國歷史上其實反覆出現過。由於宗教的世俗化，中國的傳統宗教和外來宗教難以起到教化作用，中國的官員一直需要以雙重身份對民眾施加影響，一是權力的威服，二是道德的示範，而一旦後者發生故障，前者的權威也受到挑戰。

　　第三，明朝以農業為立國之本，受現實和理念的雙重制約，經濟上實施一元化重農政策，嚴重忽略漁業、牧業特別是海上貿易、西北邊貿，並且對商業集團的形成始終帶有警惕和畏懼。東南「禁海」，西北「禁茶」，

1　王應奎《柳南隨筆》載：崇禎初，大學士錢龍錫在入閣前曾向名士陳繼儒請教國是，陳贈一句：「拔一毛而利天下。」錢不解其意。適袁崇煥請斬毛文龍疏至，方大悟：「此眉公教我者耶？」

2　谷應泰《明史紀事本末》卷66《東林黨議》載：萬曆二十年前後，王錫爵為首輔，顧憲成以吏部郎中為清流代表。錫爵責之曰：「廟堂之是非，天下必欲反之。」憲成答曰：「天下之是非，廟堂必欲反之耳。」

內地「禁礦」、「禁鹽」，成為明朝的基本經濟政策。其結果是，經濟的多元化發展衝擊了單一的農業經濟，而政府的政策既阻礙了外貿的發展、隔絕了與海外的聯繫，也沒有能夠及時地由幾乎單一的農業稅轉化為真正意義上的多種稅收並舉，從而切斷可能得到的財源，國家財政陷入困境。與此同時，商人和實權派官員、吏員卻在這場經濟遊戲中謀求利益，貧富差距擴大。一方面是社會多元化帶來經濟社會形勢的急劇變化，另一方面，由於明朝的皇帝從成化開始大抵不接見大臣、不對重大決策承擔責任，拘於傳統理念和明太祖的「祖制」，文官們只能在「不爭論」中對經濟政策進行「微調」。於是，一方面是財源的繼續流失，另一方面是傳統的農業稅難以建立起國家救助體系、國家安全體系。明朝與其說是亡於農民起義、亡於清朝的入主，倒不如說亡於長期無法解決的財政困難。

第四，國家對多元化社會和社會轉型的應對態勢，決定於政策決定者的立場、觀點和對時局的認識，並與其切身利益息息相關。明朝的國家決策主要依靠文官集團，文官皆由科舉而進，儒家學說為科舉的基本科目。同時，明朝也是繼兩宋之後又一個以漢族官員為基本構成的朝代。這就造成了來自於傳統農業地區的官員、吏員成為執政主體，來自江南經濟文化發達地區的官員越來越多地掌握着話語權。雖然內廷宦官多來自北方，但當權者大抵被改造成「文化人」，而且是帶有北方傳統農業習性的文化人。明朝政策決定者的這種地域構成和民族構成，使得明朝決策層難以制定出保護、發展海外貿易、邊境貿易乃至境內工商業發展的國家財政政策，也無法制定出對經濟欠發達地區、非農業地區、邊疆地區海疆地區、少數民族地區的保護政策。「屁股決定腦袋」乃天下之通理，官員的身份和地域結構、民族結構導致政府的決策多以漢人區、農業區、經濟文化發達區為坐標。而在一般的情況下，文化越是生產出社會價值，其帶來的階層之間、地域之間的貧富差距就越大，社會財富也就越向發達地區集中。這樣，當經濟文化發達區為爭得更多的政治、經濟份額歡欣鼓舞時，經濟文化欠發

達地區卻在悄然改變國家的最終命運。東北的女真 — 滿族政權，西北的農民起義，夾擊着明朝早已缺乏應對大規模戰爭的軍事力量，明朝的滅亡也就不可避免。

第五，思想的渙散、官場的腐敗，必然導致軍隊戰鬥力的下降。由於特殊的地位，軍隊一旦腐敗，其程度就非外人所知。「養兵千日，用兵一時」，說容易，做實難。表面上是國家養着數十萬乃至上百萬的軍隊，但軍費嚴重不足，軍官謀求私利、士兵自謀生計，「土木之變」其實揭示了一個真相：明朝的軍隊可以比較輕鬆地打擊沒有組織的民眾，可以比較吃力地鎮壓有組織的農民反抗，甚至可以艱難地抗衡來自外部的有組織的軍事勢力，但它絕對無法抵禦來自外部的強有力的軍事集團，甚至也無法對抗已經強大起來的農民武裝，更何況內憂外患並生、階級矛盾民族矛盾交錯。隨着西方殖民者的東來和傳教士的進入內地，帶來了新宗教、新理念、新技術，在士大夫中激發起了新的社會思潮，「師夷之長技以禦虜」的思想不僅產生，而且付諸抗擊女真的戰爭之中。但是，「外援」從來沒有真正解決過中國內部的社會問題，中國的問題最終需要中國人自己解決，明朝也如此。

四

多元化社會的形成在任何一個政權的統治下，都是社會發展的必然趨勢，雖然形式不同、表現各異，但都是社會進步的標志，是社會轉型的重要表現和推動力量。但是，在這一過程中，作為公共權力的國家，必須因勢利導、與時俱進，不斷調整執政主體的結構、修正各項經濟政策、完善社會救助體系、建立輿論引導機制，成為正確引導和推動社會發展的主導力量。任何理論、任何成法、任何個人和小團體的利益，在社會發展和國

家利益、民眾利益面前，都應該經受考驗、接受改造。也就是說，必須在多元化的同時，有一體化。作為公共權力，政府應該承擔起這個一體化的責任。

觀察現實和觀察歷史一樣，都需要用歷史和現實的雙重眼光。從歷史的眼光看，改革開放的三十年，可以說是中國有史以來發展最好的三十年：社會開放、政治寬鬆、經濟繁榮、人民富庶。但是，經濟的發展可以解決貧困問題、溫飽問題，卻未必能夠解決社會不公、貧富懸殊的問題，未必能夠解決政治權力和商人財團的聯姻問題，甚至也無法真正解決社會保障問題，因為這些問題恰恰是經濟發展引起並激化的。

我們的前人只是為我們提供了歷史的教訓，也展示了他們為着化解矛盾、推進社會的種種努力，但他們最終沒有能夠解決他們那個時代發生的問題，所以中國歷史上才演繹着一個又一個樂極生悲的故事。西漢的故事特別是明朝的故事，已經給我們提供了當代啟示。既然是這樣，我們就不能指望借助古人的智慧、指望倡導古人的精神來解決現實的問題。必須用現代的眼光來剖析當代的問題，必須吸收當代人類的全部智慧，制定出真正符合中國國情的方針和政策，不斷化解和解決經濟發展過程中產生的社會問題和社會矛盾，維護國家的長治久安、保持經濟社會的持續發展。

（原載《吉林大學社會科學學報》2012 年第 5 期，《中國社會科學》2012 年第 6 期摘要）

附二：

「知行合一」與王陽明的「三不朽」

一、知行合一、心物一體

王陽明被稱為有明一代氣節、文章、功業第一人，被認為是真「三不朽」。但是，和中外許多偉大人物一樣，王陽明從聞名於世開始，就一直毀譽參半。時人斥其「事不師古、言不稱師，專以立異為高」，但不能不承認其事功的卓著；後人言其承朱學之微鼓吹心學，為統治者另謀思想統治出路，卻不能不承認王學的積極因素。雖然萬曆十二年（1584 年）入祀孔廟，但在同時入祀孔廟的三人中（另外二人為胡居仁、陳獻章），王陽明雖然影響最大、居功至偉，卻爭議最大。而在整個清朝，王陽明及其學說更受到全面的壓制。從 20 世紀開始，我們也曾經給王陽明及其學說貼着一個標籤：「主觀唯心」。

當我們習慣性地根據前人在特定歷史條件下發表的某些帶有「鮮明特色」的文字或言論，便將其劃分為「主觀」或「客觀」、「唯心」或「唯物」的時候，我們本身就在犯「主觀」的錯誤。從這一點來說，我們和被我們稱為「主觀唯心」的王陽明，思想境界已在天壤之間。

有一個被人們「選擇性」說明王陽明「主觀唯心」的著名例證。王陽明在浙江紹興期間，與學生遊南鎮，大概是剛剛討論過「吾心」與「萬物」的關係，有學生指着破巖而出、鮮花盛開的樹叢問道：「（先生）說天下無心外之物，如此花樹，在深山中自開自落，於我心亦何相關？」王陽明解

釋道：「你未看此花時，此花與汝心同歸於寂。你來看此花時，則此花顏色一時明白起來。便知此花不在你的心外。」(《王陽明全集‧傳習錄下》) 如果只是以此為例，又不明其「機鋒」所指，自然可以視為不顧客觀事實的「唯心」。但是，如果我們「選擇性」地推出另外一個例證，認識或許發生變化。仍然是一個說花的故事，事情發生在江西贛州或南昌。王陽明和弟子薛侃等人在花圃除草，薛侃感慨道：「天地間為何善難培、惡難去？」王陽明不假思索回答：「未培未去耳。」這是就物說物，但隨即借物說事：「此等看善惡，皆從軀殼起念，便會錯。」薛侃不理解。王陽明繼續解釋：「天地生意，花草一般，何曾有善惡之分？子欲觀花，則以花為善，以草為惡；如欲用草時，復以草為善矣。此等善惡，皆由汝心好惡所生，故知是錯。」(《王陽明全集‧傳習錄上》) 王陽明的意思十分清楚：天生萬物，本無善惡之分。若以自己心中的「好惡」作為判斷事物「善惡」的標準，那就大錯而特錯了。如果以此為例，我們怎麼也不忍心把「主觀」與「唯心」的帽子戴在王陽明頭上。

王陽明的上述言論，都發生在「龍場悟道」並提出「知行合一」之後，可以看出他在「主觀」與「客觀」之間已經有了新的認識，「知」與「行」、「心」與「物」，越來越融為一體，這才是「知行合一」新境界。學生徐愛等人曾經就「知行合一」向王陽明提問：既然是「知行合一」，先生為何有時只說「知」、有時又只說「行」？為何有時只說「心」、有時又只說「物」？王陽明回答道：「只為世間有一種人，懵懵懂懂的任意去做，全不解思維省察，也只是個冥行妄作，所以必說個『知』，方才『行』得是。又有一種人，茫茫蕩蕩懸空去思索，全不肯着實躬行，也只是個揣摸影響，所以必說一個『行』，方才『知』得真。」王陽明繼續解釋：「此是古人不得已補偏救弊的說話。」(《王陽明全集‧傳習錄上》)

這種「補偏救弊」的方法，恰恰是中國古代思想家的共同特點，所有的言論和文字，都是針對具體的事情展開。這種方法的好處是直截了當、

簡潔易懂，問題是容易被斷章取義、被各取所需。雖然王陽明有時因「物」說「心」、因「行」說「知」，有時又因「心」說「物」、因「知」說「行」，但在他那裏，心與物、知與行是一個相輔相成、密不可分的整體。所以，我們研究他們的思想，也就不能用「舉例子」的方法，而需要對他們的思想脈絡、表述特征特別是「語境」有真正認識。

二、入道、揭道、傳道

王陽明對「知行合一」的體悟和闡釋，有一個認識上的演進過程，這個過程與他自己所說的「學為聖賢」或「求聖」的過程是同步的。

王陽明《朱子晚年定論·序》說，自己的學術經過「三變」：一、「早歲業舉，溺志詞章」，後來感覺是在浪費青春；於是「稍知從事正學」，研讀以朱熹為代表的儒學著作，卻感到眾說紛紜、「茫無可入」。二、不得已轉而「求諸老釋」，頓覺驚喜，「以為聖人之學在此」，但將其與孔孟之說、日用之道相印證，又產生抵牾。三、迷茫之中，貶官龍場，反倒清靜，反覆思考，體悟日深：「居夷處困，動心忍性之餘，恍若有誤。體驗探求，再更寒暑。證諸五經四子，沛然若決江河而放諸海也。然後歎聖人之道，坦如大路。」所謂的「龍場悟道」，就此發生：「聖人之道，吾性自足。」

當事人王陽明的這段回顧，使得人們認為經過「三變」之後的「龍場悟道」，王陽明已經悟出了「聖人之道」。但是，令王陽明驚喜的並不是悟出了「聖人之道」的結果，而是悟出了通向「聖人之道」的「大路」、是找到了打開通向「聖人之道」大門的鑰匙。所以黃宗羲認為，「龍場悟道」對於王陽明的「求聖」來說，是「始得其門」。

黃宗羲可謂真知陽明者，他認為王陽明的學術經歷，不只是王陽明自己所說的一個「三變」，而是有兩個「三變」，「龍場悟道」則是兩個「三變」

之間的關節點（《明儒學案‧姚江學案》）。只有把這兩個「三變」一並考察，才能理清王陽明「求聖」的全過程。

黃宗羲說的第一個「三變」，如王陽明之所述，這是一個「悟」得其「門」的過程。王陽明從朦朦朧朧地向往着「學為聖賢」，到「得其門」、「入其道」，其間經歷了整整二十年。

黃宗羲認為，王陽明的學術的第二個「三變」是：一、在「龍場悟道」而「得其門」後，「盡去枝葉、一意本原」。也就是說，開始專注從「吾性」「吾心」中追求「聖人之道」，而不是向「心外」去追求，於是有了「知行合一」的感悟，認為知即是行、行即是知。二、奉命為南贛巡撫而到「江右」之後，悟出「聖人之道」原本就是早為先賢揭示卻被後人泯滅的「良知」二字。這樣，就為「知行合一」注入了靈魂。三、提出「良知」特別是「居越」之後，宣稱人人心中有良知，人們只要把各自的良知發掘出來並且落實在行為上，即「致良知」，這才是真正的「知行合一」。從「龍場悟道」，到病逝於江西大庚，這第二個「三變」，也經歷了整整二十年。

前後兩個「三變」，構成了王陽明「求聖」的三部曲：第一，從立志「學為聖賢」，到體悟「聖人之道，吾性自足」，尋求到了「入聖」的門徑。但何為聖人之「道」，卻只是有所悟，而無法用文字、語言準確地概括出來。第二，從「龍場悟道」，到在江西揭「良知」，揭示出「聖人之道」的精義，這也是王陽明學術即「心學」的核心和真諦。第三，從揭「良知」開始，到在江西南昌、贛州、吉安等地，在紹興等處，倡導「致良知」，倡導「與民不親而親」，倡導與「愚夫愚婦」同好惡，心中有良知、滿街皆聖人。這個「三部曲」，既是王陽明通向「道」、揭示「道」、傳播「道」，即入道、揭道、傳道的過程，也是「知行合一」從提出到注入「良知」、到「致良知」的過程。

偉大的思想只有灌輸到大眾之中，成為大眾的自覺行為，才是它真正價值的所在。在中國歷史上，幾乎所有的思想家，從孔子到孟子，從「二

程」到朱熹、從陸九淵到王陽明，首先都是社會活動家，他們的學術，他們的言論和主張，都是為着解決社會問題，都是為醫治時代弊病開具藥方。

三、心中有良知、行為有擔當

　　儘管王陽明被認為是氣節、文章、功業即立德、立言、立功「三不朽」，但黃宗羲和後來的「王學」研究者又有意無意忽略了王陽明學術過程中功業和氣節的作用，這可以說是當時和當代王陽明研究的最大誤區。或許在研究者看來，王陽明的功業誰也否認不了，王陽明的氣節有目共睹，但王陽明的學術卻曾經被視為「異端」、「邪說」。更重要的原因是，研究者多為「文人」。所以，儘管中國古代「聖賢」的標準，是立德、立功、立言三位一體，但在王陽明的「文人」研究中，主要關注的只是學術、是「立言」，看重的是他的從祀孔廟，以為這才是入「聖域」。雖然無人否認王陽明的氣節和功業，但在研究中卻並未將其與學術融為一體，對於王陽明的定位，也就僅僅成了「思想家」。

　　這種導向的結果，是後人更多地關注王陽明的「心」而忽略「物」、關注王陽明的「知」而忽略「行」，並進而視其為「唯心」且「主觀」。但是，王陽明的學術從來就是和功業相互激發的；而學術和功業的終極動力，卻是氣節，是對國家、對社會的擔當，三者相輔相成，不可或缺。在王陽明的身上，他的學術即「心學」，是為立言；他的功業即實踐，是為立功；他的氣節即擔當，恰恰是立德。這才是王陽明的「真三不朽」。

　　當王陽明「懵懵懂懂」向往「學為聖賢」的時候，根本不知道「聖賢」為何物，但少年時代埋下的種子、少年時代萌發的志向，其實是一種為國家、為社會效力的擔當精神，被當時的人們稱為「氣節」。所以，在 15 歲時就有出居庸關考查「虜情」的行為，有向皇帝上書陳述自己對於邊關防

務意見的動機；在刑部主事的任上，敢於革除監獄積弊、敢於處死背景深厚的罪犯；在兵部主事的任上，敢於直斥時弊，雖然因此得罪權貴，受廷杖、下詔獄，貶謫龍場，但初心不改。雖然此時王陽明尚未提出「知行合一」，但事事都在「知行合一」。

為南贛巡撫，一年之內平息數十年之「積寇」，王陽明的功業開始走向鼎盛；接着，在四十天內平定蓄謀已久並公開起兵的「叛藩」，成為明朝第三位以軍功封伯爵的文臣，王陽明一生功業達到鼎盛。正是這個時候，王陽明的學術漸入化境、影響走向鼎盛。試想，如果王陽明和他之前的歷任巡撫一樣，對在江西、廣東、福建三省邊境聚眾鬧事的流民束手無措，如果王陽明不但無法平定寧王之亂反倒為朱宸濠所俘，王陽明還能理直氣壯說「良知」，還能心安理得說「知行合一」嗎？又有誰相信你的學術是有用的學術？沒有功業，不影響薛瑄、胡居仁、陳獻章入孔廟，但沒有功業，就不可能「倒逼」廟堂承認王陽明的學術。在王陽明那裏，沒有不落在功業上的學術，也沒有離開學術的功業，他是「知行合一」的。

在南贛平息「積寇」的過程中，王陽明提出「山中賊」、「心中賊」的概念，「良知」二字呼之欲出。平定寧王叛亂之後，應對由皇帝朱厚照親自帶領的親信太監及邊軍、京軍，應對來自方方面面的流言蜚語，應對當權者的各種刁難和猜疑，是王陽明一生之中所遭遇的最大難題。直到此時，「良知」二字終於被揭示出來，所以王陽明特別強調：「某於良知之說，從百死千難中得來，非是容易見得到此。」（《王陽明全集·傳習錄拾遺》）在王陽明看來，「良知」二字乃是自己一生學術的精義和真諦，這才是真正的「聖人之道」，它既在每個人的心中，「不待學而有、不待慮而得」，更是在「百死千難」的磨礪中才得以悟出。

王陽明在「百死千難」中悟出內心深藏的「良知」，是學術和功業的相互激發，終極動力，則來自「氣節」，來自對國家、對社會的擔當。這種擔當關係到個人安危、家族存亡。當寧王在南昌起兵時，眾多官員在觀

望、所有情報都含糊，唯獨王陽明公開宣稱「寧王謀反」，並且在尚未得到朝廷批文的情況下「擅自」起兵平叛。所以人們認為，王陽明這是「不顧九族之禍」（鄭曉《今言》）。如果沒有擔當，怎麼可能在關鍵時刻每每挺身而出、怎麼可能百折不撓地追求學術和功業？人們又怎麼可能崇拜一個空談「良知」卻明哲保身的教授？

　　古人「三不朽」，首列「立德」。何謂「立德」？孟子說「捨生而取義」，文天祥說「人生自古誰無死，留取丹心照汗青」，林則徐說「苟利國家生死以，豈因禍福避趨之」。王陽明用自己的行為給世人做出了垂範：心中有良知、行為有擔當。這才是王陽明對「知行合一」的最好詮釋。在王陽明那裏，「知行合一」的「知」，既是對事物的認識，更是「良知」。是非之心加擔當精神，是為「良知」。以「良知」為靈魂的「知行合一」，才是王陽明所倡導的真正的「知行合一」。

　　　　　　　　　　　　（原載《光明日報》2017 年 4 月 10 日第 14 版）

附記

我在撰寫、錄製《國史通鑒》的空隙，對二十年前寫的這本王陽明的傳記做了一次全面的修訂。

這本書寫作於二十年前，初版也已經十八個年頭。二十年來，我自己的學術有了一些進步，閱歷也更加豐富，對王陽明的「體悟」自然也感覺有了不少新的認識。所以，當道勤建議我對此書再次做出修訂的時候，自以為會有許多的內容加入。但是，動手後立即發現，「嵌入式」的修改可能是事半而功倍，而且會破壞原書的風格。所以決定改弦易轍，只是在二十年前原書的基礎上，做了以下工作：

一、對原書的文字做了一次全面的梳理，行文應該比原來更為流暢也更加精煉。

二、對原書中的一些不準確、不清晰的表述做了修改，注入了近期的一些認識，使其符合「今日之我」的認識水平。

三、對王陽明的核心思想，「良知」與「致良知」的關係，以及「知行合一」等，進行了梳理。

為了和朋友們交流這些年來我對王陽明的認識，附了兩篇文章。

一、《明朝百年：社會進步與社會問題》，這篇文章本身的篇幅不大，卻有幾篇長篇論文為基礎：《明代蘇松江浙人「毋得任戶部」考》（《歷史研究》2004 年第 6 期），《「冠帶榮身」與明代國家動員》（《中國社會科學》2013 年第 12 期），《「傳奉官」與明成化時代》（《歷史研究》2007 年第 1 期），《「山人」與晚明政局》（《中國社會科學》2010 年第 1 期），分別討論明代初期、前期、中期、中後期的社會面貌，代表着我對明代社會進程的整體認識，感興趣的朋友可以讀一讀，相信對於王陽明及其學說在明朝中期的產生和在中後期所受到的「待遇」，會有新的認識。

　　二、《「知行合一」與王陽明的「三不朽」》，這是我對王陽明及其學說的最新研究成果，指出：1. 當我們人為地將古代的思想家劃分為唯物與唯心、客觀唯心與主觀唯心的時候，我們自己就在犯唯心與主觀的錯誤；2. 中國的思想家從來就是社會活動家，他們的學說都是帶有針對性的，決不能以「章句」的方式來裁量他們的學術觀點和政治觀點；3. 王陽明的學術與事功相互激發，在他那裏，沒有不落實處的學術，也沒有脫離學術的事功，正是王陽明的「事功」，倒逼廟堂承認他的「學術」；4. 所謂的「龍場悟道」，是在經過二十年的社會實踐、上下求索之後的學術「入門」或「入道」，其學說經歷過「入道」「揭道」「傳道」三部曲；5. 王陽明的立德、立功、立言「三不朽」，立德是激發王陽明不斷立功、不斷立言的終極動力，所謂的「立德」即「氣節」，是在任何時候都可以置生死於不顧、置滅九族之禍於不顧，拍案而起、挺身而出的擔當精神；6. 在王陽明那裏，「知行合一」的「知」，既是對事物的認識，更是「良知」，「良知」是「知行合一」的真正靈魂，「心中有良知、行為有擔當」，是王陽明所倡導的真正的「知行合一」。

　　《千古一人王陽明》是我為這本書取的「本名」。20 世紀 90 年代中期，我曾經應臺北一家書商的邀請，寫作並出版了《千古一人蘇東坡》，第二次受到邀請的時候，準備寫一個「千古一人」的系列，第二本就是《千古一人王陽明》。1997 年書稿完成的時候，約稿的臺北書商倒閉了，感謝河北人民出版社李大星兄聞風而動，決定出版此書。但為了形成「套書」，產生影響，大星邀請了多位學者，從孔子一直到顧炎武、黃宗羲、王夫之，一共寫了 10 個偉大的思想家，可以說，是因為有了這本書，才有了一個由 10 本書組成的《曠世大儒》系列，這本書也被命名為「曠世大儒王陽明」。後來，中國社會出版社出版《傳世大儒》系列，又把這本書收入，改名為《王陽明評傳》。這次修訂三版，改回到它的初名。

　　　　　　　　　　　　　　　　　　　方志遠 2017 年 9 月 3 日

　　　　　　　　　　　　　　　　　　　於江西師大北區寓所

□ 責任編輯：蕭 健
□ 裝幀設計：吳丹娜
□ 排　版：林曉娜
□ 印　務：林佳年

千古一人王陽明

□
著者
方志遠　著

□
出版
中華書局（香港）有限公司
香港北角英皇道 499 號北角工業大廈一樓 B
電話：（852）2137 2338　　傳真：（852）2713 8202
電子郵件：info@chunghwabook.com.hk
網址：http://www.chunghwabook.com.hk

□
發行
香港聯合書刊物流有限公司
香港新界大埔汀麗路 36 號
中華商務印刷大廈 3 字樓
電話：（852）2150 2100　　傳真：（852）2407 3062
電子郵件：info@suplogistics.com.hk

□
印刷
美雅印刷製本有限公司
香港觀塘榮業街 6 號 海濱工業大廈 4 樓 A 室

□
版次
2019 年 7 月初版
© 2019 中華書局（香港）有限公司

□
規格
32 開（240 mm×160 mm）

□
ISBN：978-988-8573-65-3

本書經由江西人民出版社獨家授權中文繁體版